漢魏晉南北朝韻部演變研究

（第一分冊）

羅常培　周祖謨　合著

中　華　書　局

圖書在版編目(CIP)數據

漢魏晉南北朝韻部演變研究.第一分册/羅常培,周祖謨
著.—北京:中華書局,2007.6(2013.5重印)
ISBN 978-7-101-05648-8

Ⅰ.漢… Ⅱ.①羅…②周… Ⅲ.①漢語-音韻學-
研究-兩漢時代(前202~220)②漢語-音韻學-研究-
魏晉南北朝時代 Ⅳ.H113

中國版本圖書館 CIP 數據核字(2007)第055095號

責任編輯:舒 琴

漢魏晉南北朝韻部演變研究
(第一分册)
羅常培 周祖謨 合著
＊
中 華 書 局 出 版 發 行
(北京市豐臺區太平橋西里38號 100073)
http://www.zhbc.com.cn
E-mail:zhbc@zhbc.com.cn
北京市白帆印務有限公司印刷
＊
787×1092 毫米 1/16·23½ 印張·2 插頁
2007 年 6 月第 1 版 2013 年 5 月北京第 2 次印刷
印數:2001-3500 册 定價:72.00 元

ISBN 978-7-101-05648-8

目　　錄

出版説明

　　《漢魏晉南北朝韻部演變研究》由羅常培、周祖謨二位先生合著，原計劃根據漢魏晉南北朝的詩文押韻和其他方面的資料，論述漢魏至陳隋八百二十多年間韻部演變的過程，分四個分册出版：一、兩漢時期，二、魏晉宋時期，三、齊梁陳隋時期，四、總論。一九五八年科學出版社出版了第一分册。此次我們將周祖謨先生的《魏晉宋時期詩文韻部的演變》、《齊梁陳隋時期詩文韻部研究》兩篇論文編為附録4、附録5。此書出版後，周祖謨先生曾對原書重作校訂，改正了一些錯誤。我們根據其手校本新編了一個勘誤表，編爲附録6，置於書末。特此説明。

中華書局編輯部

二〇〇七年四月

序

　　研究一種語言的歷史,首先要解決的問題是語音方面的問題,如果對語音發展的情況了解得不夠清楚,在解決詞彙和語法方面的問題時必然會遇到很多的困難。 因爲語言是一種體系,語音、詞彙、語法三方面互相聯系,互相制約,語音不僅是語言的特殊要素,而且也是任何語言存在的形式,我們無論研究哪一種語言現象,總會與語音發生聯系。所以通曉語音對於研究詞彙和語法都有極大的幫助。

　　漢語的歷史極其悠久,可是關於漢語語音的演變歷史至今還缺乏全面的了解。清人只着重在周秦音的考證,厚古薄今,對於後代語音的發展就很少研究。近人雖然對漢語音韻的演變歷史也做了一些研究工作,但枝枝節節,並沒有觸及到根本的問題,有很多資料也沒有做過全面的系統的整理。 至於漢語語音內部發展的規律,那就很少有人注意到了。 因此,由周秦音怎樣發展成爲現代普通話的語音始終還沒有全面的探討。這一項工作不完成,其他方面的工作,如漢語的詞源學、詞彙學、方言學等,都會受到一定的影響。

　　本書所探討的問題是漢魏到陳隋之間 (公元前 206—公元 617) 韻部演變的歷史。這一段時間很長,有八百二十多年之久,是漢語發展史中相當重要的時期。有很多歷史方面的問題與這一段時間內語言的發展有關係。要了解怎樣由《詩經》音變爲《切韻》音,也必須把這一段的歷史弄清楚才行。研究這一段時間內韻部演變的歷史,主要的憑藉應當是詩文的押韻。我們就以嚴可均所輯的《全上古三代秦漢三國六朝文》和丁福保所輯的《全漢三國晉南北朝詩》兩部書中所收的由漢到隋的詩文作品爲研究的主要資料。除詩文押韻的材料以外,我們還參考了其他有關的材料,如子書、史書中押韻的部分,字書、音義書中的反切以及訓詁書中有關語音的材料等都是。所有這些材料都是相當紛繁相當複雜的,就是同一時代的材料所表現的語音現象也並不是完全一致的,惟有卽異以求同,找出其中的共同性,才能定出當時語音分韻的大類。 在研究的過程中,我們一方面注意到材料中所反映的語言事實的普遍性,同時我們也注意到某些材料所反映出來的特殊現象。因此除了一般的考查以外,還做了一些個別材料的考查。 這樣可以使我們對某一時期的語音情況了解得更全面一些。

　　根據以上所述的材料進行分析綜合,我們看出由漢初到隋末八百多年間韻部的演變大體可以區分爲三個時期:

(1) 兩漢時期(公元前 206—公元 207);

(2) 魏晉宋時期(公元 208—478);

(3) 齊梁陳隋時期(公元 479—617)。

　　南北朝時代,南北的語音不完全相同,詩文押韻中所反映出來的分韻情況是: 北朝的北魏跟劉宋時代相近,北齊、北周跟齊梁時代相近。大體的情形如此。不過這樣分爲三個時期只是一個粗疏的分法,因爲前一個時期和後一個時期之間不是可以截然畫開的。每一時期內時代早的作家和時代晚的作家在押韻上並不完全相同,早期的接近於前一個時期,晚期的接近於後一個時期。前後時期之間是相連續的。但是不能因此就認爲不能分期,因爲每一個時期又各有它的特點,無容混諸。

　　簡單來說: 兩漢音接近於周秦音,但部類的分合有不同,有些韻部裏的字類也有變動。如東漢時代"家""華"一類字不在魚部而歸入歌部,"奇""宜"一類字不在歌部而歸入支部,都跟周秦音不同。魏晉宋時期的語音更是變動較大的時期。三國時代陽聲韻的分類固然大體跟東漢相近,但陰聲韻和入聲韻則跟東漢相去較遠。有些韻部已開始分化,如之部之咍兩類字分化爲兩部,祭部祭泰兩類字分化爲兩部,都是很清楚的。晉代韻部的分類比三國時代更加細密。入聲韻和陽聲韻關係轉密,而與陰聲韻關係漸遠。例如三國時代脂、質、眞三部,在晉代脂部分爲脂皆兩部,質部分爲質沒兩部,眞部分爲眞魂兩部,質沒跟眞魂相配,而與脂皆的分化不同。到了宋代,陰陽入三聲大體都與《切韻》分韻的大類相同。在這一個時期之內變化很大。齊梁陳隋一百四十年間,陰陽入三聲的分類則更趨精細。例如歌戈與麻不同用,魚與模虞不同用,豪肴不與宵蕭同用,二等韻大部分都獨立成爲一部,而且陽聲韻與入聲韻也相配得非常整齊。這跟前一個時期又有所不同。

　　這三個時期既然各有它的特點,所以我們就分爲三部分來敍述,最後做總的討論。在這八百多年當中,語音的變化很大,材料也很多,我們的工作花費在整理材料的時間是比較多的,而深入研究的工作還做得很不夠。在這部書裏我們所提出的一些見解只能說是初步研究的結果,其中還有很多問題需要做進一步的研究和討論。

　　任何一門科學的發展都要依靠大家來動手,我們要完成漢語史的研究,就必須有更多的同志共同來努力。現在把這部書印出來,不僅希望得到同志們的指正和批評,同時還希望研究漢語史的同志就其中已經整理過的資料進行深入研究,做出更多的貢獻。

羅　常　培　1958.9.5.

一、緒　　論

中國自殷代有書契記載以來到現在已經有三千七百多年了，我們要想把這樣長久時間內的語言歷史知道得很清楚，實在不是一件容易的事。　一方面因爲語言是屬於社會現象之列的，語言的歷史和社會的歷史是分不開的，我們要了解漢語歷史的全部，還要把中國社會發展史研究清楚才行；另外一方面因爲語言不是單純的事，它包括語音、語法、詞彙各方面，內容非常複雜，不是輕易可以弄明白的。截至目前爲止，單就語音來說，我們所知道的還不頂多，至於語法、詞彙兩方面現在才有人開始着手進行研究，因此我們感覺到要了解漢語的歷史還需要作很多的研究工作。其中比較單純而又切要的是音韻歷史的問題。研究音韻歷史儘管也有很多的困難，例如要考察古音就不能離開文字和文字的記載，可是漢字本身不是拼音文字，它不能把不同時代不同地域的讀音表現出來，要從字形上去了解古代的讀音有時很難。　說到文字的記載，雖然也有不少的資料，可是真正能够完全代表實際語音的記錄並不太多，因此，在進行研究時也會遇到很多的困難。　但是我們一定要排除困難，盡可能地利用各種資料求得問題的解決。這樣做，漢語史的研究才能有新的發展。因爲語言就是一串含有意義的聲音，語音的問題沒有解決，語法、詞彙的研究就會受到一定的限制。　所以要了解漢語的歷史，不能不先從歷史音韻的研究着手。

關於語音歷史的研究，清代學者曾經做了一些工作，他們所着重的是周秦時期語音的研究，用古代的韻文和諧聲文字來考究古韻的分部。　但是他們的目的只在於讀通先秦古書，並非想要專門作漢語語音史的研究，所以周秦以後漢語語音的發展就很少留意。同時因爲他們缺乏表音的工具，只能作紙面上分部多寡的考證，不能進一步說明各部類的讀音。直到現代因爲受了外國語音學、語言學的影響，音韻歷史的研究才有了新的進展。我們對於周秦音和隋唐以後語音演變的情况比前人知道得清楚多了。

但是在整個兒語音史上還有很多問題沒有解決。　譬如：由漢以後到南北朝這一個階段語音究竟怎樣？由周秦音經過甚麼途徑才變成了隋唐音？隋唐以前有哪些方音的區別? 陸法言的切韻究竟代表哪一個時期的語音?還有,由漢到南北朝語音的發展可以分為幾個時期? 每個時期的特徵是甚麼? 語言是隨着社會的發展而發展的,語音的發展跟人民的歷史有哪些關係? 像這一類的問題還不曾有人作出明確的解答,足見語音史上的空當兒還很多。我們知道由漢初到隋末一共八百二十多年(公元前 206—公元 617),不是一個很短的時期,在這一個時期內社會文化各方面的變動都很大,而且是承前啓後的時期,如記錄語言的文字和文體等莫不如是,那麼,語音一定也不能例外。 我們如果撇開這一段不談,就由《切韻》音跳到《詩經》音,那是很危險的。 即便言有所中,兩者中間的脈絡是不能沒有的。反過來說,假如我們能把這一段歷史弄清楚,不但周秦音和隋唐音中間的關係可以了解透徹, 就是這一個時期內的訓詁音義和文學作品中的一些音韻問題也都可以迎刃而解了。所以研究這一段的歷史是一件很重要的事情。

清人在這一方面固然也做過一些工作,但是沒有甚麼成績可言。 例如顧炎武的《唐韻正》總算是取材很廣的一部書了,他為證明古韻跟《廣韻》的讀音不同,除引羣經諸子屈賦為證以外,而且引到漢魏以下直至唐初的韻文和很多史傳雜書的韻語,表面看起來似乎博大精深,事實上完全沿襲宋人吳棫《韻補》的辦法,累積許多的材料,用以表明某字與韻書讀音不同,而對於漢魏以下各時代的音韻流變並沒有作精密的研究。即使偶爾說明一兩類字的音變情形,也是很粗疏的。顧氏以後,江永的《古韻標準》、段玉裁的《六書音均表》也常常提到漢魏以後的讀音, 但是仍然沒有脫去顧氏的成規。 段氏《六書音均表》分古韻為十七部,論到漢以後的讀音時他往往含混其辭地說"某某幾部漢以後多合用,不甚區分",或者說"某某幾部三百篇及羣經屈賦分用畫然, 漢以後乃多合用",甚至於說"漢代用韻甚寬,離為十七者幾不可別識"。這些話都是皮相之談。 不論漢以後用韻如何寬泛,哪能全無界畫呢? 總之這不過是為證明周秦古韻分類的嚴整而附帶提到的話,並非有甚麼真知灼見要用來和周秦音作比較的。 清代對於漢代語音真正做過一些工作的只有王念孫一個人。 他在晚年曾經把西漢人的辭賦和《史記》、《漢書》、《淮南子》、《素問》、《新語》、《易林》等書中的韻字都鈎稽出來,按照周秦古韻的部類列成韻譜跟合韻譜①,除了少數幾部書如《急就》、《太玄》、《法言》之外,西漢的材料幾乎網羅殆盡了。 由此可以看出他的目的是想有系統的研究西漢的音韻, 但只做到先按周秦古韻分部排比的工作, 而沒有依據這些韻字本身押韻的實際現象來定韻部的分合,所以仍然是沒有完成的工作。王氏以外留心漢以後音韻的人,像張成孫摘記漢代韻文的韻字[②],洪亮吉和胡元玉搜羅漢魏間古書注解中的音讀等[③],也都僅僅是材料的纂錄,並沒有甚麼大的貢獻。

到了近代對於這一段的歷史就很有人注意了。有論著的有三個人。首先我們要提到的是王越先生的《魏晉南北朝之脂支三部及東中二部之演變》和《漢代樂府釋音》兩篇文章[④]。　前一篇據說是他所作三國六朝韻譜敍篇的一部分,篇幅很短,僅略述古韻支、脂、之三部和東、中兩部在三國以後的流變。後一篇是爲解釋漢代樂府的韻脚而作。但是在序文裏曾經舉出漢代音韻和《詩經》韻部的不同,大體都是承襲清人舊說,發明不多。例如他說"陽唐庚時與東冬鍾江合,甚且出入青蒸侵咸諸韻",又說"之部字有轉入尤部者,甚且與宵魚侯出入",又說"支脂疆界不嚴,甚且通協之咍",這一類的話都很含混,到底哪些字可以通協,甚麼人的作品如此,一共見到幾次,都沒有加以分辨,所以還不是可靠的結論。　其次要舉出來的是王力先生的《南北朝詩人用韻考》[⑤]。　這篇文章是從明張溥所輯的《漢魏百三名家集》中選錄南北朝和隋初的四十九家的韻文作爲研究的資料,主要的目的在指明這一個時期內用韻的情形和《廣韻》分韻有甚麼異同。研究的方法是以個人作單位的,找出個人用韻的情形以後,再看他們之間的共同點,由共同點的異同再來畫分時期,這個方法是很好的。但是因爲應用的材料少,一切合韻的例子都擱置不談,所以僅達到預期的目的而止,沒有討論更多的問題。

另外在這一方面用力最大搜羅最廣的是于海晏先生的《漢魏六朝韻譜》,這部書分《漢韻譜》、《魏晉宋韻譜》、《齊梁陳隋韻譜》三部分,取材以丁福保所輯《全漢三國晉南北朝詩》跟嚴可均所輯《全上古三代秦漢三國六朝文》之漢魏六朝部分爲主,除此之外還收的有《史記》、《漢書》、《淮南子》、《春秋繁露》、《急就》、《太玄》、《法言》、

① 原書未刊,手稿本藏北京大學。詳見 1932 年北京大學《國學季刊》三卷一號陸宗達《王石臞先生韻譜合韻譜遺稿跋》。
② 見所著《說文諧聲譜》附錄下,武林葉氏印本。
③ 洪亮吉有《漢魏音》四卷,收在《洪北江全集》內。胡元玉有《漢音鈎沉》一卷,收在《長沙胡氏雜著》內。
④ 前一文見廣東中山大學《文史學研究所月刊》一卷二期,1933 年 2 月。後一文見《月刊》二卷一期,二期,1933 年 10 月,11 月。
⑤ 見《清華學報》第一卷第三期,1936 年 7 月。
⑥ 1936 年著者自印本。

《世説新語》、《文心雕龍》等書，搜羅之富，可以説前所未有。但是全書的缺點還很多。在摘舉韻字一方面，有的讀破句，有的不合韻例，這些可以不談，單就處理材料一方面來説，還缺乏整理的工夫。他的整理的方法是先把某個時期作品中押韻的字摘記下來，標出《廣韻》韻目，然後再看《廣韻》的哪幾韻在這一個時期內是常常通押的，於是定出一個粗疏的類別來，分別錄出，成爲“韻譜”。這種辦法只是完全依傍《廣韻》，既沒有類目的規定，又把合韻的例子混在一起，顯出叢雜昏亂，而不得要領。 雖然在時代上因爲前後現象的不同把自漢至隋分爲三個時期，但是同一個時期內有哪些作家用韻特殊？同一個字在前後不同的時期內有甚麼聲音的轉變？《廣韻》一韻的字是否歸類一樣，有沒有值得注意的現象？ 特殊的合韻例子應當怎樣去解釋？還有，自漢至隋聲調的分類和隋唐韻書有甚麼不同？ 這八百年間有沒有甚麼方音的分歧？他對於這一類的事情都沒有顧到，儘管在卷首有韻部沿革總敍一節，但是不能籠罩那些散漫的材料。 所以用力雖勤，而結果很差，這是很可惜的①。

總起來看，前人對於這一段的音韻歷史固然費了很多的心血去研究它，但是‘篳路藍縷，以啓山林’，所作的僅是一些初步開墾的工作，還沒有很多的建樹。最主要的原因是因爲材料太多，不是一個短時期所能整理清楚的；其次是因爲問題叢雜，沒有適當的方法去處理，自然難得要領。

現在我們根據這一個時期內的材料重新做一番研究，從歷史發展的觀點出發想考察下面幾個問題：

(1) 由漢到隋音韻的歷史，可以分爲幾個時期？每個時期的特徵是甚麼？

(2) 周秦音經過怎樣的途徑才變成了隋唐音？

(3) 隋以前有甚麼方音的區別？

(4) 《切韻》究竟代表甚麼時代的語音？

(5) 高本漢所擬的上古音、中古音是否可靠？

(6) 由周秦到隋代‘四聲’是怎樣演變的？

(7) 漢魏晉南北朝的文學作品中有些問題可否由音韻上來解決？

(8) 由漢到隋語音的轉變跟人民的歷史有哪些關係？

---

① 錢玄同批評這部書說：“雖超於吳才老，尚未至於顧寧人”是很確當的話。見韻譜前答書。

這裏所討論的只限於'韻'的問題。研究這些問題可以根據的材料很多，除韻文和子史的韻語以外，像漢魏間的聲訓，魏晉以後的字書音義等都可以作爲參考。不過材料愈多，駕馭愈難，有些特殊的材料是要個別處理的。因此現在但以嚴氏所輯全文和丁氏所輯全詩爲主，其餘的材料爲輔。

不過，這兩部大書所搜羅的材料都很豐富，運用起來仍然有很多的問題。例如作品的眞僞，作者的年代，押韻的條例和韻脚有無譌字等問題都需要留意。舉例來說，譬如相傳的蘇武李陵的五言詩是後人依託的，我們就不能和其他西漢人的作品相提並論；還有像嚴輯漢文裏無名氏的《淴城井銘》、《鍾山壙中銘》之類材料本身可能有問題，我們也不能作爲研究漢代音韻的根據。又如程曉，嚴氏列爲三國人，但是他的作品中有答傳玄的詩，那麼我們就應當把他算爲晉人[①]；王粲、應瑒等人嚴氏列爲後漢人，但是他們的詩賦多半是在曹魏時所作，因此也要歸入三國一個時期。　這是作品的眞僞和作者的年代問題。至於押韻的條例和句讀譌字的問題更多。在採擇韻字的時候，我們首先要理清作者用韻的規律，例如四句一韻，二句一韻，上下間韻，句中間韻和換韻的首句入韻或不入韻之類[②]；但是有時依例明明是應當入韻的字，然而在聲音上相差極遠，這就要考量了，其中可能句讀有誤或文字有誤，那還需要加一番校勘的工夫。[③] 還有嚴氏輯錄全文有時一篇是從好幾處搜集來的，片語單文都盡量按照文義補綴在一起，他說'合而訂之，可成完篇'[④]，這是一種不得已的辦法，但是從韻脚上來考察就有很多可疑的地方，也許還有脫文，也許這幾句根本不在這個地位，像這樣的情形就需要審愼，不妨寧缺勿濫。　例如漢李尤《德陽殿賦》嚴氏據《文選》李善注補"曰若炎唐，稽古作先"兩句，'先'字應當是韻脚，但是未必就跟下文'楹''經'爲韻，所以只好割棄不取。這些都是審覈材料的問題。[⑤]

可是最主要的問題倒不在此，而是韻文所表現語音眞確的程度問題。換句話來說，就是韻文用韻是否完全跟語音相合，它是一種甚麼性質？　根據韻文來考察語音是否完

---

① 《藝文類聚》、《古文苑》都題作晉人。
② 詳見本書《兩漢詩文韻譜》前《漢賦韻例》一節。
③ 詳見本書各譜所附韻字校勘記。
④ 嚴氏原書凡例語。
⑤ 其他問題統見本書《韻譜總說》。

全可靠？這個問題當然不是一個簡單的問題，然而我們首先要承認大部分的韻文是充分表現語音的真相的，因爲韻文本身須要讀得上口，如果根本讀不上口，那就失去了韻文的意義；尤其民歌大都是人民口頭創作，當然不會和語音不一致。所以用韻文做爲研究語音的資料是可以的。其中可以顧慮的是文人的作品有沒有擬古的作品。因爲文人一向是貴古賤今的，他們受了古人的影響就會去摹擬古人，唐代韓愈的詩就是很明顯的例子，因此聯想到漢代的楊雄，晉代的陸機，恐亦不免。這誠然是一個難以解決的問題。其次可以顧慮的是同一個時代的作家用韻有寬有嚴，不很一致。例如東漢的張衡，曹魏時的王粲，晉代的張華，南北朝時的謝莊、謝朓、王融、沈約、常景、江總、顏之推等人用韻都比同時的人謹嚴，像東漢的班固，晉代的陸機，南北朝時的謝靈運、江淹、庾信等人就比較寬泛。這是怎樣的一個問題呢？其中是不是方音上的不同？就很費考較了。陳寅恪先生在《東晉南朝之吳語》[①]一文裏論東晉以後的情形曾說：

> 東晉南朝疆域之內，其士大夫無論屬於北籍，抑屬於吳籍，大抵操西晉末年洛陽近傍之方言，其生值同時，而用韻寬嚴互異者，既非吳音與北音之問題，亦非東晉南朝疆域內北方方言之問題，乃是作者個人審音之標準有寬有嚴，及關於當時流行之審音學說或從或違之問題也。

這種看法認爲同一時代內作家用韻的寬嚴互異是由於作家審音的標準有不同不能說不對。舉例來說：由晉張華批評陸機的文章'晉楚'一件事[②]就可以解釋明白爲甚應張華用韻比陸機謹嚴了。這當然可以解決了一部分的問題。至於其中是不是還跟方音的異同有關，那還要從材料去確定，不宜輕易下斷語。除了以上兩項問題以外，作家會不會因爲受了意思的約束在押韻上也有很勉強的呢？這又是一項問題。據我們想這是免不了的。例如晉陸雲作《九愍》，其中《悲郢》一章有這樣幾句："君在初之嘉惠，每成言而永日；怨谷風之攸歎，彌九齡而未徹。 顧白獻於承閒，悲黨人之造膝，舒幽情其曷訴，卷永懷而淹恤！"[③]這裏'日''徹''膝''恤'四字是韻脚，但是'徹'字和'日''膝''恤'不是

① 載前中央研究院《歷史語言研究所集刊》第七本第一分。

② 見陸雲《與兄平原書》，《全晉文》卷一百二，頁5上。《文心雕龍》《聲律篇》評："張華論韻，謂士衡多楚"，也是本於陸雲的這封信。

③ 見《全晉文》卷一百一，頁2上。

一韻，他寫信給陸機說："微與察皆不與日韻，思惟不能得，願賜此一字。"① 足見他本人是知道的，可是因爲沒有別的合適的字可用，所以陸機也沒有能够給他改正。這正是作者有時勉强用一個字來押韻的例子，如果作者自己不說，我們就無從知道了。

由以上所說看來，一個時代的韻文對於當時語音所表現的眞確程度有時是不够的。在做爲研究語音的資料的時候，對於這些性質我們必須要認識淸楚才不致爲其所誤。但是我們也不必過分擔憂，像文人擬古的作品和勉强湊韻的韻字，我們固然無法確切知道，可是只要另外還有很多和語音相合的資料，即便偶爾夾雜這一些東西是不會害事的；甚至於儘管作家用韻的寬嚴有時不一致，如果材料多的話，眞正語音的現象自然也會透露出來，只要看我們整理材料的方法和解釋材料的觀點是否正確了。

本書在審覈材料和了解材料一方面已經注意了以上所說的問題，在整理材料一方面也盡力求其正確。韻譜是全書基本的部分，一切結論都是由這些實際的材料中得出來的。有一分材料，才說一分的話。在編定韻譜的時候最主要的工作是分別韻部。 韻部的分合是從縱橫兩方面來考察的，橫的方面，在一個時代內應當根據各家用韻的一般現象來決定，縱的方面要照顧到前後時代的流變。 其他所有個別的例子只可作爲'合韻'看待，另外處理。這就是段玉裁整理詩經韻部所說"不以本音葭合韻，不以合韻惑本音"②的辦法。 不過有時材料太少，不易下結論，有時材料太多，通合較廣，不易定分合；那麼在'考證'之外就要注意'審音'了。有了韻譜以後，再就作家的籍貫或特有的押韻現象來看方音的問題，並且進一步來考察由漢到隋音韻演變的途徑，構擬讀音。這是本書進行研究的步驟。

經過這一番研究以後，我們知道由漢到隋音韻的演變粗略地可以分爲三個大的時期：兩漢是一個時期，魏晉宋北魏是一個時期，齊梁陳北齊北周隋是一個時期。 這跟于海晏先生的看法是相近的。但是每一個時期內前後時代韻部的分合並不完全一致。例如西漢與東漢，魏與晉宋，齊梁與陳隋，前後都略有不同。 如果分得更細一點還是可以的。不過無論如何聲韻的轉變互有先後，參差不齊，並不是按照時代可以截然分之爲三的。如果單從大處着眼，這八百多年之間齊梁是最大的分野，齊梁以後和齊梁以前迥然

---

① 見《全晉文》卷一百二，頁 6 上.

② 見《六書音均表》四《詩經韻分十七部表》。

不同。因爲由兩漢到魏晉宋六百八十年間（公元前 206—公元 478）聲韻總在隨着時代轉變，由齊梁直到隋末一百四十年間（公元 479—公元 617）變動就很小了。 所以也可以分爲兩個大的段落。 可是前六百多年裏兩漢時期去戰國不遠，後一百四十年裏和《切韻》相近，中間魏晉宋正是上承兩漢，下啓齊梁，而是轉變最厲害的一個時期；因此我們分爲三個時期也是很有理由的。底下我們按照這樣三個時期分別討論。

二、周秦韻部與兩漢韻部的分合

周秦時代是很長的一個時期,春秋以前將近四百年(公元前 1122—723),自春秋到周末 (公元前 722—256) 是四百六十六年, 自周末經過秦的統一到秦的滅亡 (公元前 255—207)是四十八年。 在這樣一個長久的時期裏語言可能是很複雜的。就以春秋時代而論,封建侯國很多,北自燕晉,南至吳楚,東自齊魯,西至秦都,分立在黃河流域和長江流域的大國前後不下三十餘國,地域遼闊,風習不同, 語言自然不能一致。當時列國角逐爭長,戰爭繁劇,會使語言逐漸趨於融合;但是到了戰國時期(公元前 403—221),各國的語言還有很大的出入。《荀子》《榮辱篇》說:"越人安越,楚人安楚, 君子安雅" 正可以看出當時方言還很分歧。 所以在周秦時期中國各處的語言並不完全相同。 現在所說的'周秦音'只是一個概括的名稱,用以代表紀元前十一世紀到紀元前二世紀的上古音。

研究周秦古音所根據的主要材料有兩種:一種是周秦間的韻文,一種是《說文》的諧聲字。韻文以《詩經》篇什和《楚辭》中屈宋之作為主, 其次是銅器銘文和羣經諸子中的韻語。《詩經》是中國最古的詩歌總集, 包括民歌和貴族的詩章。其中除《周頌》的時代較早外, 其餘多半是西周末葉到東周中葉的作品。這些詩歌能够真正代表當時口語的成分到底有多少,還是疑問,但是單從押韻的情形來看,跟傳世的銅器銘文和《楚辭》羣經諸子的用韻大體是一致的。① 所以根據《詩經》來考察周代的古音是一個重要的起點。至於《楚辭》屈宋的作品和先秦諸子中的韻語,時代都比《詩經》晚,所表現的方音色彩很濃厚,也正是研究戰國時期古音的絕好資料。 羣經的時代很複雜,其中除《周易》《尚書》《儀禮》中一部分較早外,其餘很多是晚周到漢初結集而成的書,跟戰國諸子的性質又稍有不同。

這一類韻文的材料數量很多,但是用作韻脚的字終屬有限,很多的字是不曾用作韻

---

① 銅器銘文有韻的文字很多, 詳見王國維《兩周金石文韻讀》和郭沫若《金文叢考》中的《金文韻讀補遺》。

脚的。因此就要利用《説文》的諧聲字了。因爲從《詩經》的韻字來看，凡是聲旁相同的諧聲字百分之九十是在一起押韻的，所以我們可以根據諧聲的聲旁來斷定那許多不曾用作韻脚的字應當屬於哪一類。還有，韻文的押韻往往有一些參差不齊的現象，如果遇到不能解決的問題，應用諧聲字系統和韻文互相比證的方法，有時也可以迎刃而解。所以諧聲字也是研究上古音的重要材料。《説文》裏所收的諧聲字儘管有一些字是漢人所造的，然而大部分還是先秦古書裏所有的，以此做爲研究的根據，並沒有很大的問題。①

　　清代的學者根據以上所說的兩種資料來研究周秦古音，自段玉裁分古韻爲十七部以後，戴震、王念孫、孔廣森、江有誥幾家續有修訂，在韻類的分辨上已經建立了很好的基礎。王氏晚年定古韻爲二十二部②：

1	東		
2	冬		
3	蒸		
4	侵		
5	談		
6	陽		
7	耕		
8	眞		
9	諄		
10	元		
11	歌		
12	支	紙	忮	錫
13			至	質
14	脂	旨	鞊	術

---

① 不過諧聲字也不是一個單純的音韻系統，因爲造字的時代有先後，造字的人所根據的方音有異同，其中自然發生許多分歧的現象(參看清丁履恆《形聲類編》卷四《形聲餘論》)，因此諧聲字所代表的語音系統和《詩經》時代的語音未必完全相同，在利用來考證古音的時候就不能看得過於呆板。

② 見王氏《詩經羣經楚辭合韻譜》手稿(北京大學藏)和陸宗達《王石臞先生韻譜合韻譜稿後記》(北大《國學季刊》五卷二號)。

15			祭	月
16				盍
17				緝
18	之	止	志	職
19	魚	語	御	鐸
20	侯	厚	候	屋
12	幽	有	黝	毒
22	宵	小	笑	藥

這種分法已經很精細，一般討論周秦古音的人都以此爲根據[1]，可是按照諧聲的條理其中十三、十四兩部還應當重新分割一下。因爲王氏《古韻譜》[2]內脂部所包括的《廣韻》脂微齊支灰咍皆諸韻字在《詩經》押韻上似乎通用不分，在諧聲上實際不同。 簡單來說：微灰咍三韻和脂皆兩韻合口是一類，脂皆兩韻開口和支齊兩韻是一類。[3]因此近人主張把脂部分爲脂微兩部：前者爲微部，跟入聲術韻相承；後者爲脂部，跟入聲質韻相承。[4]現在把入聲韻跟陰聲韻分開，排列如下：

1	之	11	蒸	21	職
2	幽	12	冬	22	沃
3	宵			23	藥
4	侯	13	東	24	屋
5	魚	14	陽	25	鐸
6	歌				
7	支	15	耕	26	錫
8	脂	16	眞	27	質
9	微	17	諄	28	術
10	祭	18	元	29	月

① 也有人把陰聲韻支脂之魚侯幽宵七部的入聲韻獨立，分爲二十九部，見黃永鎭《古韻學源流》（商務版）。

② 《古韻譜》見《高郵王氏遺書》（排印本，四川成都嚴氏又有翻刻本）。

③ 僅有極少數的例外。

④ 詳見王力《上古韻母系統研究》（《清華學報》12卷3期）。

19	談	30	盍
20	侵	31	緝

這樣一共分爲三十一部。 其中陰聲韻歌部沒有相承的入聲韻,入聲韻盍緝兩部沒有相承的陰聲韻,大體上分配得很整齊。[①] 這是經過許多人的考訂,從考古審音兩方面所得的比較可信的類別,我們可以根據這種類別來說明周秦音和兩漢音的異同。

研究兩漢音可以根據的材料有三種: (1)韻文,(2)聲訓,(3)後漢人著述中的音讀。韻文包括詩文和子史中的韻語,這是最基本的材料。 聲訓的材料除散見經子注文者以外,[②] 班固的《白虎通義》和劉熙的《釋名》要算是頂重要的兩部書了。 至於漢人的音讀,其中包括讀若、直音、反切三類,讀若一類以《說文》爲大宗,其他兩類都散見在子史的注字裏。[③] 這三種材料中聲訓和音讀都是輔佐的資料,內容比韻文的押韻要複雜得多,運用起來也比較困難,所以我們還要以韻文的材料爲基礎。韻文的材料中詩文用韻較嚴,子史用韻較寬,二者不宜相混。在兩漢的材料中,西漢的材料較少,人數和地域都有限;東漢的材料較多,但是因爲聲音正在逐漸轉變,現象也很錯綜,甚至於一個人的作品在用韻上也不一致;所以在進行研究的時候,都有一些困難。尤其是兩漢辭賦的句讀和韻例都非常複雜,必須考索清楚才能得出正確的結論。要想打破這種困難,就必須有實事求是的精神和歷史發展的觀點才行。

清人在討論周秦古音的書裏也常常談到兩漢音和周秦音的分別,他們的話大半都是不切實際的,一則因爲他們並沒有精密的考察過全部的材料,偶爾見到一兩點就隨便下斷語;一則因爲他們缺乏歷史的觀點不分時代的先後,把西漢東漢都混爲一談。例如段玉裁在《六書音均表》裏說:"第二(宵)第三(幽)第四(侯)第五(魚)漢以後多四部合用,不甚區分",又說:"第十二、十三、十四三部(眞文元)《三百篇》及羣經屈賦分用畫然,漢以後用韻過寬,三部合用"。[④] 孔廣森在《詩聲類》裏說:"陽之與東若魚之與侯,自漢魏之間魚侯溷合爲一,東陽遂亦溷合爲一,似《吳越春秋》《龜策傳》往往有之"。這

---

① 祭月兩部前人定爲一部,現在把去入兩類分立。沃部即王念孫所稱的毒部。

② 這一部分的材料清張金吾《廣釋名》搜集最豐富。

③ 詳見清洪亮吉《漢魏音》。

④ 以上兩條均見《六書音均表》一。

些話其中都有一部分是不正確的。①單憑粗淺的觀察印象來談自然容易流於錯誤。 還有王念孫、張惠言兩家搜集了很多漢代韻文中的韻字,但是完全株守周秦古韻的部類來作歸類的標準,於是有很多在漢人本爲一部的字都認爲是合韻了。 這樣除了有漢人用韻過寬的感覺,還能有甚麽新的發現呢? 由此看來歷史發展的觀點是非常重要的,論周秦音固然不可以和兩漢音相混,論兩漢音也不可以和周秦音相混。 僅就兩漢四百年而論(由漢初到獻帝劉協建安十二年公元前 206—公元 207),東漢和西漢也不盡相同,必須分別看待。

根據我們整理兩漢詩文韻字的結果,兩漢音和周秦音頗有不同,主要的不同有兩方面:(1)韻部的分合不同,(2)同部之內的字類有變動。

韻部分合的不同,在西漢時期最顯著的是魚侯合爲一部, 脂微合爲一部,眞文合爲一部,質術合爲一部。其次是歌與支幽與宵通押較多,但是彼此之間仍然保存分立的形勢。其餘各部大都和周秦音的類別相同。這樣陰陽入三聲共有二十七部。至於字類上的變動,在詩文用韻裏表現得較清楚的是之部尤韻一類的'牛丘久'等字和脂韻一類的'龜'字開始轉入幽部。另外,魚部的麻韻字如'家''華'之類有轉入歌部的趨勢,蒸部的'雄'字有轉入冬部的趨勢,都漸漸和周秦音不同。

到了東漢時期,韻部的部數和西漢相同,但是魚部麻韻一系的字(家,華)轉入歌部,歌部支韻一系的字(奇,爲)轉入支部,蒸部的東韻字(雄,弓)轉入冬部,陽部庚韻一系的字(京,明)轉入耕部,這都是很大的變動。就這幾點來看東漢音事實上和西漢音並不完全相同。

不過在整個音韻史上,西漢和東漢還是很相近的,所以我們劃爲一個時期。現在我們把兩漢的韻部和代表周秦音的《詩經》韻部比較一下,自然可以明瞭前後的異同。

《詩經》音	西漢音	東漢音
陰聲韻 之(尤 牛丘 脂 龜)	之	之
幽	幽	幽
宵	宵	宵

---

① 孔廣森的話見《詩聲類》卷三。

《詩經》音	西漢音	東漢音
侯	魚（家,華）	魚
魚		
歌	歌（奇,爲）	歌（家,華）
支	支	支（奇,爲）
脂	脂	脂
微		
祭	祭	祭
陽聲韻　蒸	蒸（東雄）	蒸
冬	冬	冬
東	東	東
陽	陽（京,明）	陽
耕	耕	耕（京,明）
眞	眞	眞
文		
元	元	元
談	談	談
侵	侵	侵
入聲韻　職	職	職
沃	沃	沃
藥	藥	藥
屋	屋	屋
鐸	鐸	鐸
錫	錫	錫
質	質	質
術		
月	月	月
盍	盍	盍
緝	緝	緝

　　這個韻表是根據兩漢許多韻文材料經過分析綜合而概括出來的，它可以代表兩漢四百年間(公元前 206—公元207) 分韻的一個大類，猶如《詩經》韻部可以做爲周秦音的代表一樣。當然,各地的方言在韻部的分類上也可能有些不同(後面還要談到這個問題)，但是相差不會很遠。

　　我們有了這一張韻部分合表以後，在讀兩漢詩文的時候就有很大的便利。有些古書或文學作品的時代不十分明確的也可以根據這個韻部表加以確定。因爲一個時代的作品，自有它一定的思想、風格、詞彙和音韻，作者儘管託古或擬古，在語音上總會有漏洞的，所以根據語音史來辨別眞僞也是一種辦法。另外從語音史研究的本身上來說，由上面的比較表也可以解決前人討論上古音的一些糾紛的問題。例如東冬分爲兩部是孔廣森的發明，王念孫年登八十的時候還不肯承認他的說法是確當的，[①]但是我們現在從兩漢音的分類上很清楚的可以知道孔廣森的分法是正確的。 又如上古音四聲的分別，前人的意見頗不一致，顧炎武認爲古人四聲一貫，段玉裁認爲古有平上入而無去，王念孫、江有誥認爲古人實有四聲，特與後人所讀不盡相同，[②]異說歧出，莫衷一是。但是現在從漢人用韻來看，陰聲韻除祭部只有去聲以外，其餘各部都是平上去三聲具備的；陽聲韻除蒸冬兩部只有平聲以外，其餘也是如此。最值得注意的是在《詩經》音中與陰聲相承的入聲韻在兩漢時期大體都和陰聲韻的去聲分用，《詩經》音的祭部在兩漢時期也是去入分用的。 由此可以證明江有誥的說法是對的。下面我們分部加以說明。

---

① 見江有誥《音學十書》卷首 22 頁《王石臞先生來書》。
② 見江氏《音學十書》《唐韻四聲正》。

三、兩漢韻部分論

1. 陰 聲 韻

之　部

《詩經》音之部包括下面幾類字：

之　　《廣韻》之止志三韻字。

咍　　《廣韻》咍海代三韻的一部分，如該台來才哉臺災，海在，再態萊代等字。

灰　　《廣韻》灰賄隊三韻的一部分，如灰恢媒梅栖，悔，佩晦等字。

皆　　《廣韻》皆怪兩韻的一部分，如豺，戒誡械怪等字。

尤　　《廣韻》尤有宥三韻的一部分，如尤郵謀牛丘罘，有支久疚婦負右，囿富舊等字。

侯　　《廣韻》厚韻母畝等字。

脂　　《廣韻》脂旨至三韻的一部分，如龜，丕否鄙，備等字。

眞敏　《廣韻》軫韻敏字。

凡在諧聲上和'台枲來才弋臺里貍思絲其臣而茲㠯司辭屰之疑能目矣止齒巳己耳士喜子史吏事采友丕宰啚寺乃再蒲某母佩亥婦負又有右尤丘牛郵友久龜'等字有關係的都屬於這一部。

兩漢這一部大體和《詩經》音相同，惟有尤韻一類裏面'牛''丘''久''疚''舊'幾個字和脂韻一類的'龜'字都歸入幽部。'牛''丘'兩個字在兩漢詩文裏都和幽部字通押，沒有例外。[①]'久'字在詩文裏見到七次，其中只有東方朔的《七諫》《怨世》裏以'久色

---

① 在《史記》褚少孫補《龜筴列傳》裏有'牛謀期來'在一起押韻的一個例子。在崔篆《易林》裏'牛丘'與之部字在一起押韻的較多，也有和幽部魚部合韻的。

侍榮志識代志置侍思事'爲韻(《漢文》25/2下)，其餘都跟幽部字押韻。從'久'得聲的'疚'字，張衡《東京賦》和'酒叟壽'押韻，也歸幽部。'舊'字見到四次：

韋　孟《在鄒詩》：　　　　舊朝(朝，宵部字)(《漢詩》2/2上)①

韋玄成《戒子孫詩》：　　　事舊(《漢詩》2/8上)

崔　瑗《郡太守箴》：　　　舊守(《後漢文》45/3下)

張　衡《西京賦》：　　　　裒郢舊(《後漢文》52/6下)

除韋玄成用舊字和本部字叶韻外，崔瑗、張衡都用它跟幽部字叶韻。舊從'臼'得聲，蔡邕《題曹娥碑後》曾以'婦臼'爲韻(《後漢文》79/8下)，'臼'是幽部的字，'婦臼'相押是之幽兩部合韻，我們不能根據這個例子來斷定'舊'字在兩漢仍然和《詩經》一樣屬於之部。

至於脂韻的'龜'字，《詩經》音是屬於之部的，在兩漢詩文裏就變到幽部裏去了。如：

楊　雄《荊州箴》：　　　　調茅龜饒(饒，宵部字)(《漢文》54/2下)

班　固《幽通賦》：　　　　周幽龜謠條流(謠，宵部字)(《後漢文》24/10上)

崔　駰《達旨》：　　　龜流憂求(《後漢文》44/4)

張　衡《西京賦》：　　　　魿龜牛秋(《後漢文》52/10)

這些例子裏'龜'字都跟幽部字相叶，它的聲音已經和《詩經》不同，我們應當把它歸入幽部②。

以上所說是《詩經》音屬於本部的字在兩漢有轉入幽部的。另外還有《詩經》音屬於幽部的字，到兩漢轉入本部的。那就是'軌'字。在《詩經》裏'軌'字一見，和'牡'字叶韻，'軌''牡'都是幽部字。其他從'九'得聲的像'仇''究'等字也屬幽部。但是在兩漢韻文裏'軌'字都跟之部上聲字叶韻，如：

楊　雄《博士箴》：　　　　軌士(《漢文》54/8下)

崔　篆《慰志賦》：　　　　軌齒子(《漢文》61/7上)

---

① 括號內斜綫前的數字是卷數，斜綫後的數字是頁數。

② 《淮南子》《說山篇》'龜狸'叶韻，'龜'在之部。在《史記》褚少孫補《龜筴列傳》裏'龜'字有一處跟幽部字叶韻：'留囚龜求'，有兩處同之部字叶韻：'龜期'，'謀治埃時來龜哉'。

傅　毅《洛都賦》：　　軌士(《後漢文》43/1上)

傅　毅《明帝誄》：　　有母耳軌(《後漢文》43/6下)

班　固《幽通賦》：　　已汜趾軌(《後漢文》24/10上)

蔡　邕《釋誨》：　　止紀否已軌恥(《後漢文》73/7下)

蔡　邕《陳寔碑》：　　止否淄恥軌(《後漢文》78/3上)

由此可證‘軌’字已經轉入本部，①這正是晉以後轉入脂部的一個過程，很值得我們注意。

　　另外需要特別指出的是‘郵’‘負’‘敏’‘髦’幾個字也應當屬於本部。‘郵’字僅見於班倢伃的《自悼賦》(《漢文》11/7上)，她用‘時思詩郵周茲滋災求幽郵流期休’這些字在一起叶韻，其中‘周求幽流休’幾個字都是幽部字，這裏當然是之幽合韻，但是‘郵’字究竟是屬於之部呢？還是屬於幽部呢？　這個問題很容易解決。因爲‘郵’字是‘過郵’的意思，和‘尤’字通用，‘尤’字是屬於本部的字，所以‘郵’字也當在本部。　‘負’字僅見於王延壽《魯靈光殿賦》(《後漢文》58/2上)，以‘拄湊句據負注赴趣’叶韻，‘拄湊’等字都是魚部字，‘負’字的部類就很難定。《詩經》音‘負’屬於之部，晉以後屬於幽部。可是這個字和‘婦’字‘丕’字在漢代是聲音相近的字，《史記》高祖本紀‘常從媼武負貰酒’，負和婦是音義相通的；《書》《金縢》‘是有丕子之責於天’，‘丕’《史記》《周公世家》作‘負’。‘婦’‘丕’在漢代都是之部字，‘負’字也應當屬於之部。②‘敏’字見於《郭輔碑》，以‘祉敏似止在祀’叶韻，(《後漢文》106/5下)，應當屬於之部。這和《詩經》音是相同的。另外在《漢書》《雋疏于傳》以‘敏理仕’叶韻，《宣元六王傳》以‘子敏理軌里’叶韻，也可以證明‘敏’字當在本部。一直到三國的時期還是如此。③‘髦’字僅見於《魏郡輿人歌》，以‘髦災時茲’爲韻，髦《廣韻》音毛，古代當有釐字一音，《禮記》《經解》‘差若豪髦’，‘豪髦’就是‘毫釐’，依照《輿人歌》押韻的情形，髦字是可以歸入本部的。

─────────────

① 班固《漢書》《宣元六王傳》‘子敏理軌里’等字叶韻，也是同樣的例證。楊雄在《太玄》裏軌字押韻的情形就比較分歧了。

② 崔篆《易林》屯之恆、師之姤、泰之同人、損之復、都以‘負子’叶韻。‘子’是之部字。又離之同人、旅之明夷以‘負咎’叶韻，咎是幽部字。

③ 見何晏《景福殿賦》，嵇康《琴賦》。但是《釋名》《釋言語》說：‘敏閔也，進敘無否滯之言也，故汝潁言敏如閔也’，是敏字自漢末已經有和‘閔’字相同的讀法。

幽部，宵部

《詩經》音幽部包括下面幾類字：

豪　《廣韻》豪晧號三韻的一部分，如牢曹陶騷，晧老道草造好考，報好等字。

肴　《廣韻》肴巧效三韻的一部分，如包茅膠，飽卯，孝等字。

蕭　《廣韻》蕭篠嘯三韻的一部分，如蕭條聊，鳥蓼，献等字。

尤　《廣韻》尤有宥三韻除少數字歸之部以外，其餘都在本部。

幽　《廣韻》幽黝幼三韻的字。

侯　《廣韻》厚韻的叟字牡字，候韻的茂字戊字。

宵　《廣韻》宵韻的茇字，椒字。

脂　《廣韻》脂韻的逵字，旨的軌字，篡字。

凡在諧聲上和'九州求流休舟憂游曹攸秋皋翏舀髟卯丣留周矛柔包匋孚壽幽酉酋臭叟牢爪叉丩囚秀冒好報手老壯醫儺帶首道守阜缶由戊丑考保篡劉肘受棗韭臼咎草昊孝鳥彪牟蒐鬲早討幼殷就奥塙'等字有關係的都屬於這一部。

《詩經》音宵部字包括以下幾類：

豪　《廣韻》豪晧號三韻的一部分，如高勞豪毛刀桃，倒潦，盜悼到懊暴等字。

肴　《廣韻》肴巧效三韻的一部分，如郊巢，效敎罩等字。

蕭　《廣韻》蕭篠嘯三韻的一部分，如堯苕僚，皎弔等字。

宵　《廣韻》宵小笑三韻的字。

凡在諧聲上和'毛尞小少票廉暴夭敖卓勞交高喬刀召到兆苗甾要爻敎巢弔堯盜皃梟號了夒焦朝料表杳斅猋桑翟'等字有關係的都屬於這一部。

兩漢的韻文這兩部雖然通叶的例子很多，但是其間仍然有分野。首先我們看到這兩部彼此通叶的多半是兩部中所屬《廣韻》蕭宵兩韻的字，例如幽部的'條''調'，宵部的'搖''朝''少''表''廟''妙'之類都是，尤其宵部的'少'字'表'字幾乎完全和幽部通押；另外兩部中的豪韻一類的平去兩聲字就很少在一起押韻，只有幽部的豪韻上聲字

'老''道''草''保'之類跟宵部的豪韻宵韻上聲字在一起押韻；從這一點就可以看出幽宵兩部的分野。　其次我們看到幽部和之部有時通押①，但是宵部和之部通押的例子就沒有，由此也可以知道這兩部是有分別的。

但是這兩部和《詩經》音仍然有不同的地方。《詩經》音屬於幽部的'軌'字在兩漢音已轉入之部，《詩經》音之部的'牛''丘''龜''久''疚''舊'一些字在兩漢則轉入幽部，這在前面已經說過了。《詩經》音宵部押韻的例子在四聲上的分別是不甚嚴格的，所以段玉裁誤為只有平聲一類，但是在兩漢韻文裏宵部平上去三聲分別很嚴，和《詩經》就很不相同了。

還有兩漢韻文裏幽部豪韻一類的上聲字和尤韻一類的上聲字是不常在一起押韻的，這種現象在《詩經》裏表現得還沒有這樣顯著，這正是幽部豪韻系和尤韻系漸漸離析的開端，到三國以後豪肴蕭幾韻便都併入宵部了。可是在于海晏的《漢魏六朝韻譜》裏把這一部豪韻系的上去聲字就一律歸入宵部，恐怕也不妥當，因為平聲沒有併，單併上去聲，是不合適的；同時我們看到班固《幽通賦》以'道茂'為韻（《後漢文》24/10上），邊讓《章華臺賦》以'考道肘草老'為韻（《後漢文》84/11下），胡廣《侍中箴》以'道右首'為韻（《後漢文》56/7下），闕名《費鳳別碑》以'紀道舅好喜'為韻（《後漢文》103/7下），例子雖少，但是很重要，如果當作合韻來看，那就把問題放走了②。

魚　部

《詩經》音魚部包括以下幾類字：

模　　《廣韻》模姥暮三韻字。

魚　　《廣韻》魚語御三韻字。

虞　　《廣韻》虞麌遇三韻的一部分，如夫娛吁虞芋嫗，羽雨字甫父武輔，賦

---

① 幽部字和之部通押的固然多半是尤韻系的字，但是仍然有豪韻系的字，如'陶''遭'之類。

② 詩文以外的材料可以證明'道''寶''造''蚤''稻''抱''考''禱'等字應當屬於本部的例子倒很多。如褚少孫補《史記‧龜筴列傳》'受寶'為韻，'道紂咎寶留'為韻；楊雄《太玄》《永》'道咎'為韻，《玄圖》'友道守'為韻，《玄攡》'造醜'為韻；《易林》坤之漸'蚤道憂好'為韻，需之豐'好壽'為韻，小畜之坎'酒禱'為韻，履之歸妹'茂稻'為韻，大有之井'道守咎'為韻，臨之蒙'酒禱考'為韻，坎之震'酒抱'為韻；這些都值得我們注意。

懼等字。

麻　《廣韻》麻馬禡三韻的一部分，如牙爪家華邪葭巴，馬者野夏下寫舍
　　寡，夜射暇稼等字。

凡在諧聲上和'且者父甫于夸夫牙叚家車巴吳虍盧古居瓜烏於與卸射去亞魚舍余
素瞿買莫庶度鱸巨矩壺奴圖乎土無毋巫疏馬呂鹵下女處羽雨五吾予午許戶武鼠黍禹鼓
夏宁旅寡圉魯兔初步互股社如虞蠱'等字有關係的都屬於這一部。

這幾類字在西漢時期和《詩經》一樣是在一起押韻的，但是還跟《詩經》的侯部字
合用，沒有顯著的分別。《詩經》音的侯部包括以下兩類字：

侯　《廣韻》侯厚候三韻字。

虞　《廣韻》虞麌遇三韻的一部分，如愚隅芻株濡榆摳趨駒，主愈數，樹附
　　務①等字。

凡在諧聲上和'婁句朱禺區侯几殳需須俞芻后取後臾口斲厚主冓走斗奏豆付敄具肩'等
字有關係的都屬於侯部。

魚侯兩部合用是西漢時期普遍的現象，這是和周秦音最大的一種不同。作家之中
除僅僅存下一兩篇文章的不算以外，像賈誼、韋孟、嚴忌、枚乘、孔臧、淮南王劉安、司馬
相如、中山王劉勝、東方朔、王褒、嚴遵、楊雄、崔篆這些人的作品，沒有不是魚侯兩部同
用的。惟有劉向、劉歆父子所作似乎和《詩經》的部類相同，然而也很難確定。如：

劉向《九歎》　《怨思》：　鄒榆(侯部)語去(魚部)

　　　　　　　《愍命》：　夫廬(魚部)腐詬(侯部)

　　　　　　　《遠逝》：　梧湖(魚部)顧故(魚部)

　　　　　　　《憂苦》：　楚宇(魚部)

　　　　　　　《離世》：　慕故(魚部)

　　　　　　　《惜賢》：　暮度(魚部)

劉歆《遂初賦》：　攄居(魚部)扶吾(魚部)都紆(魚部)

這些例子魚侯兩部分別得很清楚。但是劉向的作品裏也有魚部字和幽侯兩部通叶的例
子，如《九歎》《遠遊》以'浮霧舉'爲韻，'浮'是幽部字，'霧'是侯部字；足證魚部和侯部

① 務字列爲侯部字，從王念孫《六書音均表書後》說。

聲音是相近的。 還有像《九歎》《逢紛》以"耄露"爲韻，《遠逝》以'珠旄'爲韻，'耄''旄'都是宵部字，音同調不同；旣然魚部的"露"字可以跟宵部的"耄"字叶韻，侯部的"珠"字也可以跟宵部的'旄'字叶韻，更可以證明魚侯兩類聲音必然相近了。 還有劉向和淮南王劉安、中山王劉勝都是同宗，劉安、劉勝，比劉向早一百多年，他們的文章裏已經魚侯合爲一韻①，那麼劉向的時候更不會魚侯是兩類完全不同的聲音了。因爲他的文章裏用韻表現得很特殊，所以特別提出來說明一下。

《詩經》音魚侯兩部到了西漢合爲一部固然是一個大的轉變，可是到了東漢又和西漢不同了。東漢魚侯也是合爲一部的，但是魚部麻韻一系的字已轉到歌部去了，這也是一大轉變。不過像班固、張衡、崔駰等人仍然有跟本部相叶的例子。如：

班　固《十八侯銘》：　　徒邪都家(王吸)(《後漢文》26/6上)

　　　　　　　　　　　雅旅下後(靳歙)(《後漢文》26/5上)

　　《東都賦》：　　　武雅(《後漢文》24/7上)

　　《幽通賦》：　　　寡禦予(《後漢文》24/9下)

張　衡《思玄賦》：　　迓夜塗路布(52/4下)

　　《西京賦》：　　　馬寡鹵(52/10下)者睹五土苦(52/11下)

　　《東京賦》：　　　固塗庫暇(53/1下)

　　《七辯》：　　　　娛暇素顧(55/1下)

崔駰《安封侯詩》：　　馬弩(《漢詩》2/9下)

這裏面的'家雅下野寡馬者迓夜暇'一類的字都跟本部字押韻，和西漢的情形一樣。 但是這一類字的聲音已經開始轉變了。以'家''華'兩個字做例，班彪《北征賦》'娑那加他邪圖峨家波'叶韻，張衡《西京賦》'家過加'叶韻，'家華何'叶韻，班固《答賓戲》'波華'叶韻；'家''華'都和歌部通叶，足見這一類麻韻字也漸漸讀同歌部了。 不過在開始演變的時候，文人用韻常有不一致的現象，有的規摹前代，有的根據當時的讀音，所以參差不齊。尤其是大家，這種現象格外顯著。②

---

① 在《淮南子》裏魚侯兩部也是合用的。例如：《兵略篇》'後伍'爲韻，《原道篇》'御霧'爲韻，'步驟'爲韻，《覽冥篇》'度數'爲韻。

② 班固《漢書》《敍傳》《溝洫志》'渠家'爲韻，《古今人表》'舉下敍'爲韻，《張周趙任申屠傳》'古下緒'爲韻。

另外我們還可以看出一種事實，'家''華'一類平聲字在西漢已經有和歌部押韻的例子，但是'馬''下''寡''雅'一類的上聲字就絕對沒有這種例子，[①] 到了東漢還是不十分多，直到魏晉以後才完全和歌部字押韻，足見上聲字可能有它的特殊性，變動沒有平聲那樣快。

還有一種事實我們須要留意，就是'野'字和'車'字的讀音問題。 '野'字在東漢除馮衍、李尤、趙壹作品裏和歌部押韻外，其餘像班固、張衡、崔瑗、王延壽等都和魚部字押韻。如：

班　固《西都賦》：　　表署野布(表，宵部字)(《後漢文》24/5上)[②]

張　衡《思玄賦》：　　野渚予佇女(《後漢文》52/3上)

崔　瑗《河隄謁者箴》：　柱濟野(45/3下)

王延壽《魯靈光殿賦》：　序魯宇輔野(58/1下)

馮　衍《顯志賦》：　　禍野(20/3上)

李　尤《舟楫銘》：　　野可(50/11下)

趙　壹《窮鳥賦》：　　野下者左我可墮火(82/9上)

這種分在兩部押韻的情形一直到魏晉還是如此，我們猜想在東漢的時候可能有兩種讀音。《廣韻》野字一音'承與切'，在語韻；一音'羊者切'，在馬韻； 也許就是有這樣的分別。音墅代表古音，音冶代表今音。或者是讀書音和口語音的不同。[③] 因此我們把它兼收在魚歌兩部。至於'車'字在西漢是魚部字，但是在東漢有的跟魚部字押韻，有的就跟歌部字押韻。跟魚部字押韻的，如：

崔　駰《東巡頌》：　　驪徒車旟(旟，宵部字)(《後漢文》44/6下)

張　衡《西京賦》：　　徒狐駼猢貙輿車且(52/10上)

馬　融《廣成頌》：　　俎衢廚車(18/12下)

桓帝時《童謠》：　　枯姑胡車胡　逋徒車(《漢詩》5/6下)

---

① 直到《易林》裏還是如此。《易林》裏魚歌兩部合韻的例子很少，只有'家'字有合韻的例子，如師之萃'啞家和'爲韻，蠱之解'家和'爲韻。

② 班固《漢書》《敍傳》《匈奴傳》以'武恕野'爲韻。

③ 晉人有讀野音與的。《周禮》《秋官》《職方氏》，'其澤藪曰大野'，《釋文》野如字，劉昌宗音與。（《周禮音義》下十上）徐邈以汝反。

跟歌部字押韻的，如：

黃　香《九宮賦》：	車蛇(42/7上)
李　尤《九曲歌》：	斜車(《漢詩》2/11上)
張　衡《西京賦》：	颶車葩蛇(52/11上)
蔡　邕《協和婚賦》：	車跢華(69/3下)
古樂府《相逢行》：	車家(《漢詩》4/4下)
古樂府《長安有狹斜行》：	斜車家(《漢詩》4/4下)
古樂府《孤兒行》：	芽瓜車家多(《漢詩》4/7上)

這種情形和'野'字一樣，我們想'車'字在當時也是有兩種讀音的。漢末劉熙《釋名》《釋車》說：'車古者曰車，聲如居，言行所以居人也；今曰車，聲近舍，車舍也，行者所處若居舍也'。這是一個很好的證明。① 《廣韻》車字一音九魚切，在魚韻；一音尺遮切，在麻韻；東漢時期也就有這種區別了。音居代表古音，音尺遮切代表今音。也就是讀書音和口語音的不同。文人押韻常常不拘一格，所以有分歧的現象，有時同一個人的作品也不完全一致。'車'字就是一個很好的例子。從東漢直到齊梁以下都是如此。但是民間的作品就不然了，從東漢直到齊梁都是按照口語音尺遮反來押韻的，在上面所舉古樂府的例子就是很清楚的證明。這一點是我們研究語言史和古典文學的人應當特別注意的。依照上面的討論，本書韻譜裏就把'車'字兼收在魚歌兩部了。

歌　部，支　部

歌部和支部在《詩》韻裏是分割很清楚的兩部。歌部包括以下幾類字：

歌	《廣韻》歌哿箇三韻字。
戈	《廣韻》戈果過三韻字。
支	《廣韻》支紙寘三韻的一部分，如爲奇皮宜離施池危，侈靡，罳議等字。
麻	《廣韻》麻馬禡三韻的一部分，如麻加沙蛇嗟差，瓦，駕等字。
脂	《廣韻》至韻地字。

---

① 《詩經》《召南》《何彼襛矣》，《釋文》引吳韋昭《辨釋名》：'車古皆音尺奢反，後漢以來始有居音。'這種說法和劉熙不同。

凡在諧聲上和‘它咼爲皮可何哥离離也施危①我義羲加多宜奇差麻麿麿麗②羅罷化左禾垂吹沙瓦隋坐果蔿臥戈那’一類字有關係的都屬於歌部。支部包括以下幾類字：

齊　　《廣韻》齊薺霽三韻的一部分，如圭攜，帝鷖等字。

佳　　《廣韻》佳蟹卦三韻字。

支　　《廣韻》支紙寘三韻的一部分，如支枝提卑斯知箆，是氏，刺易等字。

凡在諧聲上和‘支斯圭巂卑知虒氏是此③只解束帝易厄奚兒規買’一類字有關係的都屬於支部。

但是在晚周的時候歌部字已經有跟支部相通的例子，如《楚辭》《九歌》《少司命》，離知’爲韻，《老子》《能爲》‘離兒疵爲疵知’爲韻，《反朴》‘雌谿谿離兒’爲韻，《莊子》《在宥》‘知離’爲韻，《韓非子》《揚權》‘地解’爲韻，《呂氏春秋》《精諭》‘疵知竅離’爲韻④，這些例子裏‘離’‘地’兩個字都跟支部字通押。

到西漢時期歌支兩部相叶更爲普遍。幾乎支部的字都跟歌部字押韻。如：

平聲

枚乘《七發》：　　枝離谿(《漢文》20/5上)

司馬相如《子虛賦》：　　隑嶬施鵝加池(《漢文》21/2下)

　　　　　　　　　　蠵陂波(21/4上)　　雞鸂(21/5下)

中山王劉勝《文木賦》：　　崖枝雌啼儀知斯(12/6下)

東方朔《七諫》《哀命》：　　知離(25/4上)

劉　向《九歎》《愍命》：　　柴荷(35/7上)

楊　雄《蜀都賦》：　　嶢倚崎施倚岢巇(51/1下)蚳鱗(51/2上)多桅離斯(51/2下)

楊　雄《甘泉賦》：　　施沙厓(51/5下)峨厓(51/6上)

楊　雄《羽獵賦》：　　池河崖陂(51/8下)碕螭蠵(51/9上)

---

① 危聲段玉裁歸支部，此從江有誥、張惠言、朱駿聲。

② 麗聲段玉裁、張惠言歸支部，此從江有誥、朱駿聲。案《詩》韻不見麗字，就漢人用韻情形來看，麗聲當屬歌部。

③ 此聲段玉裁、王念孫歸脂部，此從孔廣森、江有誥。

④ 此類韻例並見江有誥《音學十書》《先秦韻讀》。‘地’字《詩》《小雅》《斯干》跟‘裼’字叶韻，‘裼’也是支部字。

楊　雄《光祿勳箴》：　　籬岐(54/5下)差氅(54/5下)

上聲

司馬相如《子虛賦》：　　麤豸①(《漢文》21/4上)

王　襃《洞簫賦》：　　迤睨(42/2上)

楊　雄《解難》：　　此彼(53/4上)

去聲

司馬相如《子虛賦》：　　化義帝(21/6上)

楊　雄《博士箴》：　　化易(54/8下)

以上'枝岐豀雞隄厓崖此睨雌柴帝嗁知斯鱺螭氅豸睨易巇懈繫'等字《詩》韻都是屬於支部的,現在都跟歌部通押。②支部字單獨押韻的比較少,在韻文裏有下面五個例子：

劉　歆《遂初賦》：　　卑鞮(《漢文》40/2上)

王　襃《四子講德論》：　　帝智(42/8下)

劉　向《九歎》《愍命》：　　嬖智(35/6下)

劉　向《高祖頌》：　　系帝(37/9上)

武帝太初中謠：　　繫帝(《漢詩》5/5上)

根據這些材料來看,西漢時期歌支兩部的讀音是很接近的,很像是併爲一部。但是歌部字可以跟魚部字押韻,而支部字絕不跟魚部字押韻,足見歌支兩部還不能就做爲一部看待。所以我們還把它分爲兩部。

可是,到了東漢,歌部和支部有了新的變化。　魚部的麻韻一系的字併到歌部裏來(見上文22頁),而歌部的支韻一系的字併入到支部裏去。這是一個很大的轉變。東漢的支部裏面包括《廣韻》支佳兩韻和齊韻從'奚'從'是'從'兒'從'巂'從'圭'從'殹'從'帝'從'奎'諸聲的字,而且《詩經》音屬於脂部的爾字累字和從爾從累得聲的字從東漢

---

① 豸字段氏、朱氏都列在支部,江有誥列在脂部。案司馬相如《上林賦》云:'陂池貏豸',貏豸是疊韻詞,貏從卑得聲,卑是支部字,豸應當列在支部。還有古書所記獸名有叫'獬豸'的,'獬豸'也是疊韻詞。

② 歌支通押的例子在漢人的著作裏還有很多。　例如:《淮南子》《主術篇》叶'規離',楊雄《法言》《淵騫》叶'規隨',《易林》乾之渙叶'隨罷雌',需之无妄叶'珪河',困之坎叶'河漄他',艮之大有叶'知頍',《素問》二十四之三叶'堤離'。

開始也轉入支部。①例如：

張衡《西京賦》： 馳彌卑(《後漢文》52/11上)

古詩： 綺爾被解此(《漢詩》3/8上)

班固《幽通賦》： 誼避累(《後漢文》24/10下)

這一點也和《詩經》音不同。

還有'蛇'字在語言上代表兩個語詞，一個是龍蛇的蛇，一個是委蛇的蛇，在西漢都屬於歌部。如：

劉　向《九歎》《遠逝》： 和虵鷖披(《漢文》35/4下)(佩蒼龍之蚴蚪兮，帶隱
　　　　　　　　　　　　　　　　虹之逶虵。)

楊　雄《反離騷》： 蛇歌(52/6上)(旣亡鸞車之幽藹兮，焉駕八龍之委蛇。)

這兩個'委蛇'的例子都和'龍蛇'的'蛇'韻類相同。可是到東漢就不同了。凡是'龍蛇'字都屬於歌部，'委蛇'字都屬於支部，分別畫然，無一例外。現在我們就同一個人的作品來做比較：

黃　香《九宮賦》： 車蛇(《後漢文》42/7上)(左靑龍而右觜觿，前七星而後騰
　　　　　　　　　　　蛇。)

黃　香《九宮賦》： 池歷釵桂蛇奇(《後漢文》42/7上)(戴巢笈而帶繚繞，曳陶
　　　　　　　　　　　　　　　　　　勉以委蛇。)

張　衡《西京賦》： 歌葭阿娥蛇(52/10下)(驚蝄蜽，憚蛟蛇。)

張　衡《西京賦》： 飇車葩蛇(52/11上)(蟾蜍與龜，水人弄蛇。)

張　衡《西京賦》： 差離羆箟蛇麈襹(52/10下)(女娥坐而長歌，聲淸暢而蜲
　　　　　　　　　　　　　　　　　　蛇。)

張　衡《南都賦》： 蟎觿蛇池陂涯(53/7下)(巨蟒函珠，駮瑕委蛇。)

這是很有趣味的現象。《廣韻》裏面蛇字有食遮反一音，在麻韻，訓'毒蟲'，又有弋支切一音，在支韻，訓"蜲蛇"，正是這種的區別。② 旣然文義不同，聲音也不同，所以本書就把

----

① 西漢劉歆《甘泉宮賦》'梯俠棲彌泥'押韻 (《漢文》40/3上)，'彌'在脂部。王褒《聖主得賢臣頌》'累指'押韻(《漢文》42/9下)，'累'在脂部。

② 不過在魏晉之間也有不守這種區別的。如魏文帝曹丕《臨渦賦》叶'渦波迤和柯華'(《三國文》4/2上)，

它兼收在歌支兩部。

脂 部

《詩經》音脂部包括的字類很多，依照江有誥的分法有脂微皆三韻和哈灰齊支等韻的一部分：

脂夷微衣皆懷哈哀灰回齊妻支爾

相承的入聲韻有質術櫛物迄沒屑七韻和黠韻的一部分：

質日術出櫛瑟物弗迄乞沒忽屑血黠八

但是王念孫認爲這一部的去聲和入聲有一部分字在《詩經》裏是獨用的，應當分出來獨立成爲一部。包括從‘至致寔壹質吉七日疾悉栗黍畢乙失八穴屑必宓血匹即節徹設’一類的字和‘閉實逸一抑’等字。這一部只有去入，而無平上，王氏稱它爲至部。① 他曾經把這種分法告訴江有誥，但是江有誥並沒有聽從他的話，還是合爲一部。他答覆王念孫說②：

> 論古韻必以《詩》《易》《楚辭》爲宗。今此部於《詩》《易》似若可分，而《楚辭》分用者五章，……合用者七章。……《楚辭》而外，則尤犬牙相錯，平側不分，其不能離析者一也。質術二部《詩》中與祭部去入合用十一章，……亦無平側賓主之辨，其不能離析者二也。

我們看江有誥舉《楚辭》的例子來證明先秦以上脂至兩部不分，這話對《楚辭》來說是對的，對《詩經》來說就是錯的；因爲《楚辭》和《詩經》的時代不同。時代不同，聲音就不一定相同。如果專就《詩經》音來講，王念孫的說法是很正確的。不過從諧聲跟陰陽對轉的關係來看，脂部的平上聲也還可以分爲兩部。簡單說起來，脂皆兩類的開口和齊支是一部，脂皆兩類的合口和微灰哈是一部。前一部我們稱爲脂部，後一部我們可以稱爲微部。王念孫所分的至部應當是脂部的去聲和入聲。這一點在近人的著作裏已經考

卞蘭《許昌宮賦》叶‘峨蛇阿波華多’（《三國文》30/12），陸機《答賈謐詩》叶‘峨和蛇華’（《晉詩》3/10下），蛇都是委蛇字，就都跟歌部字押韻。

① 王說見《經義述聞》卷三十一‘古韻二十一部’條。又見《與江晉三書》，《與丁若士書》。

② 見江有誥《音學十書》卷首《復王石臞先生書》。

察的很清楚了(見上文11頁)。這樣在陰陽入對轉的關係上可以配合得很好:

　　　脂——質——眞

　　　微——術——文

現在我們把脂微兩部的字類寫出來。脂部字包括以下幾類:

脂　《廣韻》脂旨至三韻的一部分,如夷私咨尸脂耆伊眉尼暹葵,矢几美履旨視比水,利二四至次目季等字。

皆　《廣韻》皆駭怪三韻的一部分,如皆諧階,楷,屆等字。

齊　《廣韻》齊薺霽三韻的一部分,如泥犀妻迷,米弟體禮濟,細計戾惠諧曀等字。

支　《廣韻》支紙寘三韻的一部分,如紕,爾邇灑等。

凡在諧聲上和'夷伊師私耆犀眉皆齊妻西尼稽氐比米次利几美矢死履兕旨弟豐癸示至致利二自四棄戾細計惠季貳'等字有關係的都屬於脂部。微部的字包括以下幾類:

微　《廣韻》微尾未三韻字。

脂　《廣韻》脂旨志三韻的一部分,如遺悲追誰綏纍、唯位肆冀器暨鼻,萃類遂等字。

咍　《廣韻》咍海代三韻的一部分,如開哀闓,愷,槩慨愛逮等字。

灰　《廣韻》灰賄隊,三韻的一部分,如枚推崔雷回,罪餒,內退對配輩昧等字。

皆　《廣韻》皆怪兩韻的一部分,如乖懷衰,壞喟等字。

支　《廣韻》支紙寘三韻的一部分,如委衰萎燬等字。

戈　《廣韻》戈果兩韻的蘒倭火等字。

凡在諧聲上和'衣希幾斤祈非飛肥妃微歸韋軍威委開哀枚追隹燊雷衰鬼魏回畏乖褱豈尾畾罪毀火帥气既豙鼻畀類鬱卒遂崇位費未貴卉胃尉敳隶愛肆冀退內隊配對'等字有關係的都屬於微部。

　　以上是但就諧聲來分的。 在《詩經》裏雖然分別的不大嚴格,有時脂微通叶,但是兩部分用的例子還是佔多數,其間仍然有分野。在羣經《楚辭》裏也是如此。另外應當指出的一種現象,就是微部和歌部有時在一起押韻,但是脂部和歌部押韻的幾乎沒有。

從這一點也可以看出它們之間的讀音多少是有區別的。①

可是到了兩漢時期脂微兩部除了上聲有一點兒分用的跡象以外,平去聲完全同用,沒有分別。②至於入聲,也是如此。江有誥不立至部固然和《詩經》不合,但是和兩漢的詩文是相合的。我們舉至部'至'字來看:

司馬相如《子虛賦》:　　洎至(《漢文》21/2上)隸至(21/3下)

王　褒《四子講德論》:　　至比(42/8下)

馬　融《樗蒲賦》:　　帥沸雉至潰悴(《後漢文》18/5上)

這幾個例子裏'至'字都跟王氏脂部字通押。③

王氏所分脂至兩部的入聲,質術兩部,漢代也是通用爲一類的,這在後面質部下再談,現在單舉去入通叶的例子來看:

王　褒《洞簫賦》:　　愲惠棄肆逯昧黮失氣類頷貴(《漢文》42/2上)

杜　篤《論都賦》:　　渭類實溉遂(《後漢文》28/3下)

張　衡《東京賦》:　　戾洎賓贄二(《後漢文》53/3上)

禰　衡《鸚鵡賦》:　　彎瑟類頷淚欷(《後漢文》87/2上)

上列'失''實''質''瑟'等字都是王氏所分至部的入聲字,它們也跟王氏脂部的去聲字叶韻。由此可證江氏不分脂至兩部正跟漢代韻文相合。

我們再從陰陽對轉的關係來看,上面所說《詩經》音脂微兩部的陽聲韻眞文兩部在兩漢時期也是合爲一部的,結果,陰陽入三聲的演變完全一致:

　　脂　　　　　質　　　　　眞
　　　　}　　　　　　}　　　　　　}
　　微　　　　　術　　　　　文

這是值得注意的現象。

江有誥《諧聲表》內脂部有'火'字,'火'字在兩漢著作裏或跟脂部字押韻,或跟歌

---

① 例如:《易》艮六二叶'腓隨',家人象傳叶'義謂';《禮記》《樂記》叶'和畏',《月令》叶'味和氣';《楚辭》《九歌》《東君》叶'雷蛇懷歸',《遠遊》叶'妃歌夷蛇飛個'。

② 上聲分用最顯著的是脂部的齊皆一類的上聲字。如'啓''第''禮''體''楷''濟'等。在西漢時期脂微兩部的平聲固然合用,但從別方面的材料來看還是微部字跟歌部合韻的多,而脂部就很少。譬如《易林》脂微平聲和歌部合韻的有二十三個例子,其中有十八個例子是微部字,五個例子是脂部字,就是很好的參考。

③ 別方面的材料,像《太玄》《格》叶'利至',《易林》師之晉叶'至利'損之蠱叶'驥至',也可以供參考。

部字押韻，在韻文裏只見於東漢趙壹的《窮鳥賦》，叶'野下者左我可墮火'，'火'字已經讀入歌部，所以歸入歌部。①

祭　部

《詩經》韻類中祭部和脂部段氏《六書音均表》立爲一部，戴震、王念孫、江有誥都分爲兩部，這是很正確的。這一部沒有平聲字和上聲字。　王念孫《古韻譜》裏所列的《詩經》韻字有去聲，又有入聲，去入兩聲是合寫在一起的。　事實上去聲字獨用的例子很多，應當跟入聲分開。王氏最初受段玉裁的影響認爲古無去聲，等到晚年確定古有去聲以後，才把這一部的去聲稱之爲'祭'，這一部的入聲稱之爲'月'。

現在所定這一部專指去聲而言，其中包括以下幾類字：

泰　《廣韻》泰韻字。

夬　《廣韻》夬韻字。

祭　《廣韻》祭韻字。

廢　《廣韻》廢韻字。

怪　《廣韻》怪韻的一部分，如介界芥拜齀等字。

霽　《廣韻》霽韻的一部分，如契薊慧蟪等字。

凡在諧聲上和'大兌貝外會帶蕫厲賴祭蓋乂艾叡害介匃曷葛埶圖世曳列制折筮刦契市最守夬昏歲喙竄發拜毳敝彗芮衛吠裔泰'等字有關係的都在這一部。　兩漢韻文和《詩經》的字類完全相同。

2.　陽　聲　韻

蒸　部

蒸部《詩經》音包括以下幾類字：

---

① 從別的材料可以證明，'火'字從西漢就漸漸開始和歌部字叶韻。例如楊雄《太玄》《成》叶'火禍'，禍是歌部字。《易林》裏'火'字有和本部字押韻的，例如：'火死'見乾之小過，'濟火'見需之大有，'火尾'見泰之旅；但是也有和歌部字押韻的，例如：'水火禍'見泰之履，'坐火禍'見大有之節，'火禍'見頤之旅。

登 　《廣韻》登等嶝三韻字。

蒸 　《廣韻》蒸拯證三韻字。

耕 　《廣韻》耕耿諍三韻的一部分，如宏閎弸泓等字。

東 　《廣韻》東韻弓雄夢等字。

凡在諧聲上和‘登朋曾升滙夲朕興夌互丞承徵兢厶玄冰馮乘仍𠂤蠅瞢夢弓雄’等字有關係的都在這一部。

　　西漢韻文大體和《詩經》相同，只有東韻的‘雄’字在西漢末年已經開始轉變。楊雄《羽獵賦》叶‘窮雄溶中’，(《漢文》31/8下)，‘窮’‘中’都是冬部字，溶是東部字。又武帝時《紫宮諺》叶‘雄宮’，宮也是冬部字。⑧但是同類的‘弓’字和‘夢’字還在本部，沒有變動。例如枚乘《七發》叶‘乘弓’(《漢文》20/6上)，楊雄《甘泉賦》叶‘繩夢’(《漢文》51/5上)，‘乘’‘繩’都是本部字，那麼‘弓’‘夢’兩個字也應當歸在本部了。⑨可惜材料太少，不能做肯定的說明。

　　到了東漢時期雄字的部類表現得較為清楚，班固《西都賦》以‘雄陵中’為韻，⑩邊讓《章華臺賦》以‘終風中雄隆’為韻，足證雄字已轉入冬部。至於‘弓’‘夢’二字，詩文中沒有用作韻腳的，只有從‘弓’得聲的‘穹’字見於崔瑗《和帝誄》，跟‘宮’‘窮’押韻。據此推想‘弓’字恐怕也同樣轉到冬部去了。因為冬蒸兩部聲音相近，‘雄’字既然有了轉變，‘弓’‘夢’兩個字也可能同樣有轉變。

東 部，冬 部

　　《詩經》韻類東冬分為兩部是孔廣森的發現。段玉裁、江有誥對於他這種創見都很佩服，王念孫晚年也把東冬分立為兩部。足見各家的意見是一致的。孔廣森在《詩聲

---

① ‘雄’字在西漢初期(公元 120 年以前)還是有跟本部字押韻的。例如《淮南子》《覽冥篇》‘陵雄’為韻，《兵略篇》‘應雄應勝’為韻，都是很清楚的例證。但是到了西漢末年就有了轉變。楊雄《羽獵賦》以‘窮雄溶中’為韻，《法言》《淵騫篇》以‘容工農逢雄’為韻，雄字兩用，都不在本部。西漢末年《易林》裏雄字或叶侵，或叶東，或叶陽。如謙之需叶‘林雄’，蠱之无咎叶‘吟雄’，兌之節叶‘瘖雄’，這是叶侵的；需之離叶‘雄東’，大壯之睽叶‘公雄’，節之夬叶‘雄公’這是叶東的(《易林》東冬不分)；咸之坎，晉之噬嗑並叶‘強雄’，這是叶陽的。

② ‘弓’字在《呂覽》《本生》叶‘中’。這是一個很早的變動。‘夢’字《淮南子》《覽冥篇》叶‘萌騰’二字，《繆稱篇》叶‘應’字，仍在本部。

③ 班固《漢書》《酷吏傳》‘雄中’為韻。

類》裏說：

《唐韻》平聲一東三鍾四江，上聲一董二腫三講，去聲一送三用四絳，古音合爲一部。 其偏傍見《詩》者有從東從同從丰從充從公從工從冢從𠡠從众從龍從容從用從封從凶從邕從共從送從雙從尨十有九類。①

《唐韻》平聲二冬，上聲二腫之半，去聲二宋，古音合爲一部。 其偏傍見《詩》者有從冬從衆從宗從中從蟲從戎從宮從農從夅從宋十類。②

他又說：

東爲侯之陽聲，冬爲幽之陽聲。今人之淆冬於東，猶其倂蒸於幽也。蒸侵又之宵之陽聲。故幽宵之三部同條，冬侵蒸三音共貫也。③

江有誥說：

東每與陽通，冬每與蒸侵合，此東冬之界限也。④

根據他們的說法來看兩漢的韻文也是完全相合的。兩漢的韻文裏儘管有一些東冬相押的例子，但是兩部分用的現象十分顯著。例如司馬相如的韻文裏只見冬部字互相叶韻，而沒有東部字，蔡邕作品很多，只見東部字互相叶韻，而沒有冬部字，張衡的作品裏兩部字都有，而且很多，可是東冬合韻的只有兩個例子。這都是值得我們注意的。再從這兩部跟其他部分合韻的情形來看，東部跟陽部叶韻的很多，⑤冬部跟蒸部侵部叶韻的也很多，但是冬部很少跟陽部通押，東部很少跟蒸部侵部通押，這是很大的區別，跟江有誥所說的完全一致。所以我們把東冬分爲兩部。東部包括下列三類字：

東　《廣韻》東董送三類字的一部分，如東同公工蒙動總送控等字。

鍾　《廣韻》鍾腫用三韻字。

江　《廣韻》江講絳三韻字的一部分，如厖邦雙巷等字。

凡在諧聲上和‘東重同丰奉夅逢充公工巩空冢𠡠悤从龍童容用甬庸封凶匈兇嬰邕雍共送雙尨厖冢蒙豐茸’有關係的字以及‘叢舂嵩孔竦宄尨弄巷’等字都屬於東部。

① 見《詩聲類》卷四，1頁。

② 見《詩聲類》卷五，1頁。

③ 見《詩聲類》卷五，5頁。

④ 見江氏《音學十書》卷首《復王石臞先生書》。

⑤ 《淮南子》和《易林》東陽合韻的例子特別多。

冬部包括以下三類字：

冬　　《廣韻》冬宋兩韻字。

東　　《廣韻》東送兩韻的一部分，如中沖蟲終崇戎躬宮融濃等字。

江　　《廣韻》江絳兩韻的一部分，如降字。

凡在諧聲上和‘中躳宮蟲冬夅降隆農宋戎宗衆’等字有關係的都在冬部。　《廣韻》東部‘雄弓夢’等字《詩經》音屬蒸部，東漢時期皆轉入冬部。

陽　　部

《詩經》音陽部包括以下三類字：

陽　　《廣韻》陽養漾三韻字。

唐　　《廣韻》唐蕩宕三韻字。

庚　　《廣韻》庚梗敬三韻的一部分，如京明兄英兵庚行卿橫彭盟衡亨，永景
　　　　丙梗，更競泳等字。

凡在諧聲上和‘王行衡坒网岡黃昜ㅐ永方旁皇亢兵光京羊桑襄庚康唐鄉卿上畺強兄桑爽泈彭央昌明兩倉相㐄向尙象皿孟卬丙更慶亡宄喪長良量章商羹競香舀望’一類字有關係的都在這一部。

　　西漢韻文本部字都在一起押韻，是和《詩經》一樣的。惟有庚韻一類字，像京明行兄等字偶爾和耕部字押韻。到了東漢，這一類字大半都轉入耕部，惟有‘行’字或跟本部叶，或跟耕部叶①，沒有一定的屬類，只可兩部兼收。這種轉變正是東漢音和西漢音不同的一點。不過在東漢一個時期內也還有少數用陽唐韻字和這一類庚韻字在一起通押的例子，甚至於同一個人的作品有時這樣押，有時那樣押，沒有一定②，這正代表轉變時期不規律的現象。等到三國以後這種現象就很少了。

耕　　部

這一部《詩經》音包括四類字：

---

① 和‘行’字應用上的意義無關。

② 如班固、張衡二人。

青　　《廣韻》青迥徑三韻字。

清　　《廣韻》清靜勁三韻字。

庚　　《廣韻》庚梗敬三韻的一部分,如平鳴生甥驚鎣,敬等字。

耕　　《廣韻》耕韻的一部分,如丁嚶爭等字。

凡是在諧聲上和'丁成亭正生令盈鳴殸壬廷呈癸青鼎名平寧嬰粤敬冥爭开幷頃貞霝至井耿同幸晶省夐贏'一類字有關係的都屬於這一部。

西漢的韻文這一些字全在一起押韻,和《詩經》相同。到東漢時期陽部庚韻一類的字都轉到本部來,就和《詩經》不同了。

眞　部

《廣韻》眞諄臻文殷魂痕幾韻《詩經》音分為眞文兩部,這是段玉裁的創見,王念孫、江有誥都認為他的見解是正確的。《詩經》音眞部包括下列幾類字:

先　　《廣韻》先銑霰三韻的一部分,如天千四年堅賢顛淵玄,電甸等字。

眞　　《廣韻》眞軫震三韻的一部分,如人仁臣申神身信新因賓陳鄰頻,盡引,進訊慎等字。

臻　　《廣韻》臻韻的一部分,如蓁榛莘等字。

諄　　《廣韻》諄準稕三韻的一部分,如旬均詢鈞,閏等字。

凡在諧聲上和'天田千因人臣身眞秦民凡燊頻寅賓開旬辛新申匀閵進臤玄引印閏'一類字有關係的都屬於眞部。至於文部則包括的字類較多:

痕　　《廣韻》痕很恨三韻字。

魂　　《廣韻》魂混慁三韻字。

殷　　《廣韻》殷隱焮三韻字。

文　　《廣韻》文吻問三韻字。

眞　　《廣韻》眞軫震三韻的一部分,如辰巾塵貧困,畛忍閔閩,胤客等字。

諄　　《廣韻》諄準稕三韻的一部分,如春屯倫純淳循,準,順等字。

臻　　《廣韻》臻韻詵侁等字。

先　　《廣韻》先銑霰三韻的一部分,如先典殄煲犬殿荐等字。

    山　　《廣韻》山襇兩韻的一部分，如艱鰥盼等字。

    仙　　《廣韻》仙韻的川字，穿字。

凡在諧聲上和'先辰困屯春門殷分艮尊昏孫西垔免奔賁君員豩昆臺川云存巾侖堇文軍斤刃典盈熏盾豚參舜寸鬢塵殿本允胤坤穿順'等字有關係的都屬於文部。

    這兩部的分別在《詩經》裏是比較嚴格的，真與耕近，文與元近，這是最顯著的界畫。[①]但是在《楚辭》和晚周諸子裏這兩部通用的例子就多起來了。例如：

    《楚辭》　　分陳(天問)　　賓墳(天問)　　鰥親(天問)　　天問鄰(遠遊)

    《老子》　　玄玄門(體道)　　川鄰(顯德)

    《莊子》　　身存(至樂)　　分神(達生)　　存神根天(知北遊)　　川天(列御寇)

    《管子》　　神門(形勢)　　神門(權脩)　　軔神(制分)　　先信(勢)　　神存(內業)

    《荀子》　　天年神魂(致士)　　先信(天論)　　先門信分(天論)　　陳銀門分(成相)

                   存陳(賦篇)　　神雲(賦篇)　　神文分存鄰(賦篇)

    《韓非子》　　根鄰存(初見秦)　　君臣(揚權)

這些都是真文通叶的例子。到了兩漢時期這兩部就變得完全合用了。這和陰聲韻脂微合為一部是相應的。

    這一部在兩漢和元部通押的例子也非常之多，所以段玉裁說漢以後用韻過寬，真文元三部合用[②]。這話本來不十分錯，可是細心考查起來，漢人用韻真文合為一部，但是真文與元並沒有完全混為一部。我們看到下面幾種事實：

    (1) 真部和元部都有很多獨自押韻的例子；

    (2) 真部字和耕部字押韻[③]，元部字很少單獨和耕部字押韻；

    (3) 真部字有時和侵部字押韻，元部字沒有這種情形；

    (4) 真部字和元部字押韻大半都是平聲字，上聲和去聲極少；

    (5) 真部字和元部字押韻，其中的元部字大半是《廣韻》元韻山韻仙韻先韻的字，

---

  ① 見段氏《六書音均表》三《古十七部合用類分表》。 江有誥《音學十書》卷首《復王石臞先生書》也
    說："真與耕通用為多，文與元合用較廣，此真文之界限也"。

  ② 見《六書音均表》一《第十二部第十三部第十四部分用說》。

  ③ 《淮南子》《易林》裏這類的例子最多。

尤其是元山兩韻字特別多。但是寒桓兩韻字最少。

從這種事實我們可以知道眞元兩部是有界畫的。 眞元兩部的聲音可能是有相近的地方,但是並非元部全體的字和眞部音都相近,其中也有程度上的不同, 所以元部元山仙等韻和眞部通叶的例子較多。段玉裁的話是很籠統的, 根據分析的結果我們仍然要把眞元分爲兩部才對,這無形中倒跟江永、戴震分眞諄臻文殷元魂痕寒桓删山先仙十四韻爲兩部的說法相合了。根據古人韻文分析韻部本來是很煩難的事情,戴震曾經說:

> 審音本一類,而古人之文偶有相涉,有不相涉, 不得舍其相涉者而以不相涉爲斷;審音非一類,而古人之文偶有相涉,始可以五方之音不同斷爲合韻。①

這誠然是名言。但是戴氏過於側重《切韻》的韻序,反與《詩》韻不合。所以論《詩經》音當宗段說,論兩漢音則不能但以'用韻過寬'一句話輕輕放下就算完事。 江永也曾經說過:

> 漢魏以後樂府詩歌,兩部(眞元)紛然雜用者甚多,自《楚辭》濫觴之源既流後,則汒無厓畔矣。②

這與實際的情形並不相合。于海晏在編定韻譜的時候,這兩部也分立,不過他在《韻部沿革總敍》裏說:

> 兩漢三國元寒桓删山仙與眞諄臻文欣魂痕疆界靡漫,區處特難, 段氏論"漢以後用韻過寬,三部合用",實亦有見於此。然探其導源之異, 衍其支流之遠,仍存其分立之勢,以覘其泛濫之一斑。

我們認爲眞元兩部分不分要看押韻的實際情況來定。眞元兩部在兩漢韻文裏並非漫無疆界,所以不能不分,倒不是有意"存其分立之勢"。

元　　部

《詩經》音元部包括以下的字類:

寒　　《廣韻》寒旱翰三韻字。

桓　　《廣韻》桓緩換三韻字。

---

① 見《答段若膺論韻書》。
② 見《古韻標準》卷一平聲第四部 55 頁。

册　《廣韻》删濟諫三韻字。

山　《廣韻》山產禰三韻的一部分，如山間簡幻等字。

元　《廣韻》元阮願三韻字。

仙　《廣韻》仙獮線三韻。

先　《廣韻》先銑霰三韻的一部分，如肩燕涓霰見宴等字。

凡在諧聲上和'元原爰宛死宛吅單虘番樊緐反娩萬曼軌乾鳶憲建寒雁彥產安晏侃干旱難奴炙贊散丹旦看丸崔覓奂官毌舄絲算㝥豕斷耑段般半夬盥款卵删姦鬴山間東卷宦班閑幻泉全旋亘塵專袁罞展叟根善然扇扁①雟弄磬㳄延焉臽衍曹連邊面辡便弁虔縣件肩見肙燕'一類字有關係的都屬於這一部。

兩漢的韻文這一部和《詩經》是相同的。

談　部，侵　部

《廣韻》侵覃談鹽添咸銜嚴凡九韻，《詩經》音分爲侵談兩部。侵部包括以下幾類字：

覃　《廣韻》覃感勘三韻字。

侵　《廣韻》侵寢沁三韻字。

咸　《廣韻》咸豏陷三韻的一部分，如咸陷等字。

凡　《廣韻》凡范梵三韻字。

談　《廣韻》談韽三字。

東　《廣韻》東韻風字。

凡在諧聲上和'心壬壬林今金念會尤南咸覃凡男彡尋音冘簪侵突錦三甚品稟審參琴森'等字有關係的都屬於侵部。談部包括以下幾類字：

添　《廣韻》添忝㮇三韻字。

談　《廣韻》談敢闞三韻字。

嚴　《廣韻》嚴儼釅三韻字。

---

① '扁'字段玉裁《六書音均表》列在眞部，但兩漢韻文中如'篇翩編緶偏'等字皆與元部字相押，故列入元部。

鹽　　《廣韻》鹽琰豔三韻字。

衘　　《廣韻》銜檻鑑三韻字。

咸　　《廣韻》咸賺陷三韻的一部分，如讒斬監等字。

凡在諧聲上和‘炎甘兼詹戔猒函召弇僉甜芟閃冄敢嚴广斬奄染欠占龜①’等字有關係的都屬於談部。

　　兩漢韻文中用談部字做韻脚的很少，平聲只有一個讒字。另外有幾個上去聲的字。侵部用作韻脚的雖多，但是不見去聲字。上聲字也很少。從分部上來說，這兩部的分別還是和《詩經》一樣的。

3. 入 聲 韻

職　　部

《詩經》音職部包括以下幾類字：

德　　《廣韻》德韻字。

職　　《廣韻》職韻字。

屋　　《廣韻》屋韻的一部分，如服收伏福彧等字。

麥　　《廣韻》麥韻的一部分，如麥革諴等字。

凡在諧聲上和‘北弋富異食戠仄陟直嗇㠪息意弌式匿亟棘或國德則賊革彧力黑色塞㠱克麥㝷伏牧墨’一類字有關係的都屬於這一部。

　　兩漢的韻文本部字都在一起押韻，和《詩經》音的部類一樣。

屋　部，沃　部

《廣韻》屋沃燭覺四韻《詩經》音分爲屋沃兩部。屋爲侯部入聲，與東部對轉；沃爲幽部入聲，與冬部對轉。 這已經成爲定論了。②沃部王念孫稱爲毒部，因爲‘沃’字從夭

---

① ‘占龜’兩個字歸在談部從江有誥說。

② 《廣韻》屋沃燭覺四韻段玉裁《六書音均表》統列爲幽部入聲，王念孫首先發現其中有的字應當屬於侯部，見《經義述聞》三十一《與李方伯論古韻書》。 後來孔廣森做《詩聲類》也把屋沃燭覺四韻分爲兩類，一承幽，一承侯；孔氏又分東冬爲兩部，與侯幽對轉，比王氏所定更爲精密。

得聲,歸在宵部,和幽部不相應,所以選用本部的'毒'字做標目。現在爲了容易瞭解,仍用沃部的名字。

《詩經》音屋部包括三類字:

屋　　《廣韻》屋韻的一部分,如屋谷木卜鹿族沐獨讀穀僕樕等字。

燭　　《廣韻》燭韻字。

覺　　《廣韻》覺韻的一部分,如角濁渥椓岳嶽捉剝等字。

凡在諧聲上和'谷角族屋獄哭足束敕賣辱曲玉毃蜀木彔粟業豕卜支局鹿禿'一類字有關係的都屬於屋部。《詩經》音的沃部包括四類字:

沃　　《廣韻》沃韻字。

屋　　《廣韻》屋韻的一部分,如六陸復腹軸逐匊淑育祝畜蹙燠肅夙宿穆 等字。

覺　　《廣韻》覺韻的一部分,如學覺等字。

錫　　《廣韻》錫韻的一部分,如戚迪寂等字。

凡在諧聲上和'六壺肅叔戚畜祝匊學竹復肉告育毒夙佖奥逐就穆目'一類字有關係的都屬於沃部。

在兩漢韻文裏這兩部字仍然分用,和《詩經》相同。

藥　部

藥部就是宵部的入聲。《詩經》中宵部入聲字有跟平聲去聲字在一起押韻的,所以段氏《六書音均表》沒有把入聲字分列出來[①]。但是實際上入聲和平上去三聲並非毫無界限,王念孫別立藥部一目完全是對的。藥部就江有誥所舉,包括以下幾類:

鐸　　《廣韻》鐸韻的一部分,如樂礐鶴等字。

藥　　《廣韻》藥韻的一部分,如藥篛躍綽虐削爵等字。

沃　　《廣韻》沃韻的一部分,如沃熇等字。

覺　　《廣韻》覺韻的一部分,如較駁貌濯等字。

---

① 段氏不但遷就一二例外而且株守諧聲,所以不肯分列入聲爲一類。只重考古,不重審音,所以生出這種毛病。段氏《答江晉三論韻書》極言宵部古音無入,未免強辭奪理。

錫　　《廣韻》錫韻的一部分，如翟的溺櫟激等字。

凡在諧聲上和'樂暴夭卓龠翟爵交虐高繫勺雀弱殼雀'一類字有關係的都屬於這一部。

兩漢韻文裏這一部的字完全獨用，只是沒有看到沃韻字而已。

鐸　部

《詩經》音鐸部包括下面幾類字：

鐸　　《廣韻》鐸韻字。

藥　　《廣韻》藥韻的一部分，如著略若掠卻嗦縛矍等字。

陌　　《廣韻》陌韻字一部分，如白伯柏柞逆客格宅澤赫索虢等字。

昔　　《廣韻》昔韻字一部分，如石尺席昔炙亦奕繹舃夕籍等字。

麥　　《廣韻》麥韻獲字。

凡在諧聲上和'各洛石夕乍庶席隻霎舃若虜屰睪谷𧹞昔乇戟炙白霍尺百赤赫罗㘗𡥉霝亦索虢矍'一類字有關係的都屬於這一部。

兩漢韻文這一部和《詩經》相同。

錫　部

《詩經》音錫部包括三類字：

錫　　《廣韻》錫韻的一部分，如歷析錫狄擊績剔鬲鶪等字。

昔　　《廣韻》昔韻的一部分，如易益辟璧脊迹積碧適等字。

麥　　《廣韻》麥韻的一部分，如責戹摘脈策冊劃隔等字。

凡在諧聲上和'易益析束責商辟鬲脊臭臭迹厤役冊殼畫闠辰'一類字有關係的都屬於這一部。

兩漢韻文這一部也和《詩經》相同。

質　部

《廣韻》質術櫛物迄沒屑七韻《詩經》音分爲質術兩部。質部和脂部相承，[①]術部和

---

① 質部和脂部相承，從諧聲上來看：至：室，壹：懿，必：�652，閌，癸：闋，聚，自：替，這些都是很明顯的例證。疾字
　疑從矢矢亦聲。

微部相承。質部包括以下幾類字：

屑　《廣韻》屑韻的一部分，如結血節鐵。

質　《廣韻》質韻字。

術　《廣韻》術韻恤溢通等字。

櫛　《廣韻》櫛韻字。

黠　《廣韻》黠韻的一部分，如八黠劼等字。

職　《廣韻》職韻的即抑二字。

凡在諧聲上和‘至質日一乙失匹七泰吉壹栗畢必宓瑟悉疾實逸抑八穴屑即戩血設徹別寠閉’一類字有關係的都屬於質部。①術部包括以下幾類字：

沒　《廣韻》沒韻字。

術　《廣韻》術韻字。

質　《廣韻》質韻筆弼二字。

迄　《廣韻》迄韻字。

物　《廣韻》物韻字。

凡在諧聲上和‘出卒內朮勿弗聿曼矞骨屈突率尤乞孛曰鬱’一類字有關係的都屬於術部。

　　質術兩部的分別在《詩經》裏是很嚴格的，晚周諸子裏雖然偶有通叶，如《管子》《心術下》‘失物’爲韻，《荀子》《天論篇》‘物失’爲韻，但是還不很多。到了兩漢的時期就不同了，這兩部完全合用，沒有分別。②

月　部

　　月部是王念孫立的名稱，就是祭部的入聲，戴震稱爲遏部。這一部《詩經》音包括以下幾類字：

曷　《廣韻》曷韻字。

末　《廣韻》末韻字。

---

① 王念孫所定至部內倘有‘設徹別’三字，漢代‘設別’二字歸入月部。

② 惟有《史記》和《淮南子》分別很嚴。

鎋　　《廣韻》鎋韻字。

黠　　《廣韻》黠韻的一部分，如扱札察戛恝殺等字。

月　　《廣韻》月韻字。

薛　　《廣韻》薛韻字。

屑　　《廣韻》屑韻截楔齧蔑絜等字。

凡在諧聲上和'曷達末昏發兌犮叕月伐戌舌列桀雪威辥埶害介欮厥粵孑剌奪折欄刷絕劣歲守刞𡩋祭臬戉首乙罰'一類字有關係的都屬於這一部。

兩漢韻文這一部和《詩經》音相同。

盍　部，緝　部

《廣韻》入聲緝合盍葉怗洽狎業乏九韻《詩經》音分爲盍緝兩部。盍部包括以下幾類字：

盍　　《廣韻》盍韻字。

葉　　《廣韻》葉韻字。

怗　　《廣韻》怗韻的一部分，如協挾褋蝶等字。

業　　《廣韻》業韻字。

狎　　《廣韻》狎韻字。

洽　　《廣韻》洽韻的一部分，如夾插𠾐箑等字。

乏　　《廣韻》乏韻字。

凡在諧聲上和'盍枼耴聂疌妾鼠涉業曄甲劫法夾雷帀乏劦'一類字有關係的都屬於盍部。緝部包括以下幾類字：

合　　《廣韻》合韻字。

緝　　《廣韻》緝韻字。

洽　　《廣韻》洽韻的一部分，如洽恰祫等字。

怗　　《廣韻》怗韻的一部分，如墊墊等字。

凡在諧聲上和'合龖沓眔龖畾立邑入集十習及急𡕢戢廿執𦐧'一類字有關係的都屬於緝部。

在兩漢韻文裏這兩部的分別還是很清楚的，盍部的韻字雖然不多，但是大類都和《詩經》一樣。

四、兩漢韻部之間通押的關係

前一章已經把兩漢韻部的分類做了概括的說明，那是根據全部韻文的材料分析綜合的結果，每一部押韻的例子都在後面的《兩漢詩文韻譜》裏寫出來了。分部是按照大多數的材料所表現出來的最大的共同性來確定的，不過古人押韻的情形很複雜，就現在的分部來說，不同部的字在一起押韻的例子還很多，這可能是由於作者的方音本爲一部，所以在一起押韻，也可能是因爲作者在押韻上很難做到不超出同一部的範圍，隨着文意，只要兩部字音相近也就在一起通押，推想這兩種情況可能都有。但不論屬於哪一種情況，凡在一起通押的聲音必然相近，聲音不相近的也絕不會在一起相押。這種異部通押的例子，在後面的《韻譜》裏都與本部字相押的例子分開來寫，統稱爲"合韻"。①

《韻譜》中"合韻"的材料很重要。根據這種材料，一方面可以了解各部之間聲音的遠近，凡是兩部字通押較多的，聲音一定相近，凡是很少在一起相押的，聲音一定相差較遠；另外一方面還可以進一步從通押的關係上推測各部的讀音。所以把"合韻"的材料單提出來加以考查和說明是有必要的。現在把兩漢分爲兩個時期來講：

1. 西漢時期

爲了便於了解起見，我們可以根據《韻譜》中的合韻材料把西漢時期各韻部通押的關係列爲下表。（見 46 頁）

從這幾個表裏已經可以看出各部之間通押的關係，②但還需要做一些細緻的說明。

就陰聲韻來看，之幽宵魚歌支脂祭八部在通押的關係上顯然可以分爲兩組：之幽宵魚爲一組，歌支脂祭爲一組。前一組之與幽、幽與宵通押的例子比較多一些，魚部跟之、幽、宵三部也都有一些通押的例子，所以爲一組。其中之幽兩部通押的字，之部多半是之韻和尤韻的字，幽部多半是尤韻字。

---

① "合韻"的名字創於段玉裁。

② 表內所列只是兩部通押的例子，三部或三部以上通押的例子不在內。

a. 陰聲韻部

	之	幽	宵	魚	歌	支	脂	祭	職	藥	鐸	屋	錫	質	月	眞
之		8		2			2		2							
幽	4		15	6												
宵		3		2							1					
魚	3	5	5		1						8	4				
歌				9		15	10									
支					8		3						1			
脂	8				18	6		3						1		2
祭					2	12									3	

這個表要橫着看，表中的數字代表合韻譜中所列通押例子的數目。例如之部合韻譜裏之幽合韻的有 8 個例子，之魚合韻的有 2 個例子，之脂合韻的有 2 個例子，之職合韻的有 2 個例子，所以第一行就有 8，2，2，2 幾個數字。這種列法是與合韻譜相對照的。 假如我們要知道之幽合韻和幽之合韻一共的數目，只要把第一行‘之’跟‘幽’相對的 8 加上第二行‘幽’跟之相對的 4 就是總數，那就是 12。以下各表都一樣。

b. 陽聲韻部

	蒸	冬	東	陽	耕	眞	元	談	侵	幽
蒸		1		1					3	
冬			3	1					1	
東		11		1					1	1
陽	1	1	10		5				1	
耕	3		8			7				
眞					4		39	1	2	
元						12				
談			1						1	
侵			1					1	1	

c. 入聲韻部

	職	沃	藥	屋	鐸	錫	質	月	盍	緝	魚	祭	眞
職		2		2	2	2				5			
沃	2												
藥	1	1											
屋	2	6	2					1					
鐸			4	4								1	
錫													
質	1							8	1			3	1
月							1					3	
盍													
緝	1						2		2			1	

例如：

賈　誼《鵩鳥賦》：　　浮休舟浮憂疑(《漢文》15/3 上)

東方朔《七諫》《哀命》：　　憂尤(《漢文》25/4 上)

王　襃《四子講德論》：　　獸茂母(《漢文》42/8 下)

楊　雄《甘泉賦》：　　芝蚨(《漢文》51/4 上)

楊　雄《揚州箴》：　　謀籌(《漢文》54/2 下)

足見這兩部的之尤兩韻的字讀音最相近。幽宵兩部通押主要是蜀人，如司馬相如、王襃、楊雄等人的文章裏都有這種例子。宵部字跟幽部字通押的主要是宵韻字。 在這一組裏，之與宵兩部沒有通押的例子。魚部與之、幽、宵三部通押的例子當中，魚部很少有麻韻的字在內，只是在司馬相如的韻文裏有兩個例子有麻韻字。如：

司馬相如《上林賦》：　　閒鴅(《漢文》21/4 上)

司馬相如《子虛賦》：　　邪罘諸(《漢文》21/3 上)

由此可見魚部的麻韻字跟魚部的其他類字讀音有一些不同。魚部的麻韻字有一些跟歌部字在一起押韻，例如：

司馬相如《子虛賦》：　　池移華沙(《漢文》21/1 下)，歌和波遷歌(21/5 下)

東方朔《誡子》：　　華和多蛇化家(《漢文》25/12 上)

王　褒《僮約》：　　蹉鵝荼荷(《漢文》42/12 上)　臥罵(同前)

楊　雄《逐貧賦》：　　遐加砂家羅呵何(《漢文》52/4 上)

韋　孟《諷諫詩》：　　過霸(《漢詩》2/2 上)

但魚部其他幾類字，如'徒都居輿'等，就絕不與歌部字相押。這些與歌部相押的麻韻字也只限於平聲字和去聲字，上聲字未見。

　　陰聲韻第二組歌支脂祭四部，支祭兩部完全沒有通押的例子，可知這兩部的讀音相去較遠。歌支兩部通押很多，這在前面已經說過了。歌支通押中在字類上也有一些分別。歌部跟支部支韻一系押韻的字大體都是歌部的支韻字，歌部跟支部佳韻一系押韻的字大體都是歌部的歌韻字和麻韻字。[①]這裏就表現出歌部的支韻字和歌部的歌麻兩韻字有分別，同時也表現出支部的支韻字和支部的佳韻字有分別。歌部的支韻字既然跟歌部的歌麻兩韻字有分別，到東漢時期歌部的支韻字就都轉到支部去了。

　　歌部除了跟支部字有通押的例子以外，歌部字還有跟脂部字押韻的例子。歌脂押韻在《楚辭》、《莊子》、《荀子》裏已經有這種現象。例如：

《楚辭》《九歌》《東君》：　　雷蛇(委蛇)懷歸

《莊子》《山木篇》：　　離毀挫議虧("合則離"五句)

《莊子》《漁父篇》：　　哀威和(故強哭者雖悲不哀)

《荀子》《成相篇》：　　罷私施移(曷謂罷五句)，儀爲移師(君法儀五句)

在西漢韻文裏歌脂兩部相押是比較常見的一種現象。司馬相如、東方朔、王褒、劉向、楊雄等人的作品裏都有這種例子。例如：

司馬相如《子虛賦》：　　離夷莎(《漢文》21/4 上) 危坻(同前)

司馬相如《大人賦》：　　馳離離魁 (《漢文》21/7 下) 夷師危歸(同前)

司馬相如《封禪文》：　　衰危祗遺(《漢文》22/8 上)

王　褒《甘泉宮賦》：　　羸巍(《漢文》42/11 上)

王　褒《青髯髯奴辭》：　　眉姿脂綏垂(《漢文》42/12 下)

劉　向《九歎》《惜賢》：　　斐峨蠡嵯(《漢文》35/5 上)

---

① 參看前面已經舉過的例子。

劉　向《九歎》《憂苦》：　　離哀（《漢文》35/6 下）

劉　向《九歎》《遠遊》：　　逖巍（《漢文》35/8 上）馳指（同前）

楊　雄《甘泉賦》：　　威危馳回麩蛇妃眉賚（《漢文》51/5 下）

楊　雄《酒賦》：　　眉危懷微輻泥夷（《漢文》52/5 上）

楊雄《解嘲》：　　隨奇隤爲（《漢文》53/3 下）

從這些例子裏我們可以看出一件事實，就是歌脂通押中的歌部字差不多都是支韻字。由此我們更可以了解：歌部支韻字與支部支韻字以及脂部字聲音都比較接近。

　　脂部除與歌部支韻字通押外，也有一些與支部字及之部字通押的例子。脂部去聲字跟祭部通押的例子較多。　這種與祭部通押的脂部字幾乎都是屬於《詩經》音微部的字，如‘慨溽碎墜潰淚惠逮位氣隊內慨喟醉崇戻位’等等。　這些字一定跟祭部字讀音比較接近。例如：

賈　誼《旱雲賦》：　　慨溽碎墜戻潰逝稜熠慨害淚惠逮位氣敗（《漢文》15/1上）

韋　孟《諷諫詩》：　　衛墜（《漢詩》2/1 下）

司馬相如《子虛賦》：　　椑蓋貝穎喝沸會礚外燧隊裔（《漢文》21/2 下）

東方朔《旱頌》：　　慨害（《漢文》25/11 下）

劉　向《九歎》《愍命》：　　喟傑（《漢文》35/7 上）

楊　雄《羽獵賦》：　　內外（《漢文》51/7 下）

楊　雄《雍州箴》：　　戻沛（《漢文》54/3 下）

這裏字下加點的都是祭部字。從這些例子我們就可以完全了解脂祭之間的關係。脂部去聲字中如‘至利自次二器計繼’等字是不跟祭部字押韻的。歌支脂祭四部中祭部跟歌支兩部關係比較疏遠。祭部跟歌部押韻的只有兩個例子。

　　陰聲韻各部通押的關係大體如此。《韻譜》裏陰聲韻一部分按照之、幽、宵、魚、歌、支、脂、祭的次序排列，就是根據這種通押的關係來確定的。

　　陰聲韻跟入聲字押韻的例子並不很多。之、宵、魚、支、脂、祭幾部去聲字都有跟入聲字押韻的例子，其中只有魚部、祭部跟入聲押韻的例子稍多一些。　在《詩經》音裏魚與侯是分用的，到西漢時期，魚侯合用極其普遍，所以我們把魚侯合爲一部。　但入聲鐸屋兩部並不相混，所以仍然分爲兩部。　魚本與鐸相承，侯本與屋相承，現在把魚侯合爲一部,這樣在陰入相承的關係上就顯得不很整齊了。 如果我們從魚侯與入聲鐸屋的押韻情形來看,也可以了解魚侯的確關係很密。例如:

　　　　司馬相如《子虛賦》:　　　壄埒(《漢文》21/1下,字下加點的是入聲字,壄鐸部字)

　　　　王　褒《四子講德論》:　　　射鏃處鶩欲拊兔仆寇(《漢文》42/9上,鏃欲屋部字)

　　　　王　褒《僮約》:　　　穫芋鏃(《漢文》42/12上,穫鐸部字)

　　　　楊　雄《羽獵賦》:　　　與險觸獲遽注怖眶獲聚(《漢文》51/8下,觸屋部字,獲獲
　　　　　　　　　　　　　　　　　鐸部字)

　　　　楊　雄《解難》:　　　鼓斲後睹(《漢文》53/4下,斲屋部字)

這表明魚部去聲字也可以跟屋部字相押,侯部去聲字也可以跟鐸部字相押。 足見魚部侯部是可以合爲一部的。魚部去聲與鐸屋兩部押韻的例子當中沒有麻韻字。

　　祭部跟入聲字押韻的例子當中,有跟月部押韻的, 也有跟質部押韻的(參看上面所列的陰聲合韻表和入聲合韻表):

　　　　司馬相如《哀秦二世賦》:　　　瀨世勢絕(《漢文》21/6下),沫逝(同前)

　　　　司馬談《論六家要旨》:　　　竭敝(《漢文》26/4下)

　　　　劉　向《九歎》《惜賢》:　　　血廢(《漢文》35/5下)

　　　　劉　向《九歎》《遠遊》:　　　折蔽(《漢文》35/8下)

　　　　楊　雄《冀州箴》:　　　替弊(《漢文》54/1上)

　　　　楊　雄《廷尉箴》:　　　害割殺泰敗謁(《漢文》54/6下)

　　　　楊　雄《將作大匠箴》:　　　世汭室卒(《漢文》54/7下)

這裏面'絕竭折割殺謁'都是月部字,'血替汭室卒'都是質部字。質月兩部音近(韻尾都是-t),所以祭部既跟月部通押,又跟質部通押。

　　根據上面所說的陰聲韻各部之間通押的關係和陰聲韻跟入聲韻通押的關係,可以初步粗疏地推斷陰聲韻各部的讀音情況如下:

　　(1)之幽宵魚(麻韻在外)一組元音相近,魚部麻韻一系字元音接近於歌部的歌麻
　　　　兩韻字。

　　(2)歌支脂祭一組元音相近,歌部支韻字和支部關係最近,脂部一部分近於歌部支
　　　　韻字,一部分近於祭部。

（3）近人考訂《詩經》音之幽宵魚幾部的尾音是-g，從西漢人的押韻情況來看，魚部的麻韻字可能已經沒有-g尾，魚部其他類字的去聲還有-g尾。

（4）支部《詩經》音收-g，脂部、祭部《詩經》音收-d。從西漢人的押韻情況來看，支部可能已經沒有-g尾，脂部除屬於《詩經》音微部的一些去聲字外可能也失掉了韻尾-d，祭部可以肯定地說還有-d尾。

至於陰聲韻各部的元音留待《總論》部分再詳細討論。

西漢陽聲韻蒸、冬、東、陽、耕、眞、元、談、侵九部可以分爲三類，蒸、冬、東、陽、耕五部韻尾輔音是-ng，眞元兩部韻尾輔音是-n，談、侵兩部韻尾輔音是 -m。

收-ng的幾部中東冬兩部與耕部都沒有通押的例子。東冬、陽東、耕陽通押的比較多。東冬兩部通押見於東方朔、嚴忌、王褒、劉向、楊雄、劉歆幾家的韻文裏。 東方朔是平原厭次人，嚴忌是會稽人，劉向父子是沛人，王褒、楊雄都是蜀人。東冬相押可能是方音中讀音相同。①陽東相押在周代銅器銘文裏是比較常見的，《老子》裏也很多。 西漢韻文中陽東相押的例子比較多的是東方朔、楊雄兩家。 在個別的方言中這兩部的元音可能比較接近。②至於耕部和陽部相押，一共有十幾個例子，足見這兩部很有分別。 像'京明兄慶'一類字在西漢時期一般都跟陽部字在一起押，到東漢時期才轉入耕部③，可是在西漢時期這類字已經有與耕部押韻的例子。例如：

韋　孟《諷諫詩》：　　城生耕寧京征平（《漢詩》2/1下）

韋玄成《自劾詩》：　　兄形聲京（《漢詩》2/7下）

韋玄成《子孫詩》：　　盛慶（《漢詩》2/8上）

班健伃《自悼賦》：　　靈庭明成（《漢文》11/7上）

韋孟父子是魯國人，班健伃是樓煩人，我們推想這類字在魯國和樓煩可能已經轉入耕部，所以跟耕部字押韻，這幾個例子跟其他陽部字與耕部字因音近通押的例子不同。

收 -n的眞元兩部彼此通押的例子極多，這是漢代韻文中極普遍的現象。元部跟眞部通押的字大部分都是《廣韻》元、山、仙、先幾韻的字。這幾韻的字一定跟眞部字的讀

---

① 《淮南子》、《易林》中東冬爲一部。見《個別方言材料的考查》一章。

② 陽東兩部通押最多的是陸賈《新語》和《淮南子》，見後面81頁。

③ 漢末劉熙《釋名》代表的北海音這些字仍然在陽部。見後面110頁。

音比較接近,所以常常通押。另外,眞部還有一些跟耕部通押的例子。如賈誼、嚴忌、枚乘、司馬相如、王襃各家的作品裏都有這種例子。① 眞耕兩部的韻尾是不同的,在個別的方言中也許耕部韻尾-ng 有讀-n 的,但眞耕通押在元音方面一定是比較接近的。我們發現凡跟耕部字通押的眞部字一般都是屬於《詩經》音眞部的字,如'眞人神身天鱗親臣濱民秦年、之類,很少是屬於《詩經》音文部的字。例如:

賈　誼《弔屈原文》:　　生身(《漢文》16/7 上)

嚴　忌《哀時命》:　　眞清身聲情名榮逞正成生年(《漢文》19/4 下)

枚　乘《七發》:　　鵾鸚鳴鱗芩莖天(《漢文》20/5 下)

司馬相如《子虛賦》:　　騁形精恩(《漢文》21/6 下)

司馬相如《封禪文》:　　民秦聲(《漢文》22/6 下)替神尊榮民(同前 22/7 上)

王　襃《四子講德論》:　　嬰親(《漢文》42/5 下)名文繽(同前 42/7 上)

這些例子中只有'恩尊文繽'等字是《詩經》音的文部字,其他都是《詩經》音的眞部字。由此可以看出'神身天人眞秦'等字跟耕部字元音相近,《廣韻》痕、魂、殷、文等韻字跟耕部字聲音較遠。

　　收 -m 的侵談兩部,侵部字多,談部字少。司馬相如和王襃的文章裏侵部有跟冬部押韻的例子,如:

司馬相如《子虛賦》:　　蓼風音宮窮(《漢文》21/4 下)

王　襃《洞簫賦》:　　淫摻音風窮(《漢文》42/2 下)

'宮窮'都是冬部字。由此可證侵冬兩部元音相近。侵部字與蒸部、東部押韻的例子不多,主要是一個'風'字,而且僅見於楊雄的韻文裏。

楊　雄《甘泉賦》:　　乘風澄兢(《漢文》51/4 上)

楊　雄《解難》:　　風升閎紘蒸(《漢文》53/4 上)

楊　雄《元后誄》:　　崩心音勝(《漢文》54/10 下)

楊　雄《尙書箴》:　　聰恭風(《漢文》54/4 下)

這可以看出在楊雄的語音裏'風'字可能由-m 尾變爲-ng 尾,但其他作家的韻文裏仍讀 -m。另外,東方朔文中侵部字有跟東部字押韻的一個例子,劉向文中談部字也有跟

---

① 《淮南子》中也很多。

東部字押韻的一個例子：

　　　　東方朔《七諫》《怨思》：　　容心深林（《漢文》25/3 下）

　　　　劉　向《九歎》《逢紛》：　　容讒（《漢文》35/2 上）

'容'是東部字。東冬兩部有些方言是很相近的，冬可以跟侵押，所以有些方言東也跟侵押，甚至於跟談押。這種例子並不表示侵談兩部的尾音有了改變。

　　侵談兩部除了與收-ng 尾的字有通押的例子以外，還有極少數與收-n 尾的字通押的例子：

　　　　唐山夫人《安世房中歌》：　　心申親鱗（《漢詩》1/3 上）

　　　　無名氏《鐃歌》《遠如期》：　　陳紛心（《漢詩》1/11 上）

　　　　王　襃《洞簫賦》：　　耽還（《漢文》42/2 下）

　　　　王　襃《四子講德論》：　　陳賢廉（《漢文》42/8 上）

這裏面'心'和'耽'是侵部字，'廉'是談部字；其他一些字除'還'是元部字外，其餘都是真部字。唐山夫人里貫不詳，王襃是蜀郡資中人。　在西漢時期是否有一些方言侵談兩部的尾音-m 已經變為-n，還不清楚，但是這幾個例子是值得注意的。

　　總起來看，陽聲韻部-ng，-n，-m 三類的分別很清楚。　根據上面所說的各部通押的情形，我們推測：

　　(1) 東冬兩部的元音比較接近，但是有些方言可能讀為一部。　東冬的分別在於冬接近於侵蒸，東則接近於陽。

　　(2) 耕陽兩部的分別很清楚。耕部的讀音跟真部的'天年人親民秦'一類字比較接近。陽部'京明兄慶'一類字接近於耕部。

　　(3) 真部字特別是痕魂欣文臻幾韻的字跟元部的元山仙先幾韻字讀音很相近。

　　(4) 侵部的'風'字有的方言讀為-ng 尾。

　　另外，在西漢的韻文裏我們還看到有陽聲韻和陰聲韻、入聲韻押韻的幾個例子，這是比較特殊的。

　　　　東方朔《七諫》《謬諫》：　　"不量鑿而正枘兮，恐矩矱之不同；不論世而高舉兮，恐操行之不調"。（《漢文》25/5 上）'同''調'押韻。同，東部字；調，幽部字。

　　　　王　襃《洞簫賦》：　　沌頹（《漢文》42/2 下）

　　　　楊　　雄《少府箴》：　　　殷暹(《漢文》54/7 上)

　　　　劉　　向《九歎》《惜賢》：　　鬱怨(《漢文》35/5 下)

東方朔以'同調'爲韻，前人以爲是模倣屈原《離騷》，我們認爲東方朔可能是因爲自己的語音東幽兩部元音相同，又受了《楚辭》的影響，所以用'同''調'兩字相押。⑩前人的說法恐怕只有一半對。王褒以'沌''頹'爲韻，楊雄以'殷''暹'爲韻，劉向以'鬱''怨'爲韻，足以說明脂、眞、質三部陰陽入對轉的關係。楊雄在《少府箴》裏可能是讀'殷'音如'衣'。'衣'是脂部字。

　　下面我們要看一下入聲韻各部通押的情況。　入聲韻職、沃、藥、屋、鐸、錫、質、月、盍、緝十部可以分爲三類，職、沃、藥、屋、鐸、錫六部韻尾輔音是-k，質、月兩部韻尾輔音是-t，盍、緝兩部韻尾輔音是-p。

　　收-k 的幾部入聲韻幾乎都有彼此通押的例子。　職部與沃部、藥部、屋部、鐸部、錫部在楊雄的韻文中都可以通押，這是比較突出的現象。董仲舒、司馬相如和王褒押韻的尺度也比較寬。例如：

　　　　董仲舒《士不遇賦》：　　邈速徒木覺祿辱角逼俗束谷，(《漢文》23/1 上，屋沃職
　　　　　　　　　　　　　　　　　藥魚合韻，徒魚部字)

　　　　司馬相如《子虛賦》：　　縞縠曲谷(《漢文》21/2 上，屋藥合韻)

　　　　司馬相如《子虛賦》：　　谷閣屬宿(同上 21/4 上，屋沃鐸合韻)

　　　　司馬相如《子虛賦》：　　略獲轢若藉瓥伏藉澤(同上 21/5 下，鐸藥職合韻)

　　　　司馬相如《子虛賦》：　　服郁躒貌側(同上 21/6 上，藥職合韻)

　　　　王　　褒《四子講德論》：　　虐賊伏毒足族(《漢文》42/8 下，屋沃藥職合韻)

職、沃、藥、屋、鐸幾部相押，與陰聲韻之、幽、宵、魚幾部相押是相應的。魚部去聲字可以跟鐸部字押韻，也可以跟屋部字押韻，入聲方面鐸屋兩部也可以通押。例如：

　　　　王　　褒《四子講德論》：　　斲射(《漢文》42/6 上)脮木略(同前 42/7 下)

　　　　王　　褒《聖主得賢臣頌》：　　樸咢(《漢文》42/9 下)

　　　　楊　　雄《宗正卿箴》：　　族伯籍錯(《漢文》54/5 下)

字下加點的都是屋部字。《詩經》音鐸部與陰聲韻魚部相承，屋部與侯部相承，漢代魚侯合用不分，則鐸屋兩部通押，音必相近。

入聲韻收-t 的兩部是質部和月部。質部跟月部通押的例子比較多。 凡是跟質部
通押的月部字大半都是薛韻字。例如：

  王 褒《洞簫賦》： 溢鬱律譎折溢滅出（《漢文》42/1 下）

  王 褒《四子講德論》： 溢發（《漢文》42/7 上）

  劉 向《九歎》《遠遊》： 滅日（《漢文》35/8 上）

  楊 雄《解嘲》： 實熱室（《漢文》53/3 上）烈律（《漢文》53/3 下）

  楊 雄《尚書箴》： 哲慄密舌折（《漢文》54/4 下）

字下加點的字除了‘發’字是月韻字以外，其他都是薛韻字。

入聲韻收-p 的兩部是盍部和緝部。這兩部通押的例子不多，只見於王褒的作品裏：

  王 褒《洞簫賦》： 法合雜獵擸（《漢文》42/1 下）

  王 褒《四子講德論》： 入法（《漢文》42/8 下）

盍部在楊雄的韻文中有與屋部字、質部字押韻的例子：

  楊 雄《甘泉賦》： 節業（《漢文》51/9 下，節質部字）

  楊 雄《反離騷》： 捷足（《漢文》52/5 下，足屋部字）

另外緝部有與職部、質部、祭部押韻的例子：

 緝：職

  李延年《歌》： 立國國得（《漢詩》2/7 上）

  司馬相如《子虛賦》： 魶翼（《漢文》21/3 下）

  董仲舒《士不遇賦》： 黑訥惑（《漢文》23/1 上）

  楊 雄《上林苑令箴》： 殖給（《漢文》54/9 上）

 緝：質

  劉 向《九歎》《遠逝》： 集日（《漢文》35/4 下）

  劉 向《九歎》《思古》： 泣戾（《同上》35/7 上）

 緝：祭

  司馬相如《封禪文》： 際答（《漢文》22/8 上）

緝與職、質押韻可能由於元音相同或相近。‘際答’押韻，‘際’與‘合’義同，‘合’為緝部
字。用‘合’則非合韻。

　　總起來說,從入聲各部合韻的關係來看,-k,-t,-p三類的分別很清楚。在元音方面職緝兩部的元音可能相同,質部和月部的薛韻字元音一定很相近。

2. 東 漢 時 期

　　根據後面《兩漢詩文韻譜》中的合韻材料,我們可以把東漢時期各韻部通押的關係列爲下表:

a. 陰聲韻部

	之	幽	宵	魚	歌	支	脂	祭	職	鐸	屋	錫	月	質	眞
之		14		4			4		1						
幽	11		13	15											
宵		4		5											
魚	8	12	9		19						1	2			
歌				4		4					1				
支	1				5		14					2			
脂	7				1	20		3					1	9	3
祭									11				7	2	

b. 陽聲韻部

	蒸	冬	東	陽	耕	眞	元	談	侵	歌
蒸			1		4				3	
冬	3		3	1					1	
東	1	16		1					1	
陽	2	1	15		38					
耕		2	1	8		5				
眞					7		63		2	
元						37		2		1
談							1			
侵		2				2		1		

c. 入聲韻部

	職	沃	藥	屋	鐸	錫	質	月	盍	緝	幽	宵	魚	祭	脂
職		2		1			4			8	1				
沃	1		1												
藥	2	1			1	1							1		
屋	3	7												1	
鐸	4	1	3	3		4		1	2					1	
錫					4			1							
質	1							5							1
月			1				8		2					6	
盍															
緝									2						

上面所列的合韻表跟前面所列的西漢時期的合韻表大體是相同的。現在就一些比較重要的現象加以說明：

陰聲韻魚部的麻韻字轉入歌部，歌部的支部字轉入支部，這是東漢跟西漢最大的不同。陰聲韻之幽宵魚四部在東漢時期的韻文裏都有互相通押的例子。 之魚兩部相押，主要是上聲字。之部有'否友有母右負副'一些字，這些字都是《廣韻》尤、侯韻一系的字。例如：

崔駰《扇銘》： 子否暑(《後漢文》44/11 下)

蔡邕《釋誨》： 藪友有(《後漢文》73/7 下)

馬融《長笛賦》： 右後(《後漢文》18/2 上)

馬融《樗蒲賦》： 副距數(《後漢文》18/4 下)

無名氏《京兆謠》： 虎吐茹母父(《漢詩》5/9 上)

無名氏《南陽諺》： 父母(《漢文》5/11 上)

無名氏《古詩爲焦仲卿妻作》： 母取(《漢文》4/12 上) 戶語母府取語 (同前)

後口語去府負(同前 4/12 下)

‘友右有’一類字也往往與幽部字相押，足見這一類字跟之部其他字有一些分別。

　　幽宵兩部通押，幽部字大部分都屬於效攝字，蕭韻字較多；宵部字則以宵韻字居多。例如：

　　　　（平聲）

　　　　班　固《幽通賦》：　　周幽龜謠條流（《後漢文》24/10 上）

　　　　堂谿協《開母廟石闕銘》：　　優擔休疇條朝（《後漢文》54/10 下）

　　　　王　逸《九思》《守志》：　　遙嶢條鴞怊（《後漢文》57/5 下）

　　　　馬　融《長笛賦》：　　藉嗃調摽（《後漢文》18/2 上）

　　　　（上聲）

　　　　班　固《竹扇賦》：　　妙篠（《後漢文》24/11 上）

　　　　崔　駰《達旨》：　　表寶道（《後漢文》44/4 下）

幽宵兩部通押，兩部效攝字漸趨接近。

　　幽魚兩部通押，幽部字大部分是尤韻字，魚部字大部分是屬於《詩經》音侯部的字（包括侯虞兩韻）。例如：

　　　　（平聲）

　　　　梁　鴻《適吳詩》：　　流浮隅休（《漢詩》2/8 下）

　　　　張　衡《歸田賦》：　　丘流鉤鰡（《後漢文》53/9 下）

　　　　王　逸《九思》《悼亂》：　　夫絓絇翾拘囚居（《後漢文》57/4 下）

　　　　馬　融《廣成頌》：　　舟檮流謳浮游（《後漢文》18/12 上）

　　　　闕　名《李翊碑》：　　候嵎疇儒休殊於夫（《後漢文》102/10 下）

　　　　無名氏《步出夏門行》：　　廬居扶隅俱遊榆趺（《漢詩》4/5 上）

　　　　（上聲）

　　　　崔　駰《酒箴》：　　酒缶後（《後漢文》44/10 上）

　　　　李　尤《平樂觀賦》：　　擾受虬走耦首阜缶（《後漢文》50/3 上）

　　　　蔡　邕《五靈頌》：　　獸乳就狩（《後漢文》74/3 上）

這裏面字下加點的都是《詩經》音的侯部字，字下加圈的都是《詩經》音的魚部字。　由此可以看出幽部尤韻字跟魚部中屬於《詩經》音的侯部字讀音比較接近。　到了魏晉以後,之幽兩部的尤韻字和魚部的侯韻字(不包括虞韻字)合爲一部,幽宵兩部的效攝字合爲一部。從以上所說的三點來看,東漢時期已經有了這樣的端緒了。

魚部跟宵部字押韻,宵部字多半都是宵韻字。魚部跟歌部字押韻,歌部字都是麻韻一系的字,如'邪家雅寡馬野社迓夜舍暇'等字都是。 其中又以上聲字居多。這些字在西漢時期本屬魚部,所以到東漢時期還有些人跟魚部字相押。 這跟歌部支韻字轉入支部以後,仍有人用支韻字和歌部字押韻一樣。

陰聲韻歌部跟支部有押韻的例子,但歌部跟脂部相押的很少。脂部跟支部相押,在西漢時期已經有這種例子,可是不多,到了東漢時期這種例子就特別多起來,這是一種新起的現象。如馮衍、杜篤、傅毅、班固、崔駰、王逸、劉梁、馬融、李尤、桓麟、徐淑、胡廣、王延壽、蔡邕這些家的作品裏都有脂支通押的例子,只有張衡不如此。 由這種情形來看,脂支兩部讀音一定比較接近。

脂部字不僅跟支部字押韻,而且也還有跟之部字押韻的例子。例如:

  王 逸《機婦賦》: 時絲脂之(《後漢文》56/1 下)

  皇甫規《女師箴》: 機慈思(《後漢文》61/7 下)

  邊 讓《章華臺賦》: 臺階萊能(《後漢文》84/12 上)

  蔡 邕《答卜元嗣詩》: 辭希歸(《漢詩》2/13 上)

  孔 融《六言詩》: 非歸哀來(《漢詩》2/15 上)

  闕 名《張壽碑》: 臺微畿饑(《後漢文》101/4 上)

  無名氏《古詩爲焦仲卿妻作》: 歸哀來(《漢詩》4/13 下)

從這幾個例子可以看出脂部的灰咍韻字和皆韻字已經跟之部的灰咍韻字讀音接近,脂部的微韻字也跟之部的之韻字比較接近。這都是東漢晚期的現象。

脂部跟祭部也有一些押韻的例子。脂祭通押,主要是杜篤、班固、傅毅、馬融、皇甫規等人,這可能是陝西、甘肅的方音現象。[①]例如:

  杜 篤《論都賦》: 內外裔(《後漢文》28/4 上)

  班 固《東都賦》: 說氣世(《後漢文》24/8 上)

  班 固《答賓戲》: 外內歲 世(《後漢文》25/4 下)會勢貴頹世穎 (同前 25/5 上)

---

① 杜篤、班固、傅毅、馬融都是關中人,皇甫規是安定朝那人。

班　固《典引》：　　昧契綴（《後漢文》26/6下）

傅　毅《七激》：　　歲悴（《後漢文》43/4下）

皇甫規《女師箴》：　　邁帶外退（《後漢文》61/7下）

脂祭通押中的脂部字跟西漢時期相同，主要是灰、脂、微幾韻的合口去聲字。

　　東漢時期的韻文裏陰聲韻和入聲韻相押的例子中除脂部與質部、祭部與月部押韻的例子較多外，其餘如魚部與鐸部屋部、支部與錫部等押韻的例子都只有一兩個。脂質通押中，脂部字大部分還是灰、脂、微幾韻的合口去聲字。例如：

杜　篤《論都賦》：　　渭類實溉逮（《後漢文》28/3下）

崔　駰《太尉箴》：　　摔尉（《後漢文》44/8上）

王　逸《荔支賦》：　　味氣出貴（《後漢文》57/2上）

張　衡《西京賦》：　　醉萃屈紱逮貴（《後漢文》52/8下）

張　衡《東京賦》：　　戾泊質贄二（《後漢文》53/3上）

蔡　邕《胡廣黃瓊頌》：　　類懿位紱轡蔚貴逮二（《後漢文》74/1下）

禰　衡《鸚鵡賦》：　　轡瑟類領淚欷（《後漢文》87/2上）

從這些例子中可以看出脂質兩部之間的關係。

　　根據以上所說的陰聲韻各部通押的關係來看，脂與支通押的例子特別多是值得注意的現象。　推想支部的-g尾已經變爲-i，脂部除了合口去聲一些字以外-d尾也變爲·-i。祭部的-d尾並沒有變。

　　東漢時期陽聲韻通押的關係大體跟西漢時期相同。收-ng的幾部除了東冬兩部不跟耕部通押外，各部彼此都有相押的例子。其中東冬、陽東、陽耕押韻的比較多。　東冬通押的例子在杜篤、傅毅、班固、崔駰、李尤、張衡、崔瑗、馬融、邊韶、劉琬、胡廣、禰衡一些作家的文章裏都有，足見東冬音近。陽東通押，見於班固、崔駰、王逸、崔瑗、馬融、蔡邕等人的作品，但例子並不很多。陽耕通押的例子雖然多，但很多例子中的耕部字是‘明英京橫衡羹迎兄彭兵亨’等庚韻字，這些字在西漢時期本屬陽部，到東漢時期這些字在不同的方言中的讀音可能有不同，所以雖然一般歸入耕部，可是還有跟陽部押韻的例子。

　　陽聲韻眞元兩部是收-n的，這兩部通押的例子非常多，其中的元部字主要還是元、山、仙、先幾韻字，這跟西漢沒有分別。另外，眞部字也有跟耕部字押韻的。例如：

  班 固《西都賦》： 庭羣聞文（《後漢文》24/4 上）

  崔 駰《東巡頌》： 倫勳鈞辰庭（《後漢文》44/6 上）

  皇甫規《女師箴》： 坤君分刑（《後漢文》61/7 上）

  闕 名《元賓碑》： 倫臣庭勳昆（《後漢文》99/7 下）

  闕 名《衡方碑》： 純人經呈平聞（《後漢文》101/5 上）

  闕 名《楊著碑》： 君瑩仁文（《後漢文》101/6 下）

這裏的眞部字絕大部分都是《詩經》音的文部字，跟西漢時期不同。

  陽聲韻侵談兩部是收-m 的，談部字在韻文中應用的很少，侵部字比較多。侵部有跟蒸、冬、東幾部通押的，有跟眞部通押的。跟蒸冬東幾部通押的例子不多，主要是'風'字。例如：

  馮 衍《顯志賦》： 岡紘風崩（《後漢文》20/2 上）風陵（同前 ,20/3 下）

  班 固《東都賦》： 雍風徵躬稜（《後漢文》24/7 下）

  杜 篤《論都賦》： 京風陵隆（《後漢文》28/2 上）

  傅 毅《竇將軍北征頌》： 風鋒降（《後漢文》43/6 上）

  馬 融《長笛賦》： 工鐘容隆風降興重同終（《後漢文》18/2 下）

  趙 壹《迅風賦》： 風充中終（《後漢文》82/8 上）

  崔 駰《大將軍西征賦》： 風中雍宗（《後漢文》44/1 下）

  邊 讓《章華臺賦》： 終風中雄隆（《後漢文》84/11 下）

  禰 衡《顏子碑》： 蹤容沖風雍窮（《後漢文》87/3 上）

這些例子都說明'風'字在東漢時期已經有些方言讀爲-ng 尾。到魏晉以後就轉入冬部了。

  侵部字跟眞部字押韻在韻文中有下面幾個例子：

  馮 衍《顯志賦》： 勤心（《後漢文》20/2 上）

  傅 毅《七激》： 深岑斤（《後漢文》43/4 上）陰林根（《同前》43/4 下）

  李 尤《函谷關賦》： 咽年君文勳循門琛奔論坤（《後漢文》50/1 下）

字下加點的都是侵部字。侵眞押韻這也是一種方音現象。有些方言侵部韻尾-m 可能已經變爲-n，不過我們還不能十分肯定。同樣，談部也有跟收-n尾的字押韻的例子：

> 鄭　衆《婚禮謁文贊》：　謙僭（《後漢文》22/5上）

> 崔　瑗《東觀箴》：　漢萬鑒（《後漢文》45/3上）

‘謙’‘鑒’都是談部字，其他都是元部字。這裏如果不是談部的韻尾有變化，那就是談部的元音與元部相近。

談到韻尾，我們推想在東漢時期可能有某種方言-ng,-n,-m三類韻都是鼻化元音。因爲我們看到下面兩個例子：

> 《辛通達李仲曾造橋碑》：民君申□神金元仁民陵□□深人湛懇艱瑗屯孫安遷
>
> 昆年（《後漢文》100/4下，金深湛爲侵部字，陵爲蒸部字，其他爲眞部或元部字。）

> 《薛君碑》：君功分承眞堅遵敦聞勳成仁淸旻營君并親呻乾寃辛庭歎名南塵聲
>
> 英憻歡顛身（《後漢文》100/3上，功東部字，承蒸部字，南侵部字，成淸營庭名聲英爲耕部
>
> 字，其他爲眞部或元部字。）

這種例子雖不多見，但很重要。除了說韻尾都是鼻化元音以外，很難有更好的解釋。

另外，陽聲韻和陰聲韻有少數押韻的例子：

> 歌：元　王　逸《九思》《悼亂》：　猿蛇（《後漢文》57/4下）

> 脂：眞　杜　篤《祓禊賦》：　回魂（《後漢文》28/1上）

> 崔　瑗《河堤謁者箴》：　衰暹堙（《後漢文》45/3下）

由這兩類例子可以知道歌元兩部脂眞兩部有些字的元音是相同或相近的。

至於入聲韻各部通押的情形，東漢跟西漢大體相同。收-k的幾部即職沃藥屋鐸錫六部都有彼此通押的例子，幾乎難以看出界限。西漢時期鐸與職沃錫沒有通押的例子，到東漢就有了。鐸錫在一起押韻的還比較多。例如：

> 傅　毅《舞賦》：　客策迫（《後漢文》43/3上）

> 傅　毅《七激》：　畫澤（《後漢文》43/5上）

> 王　逸《九思》《遭厄》：　厄泊易闚石（《後漢文》57/4上）

> 班　固《竇將軍北征頌》：　易澤帛襗役（《後漢文》26/2上）

> 史　岑《出師頌》：　易逆戟（《後漢文》49/10下）

> 崔　寔《大赦賦》：　迹惕赦（《後漢文》45/9上）

馬　融《長笛賦》：　　迫積(《後漢文》18/2 上)　昔惕(《後漢文》18/3 上)

字下加點的都是錫部字。從這些例子可以看出鐸部陌昔兩韻字和錫部昔錫兩韻字的讀音接近起來。

在東漢時期收-k 的幾部還常常跟收-p 的緝部和盍部通押。這種例子，主要見於杜篤、傅毅、班固的文章裏。例如：

(1) 杜　篤《書扆賦》：　　德飾立息側式(《後漢文》28/4 下)

傅　毅《明帝誄》：　　國集墨極(《後漢文》43/6 下)

班　固《西都賦》：　　殖邑國(《後漢文》24/3 上)

班　固《東都賦》：　　邑翼國(《後漢文》24/7 上)

班　固《奕旨》：　　級服陝(《後漢文》26/8 下)

班　固《答賓戲》：　　石蛤(《後漢文》25/5 上，石鐸部字)

崔　瑗《司隸校尉箴》：　　直匿及(《後漢文》45/4 上)

(2) 班　固《典引》：　　業作(《後漢文》26/7 下)

班　固《西都賦》：　　樂屬爵擢閣(《後漢文》24/4 上，屬屋部字)

第(1)類是職部或鐸部字跟緝部字相押，第(2)類是鐸部或藥部字跟盍部字相押。這些人的作品裏緝盍兩部沒有跟收-t 的質月兩部相押的例子，這是值得注意的。

入聲韻質月兩部相押的例子，見於杜篤、傅毅、班固、馬融的文章裏，這幾個人都是關中人。另外質部和月部字還有跟其他韻押韻的例子：

(1) 職：質

張　衡《東京賦》：　　福洫職敕德刻息(《後漢文》53/2下，洫《廣韻》在職韻，自張衡
起可能已不讀爲質部字)

(2) 月：盍

張　衡《西京賦》：　　桀豁列業轍月(《後漢文》52/8 上)

張　衡《舞賦》：　　絕雪□滅輒(《後漢文》53/10 上)

(3) 月：藥

崔　駰《東巡頌》：　　激烈(《後漢文》44/6 下)

(4) 月：質：緝

　　闕　名《柳敏碑》：　　　□闕殍㮚立(《後漢文》101/8 上，立緝部字)

（5）月：錫

　　崔　瑗《司隸校尉箴》：　　許辟逖役(《後漢文》45/4 上)

從這幾類例子可以看出質職緝三部的元音比較接近，月盍兩部的元音比較接近。

　　在入聲韻通押的例子裏還有少數-k，-t，-p 三類通押的例子。例如

　　杜　篤《論都賦》：　　邑劣絕術易國襲出卒(《後漢文》28/2 上，邑襲爲緝部字，術出

卒爲質部字，易爲錫部字，國爲德部字)

　　闕　名《費鳳碑》：　　玉室職貸則德絜爵物祿畜虐邑洽歿瀝贖 (《後漢文》

103/5 下，玉祿瀝贖爲屋部字，室物歿爲質部字，絜爲月部字，爵虐爲藥部字，畜爲沃部字，邑洽爲緝部字)

這在押韻上是很特殊的。　可能在漢代某一種方言中所有入聲的韻尾（包括-k，-t，-p
三類）都已經失去，或變爲-ʔ。也可能是押韻上的一種特殊的風格，凡是入聲字都可以
在一起押，不拘泥於韻尾的異同。這些都還不能確定。

　　以上把兩漢時代陰陽入三類韻部通押的情況做了一些舉要性質的說明，要知道更
詳細的情形需要參看後面《兩漢詩文韻譜》中各部的合韻部分。在編定韻譜的時候，最
複雜、最困難的部分是合韻，但這種合韻的材料非常重要，有很多韻部讀音的問題和方
音的問題都可以從合韻材料中看出一些端倪來，後面還會談到這些問題。

五、漢代四聲的類別

四聲這樣一個名稱是從宋齊的時候才有的，但是字音有聲調的區別從上古時代已經就如此。我們看《詩經》裏面平聲字跟平聲字押韻，上聲字跟上聲字押韻，就可以知道古人作詩對於聲調的分別已經很注意，只是還沒有四聲的名稱。

至於上古音是不是有四個聲調，古音聲調的分別跟後世韻書所分是否相同，清代的學者很注意這方面的問題。清初顧炎武著《音學五書》認爲古詩用韻四聲一貫，本無平上去入之分，並且說入爲閏聲，可轉爲平上去。他在《音論》裏說：

> 四聲之論雖起於江左，然古人之詩已自有遲疾輕重之分，故平多韻平，仄多韻仄。亦有不盡然者，而上或轉爲平，去或轉爲平上，入或轉爲平上去，則在歌者之抑揚高下而已。故四聲可以並用。

顧氏分辨《詩經》韻部本來不夠精確，他以所定古韻十部來看《詩經》的押韻，自然認爲《詩經》裏面平仄通協的很多，但事實並不如此。後來江永著《古韻標準》對顧氏入轉平上去的說法很不同意，[①]可是仍然承用了顧氏古四聲可以並用的說法。

江永之後，段玉裁就有了一種新的說法。他認爲古音是有聲調的區別的，但古音的聲調跟後代的韻書有不同。《六書音均表》《論古四聲》說：

> 古四聲不同今韻，猶古本音不同今韻也。考周秦漢初之文，有平上入而無去。洎乎魏晉，上入聲多轉而爲去聲，平聲多轉爲仄聲，於是乎四聲大備，而與古不侔。有古平而今仄者，有古上入而今去者，細意搜尋，隨在可得其條理。今學者讀三百篇諸書，以今韻四聲律古人，陸德明、吳棫皆指爲協句，顧炎武之書亦云平仄通押，去入通押，而不知古四聲不同今，猶古本音部分異今也。明乎古本音不同今韻，又何惑乎古四聲不同今韻哉。

段氏這種說法可以說是一大發明。他說古音已分平上入三聲是對的，至於說古音無去

---

① 《古韻標準》卷四入聲第一部總論說："入聲與去聲最近，詩多通爲韻；與上聲韻者間有之，與平聲韻者少，以其遠而不諧也。韻雖通，而入聲自如其本音，顧氏於入聲皆轉爲平、爲上、爲去，大謬。"

聲,跟《詩經》押韻還不完全相合。

段氏這樣說自然有他的根據,他考證古音,一方面根據《詩經》押韻,一方面根據文字諧聲。在《詩經》裏《廣韻》去聲字有跟平聲、上聲字押韻的,也有跟入聲字押韻的。從文字諧聲來看,陰聲韻的去聲跟入聲韻相關的較多,陽聲韻的去聲跟平聲、上聲牽連的較多,凡去聲跟平聲、上聲相關的,段氏以爲古讀平上,跟入聲韻相關的,段氏以爲古當讀入,因此確定古音沒有去聲。

但是我們考察《詩經》押韻,去聲字固然有跟平、上、入三聲相押的例子,可是去聲跟去聲自協的還是很多。如之、魚、脂、元幾部的去聲字都獨成一類,不可以說古音就一定沒有去聲。另外再從諧聲來看,去聲字也有不跟其他聲調發生關係的。例如東部的'弄',元部的'貫亂見建算',脂部的'四胃類對',祭部的'外敗帶繼具介',支部的'解',歌部的'坐臥'等等都很難說它不是去聲。古韻各部聲調的類別不必一定都一樣,有些韻部沒有去聲,有些韻部就可以有去聲,我們必須根據韻文所反映的情況來定,不能專憑諧聲。段氏斷言古音無去,不能說沒有問題。

段氏之後,孔廣森作《詩聲類》又一反段氏之說,認爲古音有去而無入,這種說法跟段氏的說法同樣與《詩經》押韻不符。

到後來江有誥研究《詩》韻和諧聲才發現古音實際是有四聲的,不過字的聲調古人所讀不都跟《廣韻》相同。有韻書讀上聲、去聲而古讀爲平聲的,有韻書讀平聲、去聲而古讀爲上聲的,也有韻書只有一種讀法而古人有兩種讀法的。他的《唐韻四聲正》就是專門說明古今字音在聲調上的異同的一部書。江有誥分《詩經》韻部爲二十一部,他指出:二十一部之中四聲具備的有之、幽、宵、侯、魚、支、脂七部;有平上去三聲而無入聲的有歌、元、文、耕、陽、東、談七部;有平聲上聲而無去聲入聲的有侵部;有平去二聲而無上聲入聲的有眞部;有去聲入聲而無平聲上聲的有祭部;有平聲而無上去入三聲的有中蒸兩部;有入聲而無平上去三聲的有葉緝兩部。[①]

江有誥確定古四聲具備,這是段氏之後更進一步的發展。王念孫晚年也完全同意江有誥的說法。[②]王氏分古韻爲二十二部,其中至部,有去入二聲,江有誥至部字歸入脂

① 見《唐韻四聲正》卷首。
② 見王念孫道光二年(公元 1822)《與丁履恆書》(丁履恆《形聲類編》卷首)和道光三年(公元 1823)答江有誥書(見江有誥《唐韻四聲正》卷首)。

部，與《詩經》音不合。除江有誥、王念孫都主張古有四聲以外，夏燮作《述韻》也同樣認爲古有四聲。①

夏燮論證古有四聲主要是根據《詩經》的押韻。他從三點來證明古有四聲②：

(1) 古人的作品，一章之內連用好幾韻，四聲不相雜協；

(2) 《詩》中一章之內同爲一部的韻字四聲分用不亂；

(3) 同爲一字，分見數處，聲調相同，是古人一字的聲調大致有定。

夏燮分辨《詩經》韻部的四聲類別跟江有誥所說幾乎完全相合。關於《詩經》音的四聲問題，經過江有誥、王念孫和夏燮的研究可以說已經有定論了。

如果我們本着前人分析《詩經》押韻的辦法來研究兩漢的韻文，很容易可以看到漢人對聲調的分別一般是很細緻的。平聲字和上聲字跟入聲字在一起押韻的極少見，去聲字和入聲字在一起押韻的爲數也不多，而且只限於少數幾部字。平聲與上聲，上聲與去聲相押的雖然有一些，但也不很多。因此我們在研究漢代韻文的押韻的時候，不能不分辨四聲。例如賈誼《弔屈原賦》：

般紛紛其離此尤兮，亦夫子之辜也，歷九州而相其君兮，何必懷此都也？鳳凰翔於千仞兮，覽德輝而下之，見細德之險徵兮，遙曾擊而去之。彼尋常之汙瀆兮，豈能容夫吞舟之巨魚？橫江湖之鱣鯨兮，固將制於螻蟻。

其中辜、都、下、去、魚、蟻是韻脚。依照這篇賦以四句換韻的例子來看，'辜都'與'下去'雖然都是魚部字，但是平上是分用的。張成孫的《諧聲譜》把它做爲一韻來看待，是不妥當的。又如枚乘《七發》'海涘止'與'來怠持'分用（《漢文》20/7 上），司馬相如《上林賦》'扈野'與'櫨櫨邪閭'分用（《漢文》21/4 下），賈誼《鵬鳥賦》'夏舍暇'與'故度去'上去分用（《漢文》15/2 上），司馬相如《上林賦》'去獸兔耀宙'與'羽虡'及'處仆'上去分用（《漢文》21/5 上），王褒《僮約》'脯笋'與'具賓門'及'酒口斗偶'平上去分用（《漢文》42/12 上），楊雄《甘泉賦》'亂曰'以下四句換韻，'卉對'與'依迎'平去分用（《漢文》51/6 上），這些都表明四聲是要加以區別的。

現在我們把陰聲韻、陽聲韻、入聲韻分爲三類。根據漢人押韻的情況，可以看出陰

---

① 夏燮《述韻》刻於道光二十年（公元 1840）。

② 見《述韻》卷四。

聲韻除祭部只有去聲外,其餘各部都具備平上去三聲;陽聲韻冬部只有平聲,蒸部有平聲、去聲而無上聲,侵部有平聲上聲而無去聲,其他各部都具備平上去三聲。 現在列表如下:

　　a. 陰聲韻

之	幽	宵	魚	歌	支	脂	祭
平	平	平	平	平	平	平	○
上	上	上	上	上	上	上	○
去	去	去	去	去	去	去	去

　　b. 陽聲韻

蒸	冬	東	陽	耕	眞	元	談	侵
平	平	平	平	平	平	平	平	平
○	○	上	上	上	上	上	上	上
去	○	去	去	去	去	去	去	○

這跟江有誥、夏燮所論《詩經》音的四聲情况大體相同。陰聲韻上去聲字在韻文中出現的比較多,特別多的是之部、魚部、脂部。 陽聲韻上去聲字除元部以外都不很多。到魏晉以後陽聲韻的上去聲字就多起來了。①

　　在漢代的韻文裏平上去三聲字的分類跟後世韻書中所分差不多都相同,只有一部分字跟韻書不一樣。例如:

之部　‘忌’韻書作上聲,漢代韻文讀平聲。 ‘司’韻書作平聲,漢代有去聲一讀。
　　　‘喜’韻書作上聲,漢代有去聲一讀。

魚部　‘顧’韻書作去聲, 漢代有上聲一讀。‘居’韻書作平聲,漢代有去聲一讀。
　　　‘舉’韻書作上聲,漢代有去聲一讀。

歌部　‘化’‘議’韻書都讀去聲,西漢也讀平聲。

陽部　‘享’‘養’‘饗’‘朗’韻書都讀上聲,漢代讀平聲。

眞部　‘震’‘訊’‘運’韻書都讀去聲,漢代也讀平聲。

元部　‘翰’‘患’‘憲’‘獻’‘歎’韻書都讀去聲,漢代讀平聲的居多。

---

① 詳見第二分册。

這種聲調與韻書不同的字在江有誥《唐韻四聲正》裏差不多都已經舉出來了,在這裏也就不需要一一列舉了。

六、漢 代 的 方 音

1. 楊雄方言和漢代方言的地理區域

前一章所講是兩漢音分韻的概況,那是從許許多多叢雜紛紜的材料中綜合分析,即異以求同所得出來的結果,代表兩漢音的一般趨勢。 但是我們也不能忽略在兩漢時代各地還有很多不同的方音現象需要我們做進一步的分析和研究。

從周秦到兩漢間漢語發展的情況來看,我們不難看到有兩種事實。 一種是從春秋戰國時代起在黃河流域一帶已經有了區域較廣的共同語,到漢代這種共同語逐漸發展爲全民的語言。一種是在語言逐漸趨於一致的過程中方言的分歧仍然存在。

春秋戰國時代是列國爭霸的局面,由於政治、經濟、文化各方面的影響和戰爭的頻仍不斷,黃河流域一帶華夏諸族的語言已經日益接近而且形成一種區域性的共同語。① 我們可以從一些歷史事實來看。孔子可以周遊列國,晉重耳可以翻口四方,墨子可以止楚攻宋,蘇秦張儀可以遊說各國,這些事實都表明當時地域比較接近的各國在語言上一定已經有很大的一致性,尤其是書面語言更是如此。 這是一種事實。但是這不等於說各國就沒有自己的方言。 從《孟子》"有楚人欲其子之齊語也"一章和《戰國策》《秦策》所說"鄭人謂玉未理者曰璞,周人謂鼠未腊者曰朴"的一些話可以知道四方的語言至少在詞彙和語音上是有很大的差別的。所以《禮記》《曲禮下》說:"五方之民,言語異聲"。這又是一種事實。

戰國之後,經過秦的統一,到了漢代,中國成爲一個中央集權的封建大國,漢語的統一性更加強了,甚且形成爲全社會性的部族語言。但是根據許多文獻材料來看,不同的方言仍然存在,不過方言的數目可能比春秋戰國時代稍稍減少,方言之間的分歧點可能

① 《論語》《述而篇》說:"子所雅言,詩、書、執禮皆雅言也"。"雅言"就是正言的意思。清人認爲"雅言"就是當時流行的"官話"。 參看周祖謨《從文學語言的概念論漢語的雅言文言古文等問題》,《北京大學學報》第一期, 1956 年, 129—130 頁。

有不同程度的改變罷了。我們研究漢語史的中心任務是要說明漢語由上古以迄現代是怎樣發展、怎樣豐富起來的,可是在語言發展的歷史上方言與共同語、方言與方言的交互影響的關係很大,因此方言的研究是研究漢語史重要題目之一。

就現代漢語而論,以北方話爲基礎的民族共同語(普通話)已經形成了,可是方言依舊存在,方言與方言之間最大的分歧就在於語音。我們可以設想得到在兩漢時期方言在語音的差異性可能更大。我們從許多材料綜合出兩漢音的一個總的部類是非常必要的,有了這樣一個概括性比較大的部類才能說明兩漢音在大的方面跟周秦音怎麼不同,跟魏晉以下的音又怎麼不同,所以說很必要。但同時也不宜忽略方音。不同的方音在整個語言的發展上都會有一定的作用。

我們要研究兩漢的方言和不同方言中特殊的語音現象所能依據的材料有下列幾種:

(1) 漢代的著作中關於方言方音的記載。例如楊雄的《方言》和漢代經籍學家所作的經書及子書的注解。

(2) 富有方言性的著作。例如《淮南子》裏有很多押韻的文句,史游的《急就篇》、崔篆的《易林》全部都是韻語,可以考查出一些方音現象。

(3) 不同地區的作家的作品。同一時代內有些作家的作品流傳較多,可以根據作家的里貫來看他們在作品裏所反映出來的方音現象。

(4) 字書和訓詁資料書。例如許慎的《說文解字》中的讀若、劉熙《釋名》中的聲訓等都是很有用的資料。

這些資料講分量不爲不多,但是有些材料很零散,有些材料經過爬梳分析之後能夠充分反映出方音現象的地方還不夠多,另外也有些材料比較龐雜,不易下結論。現在寫下來的只是一些初步考查的結果。

研究漢代方言,首先要知道漢代方言在地理上分布的情況。可惜在這一方面古人並沒有給我們遺留下來詳細明確的記載。要考查這一個問題惟一可以憑藉的資料就是《輶軒使者絕代語釋別國方言》。這一部著作,一般簡稱爲《方言》,相傳是西漢末年楊雄(公元前 53——公元 18)所作。其中所載都是漢代不同方域的詞彙,包括個別的方言、通行區域較廣的方言和一般流行的普通話。凡說"某地語"或"某地某地之間語"的,都是方言,凡說"通語"、"凡語"、"凡通語"、"通名"或"四方之通語"的都是普通話。方域的稱謂或用秦以前的國名、地名,或用漢代通用的地名。東起東齊海岱,西至秦隴涼州;北起燕趙,南至沅湘九嶷;東北至北燕朝鮮洌水之間,西北至秦晉北鄙,東南至吳越東甌,西南至梁益蜀漢。地域包括極廣,幾乎囊括漢代的全部版圖。

從其中所舉的方域來看,有的一個地方單舉,有的幾個地方並舉。依理推之,凡是常常單舉的應當是一個單獨的方言區域,凡是常常在一起並舉的應當是一個語言比較接近的區域。根據這樣的情況,我們可以粗疏地知道漢代方言在詞彙方面比較接近的有以下幾個大的地區:

1. 秦晉,隴冀,梁益①;

2. 周鄭韓,趙魏②,宋衛;

3. 齊魯,東齊,青徐;

4. 燕代,晉之北鄙,燕之北鄙;

5. 陳楚江淮之間;

6. 南楚;

7. 吳越。

這些地區的分割當然非常籠統,但從這個粗疏的分類中也可以看出在西漢時代"關西"跟"關東"不同,"陳楚江淮之間"與"周鄭"、"齊魯"不同,而"燕之北鄙"以及"南楚"、"吳越"等又都是比較特殊的方言。這對於我們瞭解漢代的方音無疑問是很有幫助的。假如我們再看一看東漢人的著作,也同樣可以印證這樣一個分割是比較可信的。

例如何休的《公羊傳》注裏曾經提到"齊"、"魯"、"關東"、"關西"、"宋魯之間"、"齊魯以北"、"冀州"等地方言;鄭玄《周禮》注曾經提到"齊"、"蜀"、"楚"、"燕"、"河間以北"、"關東"、"東萊"、"沛國"、"南陽"、"秦"、"齊魯之間";《儀禮》注還提到"江淮之間"、"萊易之間";《禮注》注還提到"越"、"冀部"、"南方"等地的方言;高誘的《淮南子》注曾經提到"楚"、"河東"、"燕"、"江淮間"、"青州"、"幽州"、"兗州"、"秦"、"三輔"、"雒下"等地的方言;劉熙的"釋名"裏曾經提到"青徐"、"兗冀"、"齊魯"、"關東"、"關西"、"宋魯"、"并

---

① "梁益"在西南,但書中"秦晉"與"梁益"常常並舉。

② "趙魏"在書中常常並舉,但"宋魏"也常常合稱,所以與"宋衛"列在一起。

冀"、"南方"、"江南"、"汝潁"、"幽州"等地的方言。 這些都可以證明上面所列的一些區域方言是有差別的①。

《方言》這一部書是記載漢代方言詞彙的書,對於我們研究漢語詞彙發展的歷史啓發很大,至少我們可以看到全民的語言是怎樣吸收不同的方言詞彙而豐富起來的,但是在方音的異同上並沒有給我們很多的提示。② 我們要瞭解漢代不同方言的語音情况需要從其他方面的材料去找。

2. 漢代古書注解中所指出的方音現象

最重要的材料是東漢時期許多古典文獻學家在古書的注解和訓詁書當中所指出的一些方音現象。例如:

《春秋公羊傳》隱公五年何休注云:"登來讀言得來,得來之者,齊人語也"。又莊公二十八年何休注:"伐人者爲客,讀伐長言之,齊人語也;見伐者爲主,讀伐短言之,齊人語也"。

《禮記》《檀弓》"何居",鄭玄注:"居讀爲姬姓之姬,齊魯之間語助也"。又《檀弓》"咏斯猶",鄭玄注:"猶當爲搖,聲之誤也。秦人猶搖聲相近。"《禮記》《中庸》"壹戎衣",鄭玄注:"衣讀如殷,聲之誤也。齊人言殷聲如衣。今姓有衣者,殷之胄與。"《禮記》《郊特牲》"汁獻涗於醆酒",鄭玄注:"獻讀當爲莎,齊語聲之誤也。"

《詩經》《匏葉》"有兔斯首",鄭玄箋:"今俗語斯白之字作鮮,齊魯之間聲近斯。"

《呂氏春秋》《愼大篇》"夏民親郼如夏",高誘注:"郼讀如衣,今兖州人謂殷氏皆曰衣。"

《淮南子》《本經篇》"牢籠天地",高誘注:"牢讀屋霤,楚人謂牢爲霤"。

《釋名》《釋天》:"天,豫司兖冀以舌腹言之,天顯也,在上高顯也。青徐以舌頭言

---

① 這裏沒有舉許愼的《說文解字》,因爲《說文》裏面講到方言的材料大部分都跟揚雄《方言》相同。只有"河朔"、"益州部"、"三輔"、"淮南"、"淮陽"、"南陽""九江"、"宏農"、"荊巴間"、"南昌"等名不見《方言》。

② 如卷一云:"'悽,憮,矜,憐,哀也。齊魯之間曰矜,陳楚之間曰悼,趙魏燕代之間曰悽。'悽即憐之音轉,韻尾輔音不同,憐爲-n,悽爲-ŋ。又如卷六云:'揞,揜,錯,摩,藏也。荆楚曰揞,吳揚曰揜。'揞、揜二字,一在侵部,一在談部,也是相同的詞。《方言》之中這種例子並不多。〻

之,天坦也,坦然高而遠也"又"風,兗豫司橫口合脣言之,風汜也,其氣博汜而動物也。青徐言風,跋口開脣推氣言之,風放也,氣放散也。"

《釋名》《釋親屬》:"兄荒也,荒大也,故青徐人謂兄爲荒也。"

《釋名》《釋言語》:"敏閔也,進敍無否滯之言也,故汝潁言敏曰閔也。"又"厚後也,有終後也,故青徐人言厚曰後也"。又"貴歸也,物所歸仰也,汝潁言貴聲如歸往之歸也。"

《釋名》《釋飲食》:"豉嗜也,五味調和須之而成,乃可甘嗜也,故齊人謂豉聲如嗜也。"

《釋名》《釋樂器》:"人聲曰歌,歌柯也,所歌之言是其質也,以聲吟詠有上下,如草木之有柯葉也,故兗冀言歌聲如柯也。"

《釋名》《釋疾病》:"癬徙也,浸淫移徙處日廣也,故青徐謂癬爲徙也。"

《漢書》《尹賞傳》"寺門桓東",如淳注:"陳宋之俗言桓聲如和,今猶謂之和表"[1]。

這些材料都是很真實的記載。從這些例子裏可以看出幾種值得我們注意的現象[2]:

(1)陽聲元部眞部(文部)有些字齊魯青徐之間沒有韻尾輔音-n。[3] 例如'癬'讀爲'徙','鮮'聲近'斯','殷'讀如'衣'。

(2)幽宵兩部秦地聲音相近。

(3)'風'上古音的聲母是 b',韻尾是-m,在東漢時期兗豫司沒有變,所以《釋名》說橫口合脣言之;青徐則變爲 Φ-ŋ,所以《釋名》說跋口開脣推氣言之。

(4)寒部字'桓'有韻尾-n,可是陳宋之間讀爲'和',則沒有-n 尾。

(5)東漢時期青徐人讀'兄'爲陽部聲音,沒有轉入耕部,與《詩經》音相同。

(6)'敏'從每聲,在之部,汝潁言敏如閔,閔眞部字,此爲《切韻》'敏'歸入軫韻的最早的方音。

(7)齊人讀"豉"爲"嗜",豉、嗜都是禪母字,但'豉'爲支部字,'嗜'爲脂部字,是支脂兩部音近。

---

① 如淳,魏馮翊人,此所云"陳宋之俗言桓聲如和"當有所本。

② 這裏暫不討論關於聲母和聲調的問題。

③ 許慎《說文解字》中'肝讀若攜手'、'睿讀若威'、'昕讀若希'、'偪讀若捶擊之捶'也都是同類的例子。

　　根據這幾種漢代的方音現象來看，漢代的方音有很多跟《詩經》《國風》中所反映出來的方音現象是一致的。例如：

　　《陳風》《東門之枌》二章：“穀旦於差，南方之原，不績其麻，市也婆娑。”‘原’爲元部字，‘差麻娑’是歌部字，‘原’與‘差麻娑’相協，‘原’可能沒有-n尾，與如淳所說陳宋之間桓讀爲和的話相合。

　　《豳風》《七月》四章：“四月秀葽，五月鳴蜩”。‘葽’爲宵部字，‘蜩’爲幽部字，‘葽’‘蜩’押韻，也與漢人所說秦人猶搖聲近的話相合。

　　由此可以推知《詩經》中淸人所指出的一些合韻的例子，其中可能有很多依當地的方音讀起來是相協的。　即如《邶風》《新臺》一章‘泚瀰鮮’三字押韻，‘鮮’與支部字‘泚’、脂部字‘瀰’押韻，是‘鮮’無韻尾輔音-n；《鄘風》《蝃蝀》二章‘雨母’二字押韻，是之魚兩部音近；《秦風》《小戎》二章‘中驂’押韻，三章‘膺弓縢與音’押韻，《豳風》《七月》八章‘沖陰’押韻，是侵部字韻尾-m讀爲-ŋ。諸如此類都很值得我們注意。

　　這是漢代古典文獻學家在古書注解中給我們的一些啓示。不過要瞭解漢代方音的情況還需要做進一步地考查。

七、個別方言材料的考查

要瞭解一個時代不同的方音情況，可以按照詩文作家不同的籍貫分地來研究他們的作品，以考查其中所反映出來的方音情況，另外還可以選擇一些富有方言性的著作進行個別的考查，這樣可能有更多的發現。

兩漢時代的作家很多，其中辭賦詩文一類的作品流傳下來比較多的有十幾家。西漢的司馬相如、王褒、楊雄等都是蜀郡人，東漢的杜篤、馮衍、班固、傅毅、馬融等都是關中人，他們的作品流傳下來的都很多，爲了明瞭蜀音和關中音的特點，可以特別提出來加以研究。東漢的張衡和蔡邕也是很重要的作家，張衡是南陽人，蔡邕是陳留人，南陽、陳留都屬於今之河南。這兩個人的押韻情況也需要加以研究。

除了這些作家的作品以外，兩漢時代還有很多對於考查方音有幫助的著作。現在選擇了幾種有代表性的書：西漢時期有《淮南子》、《急就篇》、《易林》，東漢時期有《論衡》、《釋名》。《淮南子》代表江淮音，《易林》代表涿郡音，《論衡》代表會稽音，《釋名》代表青徐音，《急就篇》可能是關中音。現在就把這些材料表現出的語音特點分述如下：

1. 淮 南 子

《淮南子》是西漢時淮南王劉安(？——公元前 122)及其門客所作。從《原道篇》至《要略》止，共有二十一篇，這是漢代子書中比較繁富的一部書。高誘注敍曾經說："其義也著，其文也富"。這部書雖然不一定都是劉安一人所作，可是纂集編定，必然成於劉安，《要略》有"若劉氏之書"一語，是其明證。

劉安是厲王子，高祖孫，他的語音可能就是沛縣一帶的方音。《淮南子》這部書內押韻的文字很多，而且韻部很整齊。前人曾經說"淮南多楚語"。從詞彙方面來看，確是如此。如《要略》中的'精搖'、'畛挈'就都是楚語(見高誘注)。再從押韻方面來看，《詩經》中虛詞多半不作韻脚，而《楚辭》則每每虛詞入韻，《淮南子》亦然。由此可以推想

《淮南子》所代表的語音可能就是當時江淮一帶的楚音。　所以我們特別提出來做爲研究西漢方音的材料之一，就其中有韻的部分加以研究。

清代的學者對於這一部書很重視，所做的校勘工作很多，而成就最大的是王念孫。他在《讀書雜志》裏所記關於《淮南子》的音義訓解方面的發明極多。　他不僅校勘《淮南子》，並且研究《淮南子》的韻文部分，編成一本《淮南子韻譜》。①　這本韻譜始終沒有刻板，所以很少有人知道。本書所附的淮南子韻譜就是根據他的原稿本改編的。

王氏原譜先列陽聲韻，次列陰聲韻，而入聲韻則分列於有關的陰聲韻之後。　其次序如下：

(1) 東，蒸，侵，談，陽，耕，眞，諄，元；

(2) 歌，支錫，至，脂術，祭，葉，緝，之職，魚鐸，侯屋，幽，宵。

在韻字的分部來說，他完全按照早年所定的《詩經》韻部來分的，並非按照《淮南子》本身所反映出來的韻部分類來編定的。　這是一個很大的缺點。其次，一部之內沒有細心辨別四聲。陽聲韻只有一類，上去二聲字與平聲字雜厠在一起。　陰聲韻脂、之、魚、侯、幽五部上聲與平聲分列，歌、宵二部上聲字則與平聲同列；至於去聲，則歌、宵二部亦與平聲同列，支、脂、祭三部去入合一，之、侯、幽三部上去爲一，魚部平去爲一。　足見分別甚爲淩亂。再則一部之內本部字相押及本部字與別部字相押者都合寫在一起，沒有另外分開，只用朱筆在別部字的旁邊加上一些標識而已。②

從這三點來看，這本《淮南子韻譜》還不是王氏晚年的定稿，一則東冬未分，一則去聲不單列爲一類，可能是受了段玉裁《六書音均表》的影響，因此很不完密。③王氏始終沒有把這本書刻出來，恐怕也是由於原作需要改動的地方很多，必須重新編訂才行。

現在我們根據王念孫所標舉出來的《淮南子》的有韻部分加以研究，發現《淮南子》的押韻跟西漢韻文一般押韻的情況不同。陰聲韻分爲九部，陽聲韻分爲九部，入聲韻分爲十一部。今列表如下：

---

① 北京大學藏。

② 合韻字旁加丨。

③ 王氏晚年始從孔廣森之說分《詩經》音東冬爲二部。古有去聲一類亦晚年始確定。

陰　聲　韻			入　聲　韻	陽　聲　韻		
之部 （謀龜牛有右母畝阜富均在本部）	上	去	職　部 （伏牧服在本部）	蒸部 （上） （雄字在本部）		去
幽部	上	去	沃　部			
宵部	上	去	藥　部			
魚部 （車家等字在本部，《詩經》音 侯部字在本部）	上	去	鐸　部	陽部 上 （行兵明等字在本部）		去
			屋　部	東部 上 （《詩經》音冬部字在本部）		去
歌部 （奇宜等字在本部）	上	去				
支部	（上）	去	錫　部	耕部	上	去
脂部	上	去	質　部	眞部	（上）	（去）
微部	上	去	術　部	文部	（上）	去
祭部（去聲）			月　部	元部	上	去
			盍　部	談部 （上） （只去聲‘澹汜’一例）		去
			緝　部	侵部 （上） （風字在本部）		（去）

　　這裏面陰聲韻除祭部外，其他各部大體都有平上去三聲分用的例子，只有支部沒有上聲的例子。 陽聲韻陽、東、耕、元各部都有平上去三聲分用的例子，蒸、文兩部有平去二聲的例子，眞、侵兩部只有平聲的例子，談部只有去聲的例子。

　　從這樣一個韻部的分類來看，顯然跟《詩經》音差不多，只有《詩經》音的東冬兩部、魚侯兩部在《淮南子》合爲一部。

　　《詩經》音冬部字在《淮南子》中押韻的例子有十九處，其中

（1）冬部字獨用的有四處：

　　　降窮(原道)中窮(同前)宗窮(主術)窮宮(說林)

（2）冬部字與東部字合用的有十二處：

　　　窮功(原道)容宗(時則)終宗通(覽冥)用中(精神)宗通(同前) 育亡中(本經，亡陽部字。)

　　　窮通(主術)公通忠(齊俗)同通宗窮(詮言)窮同通(同前)從窮用沖(同前)中窮攻(兵略)

（3）冬部字與侵部字合用的有兩處：

　　　南衆蟲(原道)心中(泰族)

（4）冬部字與蒸部字合用的有一處：

　　　冬繩(覽冥)

這裏東冬兩類字合用的例子很多，足證東冬爲一部。其次《淮南子》中東部字與陽部字通押的比較多，而'窮'爲冬部字，也跟陽部字在一起押韻。例如：

　　　橫窮剛忘(氾論)窮行(兵略)明氓窮霜行(修務)

這也可以說明冬東兩類爲一部。

　　至於《詩經》音魚侯兩部在西漢合爲一部，這是一般的現象，在《淮南子》裏這類例子也很多。例如：

　　　（平聲）

　　　閭竽濡(說山)

　　　（上聲）

　　　土走處(原道)下土野與後(同前)斗所(天文)後所與(詮言)雨下圉偶緒(兵略)虎走(同前)武取(同前)後雨鼓緒(同前)後伍(同前)馬炬狗俎(說山)狗雨(同前)鼠瘻齲(同前)武走(說林)楚予後呂距走處楚(人間)

　　　（去聲）

　　　故遽候窋(詮言)廬鬥(兵略)

凡字下加點的，《詩經》音都屬於侯部，這些都是魚侯合爲一部的例證。

　　《淮南子》的押韻，東冬合爲一部，在西漢韻文中是一個特點。除此之外，脂、微，眞、文，質、術，各分爲二，也是一個特點。《淮南子》中質部字與術部字沒有相押的例子，界限很分明；眞文兩部字雖有通押的例子，可是眞部字很少與元部字通押，文部字絕不與耕部字通押，而眞與耕通押者有二十七八處之多，文與元通押者有七處，這就是眞、文兩部很大的分野。至於脂、微兩部，平聲字雖有少數通押的例子，可是上去聲分別很清楚，根據材料也應當分爲兩部。這樣陰陽入三聲恰好是相應的。

　　另外，從後面所列韻譜中合韻方面的材料來看，比較值得注意的是下面幾點：

　　（1）陽聲韻與陰聲韻押韻的例子有三處：《本經篇》'調通'相押，《說林篇》'酸和'相押，《詮言篇》'議患'相押。後兩個例子是一類。

　　《本經篇》說："故至人之治也，心與神處，形與性調，靜而體德，動而理通。隨自然之性,而緣不得已之化,洞然無爲,而天下自和,憺然無欲,而民自樸,無禨祥,而民不夭,不忿爭,而養足。”

《說林篇》說:“百梅足以爲百人酸,一梅不足以爲一人和。”

《詮言篇》說:“爲善則觀,爲不善則議;觀則生貴,議則生患。”

‘調通’相押,調爲幽部字,通爲東部字,此與《楚辭》《離騷》‘同調’爲韻相同。① 這應當是楚方言的一種現象。楚方言東幽兩部元音可能相近。《說林篇》‘酸和’相押,‘酸’爲元部字,‘和’爲歌部字,《詮言》篇‘觀議患’相押,‘議’爲歌部字,‘觀患’爲元部字。 這又跟前邊所說“陳宋之俗言桓聲如和”相同。《淮南子》裏有這樣的例子,可能代表的是陳楚江淮之間的語音。

(2) 陰聲韻去聲字和入聲韻相押的有之部、魚部、支部、脂部、祭部。

之職相押的,如:

覆載(原道)德服職代德覽冥事福(氾論)德事載(詮言)伏意備(兵略)

魚鐸相押的,如:

素白(原道)露澤(同前)格度(詮言)舍斥處(兵略)

魚屋相押的,如:

慕欲(精神)數樹欲(繆稱)欲助(兵略)斷具鬥(說林)構哭(同前)務族(要略)

支錫相押的,只有一例:

恚積(原道)

脂質相押的,也只有一例:

挃至(兵略)

祭月相押的比較多,如:

廢泄昧(原道)廢裂(時則)發歲(齊俗)世穢絕(兵略)跋發外掘外蔽(說林)滅大(人間)達世(修務)

由此不僅可以看出陰聲韻與入聲韻相承的關係,同時可以看出陰聲韻韻尾輔音-g,

---

① 《楚辭》《離騷》“日勉陞降以上下兮,求榘矱之所同;湯禹儼而求合兮,摯咎繇而能調”。 四漢東方朔《七諫》《謬諫》“不量鑿而正枘兮,恐榘矱之不同;不論世而高舉兮,恐操行之不調。”也是以‘同調’相押,前人認爲東方朔是模做《離騷》,我們認爲那也是東方朔本人的方音,不能單純認爲是模做。

-d 可能還沒有失落。

（3）陰聲韻魚部字與之部字有相押的。例如：

倨盱牛(覽冥)野圉字雨父女志(俶眞)下母古戶寡(修務)

魚部字與之部字相押在周秦韻文中不多見，在兩漢韻文中值得注意的有下面幾個例子[1]：

（西漢）

司馬相如《子虛賦》'虛驗騏'押韻；

王　褒《洞簫賦》'子父'押韻；

枚　乘《七發序》'處母父所厚暑'押韻；

（東漢）

堂谿協《開母廟石闕銘》'治隅祺之'押韻；

無名氏《古詩爲焦仲卿妻作》'戶語母府取語'相押；

謠諺《南陽諺》'父母'相押。

司馬相如和王褒都是蜀人，枚乘是淮陰人，堂谿協是潁川人。根據上面的材料，推想漢代四川和江淮汝潁之間之魚兩部的元音可能比較接近，而《淮南子》魚之相押也正是江淮音。

（4）陽聲韻陽部協東部、耕部協眞部特別多。陽東相押，《詩經》中沒有例子；耕眞相押《詩經》中例子也不多。這兩種現象，從戰國以後才多起來。《老子》中陽東相押的較多，《莊子》、《楚辭》中耕眞相押的較多。這都說明了陽東相押、耕眞相押這兩種現象是楚方言的特點。《淮南子》裏陽東、耕眞相押之多，尤爲突出。[2]猜想陽東兩部的元音必相近[3]，耕眞兩部的元音也一定很相近，甚至於耕部的韻尾輔音也讀如眞部(-n)，不過我們還不能確定。

說到陽東相押，在陸賈《新語》裏這種現象也很突出。陸賈是楚人，《新語》一書是漢高祖劉邦叫他寫的。從前有人懷疑這部書是僞造的，近人已經有考證，認爲這部書

---

① 《易林》中這種例子很多，後面專有一節來談《易林》。

② 《易林》也是如此。

③ 楊雄《方言》卷一"黨、曉、哲、知也，楚曰黨"。'黨'也就是現在所說的'懂'。

並非僞書。①根據《新語》來看，下面的例子很值得我們注意：

1 沖容忠窮《新語》《術事》(卷上/7頁)②

2 忠亡同上

3 中傍宗用《新語》《資質》(下/1)

4 亡行疆量長方功望陽殃光方亡張萌《新語》《道基》(上/4)

明亡功疆長方《道基》(上/6)

王公王同商常殃光同同凶亡綱將望功王藏王良通明良方行《術事》(上/6)

良方功長羊方容亡《輔政》(上/8)

亡傷僵揚同工量長觴光庠莊觴堂芳通揚楊《資質》(下/1)

5 通傷疆生成卿梁《資質》(下/1)

從這些例子我們很清楚地可以看到《新語》的押韻表現出東冬是一部，陽東兩部音很相近。

在《新語》裏，耕眞相押也正跟《淮南子》一樣。例如：

田形《新語》《術事》(上/6)

聲情輕貞賢信冥秦形傾情刑榮《輔政》(上/8)

聲民庭聽征鳴田親《至德》(下/4)

這都是耕眞押韻的例子，其中也不雜一個文部字。《新語》跟《淮南子》的分韻正可以相印證③。

(5) 在陽聲韻裏，值得我們注意的還有閉口韻的讀音問題。'風'字在《淮南子》裏仍歸侵部，可是侵部字有跟蒸部東部押韻的例子。如：

心燕(本經)南衆蟲(原道)心中(泰族)

其中的東部字都是屬於《詩經》音冬部的字，由此可以看出侵部與蒸部東部的元音是接近的。不過根據這幾個例子我們還不能確定侵部的韻尾是否由-m變爲-ng。

(6) 入聲韻職部跟術部有通押的例子，職部還有跟盍緝兩部押韻的例子。 在韻尾方面要求並不很嚴格。

根據以上所說的事實,我們可以初步確定《淮南子》的分韻所代表的方音應當是陳楚江淮一帶的音。主要特點是:(1)東冬爲一部,(2)脂微、眞文、質術諸部分用,(3)陽東音近,(4)耕眞音近,(5)陰聲韻之、魚、支、脂、祭各部去聲字與入聲字通押。

2. 急 就 篇

漢代有許多童蒙習誦的識字書,如《蒼頡》、《訓纂》、《凡將》、《急就》之類都是見於《漢書》《藝文志》的。其中有的是四字句,有的是七字句,四字句在先,七字句在後。像《蒼頡篇》就是四字句,《凡將篇》就是七字句。① 這些字書都是韻語。傳留下來的只有《急就篇》一種。

《急就篇》,《漢書》《藝文志》說是漢元帝時(公元前 48—33)黃門令史游所作。這部書是以七言爲主的。開篇就說:

> 急就奇觚與衆異,羅列諸物名姓字,分別部居不雜厠,用日約少誠快意,勉力務之必有喜。

其中也有一部分是三言或四言的。如敍述姓名一節說:

> 宋延年,鄭子方,衞益壽,史步昌,周千秋,趙孺卿,爰展世,高辟兵……

這一段都是三言的。七言、三言是漢代歌辭常用的句法。例如《漢郊祀歌》的《練時日》、《天馬》、《華爗爗》等都是三言:

> 練時日,候有望,爇膋蕭,延四方……

> 天馬徠,從西極,涉流沙,九夷服……

> 華爗爗,固靈根,神之斿,過天門……

這可以說明這種通俗字書跟當時詩歌在句法上的關係。《急就篇》能够流傳下來可能有兩種原因:一則因爲裏面都是一些日常應用的詞彙,通俗易曉,便於實用,所以易

---

① 《蒼頡篇》已亡。 許愼《說文解字序》引有"幼子承詔"一語,郭璞《爾雅注》引有"考姚延年"一語,新疆和居延所出漢簡中也有《蒼頡》佚文,都是四言。《凡將篇》,司馬相如作,今亡。《說文》㪍下註引司馬相如說"淮南宋蔡舞嗙喩",段玉裁以爲可能出自《凡將篇》。 又《文選》《蜀都賦》晉劉逵注引《凡將》"黃潤纖美宜制襌"一語,《藝文類聚》卷四十四引《凡將》"鐘磬竽笙筑坎侯"一語,都是七言。

於流傳①,一則因爲從東漢以後直至隋唐書家寫本很多,民間傳習不絕,所以沒有散佚。

　　這本書雖然是漢代童蒙習誦的書,內容很簡單,可是對於研究語言史很有價值。一方面我們可以知道當時一般通用的詞彙,一方面還可以藉助原作的押韻考察當時的語音。漢代文人的作品,不免有摹擬古音的地方,可是這本書爲兒童習誦所作,一定要與當時的實際語音相合,所以有提出加以說明的必要。

　　史游是什麼地方的人,已無可考。　在這裏,《急就篇》只能做爲一種方音材料來看待。現在根據顏師古注本把全書的韻脚寫出來:

　　(1) 異字厠意喜

　　(2) 章方昌卿兵房强明良郎常橫傷當央慶兄湯光陽章張王皇倉唐楊桑談讓莊將長
　　　　妨梁羌忘臧黃衡箱芳羊剛鴦卿昌房陽

　　(3) 奴屠都胡渠餘徐蘇胡奢期于於如疏吾朝餘

　　(4) 訖物

　　(5) 爵樂鶴濯魦

　　(6) 磓縗鮮蟬縣錢連便全纏遷銓緣

　　(7) 杬羹薑醬香藏霜餳糧

　　(8) 君帬褌縳緣絅巾人倫貧民親臣鄰銀

　　(9) 鍪鑢鉏銚鐈

　　(10) 簁箄簍

　　(11) 盌觛簪

　　(12) 壺盧纑

　　(13) 家斜墓緞

　　(14) 僅杠幢總工筩同雙龍甕容凶

　　(15) 箏鳴聲庭醒令生形清腥程輕

　　(16) 紐耳齒肘手髆

　　(17) 主乳呂柱聚

　　(18) 鉤鑯鉾椻

---

① 羅振玉所印《流沙墜簡》裏有漢人所寫的《急就篇》斷簡。

（19）轅轑衡棠軭鑼煌蒼堂京梁牆方箱壤揚封

（20）鋤租杷榢扶轤超輸豬雛駒趨芻

（21）雉尾死視咒鬐履

（22）脹盲痕響病讓眼匠

（23）邪胡蘆華吾樓牙瓜枯盧

（24）恐奉寵踊腫冢

（25）訖出

（26）論文身聞倫分人君勳軍臣神民親馴新因淵均存人先文鄰診醫牽眞憐堅年論髡然山先根

（27）曹聊流膠牢號求留仇

（28）觸獨讀曲燭祿蜀錄辱

（29）盛合寧平榮成生丁

這些韻腳爲數並不很多。 陰聲韻有之、幽、宵、魚、脂五部字，陽聲韻有東、陽、耕、眞、元五部字，入聲韻有質藥屋三部字。根據這些材料，首先可以證明我們就西漢詩文押韻的材料所歸納出來的韻部跟急就篇是相合的。如魚侯爲一部，上面（10）（17）（20）（23）四例表現得很清楚。 從（3）（13）（20）（23）四例可知麻韻'奢、杷、家、斜、䰒、邪、華、牙、瓜'等字均在魚部。又如從（2）（7）（19）（22）四例來看，陽部包括'卿兵明橫慶兄衡羹京'等庚韻字，從（8）（26）兩例來看，眞文爲一部，也都跟西漢韻譜所定相合。

其次有三點值得我們注意：(1)之魚幽宵四部元音相近。上面的韻字裏魚之通押者一見（第3），宵魚通押者三見（第3, 9, 20），幽宵通押者一見（第27），幽部與之魚通押者兩見（第16, 17）。(2)眞元兩部聲音相近，眞元通押者兩見（第8, 26）。 (3)第2例中'談'字和陽部字押韻，韻尾可能不是-m。

根據這三點，我們猜想《急就篇》所代表的方音可能是關中的音。東漢的關中人杜篤、班固、傅毅、馬融的韻文中所表現出來的方音現象跟《急就篇》非常相近。[①] 特別是魚宵通押的例子，在他們的韻文很多，《急就篇》中有三處魚宵通押，這是最值得注意的現象。

---

① 杜篤、班固、傅毅、馬融等人押韻的特點見下面97頁。

3. 司馬相如、王褒、楊雄的韻文

司馬相如、王褒、楊雄都是西漢的辭賦家。司馬相如和楊雄是成都人，王褒是資中人，成都和資中都屬於蜀郡。這三個人的辭賦流傳下來的相當多，而且篇幅都很長，根據他們押韻的情形可以看出一些蜀方音的現象。現在分述如下：

（1）陰聲韻各部通押的關係

陰聲韻之、幽、宵、魚四部中幽、宵兩部通押的例子較多，這兩部的聲音必然相近。但還不能確定幽宵是否為一部。幽部字跟之、魚兩部都有相押的例子，但幽部字大半都是尤韻一類的字。之、幽（尤）、魚的元音可能比較接近。

魚部的麻韻字有跟歌部字相押的例子，可知魚部麻韻字讀音與歌部接近。

歌部除與支部通押外，還跟脂部通押。與脂部通押的字多半都是支韻一類的字，這是值得注意的一點。脂部字與支部通押的一些例子裏多半都是脂韻一類的字。由此可以看出歌(支)、支(支)、脂(脂)的元音比較接近。

脂部與祭部通押的字都是未韻或隊韻的字，可見脂部的微韻一類跟脂韻一類的元音不同。脂韻一類近於支部，微韻一類近於祭部。

（2）陰聲韻與入聲韻押韻的關係

陰聲韻只見魚部、宵部、支部、脂部、祭部五部與入聲相押。魚部與入聲押韻的較多，或與屋部字押韻，或與鐸部字押韻。例如：

魚：屋

司馬相如：　　�朴(子虛賦)

王　　褒：　　射鏃處驚欲拊兔仆寇(四子講德論)

楊　　雄：　　鼓簇後睹(解嘲)趣欲(羽獵賦)

魚：鐸

司馬相如：　　墅堮(子虛賦)庶獲(同前)澤護慕(封禪文)

王　　褒：　　穫芋蕷(僮約)

楊　　雄：　　庶獲(長楊賦)恪作祚(徐州箴)

其他各部，宵部與藥部押韻的一見(司馬相如)，支部與錫部押韻的兩見(司馬相如，楊雄)，脂部與質部押韻的一見(王褒)。祭部與入聲通押較廣，與月部、質部、緝部都有一些通押的例子。例如：

祭：月

司馬相如：　　瀦世勢絕(哀秦二世賦)沫逝(同前)

楊　　雄：　　害割殺泰敗竭(廷尉箴)

祭：質

楊　　雄：　　替弊(冀州箴)世洫室卒(將作大匠箴)

祭：緝

司馬相如：　　際答(封禪文)

楊　　雄：　　轄磕吸外(羽獵賦，轄磕是月部字)

從這些陰聲韻與入聲韻相押的關係來看，可以有兩種解釋：一種是陰聲韻跟入聲韻元音相同或相近，所以通押；一種是陰聲韻跟入聲韻不僅元音相同或相近，而且有相近的韻尾輔音。如果陰聲韻跟入聲一樣也具有韻尾輔音，西漢蜀方言魚、宵、支、脂、祭各部是否都有收尾，也很難定。但從魚、祭兩部與入聲通押次數之多來看，魚部(除去麻韻字)有-g，祭部有-d，似乎可以確定。祭、緝相押的兩個例子也可以說明祭部是有收尾的。

(3) 陽聲韻各部通押的關係

陽聲韻東冬兩部王褒和楊雄的韻文裏通押的比單獨應用的多，這兩部可能就是一部。例如：

王　　褒：　　中窮從酆宮(九懷匡機)從同聰衆(四子講德論)隆功(聖主得賢臣頌)

楊　　雄：　　窮雄溶中(羽獵賦)鍾窮(甘泉賦)降隆東雙功龍融頌離蹤從(河東賦)恭降(宗正卿箴)衆公(元后誄)崇庸從(同前)

另外，在楊雄的《太玄經》裏也有七八處東冬合用的例子。下至東漢時，廣漢人李尤所作的韻文裏東冬也合用不分。東、冬兩部不分，可能是蜀方言的一般現象。惟有司馬相如的韻文裏不見有東、冬合用的例子。

真部字跟元部的山韻、元韻、仙韻字在司馬相如、王褒、楊雄的文章裏常常相押，楊雄作品裏尤其多。由此可見真元兩部比較接近。耕部字與真部字在司馬相如和王褒的文章裏偶爾有通押的例子,但爲數不多。

在陽聲韻裏還有侵、談兩部的押韻情形是值得我們注意的。

侵部字在司馬相如的文章裏有與冬部相押的例子。 如《子虛賦》以"蔘風音宮窮"爲韻,《長門賦》以"心音宮臨風淫陰音襜闇吟南中宮崇窮音"爲韻。 其中"宮、窮、中、崇"都是冬部字,襜是談部字,闇是眞部字。 從這兩個例子可以看出司馬相如侵冬兩部的讀音是相近的。王襃的《洞簫賦》以"淫摻音風窮"爲韻,跟司馬相如相同。

在楊雄的作品裏,侵部字不僅與冬部字通押,而且與蒸部字通押。例如:

侵:冬

陰融 (太玄,進) 陰宮 (太玄,沈) 深崇中 (太玄,玄螢)①

侵:蒸

乘風澄兢(甘泉賦)風升閎紘蒸(解難)

崩心音勝(元后誄)

淫朋 (太玄,周) 陰應 (太玄,應)

從這些例子可以看出冬蒸兩部與侵部讀音都比較接近。 至於侵部的韻尾-m是否有改變,尚不能定。

至如談部,韻字較少。 王襃《四子講德論》以"陳賢廉"爲韻,楊雄《太玄》少卦以"淵截"爲韻。廉、截是談部字,陳、賢、淵都是眞部字。由此可以看出這些字的元音是相近的。談部字的韻尾是-m,眞部字的韻尾是-n,我們還不能根據兩個例子就斷定談部的韻尾-m已經變爲-n。

(4) 入聲韻各部通押的關係

入聲韻收-k 的幾部,如職、屋、沃、藥、鐸等,彼此都有一些通押的例子,但很少與收-t 的一類如質部、月部等在一起押韻。楊雄《解嘲》"逸七國"爲韻,以質部字與職部字相押,是不多見的。足見各家對於-k, -t 收尾分辨得比較嚴。

收-t 的入聲韻質部和月部在王襃與楊雄的作品裏都有通押的例子②。 楊雄的《太玄》裏也有不少這類的例子。例如:

---

① 《太玄經》據四部叢刊影印明翻宋本。

② 見《兩漢詩文韻譜》24.2 質部合韻譜上。

折捌括血 (太玄，羨) 一達 (銳) 出達 (達) 達屈 (同前)

奪必 (度) 舌聿 (飾) 雪黜 (窮) 日割 (割)

由此可知質、月兩部讀音相近。

入聲緝、盍兩部王褒《洞簫賦》和《四子講德論》都通押[①]。 司馬相如、楊雄的韻文裏緝部有與職部通押的例子，是職緝兩部元音相近。盍部字楊雄有與屋部字相押例，又有與質部字相押例：

捷足 (反離騷) 節業 (甘泉賦)

'足'是屋部字，'節'是質部字，與盍部韻尾都不同，可能因爲元音相近所以在一起押韻。

古人押韻不一定都很謹嚴，我們只能從多數的例證上來看當時語音的情況，有些特殊的例子，就很難下什麼判斷。例如《古文苑》有楊雄《太玄賦》一篇[②]，入聲-k, -t, -p 三類完全通押：

伏域燭及日滅極族集燋裂甲俗滅谷岳足石宿樂曲渴蹶 (跑蹶) 極

這種押韻的情況是否反映入聲韻尾輔音已經失落呢？恐怕不是。這只能說作者所要求的只在於這些字音都是入聲而已，同時還反映出'燋'和'蹶'可能都有韻尾輔音。 '燋'爲祭部字，有-d，'蹶'爲魚部字，有-g。

總起來看，西漢時蜀方言的特點是：(1)幽、宵兩部音近，(2)魚部除麻韻字外可能有-g 尾，(3)祭部字可能有-d 尾，(4)東、冬兩部合用不分，(5)眞、元兩部音近，(6)侵部字和冬部字元音相近，(7)入聲韻質、月兩部音近。

4. 易 林

《易林》是一種占卜書，全書十六卷，依《易經》六十四卦著爲繇辭，每卦六十四首，全書共四千九十六首。這部書舊本題名《焦氏易林》，相傳爲漢焦延壽 (贛) 所作。延壽爲漢昭帝時人，但是在《漢書》裏只談到京房治《易》，從梁人焦延壽學 (見《京房傳》和《儒林傳》)，並沒有提到焦氏作《易林》。 據淸代牟庭相、翟云升和近代學者所考訂，

---

① 見《兩漢詩文韻譜》27.2 緝部合韻譜上。

② 李善《文選注》也引到這篇文章。見《琴賦》注和陸機《日出東南隅行》注。

《易林》一書不是焦延壽所作，而是王莽時崔篆所作。[①]

崔篆爲涿郡安平人，事蹟見《後漢書》卷八十二《崔駰傳》。駰爲篆之孫。《崔駰傳》說：

> 篆王莽時爲郡文學，以明經徵詣公車，太保甄豐舉爲步兵校尉，篆辭曰："吾聞伐國不問仁人，戰陳不訪儒士，此舉奚爲至哉？"遂投劾歸。 莽嫌諸不附己者多以法中傷之，篆兄發以佞巧幸於莽，位至大司空。母師氏，能通經學百家之言，莽寵以殊禮，賜號義成夫人，金印紫綬，文軒丹轂，顯於新世。後以篆爲建新大尹。篆不得已……乃遂單車到官。……建武初，朝廷多薦言之者，幽州刺史又舉篆賢良。篆自以宗門受莽僞寵，慚愧漢朝，遂辭歸不仕。客居滎陽，閉門潛思，著《周易林》六十四篇，用決吉凶，多所占驗。

由此可知《易林》實爲崔篆所著[②]，著書年代可能在西漢之末及東漢之初。

《易林》這部書所有的繇辭都是四言韻語，雖然其中有一小部分是前後重複的，但在數量上已經可觀。這是研究漢代音韻一部比較整齊的資料。 現在我們所看到的《易林》傳本有三種：

(1) 黃丕烈《士禮居叢書》所刻校宋本；

(2) 《四部叢刊》所印元本；

(3) 明正統道藏本。

宋本、元本爲十六卷，與《隋書》《經籍志》和《新唐書》《藝文志》相合；明本則分爲上下經，上下各爲五卷。明本無注，元本有注，無撰人姓名，疑爲宋人所作。[③] 黃丕烈所刻校宋本只有正文，而失錄注文，據陸貽典跋，宋本也同樣是有注文的。[④]

這三種本子文字互有不同。三者之中宋元本比較接近。舉《乾卦》繇辭爲例：

> 乾之小畜宋本元本均作"據斗運樞，順天無憂，與樂並居"，明本在"順天無憂"下有"所行造德"一句。

> 乾之泰宋本作"不風不雨，白日皎皎，宜出驅馳，通理大道"。明本同。元本"通

---

① 詳見余嘉錫《四庫提要辨證》子部《易林》條。

② 丁晏在《易林釋文》序中不承認是崔篆所著的話，證據並不充分。

③ 注文中引及《禮部韻》毛居正說。

④ 見黃刻本卷末。

理"作"通利"。

乾之謙宋本作"山險難登，澗中多石，車馳轊擊，載重傷軸，儃負善躓，趹踒右足"。元本同。末二句明本作"擔載差躓，踠趹右足。"

乾之隨宋本作"乘龍上天，兩蛇爲輔，湧躍雲中，遊觀滄海，安樂長處。"元本"湧躍"作"踴躍"，明本作"踴躍"。末一句元本同，明本作"民樂安處"。

像這種文字上的異同很多，錯字比較少的還是元刻本。

《易林》這部書可以做爲考證古音的材料，從清初顧炎武作《唐韻正》起就已經注意到了，後來王念孫曾經鉤稽全書所有的韻字寫爲《韻譜》和《合韻譜》。

王氏的書只有稿本，並沒有刻本.[1] 原著依照《詩經》音的韻部來排比《易林》的韻字，可是《韻譜》和《合韻譜》分部不同，對於四聲的分類也不同。《韻譜》是按二十一部來分的，而《合韻譜》是按二十二部來分的。二十一部，東冬爲一部，二十二部則分東冬爲二。《韻譜》中陰聲韻原來沒有去聲一類，在《合韻譜》裏則又分出去聲一類。前後兩部分出入很大。由此可知原著還不是一部寫定的稿本。現在我們又根據王氏的稿本按照《易林》本身押韻的情況重新校訂，編成韻譜。在板本上主要根據元刻本。

《易林》中的繇辭以四句爲一首的居多，押韻的格式則不相同。主要有下列幾種：

1. a：a：a：a

乾之訟："罷馬上山，絕無水泉，喉焦唇乾，舌不能言。"

2. a：a：b：b

解之渙："春草萌生，萬物敷榮，陰陽和調，國樂无憂。"

3. a：b：b：b

晉之臨："羔羊皮弁，君子朝服，輔政扶德，以合萬福。"

4. a：a：b：a

訟之萃："襄衣涉河，水深漬罷，賴幸舟子，濟脫無他。"

5. a：b：a：b

同人之革："山陵四塞，遏我徑路，欲前不得，復還故處。"

6. a：b：c：b

---

[1] 王氏遺稿爲北京大學所藏。

萃之離:"泰山幽谷,鳳凰游宿,威儀有序,可以來福。"

《易林》的繇辭也有完全不押韻的,也有開始兩句有韻,下文沒有韻的。 因此我們也不能強以原來無韻的為有韻,那樣就很難找出一個分韻的系統來①。

根據我們研究的結果,我們發現《易林》的分韻跟西漢的韻類相似,但是紛撓錯雜,很不整齊。現在就我們所看出的現象簡要敍述如下:

I. 陰聲韻

(1) 之部與《詩經》音所包括的字類相同。如'尤牛郵丘有母友右祐久灸否負婦富謀歆怪駭敏'等字都在本部。

但之部字與幽、魚兩部通押的例子很多。之部與幽部通押者,幽部字平聲多半是尤韻一類,上聲則無此界限,像'道草寶老'等一類豪韻字與之部上聲字相押的也很多。

(2) 西漢一般韻文中幽、宵兩部字雖然有通押的例子, 然而界限還比較清楚,《易林》裏宵部字獨用的比較少, 幽、宵兩部通押的比較多, 而且宵部的豪肴宵蕭四韻字跟幽部的豪肴宵蕭四韻字都同樣有資格跟'之姬災'或'居盧車'押韻。由此可知幽部的效攝字已跟宵部字讀音相近。

(3)《詩經》音魚侯兩部在西漢韻文裏已經合為一部,《易林》的押韻也是如此,侯部獨用的例子很少。'家車'一類的麻韻字全在本部,與歌部通押的很少,這跟西漢一般韻文的押韻也是相合的。

(4) 歌部字在《易林》裏包括'罷危宜隨池徙被義施'一類支韻字,但這類字跟歌戈麻三韻字不同,歌戈麻三韻字很少跟支、脂兩部字押韻,而這類字每每跟支、脂兩部字押韻,是讀音有不同。

(5) 支、脂兩部字在《易林》裏有通押的例子,但兩部界限還很清楚。 脂部與祭部可以通押,而支部不與祭部通押。

總起來看,陰聲韻在《易林》裏之、魚、幽、宵四部為一組,歌、支、脂、祭四部為一組。這兩組的元音和韻尾一定有很大的分別、幽宵兩部,之魚兩部通押極廣,也都是《易林》的特點。

---

① 後面所附《易林韻譜》所收例子非常謹慎,遇十分可疑的例子不收。十分可疑的例子為數不多,不收這種例子對於我們考訂《易林》韻類並沒有什麼妨害,而且有好處。

II. 陽聲韻

（1）西漢韻文押韻東冬兩部是有分別的，在《易林》裏則東冬兩部合爲一部。東部和其他陽聲韻押韻很廣泛。 除與陽部通押極多外，還與蒸、侵、談、耕、眞、元等部字押韻。東部與眞部、元部押韻是比較特殊的現象。

（2）《易林》裏蒸部字除與東部字有通押的例子以外，還跟侵部、陽部、耕部、眞部通押。'雄'字或與侵部押韻，或與東部押韻。

（3）侵部字與別部字通押的範圍很廣，與東、蒸、陽、眞、耕等部都有通押的例子，這是比較難以理解的一部。但從這種通押的廣泛的情形來看，作者可能不很注意韻尾是否相同，也可能是侵部的韻尾-m已經有了改變，我們還不能下肯定的斷語。①

（4）談部字《易林》中沒有獨用的例子，與眞元押韻者一見，與東部押韻者一見。

（5）《易林》陽部包括'明兄行慶'等字，與西漢韻文一般情形相同。但陽部與東部相押者多，與耕部相押者少，陽部與東部元音當比較接近。 耕部與眞部元部有通押例，與東部相押者較少。

（6）《詩經》音眞文兩部在《易林》中分別已經不顯著，不過與元部通押的例子極多，而大部分都是《詩經》音文部的字，而以痕魂韻的字居多，由此還可以看出屬於《詩經》文部字的元音跟元部是比較接近的。

總起來看，《易林》中陽聲韻'東陽蒸侵談'是一組，耕眞元是一組。 陽聲韻韻尾-ng 跟-n 雖然可以通押，但是-ng 跟-ng，-n 跟-n 相押的居多數，仍然有一定的界限。-m 尾問題還不很清楚。在押韻上東冬爲一部，陽東、眞元通押的例子很多，這都是《易林》的特點。

III. 入聲韻

（1）《易林》入聲韻押韻的現象相當混亂。 職部與質、緝、屋、沃、鐸諸部押韻的例子都非常多，其中與職部相押次數最多的是質部質韻字。 這說明職部與質部質韻字的元音相近或相同。

---

① 因爲後漢末劉熙《釋名》《釋天》說："風，兗豫司冀橫口合脣言之。風，泛也，其氣博泛而動物也。"《易林》作者爲涿郡人，如《釋名》所說，推想西漢時幽冀語音'風'當有-m 尾。 但後漢崔駰《大將軍西征賦》'風中雍宗'爲韻，似乎'風'字已由-m 尾變爲-ng 尾。

（2）質部除與職部押韻外，又與緝部、月部押韻。 質部字《詩經》音和兩漢韻文包括‘節結穴’一類字，《易林》相同。

（3）屋、沃兩部兩漢韻文中分別很清楚，《易林》中屋、沃兩部都有獨用的例子，但屋沃通押的例子還很多，而且兩部字都跟職部通押，數量都相當多。由此可知屋沃已經非常接近。

（4）錫部除與月部有通押例子外，與其他各部通押者極少。

（5）緝部除與職部通押外，尚與質部押韻，是緝、職、質三部元音相近。 盍部與職、屋、鐸、質四部都有通押的例子，然盍鐸通押的較多，兩部元音可能比較相近。

總起來看，入聲韻在押韻的遠近關係上職質屋沃藥鐸緝盍爲一組，錫月爲一組。就韻尾方面來看，-p, -t, -k 三類韻都可以相押，可能由於作者對於韻尾方面的要求並不十分嚴格，所以不加分別，有如陽聲韻 -m, -n, -ng 三類通押一樣。 入聲韻藥鐸爲一部，屋沃爲一部，這應當說是《易林》的特點。

IV. 陰陽入三聲的關係

（1）陰聲韻跟相承的入聲韻押韻出現次數稍多的有之部、脂部、祭部。之部的平上去三聲都有與職部押韻的例子。脂部與質部押韻則集中在去聲‘匱崇位退類潰遂卉’一類字（都是《詩經》音的微部字）。祭部有些與月部押韻的例子。 這幾部與相承入聲押韻的陰聲韻可能還有韻尾輔音。

除了上面所說的三部，魚部、幽部兩部也有一些與入聲韻押韻的例子，但數量不多。

魚部：

（a）啎縛（訟之巽）鵲暮（隨之泰）暮赦（遯之損）柝護懼（損之姤）

（b）怒午庫谷拒野（旣濟之家人）墓舍覺（屯之解）溝褥軸（需之革）溝軸（睽之履）

幽部：

（a）手毒（无妄之乾）就復（无妄之貫）

（b）足咎（履之泰）鹿屋咎（噬嗑之兌）好欲（睽之姤）足草（歸妹之姤）

魚部（a）類是魚鐸押韻的例子，（b）類是魚屋押韻的例子，屋部字包括《詩經》音沃部字在內。幽部（a）（b）兩類是幽屋押韻的例子，（a）類入聲是《詩經》音沃部字，（b）類入聲是《詩經》音屋部字。根據這些例子我們現在還不能肯定魚幽兩部有無韻尾輔音。

（2）《易林》裏陽聲韻跟陰聲韻也有間或通押的例子。比較可靠的有下面一些：

蒸部：

恆來（既濟之節）（蒸之）

東部：

雛貢（訟之既濟）走恐後（中孚之剝）（東魚）

陽部：

傷家（大過之大有）狠旅陽（无妄之復）（陽魚）

眞部：

門微（大有之復）悲門（未濟之蒙）（眞脂）

元部：

（a）禍全（需之大有）泉禍（歸之未濟）池患（大畜之既濟）陂連（明夷之中孚）（元歌）

（b）怨鴟患（復之渙）微患（既濟之蒙）（元脂）

（c）散竄（益之噬嗑）賴殫（漸之蹇）（元祭）

這些例子對於我們斷定韻類的元音可以有一些幫助，但不能說這些陽聲韻沒有韻尾輔音。

（3）陽聲韻與入聲韻押韻的例子極少。比較可靠的例子只有賁之既濟以‘得仍’爲韻。

根據上面所說，我們可以把《易林》的韻部列爲下表：

a. 陰聲韻　之　幽　宵　魚　歌　支　脂　祭

b. 陽聲韻　蒸　東　陽　耕　眞　元　談　侵

c. 入聲韻　職　屋　沃　藥　鐸　錫　質　月　盍　緝

V. 四聲

（1）陰聲韻七部除祭部只有去聲外，其餘幾部都具備平上去三聲字。

（2）陽聲韻蒸部只見平聲字，其他各部除東、侵、談三部只見平上聲字外，如陽、耕、眞、元四部平上去三聲均有例字。但一般說起來，上去二聲字見用的都比較少。

就以上五項所說來看，《易林》和西漢韻文不同的地方很多。幽宵一部，東冬一部，屋沃一部，藥鐸一部，都是分韻上的不同。至於之魚相押，東陽相押，眞元相押，以及入聲-k, -t, -p 三類分辨不嚴之類(如職屋、職質、職緝都可以通押),也表現得非常特殊。其中如東冬爲一部,東與陽通押極廣,都跟《淮南子》相同。《易林》用韻雖然紛撓錯雜,很不整齊,但是經過整理分析之後,也得出一個系統來了。這對於我們考察漢代語音很有幫助。

崔篆是崔駰的祖父,崔駰有文章傳下來,崔駰的兒子崔瑗也有文章傳下來。崔駰、崔瑗的文章押韻的情況也跟《易林》押韻非常接近。我們可以舉一些例子來看①:

(1) 之魚幽宵通押例

　　殊陶凝優(幽之魚,崔駰《達旨》)驪徒車旄(魚宵,《東巡頌》)

　　子否暑(之魚,《扇銘》)酒缶後(幽魚,《酒箴》)

　　表寶道(幽宵,《達旨》)杼禦舉楚趙脯女武序(魚宵,《達旨》)

(2) 東冬陽通押例

　　行農(冬陽,崔駰《東巡頌》)寵廣遑傷(東陽,崔瑗《竇夫人誄》)豐融(東冬,崔瑗《張平子碑》)

(3) 眞元通押例

　　淵乾源(崔駰《達旨》)官賢(同前)奮權(同前)

　　芸橡穿酸(《博徒論》)婚玄盤(《七依》)

　　羣屯震人輪雲津奔弦鈞山人(同前)

　　樽存歡(《樽銘》)淳敦繁(崔瑗《南陽文學頌》)神臣焉人(《竇大將軍鼎銘》)

(4) 元談通押例

　　漢萬鑒(崔瑗《東觀箴》)

(5) 入聲通押例

　　得實學國虁(職質沃鐸,崔駰《達旨》)德國迪(職沃,《縫銘》)

　　直懸及(職緝,崔瑗《司隸校尉箴》)訐辟逖役(錫月,同前)

(6) 魚部包括麻韻字

　　馬弩(崔駰《安封侯詩》)杜濟野(崔瑗《河隄謁者箴》)

(7) 陽部包括庚韻字

————————

① 參看《兩漢詩文韻譜》。

羹方漿嘗(崔駰《七依》)揚明(同前)　　橫匽(《河南尹箴》)衡陽(《車左銘》)

根據這些例子來看,崔駰、崔瑗父子的押韻和《易林》押韻在許多方面都相合,由此更可以證明《易林》是崔篆所作。前人從書中所提到的史實和古代文獻中引到《易林》的繇辭證明今本《易林》爲崔篆所作[①],現在又從《易林》押韻和崔駰、崔瑗的韻文證明前人的考證完全是正確的[②],清人如丁晏、劉毓崧等硬認爲《易林》是焦贛所作的說法就更不能成立了。《易林》既然確定爲崔篆所作,那麼《易林》所代表的方音就是幽州冀州的方音了。

5. 班固、傅毅等的韻文

東漢有許多作家都是陝西人。班彪、班固是扶風安陵人,傅毅、馬融是扶風茂陵人,馮衍、杜篤是京兆杜陵人。他們的作品合起來數量很多,我們可以看一看他們的作品在押韻上有哪些特點。

(1) 陰聲韻之、幽、宵、魚四部元音比較接近。之、幽兩部各家都有通押的例子,但幽部字主要是尤韻字。魚部西漢包括麻韻字,東漢則轉入歌部,而班固韻文中此類麻韻上聲字仍與魚部相押。其他各家則無此現象。　班固、傅毅、馬融、杜篤的作品裏都有魚宵通押的例子:

杜　篤:	郊都(論都賦)　　腴殊要誅餘(同前)
班　固:	謠廬(幽通賦)　　符昭(漢書敍傳)　　夭楚昭(同前)　　霉妖(同前)　　殊禺甌
	區符驕(同前)　　禹敍武舉表(同前)　　趙主(同前)　　序表旅(同前)
	表署野布　(西都賦)　　處表(幽通賦)
傅　毅:	鋪鑢(洛都賦)
馬　融:	郊苗虞(廣成頌)

同時又有魚幽通押的例子:

[①] 如《易林》中提到"安民呼沱"是王莽時期的史實。又如《東觀漢記》引到《周易林》的繇辭和趙璘《因話錄》所引到的崔篆以家《易林》占卜的繇辭都跟今本《易林》相合。

[②] 崔篆本人除《易林》外,只有短短一篇《慰志賦》流傳下來。《慰志賦》押韻很簡單,不能跟《易林》相證。

　　杜　篤：　耆壽(首陽山賦)

　　班　固：　衢無幽(東都賦)補道茂(幽通賦)署孝(西都賦)虞周(答賓戲)

　　馬　融：　舟艫流謳浮游(廣成頌)

但魚部與之部押韻的很少。由此我們可以知道幽部一部分(尤韻)跟之部接近，一部分(豪宵)跟宵部接近，魚部跟宵部音近，而跟之部較遠。

　　(2) 脂部與之部很少通押，只班固《典引》以‘備魏’押韻一例。脂部有跟支部通押的例子：

　　杜　篤：　崖支題犀璃艣(論都賦)衰違危師維眉微非威姿(同前)

　　馮　衍：　披悲(顯志賦)

　　傅　毅：　偉麾(洛都賦)

　　班　固：　規齊(十八侯銘酈商)羆威飛垂(又傅寬銘)威奇姿(奕旨)

　　馬　融：　崖磎危枝頽(長笛賦)枳嶰兕狶(廣成頌)

脂部的去聲字則跟祭部通押：

　　杜　篤：　內外裔(論都賦)

　　傅　毅：　歲悴(七激)

　　班　固：　說氣世(東都賦)外內歲世(答賓戲)會勢貴頓世賴(同前)昧契綴(典引)

這些跟祭部通押的例子基本上都是屬於《詩經》音微部的字。

　　脂部去聲和祭部又都有跟入聲月部押韻的例子，班固、馬融是其代表。推想脂部去聲跟祭部元音相近。①

　　(3) 陽聲韻東冬兩部杜篤、傅毅、班固均有通押例，但班固冬部與蒸部相押者多，如《靈臺詩》‘徵躬’爲韻，《漢書》《敍傳》‘宗登’爲韻，‘陵勝與雄終’爲韻，‘終登宗’爲韻等，是冬部元音與蒸部相近。

　　(4) 侵部‘風’字，大部分的例子都跟收-ng 尾的冬、東、蒸三部字押韻，而與侵部本部字相押的很少。例如：

　　杜　篤：　京風陵隆(論都賦)

　　馮　衍：　岡紘風崩(顯志賦)

①　也可能脂部有一部分去聲字跟祭部都有-d 收尾。

傅　毅：　風鋒降(竇將軍北征頌)

班　固：　雍風徽躬稜(東都賦)

馬　融：　工鐘容隆風降與重同終(長笛賦)

由此可知‘風’字韻尾收-ng，已轉入冬部。又趙壹《迅風賦》‘風充中終’為韻，‘風’字也收-ng。趙壹是漢陽西縣人(今甘肅天水縣西南)，是秦隴語音相近。

至於侵部其餘的字則有跟真部字相押的。例如：

馮　衍：　勤心(顯志賦)

傅　毅：　深岑斤(七激)陰林根(同前)

班　固：　淫紛文(漢書敍傳)秦心門信君(同前)

　　　　　恂心隣軍(同前)文深身臣倫(同前)

這些都是侵部字和真部字相押的例子。侵部字除了跟真部字押韻以外，班固《竇將軍北征頌》以‘風陰淋農任心音潛參’為韻，則與冬部字相押，不過僅僅一見。我們推想當時京兆、扶風的音侵部的‘心深林陰’等字跟真部字的‘勤斤根文秦隣身’等字的讀音是相近的。侵部的韻尾是-m，真部的韻尾是-n，侵真兩部字在一起押韻，可能是作者在韻尾方面要求不嚴格，但也可能是侵部的韻尾不是-m，而是-n，或是一種鼻化韻，都很難說。

另外在王符的《潛夫論》卷十《敍錄》一篇裏以‘門權言遷心’為韻(實邊第二十四)[①]，‘心’與真部元部字相押，跟馮衍、傅毅、班固的押韻情形相同。王符是臨涇人，臨涇在今甘肅。這種侵真押韻的現象，到晉代皇甫謐、傅咸、辛曠等人的作品表現得更為清楚[②]，這幾個人也都是甘肅人，我們推想漢代秦隴一帶的語音侵部字的韻尾可能已有變動。

跟侵部相近的談部，韻文中所見到的押韻例字很少。杜篤《論都賦》裏‘中嚴窮戎通從’相押，嚴是談部字，其他是東冬兩部字，杜篤讀談部字可能已不收-m。班固《幽通賦》裏‘遠玷’相押，‘遠’是元部字，‘玷’是談部字，談元在一起押韻，可能因為元音相近。

---

① 《四部叢刊》本《潛夫論》卷十，四頁下。

② 參看《魏晉宋詩文韻譜》。

(5)‘行京明’一類的字在西漢屬陽部，到東漢時一般都跟耕部字在一起押韻，可是有時還跟陽部字在一起押韻。馮衍、杜篤、班固、馬融都如此。‘行京’兩個字幾乎游離於陽耕兩部之間，有時跟陽部字押，有時跟耕部字押，這正表示語音在轉變過程中所呈現的不穩定的現象。耕部字也有一些跟陽部通押的例子，足見陽耕兩部音近。

(6)眞部與耕部相押者絕少，僅於班固文中一見，而眞部與元韻相押者極多，由此可見眞元兩部音近。

(7)入聲韻收-k 的幾部職、沃、屋、藥、鐸都互相通押，這是一個特點，張衡、蔡邕絕不如此。惟錫部只與鐸部押韻，不與職、沃、屋幾部押韻。

質、月兩部收-t 的入聲韻，有時通押，但沒有跟收-k 的入聲韻相押的例子，足見-k -t兩類的分辨很嚴。

入聲收-p 的緝盍兩部，杜篤、班固等都不跟收-t 的入聲韻押韻，而跟收-k 的入聲韻押韻。緝與職部字押韻，盍與鐸藥兩部字押韻：

緝職

杜　篤：　德飾立息側式(書摍賦)

傅　毅：　國集墨極(明帝誄)

班　固：　殖邑國(西都賦) 邑翼極(東都賦) 立國(答賓戲) 億邑域(竇將軍北征頌) 級服陟(奕旨)翼克直服邑德(漢書敍傳紀八)

盍鐸藥

班　固：　業作(典引)曄業作(漢書敍傳紀五) 作業樂法(又志十) 法略薄祿作 (又傳五十三,祿屋部字)

這些例子都表明收-p 的兩部都跟收-k 的韻部通押。

總起來看，這幾家在押韻上表現出來的主要特點是：(1)陰聲韻魚、宵兩部相押者較多；脂部一部分字如‘悲’‘齊’‘威’‘姿’等與支部音近，另一部分字如去聲‘內’‘氣’‘貴’等與祭部音近；(2)陽聲韻冬蒸兩部音近；眞元兩部音近；侵部‘風’字韻尾爲-ng,侵部其他字跟眞部音近。(3)入聲韻收-k 的字可以通押，收-p 的字也可以跟收-k 的字相押，但收-k 和收-p 的字不跟收-t 的通押。

6. 論衡自紀篇

《論衡》的作者王充是會稽上虞人,生於東漢光武帝建武三年(公元 27 年),卒於和.
帝永元年間(公元 90 年以後)。①我們很想知道當時會稽語音的情況, 所以注意到他的
書。《論衡》的《自紀篇》韻語部分最多,也恰好可以做爲我們研究的材料。

現在先把其中可靠的一些韻脚寫下來:

1. 公鍾	20. 善顯	38. 朴俗	58. 造睹曉(?)
2. 恨倦(眞元)	21. 白辱(?)	39. 深沉	59. 意怪
3. 文言安(眞元)	22. 退敗(脂祭)	40. 文言(眞元)	60. 同衆(東冬)
4. 居盧	23. 附去	41. 雅睹者下	61. 合謫(?)
5. 文陳	24. 篇言	42. 鴻通	62. 黍序
6. 舌出缺屈(質月)	25. 雅野者	43. 得測	63. 久口(魚幽)
7. 危虧宜	26. 酒脯(?)	44. 人文然(眞元)	64. 讀俗
8. 陳言(眞元)	27. 小少	45. 極覆(職沃)	65. 食服
9. 天人	28. 欻茕	46. 察轍	66. 非誰
10. 時尤	29. 須陶牙武牢(魚幽)	47. 言文(眞元)	67. 然人(眞元)
11. 爲虧		48. 母喜	68. 言文(眞元)
12. 盈平名明人生成傷明(耕陽眞)	30. 宜(?)葵厄希(脂支)	49. 匿惑	69. 好巧
		50. 部餘(?)	70. 戾快(脂祭)
13. 位避(脂支)	31. 辯淺	51. 潔別察一(月質)	71. 味穢(脂祭)
14. 易地	32. 智易	52. 醜部九(魚幽)	72. 門言(眞元)
15. 行放	33. 宜差	53. 雅者	73. 美毀
16. 子矣	34. 分門銓(眞元)	54. 志字意	74. 辭枝(?)
17. 色得	35. 授取久(魚幽)	55. 事吏	75. 簡遠
18. 尊遷(眞元)	36. 是解	56. 公通良(陽東)	76. 峭小
19. 囊同(陽東)	37. 爭定	57. 時思	77. 半萬

① 王充在《後漢書》卷七十九有傳。

78. 味穢(脂祭)
79. 好巧
80. 屈黜出
81. 害貴(脂祭)
82. 市副忌字
83. 迂舒
84. 瑣酸(歌元)
85. 合入
86. 形情
87. 子母似好(之幽)
88. 合襲業(緝盍)
89. 通明章(陽東)
90. 省領
91. 珍神
92. 寡補下者

93. 貧篇言賢(眞元)
94. 領省
95. 小少
96. 舒餘
97. 多呵
98. 沛大(?)
99. 厚者(?)
100. 合立
101. 魄斥
102. 事職
103. 文言身(眞元)
104. 淅迹色(錫職)
105. 善顯
106. 惡魄
107. 德墨

108. 墨德
109. 白泊
110. 過累(?)
111. 彰窮雙(陽東冬)
112. 細累(?)
113. 佚殁札(質月)
114. 倉臧
115. 溢出
116. 志異
117. 遺階
118. 異怪載
119. 門言賢(眞元)
120. 麟珍
121. 然產
122. 賢源根(眞元)

123. 生程銘
124. 出(?)發達
125. 牲人神全倫賢雲山文(眞元耕)
126. 大割廢
127. 居輿如
128. 害邁賴快
129. 際沛
130. 守酒保
131. 導老後(?)
132. 期時
133. 之灰
134. 來材開該哉(之脂)

這些韻腳數量雖然還不够多,但是也可以看出一些特點:

(1) 魚部包括麻韻字。

(2) 脂部脂韻一系字與支部支韻字音近,脂部去聲未韻字與祭部字音近;脂部'開'字與之部'來''材''該''哉'韻同。

(3) 眞元兩部音近。

(4) 東冬似爲一部。

(5) 陽東兩部音近。

(6) 入聲-k, -t. -p 三類有分別。

(7) '瑣酸'歌元兩部字通押與《淮南子》'酸和'相押相同。

這幾項都是比較明顯的。 從這樣粗疏的觀察中也可以知道王充《論衡》中所表現出來的會稽音有些跟《淮南子》相近,有些跟《釋名》相近。

7. 張衡、蔡邕的韻文

張衡和蔡邕是東漢的兩個重要的作家,張衡是南陽西鄂人,蔡邕是陳留圉人。這兩個人的作品在押韻方面都相當整齊謹嚴,而張衡尤其精密,所以提出來特別討論。

(1) 陰聲韻之、支、脂三部張衡分辨甚嚴,絕不通押,這是值得我們注意的一項。其次,之幽兩部通押和之魚兩部通押在班彪、班固、馮衍的作品裏都有這種例子,可是在張衡的作品裏絕不通押。

蔡邕的作品裏,支脂相押和脂之相押的各一見:

支脂:　　鵜雌兒斯(短人賦)

脂之:　　辭希歸(答卞元嗣詩)

之幽相押和之魚相押的也各有一例:

之幽:　　婦臼(題曹娥碑)

之魚(侯):　　藪友有(釋誨)

從'婦臼''藪友有'押韻來看,之部的尤韻字和幽部的尤韻字及魚部的侯韻字讀音相近。

(2) 魚部在西漢時代包括麻韻字,在東漢時代魚部麻韻字則轉入歌部。張衡押韻,麻韻字平聲都與歌部相押,而上聲字則與魚部字相押,蔡邕則麻韻字一律跟歌部相押。

張衡歌魚相押的有兩處:(a)'戔羅齬波柯跎'(西京賦),(b)'葭華葩鵝鸕波'(南都賦),由此可知南陽音歌魚兩部元音必相近。 魚部與宵部,張衡《西京賦》中也有兩處通押:'驅趮�휴書初儲','奧藪走取後'。這種歌魚、魚宵通押的例子,在蔡邕的韻文裏都沒有。

(3) 陽聲韻東冬兩部張衡有少數通押例,但蔡邕分別較嚴。東陽兩部張衡不通押,蔡邕東陽通押只一見,都比較嚴格。又真元兩部張衡與蔡邕有少數通押例,而真耕兩部通押者絕少,只蔡邕《王子喬碑》以'筵陳煙庭民垠'爲韻。

(4) 侵部字張衡蔡邕兩家都單用,絕不與其他韻部相通,即'風'字亦在侵部,不歸冬部,由此可知侵部韻尾-m沒有變。蔡邕同郡人邊讓則'風'字一概與冬部字押韻,與蔡邕不同。邊讓是陳留浚儀人,在他的口裏'風'已經由-m變爲-ng,侵部字張衡蔡邕仍讀爲-m尾,這跟許慎的汝南音是一致的。[1]

---

[1] 見陸志韋:《說文解字讀若聲訂》。

（5）入聲韻-k，-t，-p 三類，張衡、蔡邕的押韻都比較嚴格，與班固等不同。 質部‘淈’字張衡已讀入職部，故與職部字相押（見《東京賦》）。但月部有兩處與盍部相押：

《西京賦》：　　桀豁列業轍月

《舞　賦》：　　絕雪□滅輒

這兩部的元音可能相同或相近。職部在這兩家的韻文裏絕不與緝部通押，可知職緝兩部的韻尾-k，-p 分別很清楚。

（6）陰聲韻與入聲韻相押者只脂質、祭月、祭質、魚屋數例。 陰聲韻與陽聲韻相押者，只蔡邕《青衣賦》以‘脣’字與脂部字押韻一例。

據此可知張衡、蔡邕分韻較嚴，與班固、馬融等不同。

8. 釋　名

《釋名》是漢末劉熙所作的一部訓釋詞義的書。 《宋館閣書目》題“漢徵士北海劉熙字成國撰”。劉熙，《後漢書》沒有傳記，《三國志》《吳志》《程秉傳》說：“（秉）避亂交州，與劉熙考論大義，遂博通五經。”《吳志》《薛綜傳》說：“（綜）少依族人避地交州，從劉熙學。”由此可知劉熙是漢末人，曾經避亂交州，以五經敎授弟子。弟子中如程秉、薛綜、許慈等人都是很知名的。[①]

《世說新語》《言語篇》王坦之令伏滔、習鑿齒論靑楚人物，劉孝標注曾引伏滔論靑土人物說：“後漢時禰正平、劉成國，魏時管幼安、邴根矩，皆靑土有才德者也。” 伏滔以劉熙與禰衡、管寧、邴原相提並論，足見劉熙在漢末極有聲望。劉熙和鄭玄都是北海人，伏滔但舉劉熙，不舉鄭玄，可能因爲鄭玄年代比劉熙早，所以只舉時代較近的劉熙。這一段記載也可以幫助我們了解劉熙的年代。

《後漢書》不爲劉熙立傳，可是在《劉珍傳》裏說劉珍撰《釋名》三十篇，以辨萬物之稱號，因此從明代開始有人懷疑《釋名》不是劉熙所作[②]，而是劉珍所作。 但《三國志》《吳志》《韋昭傳》說：“昭在獄中上辭，有云：見劉熙所作《釋名》，信多佳者，然物類衆多，難得詳究，故時有得失。”由此來看三國時代已經有人稱《釋名》爲劉熙所作。

---

① 參看錢大昕潛研堂文集卷二十七《跋釋名》。

② 如鄭明選《秕言》。

因此錢大昕認爲“據《吳志》《韋昭傳》,《釋名》確爲劉熙所撰無疑。承祚去成國未遠,較之蔚宗自然可信。”錢大昕的說法應當說是對的。不過有人認爲范曄是博綜羣書的一個人,像《釋名》這樣一部書的作者,他不應當弄錯;“疑此書兆於劉珍,踵成於熙”(如畢沅和嚴可均),但是又有人以爲“珍自有書,今已不傳”(如張穆和曾樸)。 這些說法儘管各不相同,可是沒有人認爲今本《釋名》完全與劉熙無關。

這一部書據我們看應當肯定地說是劉熙所作的書。理由有三點:

(1) 本書題名作劉熙,序文開頭也說“熙以爲自古造化制器立象”云云,很清楚是劉熙,而不是劉珍。除非我們證明這篇序是假的。

(2) 從韋昭以後引到《釋名》的書裏都稱爲“劉熙《釋名》”。

(3) 最重要的一點是書中的內容跟劉熙的年代和里貫相合,而與劉珍的年代和里貫不相應。劉珍生當漢安帝時,安帝時無“司州”的名稱(見畢沅《釋名疏證序》),“司州”的名稱是漢建安以後才有的。其次,劉珍是蔡陽人,而劉熙是青州北海人,書中談到青徐語音的地方很多[①],其他地點則談到的很少,足見作者是劉熙而不是劉珍。

作者的問題弄清楚以後,我們才能恰當地運用這一部分的材料來說明漢代的方音問題。

《釋名》是一部訓釋詞義的書,這在前面已經說過了。作者把當時日常應用的語詞分別加以詮釋,說明所以如此稱謂的緣由,性質跟班固的《白虎通義》很相似。 劉熙在自序裏說:

> 夫名之於實,各有義類,百姓日稱而不知其所以之意,故撰天地、陰陽、四時、邦國、都鄙、車服、喪紀,下及民庶應用之器,論敍指歸,謂之釋名。

《釋名》解釋事物得名之由的方法,是從聲音上來推測的。 例如《釋名》《釋天》說:“日,實也,光明盛實也。”《釋山》說:“山,產也,產生物也。”被解釋的詞和解釋詞聲音是相近的。根據聲音去尋求意義,而下一個解說,這種辦法,稱爲“聲訓”。“聲訓”起源很早,西漢時期,今文經家所作的書,特別是屬於讖緯之學的一類書裏最喜歡從聲音上解說詞義。從語義學的觀點來看,其中主觀的成分是非常多的[②],但做爲一種考證古音的

---

① 如本章第二節所舉的例子都是。見 74 頁。

② 例如《釋名》說“山,產也,產生物也”,《說文》就說:“山,宣也,宣氣散生萬物”。足見詞的得名之由因訓詁家的想法不同,因人而異。

材料來看，還是有用處的。《釋名》一書其中可能有些訓釋是採撫前人的，但極大的部分是劉熙自己作的。我們從他所立的訓釋當中可以看出當時青土方音的一個輪廓。

《釋名》的聲訓方式主要有五種：

（1）取同一韻部字爲訓，包括同音字在內。如老，朽也；爪，紹也；髭，姿也；日，實也。

（2）取異部的雙聲字爲訓，如頤，養也；晷，規也；省，瘦也；禍，毀也。

（3）平上去三聲字取入聲字爲訓，或入聲字取平上去三聲字爲訓，其中以雙聲字居多；如消，削也；始，息也；慝，態也；肉，柔也。

（4）取陽聲韻字訓陰聲韻字，或陰聲韻字訓陽聲韻字，如水，準也；頰，傾也；辮，徒也。

（5）取同一字爲訓，但四聲讀法不同，如宿，宿也；濟，濟也；觀，觀也。①

根據這幾種不同的方式來看，從第一種方式我們可以知道很多字在劉熙時代韻部的歸類②。例如：

負，背也（之部）；火，化也（歌部）；河下也（歌部）；

覆孚也（幽部）；羹，汪也（陽部）；筓係也（支部）。

從第三種方式，我們可以了解一些陰聲韻與入聲韻相配的關係。例如：

之：職　始，息也；亥，核也；簡，恢也；福，富也；墨，晦也。

幽：沃　脩，縮也；肉，柔也；麴，朽也；蹙，遒也。

宵：藥　要，約也；消，削也；朧，蒿也。

魚：鐸　庶，摭也；齟，錯也；疏，索也。

侯：屋　頭，獨也。④

---

① 《釋名》《釋天》"宿，宿也，星各止宿其處也。" 案宿爲星宿字，《廣韻》音息救切，去聲；止宿之宿音息逐切，入聲。《釋水》"濟，濟也，言源出河北濟河而南也。" 案濟水之濟音子禮切，上聲，濟渡之濟音子計切，去聲。《釋宮室》"觀，觀也，於上觀望也"。案樓觀之觀，音古玩切，去聲，觀望之觀音古丸切，平聲。這種分別表現在《釋名》中的例子前人都沒有留意。如果認爲《釋名》中以同一字爲訓，聲音完全相同，那是錯誤的。

② 參看後邊所附的《釋名聲訓分韻表》。

③ 《釋名》魚部侯部分爲兩部。

歌：鐸　　馬,迫也。①

支：錫　　姊,積也。

脂：質　　私,恤也;寐,謐也。

祭：月　　歲,越也;害,割也;灟,竭也;綳,制也;殺,竄也。

從第四種形式,我們可以窺看出一些陰陽對轉的關係和靑徐的方音。

從第五種形式,我們可以認識到四聲改變和意義的關係。②

其中第二種形式對於我們了解古聲母幫助極大,如手,須也;出,推也之類。對於我們考訂韻部的讀音也有一定的用處。

《釋名》的材料,肯定地說,是很重要的。爲了便於考察,把其中聲訓的材料依韻部分列如下:

釋名聲訓分韻表

這個表是根據《釋名》中的聲訓參照漢代韻部的分類和《釋名》本身分韻的類別來排的,材料中有些是屬於以雙聲爲訓的例子,與審辨韻部讀音也有關係,因此也一併記出,以做參考。但外面加括號( ),以示分別。③

在分韻排列中,凡韻部方面現象比較突出者(除去以雙聲爲訓的例子)皆分別列出,其他則係舉例性質,並非全部材料。

(1) 之部

(晷規) 時期　載戴　祀巳　子孶　巳已　己紀　靁晦　珥耳　晦灰　災哉

屺圮　沈軌　汜巳　海晦　沚止　齒始

(頤養) 愳忌　負背　背倍　趾止　蚩癡　(基據)　能該　持跱　(母冒)　姒似

慈字　耳耺　醢晦　(晦冥)　(起啟)

之:脂：　來哀

之:職：　亥核　婦服　始息

---

① 《釋名》歌部包括《廣韻》麻韻字在內。

② 四聲改變以後就成爲另外一個詞。

③ 有些材料並不容易劃分,這裏只是初步地做一些辨別而已。

（2）幽部

秋縐　丑紐　卯冒　酉秀　戊茂　阜厚　道蹈　牟冒　（首始）　（手須）　老朽

胕鞄　尻廖　抱保　蹈道　道導　孝好　舅久　嫂叟　友有　好巧　巧攷　浮孚

留牢

　　幽：侯：　洲聚　州注　丘聚　肘注　胕赴　勾聚　丘區　輈句　柳聚　鮑腐

　　　　　　　鬏秀

　　幽：魚：　糅齲　疏寥　齲朽

　　幽：宵：　幼少

　　幽：沃：　叟縮　脩縮　覆孚　宿（星宿）宿

（3）宵部

昊顥曜燿　妖祅　磽堯　趙朝　毛貌　少小　超卓　操鈔　笑鈔　悼逃　爪紹

（號呼）　燥焦

　　宵：幽：　窔幽　跳條　翹翱　磽翱　髦冒　高皋　簫梢

　　宵：藥：　要約　消削

（4）魚部

暑煮　雨羽　雨輔　土吐　午忤　露慮　鹵爐　岵怙　岨臚　渚遮　梧忤　路露

涂度　徐舒　吳虞　膚布　距矩　胡互　股固　步捕　據居　撫敷　匍捕　窬忤

女如　嫭忤　助午　麩齲　父甫　祖祚　姑故　夫扶　孤顧　武舞　語敍　序抒

　　魚：鐸：　庶撫　齲錯　疏索　鼓郭

（5）侯部

（霧冒）　（口空）　溝構　軀區　孺濡　考垢　后後　厚後　趣赴　走奏　駐株

藪數　耦遇　鍮投　奏鄹

　　侯：屋：　頭獨

　　侯：魚：　侯護　拊撫

（6）歌部

夏假　火化　（火毀）　河下　陂陏　阿何　坐挫　攊叉　寡踝　臥化　（禍毀）

嗟佐

歌:鐸: 罵迫

(7) 支部

離麗　地諦　蹊傒　皮被　�枝　騎支　脾裨　臂裨　髀卑　卦挂　企啓　跪危
提地　尵弭　誼宜　細弭　纚籭　筓係　（頯傾）　系繫　鞵解　（披擺）　（危阢）
（畫繪）

　　支:脂: 地底　髭姿　跂底　躄昵　吹推　軹指　桅巍　髓遺　是嗜　啓詣

　　支:錫: 姊積　罝歷　易易

(8) 脂部

氣愾　（水準）　未昧　癸揆　（雷碾）　瞳翳　淮圍　濟濟　湄眉　坻遲　體第
肌懷　眉媚　胃圍　臍劑　尾微　姿資　懷回　嚏疐　耆指　弟弟　妹昧　妃輩
季癸　姨弟　禮體　悌弟　懿優　非排　遲積　哀愛　誰推　脂砥　階梯

　　脂:支: 視是　批裨　扆倚　痍侈　尬俙　死澌

　　脂:祭: 謚曳　鼻嚊

　　脂:質: 寐謐　姪迭　艫滑　鬱拂

(9) 祭部

兌說音悅　澮會　艾乂　毳芮　袂掣

　　祭:脂: 敗潰

　　祭:月: 歲越　害割　夬決　灡竭

　　祭:質: 肺勃

(10) 蒸部

（陵隆）　（膺甖）　乘升　腾承

(11) 東部

冬終　（風放）　虹攻　冢腫　涌桶　嵩竦　踵鍾　竦從　捧逢　擁翁　仲中
（公君）　恭拱　通洞　崇充　絳工　宮穹　江公　宋送　邦封　膿釀　（項確）
童重　惸唴　容用　紅絳　（公廣）

(12) 陽部

光晃　陽楊　丙炳　庚更　霜喪　壞禳　岡亢　康昌　莊裝　黨長　行抗　兄荒

　　（章灼）　羹汪　（盉溢）　彭旁　（輵嬰）　鄉向　腸暢　望茫　羊陽　王暀　良量

　　陽：魚：　黨所

(13) 耕部

　　景竟　（星散）　（丁壯）　眚省　涇俓　俓經　荆警　鄭町　頸俓　脛莖　聽靜

　　甥生　（名明）　敬警　淸靑　（省瘦）　貞定　鏡景

(14) 眞部

　　春蠢　晏閔　辰伸　申身　年進　雲運　電殄　昏損　氛粉　秦津　晉進　臂引

　　敏閔　顛根　巾謹　辛新　淪倫　郡羣　筋靳　津進　凶峻　鬢濱　臀殿　牽弦

　　眠泯　齔洗　親襯　孫遜　姻因　嬪賓　仁忍　信申　人仁

　　眞：元：　天顯　天坦　玄縣　艮限　巽散　寅演　震戰　暈捲　鄰連　脣緣

　　　　　　　吻免　奔變　引演　昆貫　袞卷　褌貫　緄綣

(15) 元部

　　乾健　寒扞　（霰星）　山產　原元　川穿　澗間　瀾連　燕宛　縣縣　演延

　　汗浯　面漫　頯鞍　眼限　肝輪　腕宛　髖緩　膞團　妍研　偃安　觀翰　攀翻

　　蹼殘　仙遷　慢漫　言宣　冠貫　觀觀　（旬乘）　（癬徙）

　　元：眞：　呻吮　肩堅　鰥昆　亂渾　蹇進　船循　疝詵　酸遜

(16) 談部

　　坎險　濫銜　拈黏　攬歛　廉歛　腦銜

　　談：侵：　儋任　檢禁　欠欽　甘含

(17) 侵部

　　風氾　壬妊　祲侵　陰蔭　金禁　林森　頷含　貪探　寢侵　男任　麋矜

　　侵：談：　念黏　枕檢　岑嶄　心纖　飮奄　衾廣　吟嚴

(18) 職部

　　（慝態）　肋勒　（福富）　（箙恢）　（墨晦）　臆抑　（伏覆）　側偪　匐伏

(19) 沃部

　　雹跑　礐學　腹複　（覺告）　叔俶　靮祝　篤築　（鼟酒）　（叔少）　（麴朽）

　　（篘滌）　（肉柔）

沃:屋： 陸漉　掬局　菊局　祝屬

(20) 屋部

（木冒）瀆獨　（目默）足續　（仆踣）屬續　（綠瀏）穀塢

屋:沃： 屋奧

(21) 藥部

（樂哀樂樂）（礫料）（腫蒿）

(22) 鐸部

石格　膜幕　額鄂　腳郤　搏博　拍搏　踏藉　薄迫

（伯把）（朔蘇）（掠狼）

(23) 錫部

辟析　疫役　嫡敵　益阨　嗌阨　腋釋　脊積

錫:職： 膈塞

(24) 質部

日實　戌恤　乙軋　淴術　骨滑　（膝伸？屈）（出推）抶鐵　聿鐵　（匹辟）

筆述　（律累）

質:月： 戌脫　疾截　梐撥　血滅

(25) 月部

月闕　熱爇　（雪綏）霓翳　釁藥　泚泄　發撥　（撥播）札截　埒脫　髮拔

舌泄　籺末　（緤制）（殺竄）達徹

月:質： 撮捽　挈結　說述　刷率　刷瑟　札櫛

月:藥： 潔確

(26) 盍部

睫插　睫接　脅挾　甲闔　踂楀　踂攝　妾接　業捷

葉:職： 法逼

(27) 緝部

隰蟄　邑悒　（立林）（入內）

緝:葉： 執攝　襲匝

根據上表,再參照《釋名》書內所論到的方音現象,大體可以看出漢末青徐一帶方音的特點:

(1) 陰聲韻之部內屬於《廣韻》灰咍韻的字跟之韻字不相混。'能'字在本部,韻母與'該'相同。'敏'字讀如'閔',歸真部。

(2) 幽宵兩部豪肴宵蕭四韻字聲音相近。如'跳條也'、'翱敖'、'隧翔也'、'髦冒也'、'高皋也'、'蕭梢也'都說明幽部效攝字已讀近宵部。魏晉以後就更顯明了。

(3) 《釋名》中魚侯兩部有分,與東漢一般押韻的情況不同。 在《釋名》的聲訓裏以侯部字訓釋幽部尤韻字的例子很多,足證侯部讀音與幽部尤韻一類字相近。

(4) 陰聲韻支脂兩部字相訓釋的例子很多, 支脂兩部字與之部字相訓釋的絕少①,可知支脂兩部音近,而與之部相去較遠。

(5) 《釋名》《釋車》說:"車,古者曰車,聲如居, 言行所以居人也; 今曰車,聲近舍。車,舍也,行者所處若居舍也。"韋昭《辨釋名》說:"車,古皆音尺奢反,後漢以來始有居音。"韋昭的解說可能是對的,但從劉熙的話可以知道當時青徐音車音近舍(-a)。

(6) 陽聲韻青徐音東冬爲一部,從'崇充也'、'絳工也'、'宋送也'、'紅絳也'幾個例子看得就清楚。'風'字兗豫司冀讀在侵部(-m),青徐則讀在東(冬)部(-ng)。

(7) '兄羹彭行'等字在東漢時期一般皆讀入耕部,《釋名》則仍在陽部。

(8) 真部字與元部字相訓釋的例子很多,這在《釋名》裏是很突出的一種現象。由這一點可以說明真元兩部的元音是非常接近的。《釋名》《釋疾病》說:"癬,徙也,浸淫移徙處日廣也,故青徐謂癬爲徙也。"案徙爲支部字,青徐謂癬爲徙,與鄭玄所說齊魯閒斯鮮聲近(《詩》《苑葉》箋)相同。'癬'的韻母可能是鼻化音。

(9) 侵談兩部字相訓釋的例子也很多,而不與其他陽聲韻相訓釋,可以說明這兩部韻尾是-m, 而不是-ng或-n。《釋宮室》說:"廩,矜也,寶物可矜惜者投之於其中也。"是矜字亦歸侵部②,韻尾爲-m。

(10) 入聲韻沃部中屋韻字有以屋部字爲訓釋的,可能與屋部讀音接近。

---

① 只'來哀也'一例。

②. 西漢韋玄成《戒子孫詩》以'心矜'爲韻,矜即在侵部。韋玄成爲鄒人,與青徐地域接近。

9. 總 的 說 明

根據上面所述關於個別材料的考查，我們可以知道兩漢時代不同的方言在韻部的分類上和韻部的讀音上都各有一些特點。《淮南子》所代表的方音是陳楚江淮之間的音,《易林》所代表的方音是涿郡的音,《釋名》所代表的方音是青徐的音。這三部書都是比較重要的資料。

就上面所說每種材料的特點綜合起來看,在分部方面主要的不同是東冬的分合,魚侯的分合和幽宵的分合。

(1) 東冬兩部《淮南子》、《易林》、《釋名》都不分①。

(2) 魚侯兩部在《易林》裏合用不分,可是在《釋名》裏魚侯的分別就表現得很明顯。

(3) 幽宵兩部,《易林》、《釋名》有合爲一部的趨勢。司馬相如、王褒、楊雄以及班固、馬融等的韻文裏兩部通押的例子也比較多。

(4)《淮南子》裏脂微分爲兩部,眞文分爲兩部,質術分爲兩部,這是很特殊的現象。

其次,在韻部讀音方面根據上面的考查所看出的一些不同方言的特點可以分爲兩類: 一類是某兩部的讀音在某地比較接近,一類是某一部的字各地有不同的讀法。

某兩部讀音相近的一類,主要有下列一些現象:

(1) 眞元兩部讀音相近,這是很普遍的現象。除了《淮南子》以外，如《急就篇》、《易林》、《釋名》、《論衡》②以及楊雄、班固的文章都表現得很清楚。

(2) 陽東兩部讀音相近,這可以說是楚方言的一個特點,陸賈《新語》和《淮南子》陽東兩部字通押最多。但在東方朔的文章裏和《易林》裏陽東兩部字也常在一起押韻,下至東漢班固、馬融的文章以及王充的《論衡》也是如此。③足見陽東兩部讀音相近,區域相當廣。但《釋名》中陽東分別很清楚。

---

① 東冬不分,在東方朔韻文中也有這種現象。
② 《論衡》《自紀篇》眞元兩部押韻的很多。如'恨儓'、'文言安'、'陳言'、'蕈遷'、'分門銓'、'人文然'、'言文'、'然人'、'鬥言'、'貧篇言賢'等皆是。
③ 《論衡》《自紀篇》東陽通押的例子有'震同'、'公通良'、'通明章'數例。

（3）耕眞兩部通押，西漢時司馬相如、王褒韻文裏有幾處如此，但《淮南子》裏最多，東漢時許愼、堂谿協耕眞兩部字也通押。 耕眞音近可能是汝穎江淮之間的方音特色。張衡文和《釋名》耕眞兩部分別很淸楚。

（4）之魚兩部通押，在韻文中不多見，西漢時司馬相如、王褒文中有少數通押的例子，但《易林》中這類的例子相當多，《淮南子》裏也有一些。西漢時江淮一帶和蜀郡涿郡之魚兩部的聲音可能比較接近。其他的地方就不如此。

（5）魚宵兩部音近，《急就篇》和《班固》文表現得很淸楚。

（6）脂部脂韻字在司馬相如、王褒、楊雄的文章裏有與支部通押的例子，《易林》中稍多，杜篤、馮衍、班固、馬融文中也有一些，都表明脂支兩部音近。 但表現得最明顯的是《釋名》。

這些現象對於我們了解漢人的讀音有很大的幫助。

談到個別一些韻部的讀音，從材料中所反映出來的還不夠多，比較明顯的是侵部字。侵部字在不同方言中的讀法是不同的。先說侵部的‘風’字。‘風’字在西漢的材料裏還看不到有甚麼分歧；到東漢，杜篤、班固等人讀爲-ng尾，崔駰、邊讓以及劉熙的《釋名》也都如此，可是張衡、蔡邕仍讀爲-m 尾。這就有了不同。 至於侵部其他的字在東漢時期陝西、甘肅人有一些跟眞部字押韻的例子，蜀人李尤《函谷關賦》以‘咽年君文勳循門琛奔論坤’押韻，也把侵部字和眞部字通押，侵部字的韻尾可能有改動，但張衡、蔡邕文和《釋名》中侵部字的韻尾還是-m。

另外有少數材料元部字和歌部字押韻，如《淮南子》、《易林》、《論衡》都有這樣的例子。 在許愼《說文解字》的‘讀若’裏‘萑讀若和’也是元部字讀爲歌部的聲音。 在這些材料所代表的方言裏元部字的元音可能是鼻化音。

總起來看，這些考查雖然不能把漢代的方音的全部面貌說得很淸楚，至少由此可以知道秦隴、蜀漢、幽冀、江淮、靑徐、吳越幾處方言的一些現象。 這些現象的了解對於我們進一步探討漢語語音演變的歷史會有很大的啓發。

八、兩漢詩文韻譜

1. 韻譜總說

關於漢魏晉南北朝韻部演變的歷史跟一些有關的問題,都在各分冊裏去討論,在這裏只想把我們用作研究的基本材料和寫成韻譜的經過做一番總的說明,我們用作研究的基本材料就是由漢到隋之間的韻文。韻文押韻的情形是複雜的,要想把這種複雜的情形簡明地表現出來,自然以類聚韻字,寫成韻譜爲宜。不過在韻譜這一種簡單的形式之中要把這麼繁雜的材料安排得好,也是困難重重的。首先摘記韻字要正確,然後才能研究各時代韻部的分合。研究韻部的分合有了可靠的結果之後,在編排韻字的時候,還要把同一個時代以內的各種押韻現象和前後不同時代韻部因革的情形都清清楚楚地表現出來。材料旣多,有時不免顧此失彼,挪來挪去,這一部韻譜經過好幾遍的抄寫才算編定。雖然有些地方還不能使人完全滿意,但是在利用材料和處理材料上曾經用過一番心思。現在先就取材和在編纂當中所接觸到的一些問題以及解決這些問題的辦法總括地說一說,然後再談編排的方法。

(1) 材料的範圍和材料的取捨

韻譜所收的韻文材料,以嚴可均《全上古三代秦漢三國六朝文》和丁福保《全漢三國晉南北朝詩》兩部書中所有的爲主,另外摘要增補一些材料。增加的材料,屬於兩漢時期的,有《史記》的《自序》和《漢書》的《敍傳》;屬於南北朝時期的有《後漢書》《文心雕龍》的論贊。這些材料,分量雖不太多,然而與'箴''銘'等同樣都是韻語,所以也收進來,做爲材料的一部分。其次,在漢代的子書裏,《淮南子》《易林》兩部書是研究漢代方音的重要材料,從前王念孫就曾經做過一番工作,現在我們根據他的手稿本①,重新改編,做爲資料的一部分。但是這兩部書都各有其獨立性,不宜跟漢代其他作家的

---

① 北京大學藏。

韻文並列,因此另立一編,做爲附錄。

嚴氏丁氏所編的兩部大書,搜羅豐富,而且有很多的作品經過校勘,所以非常便用。不過其中有一些材料的作者和時代是有問題的,韻譜就有的收,有的不收。這裏面包括四種情形:

(甲)僞託的作品,時代不易確定的,不收。 例如嚴可均《全漢文》卷二十六收有班固《高祖泗水亭碑銘》,張成孫曾經說:"此篇用韻最雜,與諸文不合,詞亦淺俗, 恐是後人僞作"。①可是究竟是甚麼時候的人僞託的也很難定,所以只可擯棄不錄了。

(乙)作者主名不可靠,可是材料的時代可以確定,那就改題'闕名'或'無名氏', 仍然入錄。 例如相傳爲西漢枚乘、李陵所作的五言詩,很早就有人懷疑是漢末人的作品,現在我們歸入東漢'無名氏'的一類。

(丙)同是一篇作品,分屬兩家的,這時候就斟酌情形來決定。 例如嚴氏根據《藝文類聚》於《全漢文》卷五十四收有楊雄《伺書箴》, 但是因爲《古文苑》題爲崔瑗作,所以又收於《後漢文》卷四十五崔瑗名下,我們考查'官箴'作得最多的是楊雄,而且本文的押韻現象也與西漢時代相合,所以就歸屬於楊雄名下,崔瑗一篇就取消了。還有南朝封建帝王的宗廟樂章,後代往往沿襲前代所有,不再改製;丁氏全詩中儘管前後同樣著錄,本編不復重出。

(丁)凡是脫誤稍多或韻讀不明的, 均不入錄。 像漢劉向《請雨華山賦》、《鐃歌》《遠如期》等即是。

(2) 摘錄韻字的問題

摘錄韻字是編定韻譜的一項初步工作。在這種工作中最重要的事情是審句讀, 辨韻例,校錯字。如果這一步工作沒有做好,着手研究的時候, 可能發生很多的錯誤。江永曾經說:"古有韻之文亦未易讀,稍不精細,或韻在上而求諸下,韻在下而求諸上,韻在彼而誤叶此;或本分而合之,本合而分之;或開句散文而以爲韻,或是韻而反不韻;甚則讀破句,據誤本,雜鄉音,其誤不在古人而在我"。②這話是很有見解的。在漢魏晉南北朝

---

① 見武林葉氏印本《說文諧聲譜》《韻附錄》下, 206 頁。
② 見江氏《古韻標準》《例言》36 頁。

韻文中韻讀較清楚的是魏晉以後的作品,問題發生最多的是兩漢的文章。 其中固然常有錯字,就是句讀韻脚也不易捉摸。有時似乎是在一起押韻,而實際聲音隔越較遠。有時在整齊押韻當中又忽然有幾句無韻,各式各樣,現象非常錯綜。要解決這些問題,就必須首先校正錯字,分析韻例才行。①可是另外有些地方很難決定押韻的起止,那麼我們只可就全篇換韻的情形和文義段落的起訖來決定。例如:

賈誼《弔屈原賦》:

般紛紛其離此尤兮,亦夫子之辜也,歷九州而相其君兮,何必懷此都也! 鳳鳳翔於千仭兮,覽德輝而下之,見細德之險徵兮,遙曾擊而去之。 彼尋常之污瀆兮,豈能容夫吞舟之巨魚? 橫江湖之鱣鯨兮,固將制於螻蟻。

劉向《九歎》《怨思》:

菀蘼蕪與菌若兮,漸藁本於洿瀆,淹芳芷於腐井兮,弃雞駭於筐簏。 執棠谿以刜蓬兮,秉干將以割肉,筐澤瀉以豹鞹兮,破荆和以繼築。 ("全漢文"卷三十五,四上)

這兩篇作品都是兩句一換韻的。頭一個例子裏,'辜都下去'雖然同屬於魚部,但是'辜都'是一韻,'下去'是一韻,如果不作這一番考查,我們就會把平上分用的例子做爲平上通叶的例子看待了。②第二個例子裏'瀆簏'是屋部字,'肉築'是沃部字③,假如不從全篇換韻的通例來看,就很有可能誤認爲這幾句是屋沃合韻了。

還有一些地方是從押韻的形式上難以斷定的,我們就根據古音的知識和當時一般韻文所表現出來的聲音系統來做決定。例如

司馬相如《封禪文》:

故聖王不替,而修禮地祇,謁款天神,勒功中嶽,以章至尊; 舒盛德,發號榮,受厚福,以浸黎民。(《全漢文》卷二十二,七上)

這裏'替神尊榮民'爲韻。張成孫《諧聲譜》《韻附》中把'替祇'分爲一韻是錯的。④ 考'替'字古有平入二音:《詩經》《大雅》《召旻》"彼疏斯粺,胡不自替,職兄斯引,"替引

---

① 漢人韻例見《兩漢詩文韻譜》。
② 自顧炎武認爲古人押韻不拘一聲以後,很多人都相信他的說法,其實要看材料來說話,不可執着。
③ '沃部'王念孫稱爲'毒部'。
④ 見《說文諧聲譜》《韻附》下56頁。

爲韻。屈原《離騷》"長太息以掩涕兮,哀民生之多艱,余雖好修姱以鞿羈兮,謇朝誶而夕替",艱替爲韻。這是替字讀爲眞部平聲的例子。 又屈原《九章》《懷沙》"撫情效志兮,冤屈而自抑,刓方以爲圓兮,常度未替",抑替爲韻。《莊子》《則陽篇》"與世偕行而不替,與所行之備而不洫",替洫爲韻。張衡《東京賦》"洪恩素蓄,民以固結,執誼顧主,夫懷貞節。忿姦宄之干命,怨皇統之見替。 玄謀設而陰行,合二九而成譎,登聖皇於天階,章漢祚之有秩",結節替譎秩爲韻。這是替字讀爲入聲質部的例子。 根據以上的例子,我們明確地知道'替'字絕不與支部平聲字相叶,那麼張氏的錯誤就得到改正了。

以上所說是在校正錯字,分析韻例以外的兩種具體的辦法,根據這兩種辦法,在摘錄韻字上我們解決了不少疑難的問題。

(3) 分別韻部的一些問題

我們把韻字摘錄出來以後,就類聚韻字,進行分部的工作。分別韻部所要守的基本原則,自然是要按照韻文押韻的實際情況來處理,絕對不能以意爲定。這就是段玉裁作'六書音均表'分別詩韻時所稱'因其自然,無所矯拂'的意思。①具體的辦法當然以張惠言父子分別《詩》韻所用'絲聯繩引'的辦法最爲妥當。②例如甲與乙押韻,乙與丙押韻,由此系聯,知甲乙丙爲一類。 不過有時同部字未必都能恰好有押韻的例子能够彼此相聯,那就遇到了困難。張氏父子固然可以借用《說文》諧聲的系統來貫串③,可是這種辦法用來考證《詩經》的韻部還可以,假如用來對付現在這一批材料,那就不行了。特別是自魏晉以後實際語音與字的諧聲系統逐漸分歧,尤不適用。 那麼應當怎樣辦呢?我們只好以張氏父子的辦法做爲參考,另外從這一個時代以前或以後的流變上來做決定。

例如從'奚'聲的字,根據清代各家所考,在周秦音是屬於支部的。在西漢韻文裏我們見到'鷄''谿'兩個字,'鷄'字見於司馬相如《上林賦》,以'鷄鵝'爲韻④;'谿'字見於

---

① 見《六書音均表》四,1 頁。

② 見《說文諧聲譜》卷二,論第三,8 頁《論入聲配部》條。

③ 例如《詩》韻'中宮躬蟲宗'等字爲一部,《谷風》六章'冬窮'爲韻,不與'中宮'等字相聯; 可是依照《說文》'窮'字從'躬'得聲,那麼就可以決定'窮躬中宮'等爲一部了。 諧聲相同的字都是一部的說法創自段玉裁。《六書音均表》一《古諧聲說》稱:"一聲可諧萬字,萬字而必同部,同聲必同部。"

④ 見《全漢文》卷二十一,五下。

枚乘《七發》,以'枝離�'爲韻。① 其中'鷄'·'離'兩個字都是歌部字。'雞'·'histogram'既然跟歌部字相押,我們就很容易把它們誤認爲也是歌部字了。但是東漢時期,從'奚'聲的字並不讀歌部。從歷史的流變,我們可以認清"鷄"字在西漢屬支部,'鷄雞'、'枝離histogram'是歌支合韻,'鷄'·'histogram'·'枝'屬支部,'雞'·'離'屬歌部。這就是所謂從流變上來解決韻字歸部的方法。

其次還有一個問題,就是現在這一批材料包括漢魏晉南北朝許多時代,每一個時代的作家很多,他們的里貫不同,用韻的寬嚴也不同,在分別韻部的時候,我們究竟根據哪些人的押韻情形來作分部的標準呢?我們覺得在這種情形之下只可以多數人用韻的情形作準則,不能單就少數人的個別情形來做決定。分部或寬或嚴也不是標準,要以不失其共同性爲原則。如果一般的情形分韻稍寬,那些用韻較嚴的例子可以提出來加以說明②;如果一般的情形分韻很嚴,那些用韻稍寬的例子可以特別提出來作爲'合韻'。'合韻'的名稱是段玉裁所創的,他把《詩經》韻分爲十七部,凡是異部合用,就叫做'合韻'。現在我們可以利用這個名子來稱那些兩部以上通用合用的例子。③ 這樣做,可以求得一個近似的韻部分類,同時在處理材料上也更容易些,在表現各種不同的押韻現象上也更清楚些。

根據上面的辦法我們來區分各時代的韻部,所得的結果是: 兩漢相近,魏晉宋北魏相近,齊梁北齊北周陳隋相近,因此可以把這八百年間韻部的演變分爲三個大的時期。但是每一個時期之內前後時代的分韻又不盡相同, 並且在整個歷史當中三國和劉宋是前後兩個轉折點,這是值得注意的。 後面的韻譜就是按照上面所說三個大的時期來排的。

2. 韻譜編排的方法

韻譜按照韻部演變的三個大段落分列爲《兩漢韻譜》,《魏晉宋韻譜》,《齊梁陳隋

---

① 見《全漢文》卷二十,五上。
② 各時代中都有一兩個人用韻較嚴,例如西漢的賈誼、劉向,東漢的張衡、蔡邕, 三國的王粲,晉的張華,宋的顏延之、謝莊、鮑照,齊的謝朓,梁的沈約、何遜,北魏的常景等都是。
③ 利用'合韻'一名所要表現的內容,詳見下文。

韻譜》。北朝的一個時期,北魏的作家大半生當南朝齊梁的時候,可是韻部的分類和劉宋時代相近,所以把北魏的作品歸入《魏晉宋韻譜》,列於宋代之後;北齊北周的作家大部分生當梁陳時代,用韻的分類也與梁陳時代相近,所以把北齊北周的作品歸入《齊梁陳隋韻譜》,列於梁代之後。

這三個韻譜都是按照陰陽入三聲的韻部分開來排列的。入聲韻一類雖然在魏以上和陰聲韻關係較密,在晉宋以下和陽聲韻分類相應,可是在讀音上並非單純音調的問題,所以獨立為一類,不與陰聲韻或陽聲韻的平上去三聲同列。

陰陽入三聲之中韻部排列的次序是按照聲音的遠近來定的。一部之中又分為兩部分,本部字在一起押韻的先列,本部字與其他部分的字在一起押韻的後列;前者題稱‘某部韻譜’,後者題稱‘某部合韻譜’。合韻譜之中又依照各種不同的合韻情形分類來排列。假如同一個時期之內一部的韻字在前後時代裏有不同,那就把兩個時代的材料分立為兩個韻譜,這樣就把前後的異同表現出來了。假如遇到這一部與其他一部合韻,這一部的韻字前後時代相同,而其他一部有不同的時候,那麼儘管這一部的‘本韻譜’是一個,而‘合韻譜’也立為兩個。因為這樣才能表現得正確。

‘合韻’之所以要分立,是為了便於研究。第一,根據合韻的類別可以看出某部字究竟與哪幾部字通押,其中通押例子較多的一類必然聲音最近。第二,由一種合韻現象之中來看為甚麼這些作家要這樣通押,是因為用韻較寬呢,還是代表一種方音的現象呢,以此可以做為研究的起點。第三,我們雖然把漢隋之間韻部的演變分為三個大的時期,但是事實上同一時期的作家中也有用韻跟前一個時期相同的,也有用韻與後一個時期相近的[①],那些凡是與當時不同的特殊現象都可以在合韻譜中表現出來。第四,在異部合用之中,固然以陰陽入三聲同類相押的例子居多,但是另外還有陰聲韻與陽聲韻、陰聲韻與入聲韻相押的例子,後者一類在了解古代讀音上關係很重要,我們把它列在合韻譜裏可以引起注意。以上所說是‘合韻’所以要分立的意義。因此,韻譜中‘合韻譜’最為重要,列譜之難,也以‘合韻譜’為最。

另外,從漢到隋,作家在押韻上對於聲調都區別得很嚴格,其分類大體與隋唐一系

---

① 前者如江淹,後者如鮑照。

的韻書相同,現在列譜在陰聲韻和陽聲韻一部之內都把平上去三聲分列。① 假如一字的聲調跟韻書的分類不同,我們只能根據韻文來定,絕不受韻書的限制。有時一字古人有兩種不同的押法,也許是古人押韻不拘一聲,也許是古人有兩種不同聲調的讀法,究竟如何,很難確定,現在只有從例證的多少來做判斷了。②

每一部的韻譜包括的韻字很廣,爲便於研究起見,在韻譜前面我們都列出一個'韻字表'。'韻字表'是按照《廣韻》的韻目排列的。如果一個字在《廣韻》中分收兩韻,而義訓相同,那只取做爲小韻之首的那一個音。例如'僕'字在《廣韻》兼收屋沃兩韻,入屋韻的讀'蒲本切',入沃韻的讀'蒲沃切',可是入沃韻的'僕'字居於小韻之首,當爲'僕'字一般的讀法,因此我們就把'僕'字算爲沃韻字。假如一個字在《廣韻》兩處都不做小韻之首的話,那就參照與此諧聲相同的同部字來定。還有一些字的音調或讀音不是《廣韻》中所有的,那就參考《經典釋文》和《集韻》來歸韻。這一類在韻字表下都注出來,以便稽考。

以下需要說一說作家時代的安排和同一個時代內作品的排列辦法。關於作家的時代,我們完全是根據嚴氏丁氏的書來列的。不過有幾個人兩家所列不同。例如王粲、陳琳、阮瑀、徐幹、劉楨、應瑒、繁欽等嚴氏歸入後漢,丁氏則歸入三國;程曉,嚴氏歸入三國,丁氏則歸入晉;顏之推,嚴氏歸入隋,丁氏則歸入北齊。本編除顏之推依照嚴氏外,其餘都以丁氏所列爲據。③ 嚴氏丁氏兩書對於封建帝王都是不題名姓的,本編一律題出。在韻譜中屬於不同時代的作家都分開來列,同一時代的作家則以卒年先後爲序。惟有封建帝王不取卒年,而取其即位之年,這樣可以幫助我們從排列上知道某一個人是在某一個帝王即位以後死的。所有作家的生卒年,可以參看書後所附的'作者里貫生卒年表',韻譜中人名排列的次第,即以此爲準。各譜之內凡是屬於同一個人的作品都列在一起,文在前,詩在後。每一篇的題目如果過長,則斟量截短,不能截的,也就不截。每篇篇目下一律注明出處,標舉卷數葉數,以便讀者據此覆按原書。又每一個時代裏總有一些不知作者主名的作品,這些作品的韻字都列在韻譜末'闕名'或'無名氏'之下。 '闕名'和

① 平上去的名子雖然是齊梁人所創的,現在我們也不妨利用它來說明古聲調的類別。

② 例如數、吹、勞、膏、譽、呼、驅等字有平去兩讀,舉、語、處、去等字有上去兩讀,都是很顯明的例子。

③ 因爲王粲、陳琳等人都是圍在曹操左右的人,不能不歸入三國時期;程曉有給傅玄的詩,所以歸晉;顏之推卒於隋開皇年間,所以入隋。

'無名氏'都是無主名的意思,不過'闕名'下所列的作品,就其內容來看,可能是一人所作,其作者主名今已亡闕無考;至於'無名氏'下所列的作品,則大牛都是民歌,或是民間集體的創作,經過文人的潤飾才傳流下來的,旣然出於衆手,則本無主名,所以題稱'無名氏'。我們分立這兩個名子,其意義就在這裏。

3. 兩漢詩文韻例

在前面我們曾經說過在鉤稽韻字的時候必須審辨韻例,這樣才不致於把韻脚弄錯。前人研究《詩經》音的時候,對於分析韻例都很注意。 從宋項安世《項氏家說》首先揭舉詩句韻例起①,到清江永作《古韻標準》,孔廣森作《詩聲類》又逐漸加詳。 我們了解了韻例以後固然可以免去'强叶誤讀'②的毛病,同時也可以幫助我們了解古人怎樣分辨聲音,進而去了解音與音的分別。 另外還可以藉此來看古人怎樣利用聲音的諧和來發揮詩歌語言的優美,以作我們發展詩歌音律的借鏡,這樣就涉及到文學的範圍了。現在僅僅從《詩經》來看,其中押韻方式之豐富已可驚人。這種豐富的方式當然是從民歌的基礎上發展來的。 兩漢作家,承其緒餘,所以出現在辭賦裏面的樣式還很多,到魏晉時代一般五言詩的押韻方式才漸漸趨於簡單,等到齊梁時代新的聲律說興起以後,押韻的方式就變得很單純了。所以現在僅就兩漢作品押韻的情形摘要列舉如下:

一、每句押韻例　　ａａａａ

王褒《僮約》:轉出旁蹉,牽犬販鵝,武都買茶,楊氏擔荷。(漢文卷四十二,頁十二)

班固《奕旨》:外若無爲默而識,淨泊自守以道意,隱居放言遠咎悔,行象虞仲信可喜,感乎大冠論未備,故因問者喻其事。(後漢文卷二十六,頁九)

二、隔句押韻例

○ａ○ａ, ○○ａ○○ａ, ○○○ａ○○○ａ

古詩:橘柚垂華實,乃在深山側,聞君愛我甘,竊獨自彫飾。(漢詩卷三,頁九)

班固《奕旨》:一基破窣,亡地復還,曹子之威;作伏設詐,突圍橫行,田單之奇;

---

① 《項氏家說》卷四有'詩句押韻疏密'、'詩押韻變例'、'重押韻'三條都是講詩韻例的。

② 見江永《古韻標準》'詩韻舉例'。

厄相刼,割地取償,蘇張之姿。

班固《奕旨》：至於發憤忘食,樂以忘憂,推而高之,仲尼概也；

樂而不淫,哀而不傷,質之詩書,關雎類也；

紙專知柔,陰陽代至,施之養性,彭祖氣也。

三、虛字不入韻例

賈誼《旱雲賦》：忍兮嗇夫,何寡德矣；旣已生之,不與福矣。

來可暴也,去何躁也；孳孳望之,甚可悼也。

憭兮慄兮,以鬱怫兮；念思白雲,腸如結兮。

四、虛字入韻例

司馬相如《美人賦》：古之避色,孔墨之徒,聞齊饋女而退逝,望朝歌而迴車；

譬於防火水中,避溺山隅,此乃未見其可欲,何以明不好色乎？(漢文卷二

十一,頁一上)

張超《誚靑衣賦》：黃歇之敗,從李園始；魯受齊樂,仲尼逝矣；文公懷安,姜笑

其鄙；周漸將衰,康王晏起。(後漢文卷八十四,頁九下)

五、句中字與句尾字押韻例

司馬相如《上林賦》：欙檀木蘭,豫章女貞。(漢文卷二十一,頁四下)

司馬相如《上林賦》：傑池茈虒,旋還乎後宮,雜襲累輯,被山緣谷,循彼下隰,

視之無端,究之無窮。

六、兩韻間迭相叶例　○a○b○a○b

楊雄《博士箴》：洋洋三代,典禮是修,畫爲辟雍,國有學校,侯有泮宮,各有攸

敎,德用不陵。

班固《典引》：君臣勵色,左右相趨,濟濟翼翼,峨峨如也。

崔駰《達旨》：夫廣廈成而茂木暢,遠求存而良馬縶,陰事終而水宿藏,場功畢

而大火入。

七、前後一韻相叶,中間另隔一韻例　abba

枚乘《七發》：侯波奮振,合戰於藉藉之口,鳥不及飛,魚不及迴,獸不及走。

(全漢文卷二十,頁七下)

楊雄《將作大匠箴》：故人君無云我貴，穰題是遂；毋云我富，淫作極遊；在彼

牆屋，而忘其國戮；作臣司匠，敢告執獸。（漢文卷五十四，頁七下）

八、交錯前後互叶例

a a c	a b
b b c	a b
	c c b

班固《奕旨》：四象旣陳，行之在人，蓋天政也；

成敗臧否，爲人由己，危之正也。

劉向《九歎》《遠遊》：譬彼蛟龍，乘雲浮兮；

汎淫�溶，紛若霧兮；

潺湲轊轊，雷動電發，馭高舉兮；

升虛凌冥，沛濁浮淸，入帝宮兮；

搖翹奮羽，馳風騁雨，遊無窮兮。

4. 韻 譜

目 錄：

陰聲韻

陰　聲　韻

1　之　部

韻　字　表

哈海代

災裁哉來臺胲怠①才該胎　　海待在改閡③采亥殆醢怠　　態來④再載戴代塞貸
能②埃財栽材灾台萊

灰賄隊

灰塵恢媒陪梅桮　　　　　　悔晦　　　　　　　　　　佩悔痗脢

之止志

之期時茲思而㙫詩蚩持旗　　里理止起似巳祀士子齒待　　志植識事意思記司⑥異嗣
㚄疑詞治其頤釐嶷辭貍輜　　耳涘使喜矣時祉恥始市枲　　試侍喜⑦熹侍置寺治俟字
基嗤熙孳滋祺麗芝絲姬嬉　　紀史俟儗㒖趾己汜譺𦙾杞　　憶涘滓戠𥳒值特𠩺噫
諆萁司欺祠熹慈癡𥹆笞箕　　㚻耔籽梓擬裏圮緇淄⑤
氂騏

尤有宥

謀尤㠱郵不　　　　　　　　有友婦右副負　　　　　　右囿富祐

---

① 怠,廣韻收在上聲'海'韻,案古有平聲一音,詳江有誥唐韻四聲正(21頁)。
② 能,古音奴來奴代二音。廣韻又收入登韻,音奴登切。顧炎武唐韻正卷六'能'字下說:"能字音奴登反,始自宋齊之世。後漢書郭杜孔張傳贊'二蘇勁烈,羊賈廉能',與朋肱輣為韻"。案宋王叔之甘橙贊以'恒能弘橙'為韻,和范曄的後漢書用韻相同。
③ 閡,廣韻收在去聲'代韻',集韻兼收上聲'海韻',音下改切。
④ 來,廣韻只有平聲一音,古亦讀去聲,詳見江有誥唐韻四聲正(10頁)。
⑤ 緇淄二字廣韻收在平聲之韻,漢人有上聲一讀,江有誥唐韻四聲正已經指出(116頁)。
⑥ 司,廣韻收在平聲之韻,無去聲一讀。集韻兼收去聲志韻,音相吏切。
⑦ 喜,廣韻收在上聲止韻。按古有去聲一讀。詳見江有誥唐韻四聲正(17頁)。

脂旨至

丕　　　　　　　否軌②鄙痏岯洧罍　　　　　備

厚

　　　　　　　母畝

皆駭怪

豹　　　　　　　駭　　　　　　　戒怪誡械

軫

　　　　　　　敏

1.1　之　部　韻　譜（兩漢）

平聲

前漢　[賈誼]之災期鵩鳥賦　漢文拾伍　二上　謀時同上　二下　之裁哉惜誓
三下　[韋孟]茲思諷諫詩　漢詩貳　二上　而而在鄒詩　二下　[公孫詭]綦詩時
文鹿賦　文拾玖　六下　[嚴忌]時期詩茲謀之哀時命　文拾玖　三上　[武帝劉徹]
蕾來蚗子歌　詩壹　一下　之來李夫人歌　二上　[枚乘]來怠持七發　文貳拾　七上
[司馬相如]臺持之子虛賦　文貳壹　二下　旗娭疑大人賦　七下　來哉封禪文　文
貳貳　七下　[東方朔]詞之七諫謬諫　文貳伍　五上　[楊惲]治萁時報孫會宗書
文叄貳　三下　[王襃]詞思之九懷通路　文肆貳　三上　娭②疑嶷辭塵一作堳　怠
茲謀詩又陶壅　四下　頤骸灰釐哉責鬚髯奴辭　十三上　[韋玄成]之之自劾詩
詩貳　七下　而而同上　尤辭同上　[劉向]尤來九歎逢紛　文叄伍　二下　辭時又離
世　三上　治疑又怨思　四上　詞之又遠逝　四下　之時又憂苦　六上　尤之又愍命
七上　疑詞又思古　七下　[楊雄]頤旗甘泉賦　文伍壹　五下　輜旗河東賦　六上　罘
旗羽獵賦　八上　茲基哉同上　九上　罘之茲同上　九下　之旗記長楊賦　文伍貳
一下　嘻辭逐貧賦　四下　辭綦反離騷　五下　辭基熙解難　文伍叄　四下　思孳揚州

---

① 軌字‘詩經音’屬幽部，兩漢音轉入本部。
* 韻譜中韻字的右上角有數字的表示有校語，參看241頁以下所附《兩漢詩文韻字校記》。

箴 文伍肆 二上 　該恢 交州箴 四上 　謀®基 廷尉箴 六下 　時災 執金吾箴 七下 　臺
恢 將作大匠箴 七下 　該來 元后誄 十上 　[劉歆]臺怠 遂初賦 文肆拾 二上 　[崔篆]
時之 慰志賦 文陸壹 六下 　[闕名]滋之 食鼎銘 文伍柒 十一上 　胎祺 郊祀歌青陽
詩壹 六上 　釐時 又惟泰元 六下 　時期 又天馬 七上 　媒臺 同上 　期時 又天門 七下
時思 又華爗爗 八上 　[無名氏]灰思之颽之 饒歌 有所思 十下 　詩來詩頤 諸儒
爲匡衡語 詩伍 一下

　　後漢 [桓譚]臺芝 仙賦 後漢文拾貳 七下 　[馮衍]疑茲 顯志賦 文貳拾 三上
絲思 同上 三下 　[梁鴻]期思茲 思友詩 詩貳 八下 　[班固]辭詩時裁之 東都
賦 文貳肆 八下 　姬®災 幽通賦 十上 　之之辭 答賓戲 文貳伍 五上 　[崔駰]災
時 達旨 文肆肆 四上 　滋基 冬至襪銘 十一上 　[許慎]能才疑辭尤之 說文解字敍
文肆玖 四下 　[李尤]時熙茲詩 漏刻銘 文伍拾 八上 　時詩基 良弓銘 九下 　時思
豐銘 十上 　辭茲 麈尾銘 十一上 　[張衡]茲嬉旗 思玄賦 文伍貳 三上 　來哉 同上
五上 　諶思 同上 五下 　嬉芝旗 西京賦 十下 　基治思綦 同上 十一下 　期臺 東京賦
文伍叄 一下 　臺能災 同上 三上 　財臺陪 同上 三上 　思祠 同上 四上 　時胎滋財
熙 同上 六上 　栽怠裁辭罘尤基持 同上 六下 　時期疑嬉辭 歸田賦 九下 　時期
祺 東巡誥 文伍肆 三上 　胎時 七辯之二 文伍伍 一下 　期芝 其六 二上 　思司謀疑
其七 二下 　之思 鮑德誄 四上 　[崔瑗]熙滋 司隸校尉箴 文肆伍 四上 　時災 遺葛龔
珮銘 五上 　[桓麟]梅滋 七說 文貳柒 十下 　[馬融]之持 長笛賦 文拾捌 四上
[崔寔]期來 大赦賦 文肆伍 九上 　時辭期 答譏 九下 　[王延壽]釐嶷 魯靈光殿賦
文伍捌 三上 　[張超]基時 靈帝河間舊廬碑 文捌肆 十下 　[戴良]骸材灰栖 失父
零丁 文陸捌 七上 　[蔡邕]時災思詞 述行賦 文陸玖 二上 　基時熙之 釋誨 文柒
叄 六下 　災基不滋熙 同上 七上 　之思尤 同上 七下 　釐④思 京兆樊惠渠頌 文柒
肆 二下 　茲之思不 李休碑 文柒伍 五下 　熙欺基思 李咸碑 文柒陸 八下 　思基
陳球碑 文柒柒 一 　熙時思 楊賜碑 文柒捌 七上 　[邊讓]熙期基持 章華臺賦 文
捌肆 十二上 　[蔡琰]期辭之時慈思癡疑 悲憤詩 詩叄 四上 　[闕名]基思 孔
彪碑 文壹零貳 二下 　辭詩 同上 　茲臺祠熹 成陽靈臺碑 四下 　期之 同上 　時思謀
甾 冀州從事郭君碑 文壹零叄 九下 　滋時熹期姬殆災胎裁來頤 李翊夫人碑 文壹

零陸 六下 [無名氏]滋時期思癡古詩 詩貳 三上 滋思之時同上 思之飲馬長城窟行 十三上 茲嗤期古詩 詩叄 七下 思期古詩 九上 台萊臺王子喬 詩肆 三上 之時時茲西門行 五下 期期期嗤同上 六上 之時時茲同上 答之婦病行 六下 箕嬉期饁如山上雪 八下 時喜期滿歌行 九上 絲期雜歌 十四下 臺萊古八變歌 十四下 來才之古詩爲焦仲卿妻作 十三上 鼇災時茲魏郡輿人歌 詩伍 三上 能才京都謠 九下

上聲

前漢 [高帝劉邦]里海鴻鵠歌 漢詩 一上 [賈誼]理止起似駭有旱雲賦 文拾伍 一上 止已鵬鳥賦 三上 [韋孟]祀士諷諫詩 詩貳 一下 子齒在鄒詩 二上 [武帝劉徹]止已子恃李夫人賦 文叄 一下 [枚乘]止起七發 文貳拾五下 海有同上 起耳悔同上 六下 海涘母止同上 七上 里止起同上 [孔臧]士已鴞賦 文拾叄 四下 [司馬相如]起耳子虛賦 文貳壹 五下 止母使喜大人賦 八上 子齒起止矣美人賦 文貳貳 一上 時祀祉有封禪文 七下 [東方朔]待理已七諫初放 文貳伍 一下 止在又自悲 三下 似友又謬諫 五上 耳有答客難 十一上 理止旱頌 十一下 [司馬遷]恥否起恃始矣悲士不遇賦 文貳陸 五上 [王襃]理士子洞簫賦 文肆貳 二上 里海四子講德論 五下 殆鄙同上 六下 恥里同上 八上 市枲僮約 十二上 起里同上 十二下 [韋玄成]理子自劾詩 詩貳 七下 [劉向]止里九歎離世 文叄伍 三上 已紀又思古 七下 [楊雄]起里蜀都賦 文伍壹 二上 有改反離騷 文伍貳 六上 士紀已母解嘲 文伍叄 二上 起子祀史豫州箴 文伍肆 三上 止市廷尉箴 六下 軌士博士箴 八下 [劉歆]士子遂初賦 文肆拾 一下 [崔篆]軌齒子慰志賦 文陸壹 七上 [闕名]理始郊祀歌惟泰元 詩壹 六下 里友又天馬 七上 閔海又天門 七下 紀始又景星 七下 [無名氏]始子海饒歌聖人出 十下 子起楊伯起諺 詩伍 十下

後漢 [白狼王唐菆]有里母遠夷慕德歌 漢詩壹 五上 [馮衍]有改顯志賦後漢文貳拾 二上 [杜篤]枲已耳市論都賦 文貳捌 二下 [傅毅]軌市洛都賦 文肆叄 一上 俟理起齒儗峙趾已舞賦 三上 有母耳軌明帝誄 六下 士紀迪志詩 詩貳九下 [班固]里有西都賦 文貳肆 三上 里在同上 海里同上 子

始東都賦 六下　　已始幽通賦 十上　　已氾趾軌同上　　否已奕旨 文貳陸 八下

[崔駰]已友已達旨 文肆肆 四下　士理大理箴 九下　　已始婚禮結言 十一下 [李

尤]海在河銘 文伍拾 四上　　已起開陽門銘 六下　　亥晦采在夏城門銘 七上　　里

止禮銘 十上 [張衡]已理改止已思玄賦 文伍貳 二上　　婦鄙恃史西京賦 八下

士否理痏同上　　里止駷峙紀有同上　九上　　阯杞峙右氾同上　　耳唲緇趾紀娰

東京賦 文伍叄 二上　　祀子同上 三下　　起耕畝已耔同上 四上　　止起海子梓里

南都賦 九上 [崔瑗]海殆河隄謁者箴 文肆伍 三下　　恥喜張平子碑 六下 [桓麟]

理采七說 文貳柒 十下 [馬融]友已耳長笛賦 文拾捌 二上　　擬裏士起子同上

起已已似同上 三下　　齒理樗蒲賦 五上 [張超]婦起子祀似已始矣鄙起

誚青衣賦 文捌肆 九下 [蔡邕]婦使始紀胲®事齒祉協和婚賦 文陸玖 三下　　止

紀否已軌恥釋誨 文柒叄 七下　　母畝京兆樊惠渠頌 文柒肆 二下　　止喜同上　　右

理祉俟士已紀胡碩碑 文柒伍 九上　　止否淄恥軌陳寔碑 文柒捌 三上　　母始

止敏濟北相崔君夫人誄 文柒玖 六下　　母紀婦已同上 七上　　已士涘祓禊文 八上

[蔡琰]理起耳已喜里已子悲憤詩 詩叄 三下 [仇靖]已詩析里橋郙閣頌 文

捌壹 四上 [闕名]紀右子耳士悔鏡銘 文玖柒 十下　　改怠三公山碑 文壹零叄

十一上　　祉敏姒止在祀郭輔碑 文壹零陸 五下 [無名氏]裏市起餌止已婦病

行 詩肆 六下　　子止上留田行 八上　　里已淮南王篇 九下　　起耳齒耳俳歌辭 十下

母止里子使裏子古詩爲焦仲卿妻作 十二下　　母友會稽童銘 詩伍 六下　　有喜河內

謠 六下　　士友太學中謠八及 八下　　耳子興平中吳中童謠 九上　　理始胡伯始 十一下

止史避驄諺 十一下

去聲

　　前漢 [賈誼]志植弔屈原文 漢文拾陸 七下 [廷尉翟公]富態署門 文貳

貳 八下 [司馬相如]態來子虛賦 文貳壹 三下　　來態同上 五上　　事富封禪文

文貳貳 七下　　圉®喜同上　　態來同上 [劉去]再悔歌 詩壹 四下 [王襃]

戒怠四子講德論 文肆貳 六上 [成帝劉驁]事右報許皇后 文捌 十二上 [劉向]

志事九歎離世 文叄伍 三上　　識思又遠逝 五上　　置態又惜賢 五下 [楊雄]祉

載河東賦 文伍壹 六上　　記司太史令箴 文伍肆 八上　　佩戴琴清英 十一上 [劉歆]

態怪意喜_{遂初賦} 文肆拾 三上 [闕名]喜事_{郊祀歌天地} 詩壹 六下

後漢 [馮衍]事志_{顯志賦} 後漢文貳拾 一上 意志思_{同上} 二上 異熹_{同上}

悔耳_{同上} 二下 試識_{同上} [傅毅]侍態_{舞賦} 文肆叄 二下 載代備_{明帝誄} 六下

代載_{北海王誄} 七上 [班固]寺司_{西都賦} 文貳肆 四上 囿事_{同上} 四下 治事

志_{東都賦} 六上 囿富_{同上} 八上 戒再俟在_{幽通賦} 九下 載代_{同上} 十下 治事

備_{奕言} 文貳陸 九上 [崔駰]治紀戴載_{大尉箴} 文肆肆 八上 事富_{司徒箴} 八下

[蘇順]塞載代_{和帝誄} 文肆玖 十上 [許慎]識意_{說文解字敍} 文肆玖 二下 字

事_{同上} 三上 [李尤]憶思_{圍棊銘} 文伍拾 十三上 [張衡]湀塞_{西京賦} 文伍貳

六上 事囿備_{同上} 四下 [崔瑗]誨誠_{遺葛龔珮銘} 文肆伍 五上 [馬融]志置

思_{琴賦} 文拾捌 一下 富喜異怪_{長笛賦} 二下 意事澤_{長笛賦} 三下 [邊韶]字

笥事意記_{對嘲} 文陸貳 二上 [戴良]異裁值備_{失父零丁} 文陸捌 七上 [蔡邕]

備事_{彈棊賦} 文陸玖 六下 事志_{釋誨} 文柒叄 六上 事司鼇備_{胡廣碑} 文柒陸 五上

[闕名]載備載_{孔廟禮器碑} 文玖玖 四下 識置_{孔彪碑} 文壹零貳 二下 [無名氏]

富寺置值_{涼州歌} 詩伍 二下 置誨_{爰珍歌} 四下 恃治_{太學中謠八顧} 八上 志喜

_{同上} 八下 笥識_{柳伯騫諺} 十二上

1.2 之 部 合 韻 譜 上 (前漢)

之幽

　　平聲 [劉友]財之仇_{歌一首} 漢詩壹 三下 [司馬相如]梅陶_{子虛賦} 文貳

壹 四下 [班倢伃]時思詩郵周茲滋災求幽郵流期休_{自悼賦} 文拾壹 七上

綦流憂浮休期之_{同上} [楊雄]芝蚘_{甘泉賦} 文伍壹 四上 謀籌_{揚州箴} 文伍肆

二下

　　上聲 [嚴遵]母首_{道德指歸說目} 文肆貳 十三上

　　去聲 [韋玄成]事舊_{戒子孫詩} 詩貳 八上

之魚

　　上聲 [劉向]訴醢_{九歎怨思} 文叄伍 四上 [王襃]子父_{洞簫賦} 文肆貳

一下

之脂

平聲 [枚乘]絲遲絲之詞柳賦 文貳拾 二上 [劉向]開塵九歎惜賢 文叄伍 五下

去聲 [楊雄]概代械備蜀都賦 文伍壹 三上

之職

去聲 [枚乘]識事意側翼七發 文貳拾 四下 [劉去]喜亟歌一首 詩壹肆上

之幽職 守久爲幽部字 稷色爲職部字

上聲 [楊雄]紀士守稷博士箴 文伍肆 八下

去聲 [東方朔]久色侍菜志識代志置侍思事七諫怨世 文貳伍 二下

1.3 之 部 合 韻 譜 下 (後漢)

之幽

平聲 [班彪]茲期流脩思來時北征賦 後漢文貳叄 五上 [馮衍]謀遺顯志賦 文貳拾 一上 期由同上 二下 [梁竦]悠期悼騮賦 文貳貳 八下 [班昭]求時東征賦 文玖陸 二上 [王逸]娭能浮萊臺九思傷時 文伍柒 五上

上聲 [馮衍]久止鄭衆婚禮謁文贊 文貳貳 三上 [蔡邕]婦白題曹娥碑後 文柒玖 八下 [闕名]期軌子祉已止紀里所夏承碑 文壹零壹 九下 里有已理㝏裏婦里矣吳仲山碑 文壹零貳 七下 里紀市圮首曹全碑 文壹零伍 三上 紀道舅好喜費鳳別碑 文壹零叄 七上

去聲 [杜篤]嗣意雜論都賦 文貳捌 二下 [闕名]冑茂究謀備□使異□□壽思王純碑 文壹百 二下

之魚

平聲 [堂谿協]治隅祺之開母廟石闕銘 文伍捌 十下

上聲 [崔駰]子否暑扇銘 文肆肆 十一下 [蔡邕]藪友有釋誨 文柒叄 七下 [無名氏]母取古詩爲焦仲卿妻作 詩肆 十二上

之脂

平聲 [王逸]時絲脂之機婦賦　文伍陸　一下　[皇甫規]機慈思女師箴

文陸壹　七下　[邊讓]臺階榮能章華臺賦　文捌肆　十二上

上聲 [李尤]矢紀弧矢銘　文伍拾　九上

之幽魚周幽久爲幽部字，區厚爲魚部字。

平聲 [班固]基周熙幽區頤典引　文貳陸　七上

上聲 [無名氏]母婦友久厚古詩爲焦仲卿妻作　詩肆　十一下

之幽脂遺、旣、爲脂部字，疇就究爲幽部字。

平聲 [闕名]疇時期之遺北海相景君銘　文玖捌　五下

去聲 [闕名]吏思備就究旣志意祐北海相景君碑陰　文玖捌　六上

之職

去聲 [白狼王唐菆]意來異食備嗣熾遠夷樂德歌　詩壹　五上

2　幽　部

韻　字　表

豪晧號

　嗥咆曹皋翿牢嘈醪陶騷袍　　保考道草抱稻阜寶皋導造　　好報奧

　濤　　　　　　　　　　　好老棗浩早掃鬮

肴巧效

　茅庖　　　　　　　　　　巧爪卯飽　　　　　　　　孝

蕭篠嘯

　鵰聊蜩蕭條彫寥調　　　　鳥篠　　　　　　　　　　嘯叫

宵小笑

　　　　　　　　　　　　　孱擾　　　　　　　　　　影①

_____

① 影，廣韻收在平聲宵韻。馬融長笛賦與去聲字‘到叫譙嘯譟’爲韻，讀去聲。集韻去聲笑韻
　　有影字，音‘匹妙切’。

幽黝幼

幽彪　　　　　　　糾虬①　　　　　　　謬

尤有宥

流遊鳩鞴求修疇憂留秋州　　久咎首柳朽守酒受九醜　　救宙究秀臭授就胄舊售

游浮油柔牛②休悠 懤儔怞　　壽丑酉阜茏誘肘牖手獸　　祝獸狩守

丘愁矛周洲劉仇舟猷族　　簉臼缶舅狩

瘳囚逎由攸述收騮優籌綢

騮幬旒龜

侯厚候

叟瘦茂　　　　　　　椒裒茂

虞

郫

2.1 幽 部 韻 譜（兩漢）

平聲

前漢　[漢武帝劉徹]流遊匏子歌 詩壹 一下　　[枚乘]鳩鞴鵰梁王菟園賦
[孔臧]求修疇憂鴞賦 文拾叁 四下　　[淮南小山]嗥留招隱士 文貳拾 八上
聊秋同上　　留咆曹留同上 八下　　[司馬相如]州留游浮大人賦 文貳壹 七上
綢浮同上　　油游封禪文 文貳拾貳 七下　　[東方朔]遊憂七諫自悲 文貳伍 三下
柔求答客難 文貳伍 十下　　[王襃]留疇求洞簫賦 文肆貳 二上　　蜩州脩遊牛
流休悠浮求懤儔怞九懷危俊 文肆貳 三上　　蕭條蜩丘嗥留九懷蓄英 文肆貳 四上
皋悠聊愁同上　　遊州四子講德論 文肆貳 六上　　翺游聖主得賢臣頌 文肆貳 十下　　矛

---

① 虬，廣韻收在平聲幽韻。李尤平樂觀賦‘有仙裼雀，其形蚴虬’，虬與‘擾受走耦首阜缶’爲韻，讀上聲。案‘蚴虬’疊韻，廣韻黝韻有蟉字，注‘蚴蟉龍皃，渠黝切’，蟉與虬爲一字，集韻黝韻出虬字，或作蟉，音義與廣韻並同，是其明證。

② 牛，丘，久，疚，舊，龜等字，詩經音屬之部，兩漢轉入幽部。

周遊僅約 文肆貳 十二下　[劉向]蕭愁九歎逢紛 文叁伍 二下　遊流遊流離世
三下　流洲遠逝 四下　憂洲惜賢 五下　求流憂苦 六下　周劉高祖頌 文叁柒 九上
[嚴遵]矛仇座右銘 文肆貳 十三下　[楊雄]流舟蜀都賦 文伍壹 二上　游彫
羽獵賦 文伍壹 九下　州游覈靈賦 文伍貳 三上　舟浮休求留逐貧賦 四下　茅皋
反離騷 六上　流丘同上　州流益州箴 文伍肆 三上　悠流并州箴 四上　遊猷將作
大匠箴 八上　[劉歆]牟嘈遂初賦 文肆拾 二下　[闕名]斿休郊祀歌練時日 詩壹
五下　斿求又天門 七下

後漢　[班彪]遊周浮覽海賦 後漢文貳叁 四下　游脩北征賦 五上　[桓譚]
醪浮仙賦 文拾貳 七下　[馮衍]州流顯志賦 文貳拾 三上　流丘同上 三下　[杜
篤]求修儔遊首陽山賦 文貳捌 一下　瘳憂柔州論都賦 四上　陶周疇吳漢誄
五下　[傅毅]彫求流七激之一 文肆叁 四上　[班固]道囚答賓戲 文貳伍 五上
舟流難莊論 六上　周劉高祖頌 文貳陸 一上　周劉典引 六下　[崔駰]龜流憂
求達旨 文肆肆 四上　流浮同上　州流河南尹箴 十上　遊求車後銘 十下　[班昭]
丘疇遊游大雀賦 文玖陸 二上　[李尤]修周幽高安館銘 文伍拾 五下　求游
几銘 十下　[崔琦]周丘外戚箴 文肆伍 八下　[張衡]遊流騷糾條愁幽瘳周
思玄賦 文伍貳 四上　浮由休劉同上　留憂同上 五下　觟龜牛秋西京賦 十下
柔游求東京賦 文伍叁 五下　仇憂舟同上 六下　周修幽髑髏賦 文伍肆 一下　流
洲七辯 文伍伍 一下　[崔瑗]流州河隄謁者箴 文肆伍 三下　流浮張平子碑 六上
[侯瑾]修遊浮愁箏賦 文陸陸 一上　[馬融]儔流樗蒲賦 文拾捌 四下　[秦
嘉]由周仇攸休述昏詩 詩貳 十一下　[崔寔]求丘憂猷答譏 文肆伍 九下
[皇甫規]流述周猷女師箴 文陸壹 七下　[蔡邕]流遊洲收洲漢津賦 文陸玖
一下　浮留儔彈棊賦 六下　牛輈騶囚流優籌遊釋誨 文柒叁 八上　柔休黃鉞銘
文柒肆 七下　流休李咸碑 文柒陸 八下　休修周流彫秋幽司徒袁公夫人馬氏碑 文柒
柒 五下　愁由憂綢流浮留太傅胡公夫人靈表 文柒玖 四上　休瘳丘留議郎胡公夫人
哀讚 六上　[邊讓]仇丘流舟憂章華臺賦 文捌肆 十一上　[禰衡]遊憂弔張衡文
文捌柒 三上　[無名氏]憂遊古詩 詩叁 七下　流修思治詩 十一上　牛憂遊西門
行 詩肆 五下　牛愁憂遊同上 六下　愁憂周遊秋滿歌行 九上　矛休會稽童謠

詩伍　六上　**憂休**恒農童謠　九上

上聲

　　　　前漢　[唐山夫人]**保壽**安世房中歌　漢詩叄　一下　　　[賈誼]**久咎**弔屈原文
漢文拾陸　八上　　[韋孟]**保考**諷諫詩　詩貳　一下　　[嚴忌]**道巧**哀時命　文拾玖　四
上　　[枚乘]**巧鳥**七發　文貳拾　六上　　[劉安]**草保**八公操　詩　四上　　[司馬相
如]**抱梂**子虛賦　文貳壹　四下　　**首柳**同上　五下　　[司馬談]**朽守**論六家要旨　文貳
陸　四下　　[宣帝劉詢]**久酒**華山仙掌鼎文　文陸　十下　　[王襃]**巧道**洞簫賦　文肆
貳　二下　　[劉向]**久首**九歎遠逝　文叄伍　四下　　**受慶**九歎憂苦　六上　　**醜孴阜**太僕
箴　六下　　[嚴遵]**九首**道德指歸說目　文肆貳　十三上　　[楊雄]**久咎**兗州箴　文伍肆
一下　　**稻飽**益州箴　三上　　**爪保**執金吾箴　七下　　[闕名]**阜道**郊祀歌天馬　詩壹　七上

　　　　後漢　[馮衍]**寶道**杖銘　後漢文貳拾　十一下　　[傅毅]**考道**迪志詩　詩貳　九下
[班固]**道茂**幽通賦　文貳肆　十上　　**道寶**典引　文貳陸　八上　　[許愼]**首受**說文解
字敘　　[李尤]**丑首**榖城門銘　文伍拾　六上　　**卯爪考**中東門銘　文伍拾　六上　　**酉阜**
雍城門銘　文伍拾　七上　　[張衡]**皋首**西京賦　文伍貳　六下　　**阜柳首**同上　九上　　**阜
守久朽茂**同上　十一下　　**疚酒曳壽**東京賦　文伍叄　四下　　**壽曳**南都賦　九上　　[桓
麟]**阜鳥**七說　文貳柒　十一上　　[王延壽]**導造道**桐柏淮源廟碑　文伍捌　五上　　[蔡
邕]**誘咎**釋誨　文柒叄　八上　　**考造**陳寔碑　文柒捌　三上　　[邊讓]**考道肘草老**
章華臺賦　文捌肆　十一下　　[闕名]**擾首**費鳳別碑　文壹零叄　七上　　**好老棗保**尚方鏡
銘　文玖柒　九下　　**好保道棗老**李氏鏡銘　十上　　[無名氏]**草道**飲馬長城窟行　詩貳
十三上　　**草道浩老**古詩　詩貳　三上　　**道草老早考寶**古詩　詩叄　七下　　**草道老**
古五雜組詩　十上

去聲

　　　　前漢　[東方朔]**好報**七諫自悲　漢文貳伍　三下　　　[王襃]**宙究**四子講德論　文
肆貳　六下　　[劉向]**救究**九歎遠逝　文叄伍　五上　　[楊雄]**救收**蜀都賦　文伍壹　二下

　　　　後漢　[梁鴻]**阜秀臭究宙**適吳詩　詩貳　八下　　[張衡]**袤郊舊**西京賦　後
漢文伍貳　六下　　**祝救售**同上　十一上　　[崔瑗]**舊守**郡太守箴　文肆伍　三下　　[闕
名]**授就留**北海相景君銘　文玖捌　六上　　**胄秀**孔彪碑　文壹零貳　二下　　[無名氏]

孝嘯二郡謠 詩伍 八上 秀茂太學中謠八俊 八上 好孝又八及 八下

2.2 幽部合韻譜上（前漢）

幽宵

平聲 [枚乘]醪庖彫寥⑧髦袍毛醪燎柳賦 漢文貳拾 二上 [淮南小山]
幽繚招隱士 文貳拾 八上 [司馬相如]趠消求大人賦 文貳壹 七下 [王襃]
調苗飆責鬚髯奴辭 文肆貳 十二下 [楊雄]調茅龜饒荊州箴 文伍肆 二下 州巢
豫州箴 三上 瘳聊繇大司農箴 五上

上聲 [司馬相如]道獸廟子虛賦 文貳壹 六上 獸獸沼封禪文 文貳貳 七
上 [王襃]寶堯四子講德論 文肆貳 五下 好醜紹同上 詔茂同上 八上 [楊
雄]道草鎬杳羽獵賦 文伍壹 七下 鳥少解嘲 文伍叄 二下 少保城門校尉箴 文
伍肆 八上

幽之

平聲 [賈誼]浮休舟浮憂疑鵩鳥賦 文拾伍 三上 [東方朔]憂尤七諫哀
命 文貳伍 四上

上聲 [王襃]獸茂母四子講德論 文肆貳 八下

幽魚

平聲 [劉去]愁聊舒歌一首 漢詩壹 四下 [王襃]矛州牛愚僮約 文肆貳
十二上 [楊雄]游豬憂上林苑令箴 文伍肆 九上

上聲 [枚乘]酒口七發 文貳拾 五下 [王襃]掃滌帚斗僮約 文肆貳 十一
下 [楊雄]巧御長楊賦 文伍貳 二上

2.3 幽部合韻譜下（後漢）

幽宵

平聲 [班固]周幽龜謠條流幽通賦 後漢文貳肆 十上 [堂谿協]優搖
休疇條朝開母廟石闕銘 文伍捌 十下 [王逸]謷謱流九思怨上 文伍柒 三上
[李尤]要牟朝龜辟雍賦 文伍拾 二上 [張衡]敖陶濤聊思玄賦 文伍貳 三上

[無名氏]交條太學中謠八俊　漢詩伍　八上

上聲　[班固]妙篠竹扇賦　文貳肆　十一上　[崔駰]表寶道達旨　文肆肆　四下　[無名氏]草抱道槁抱古詩　漢詩叄　九上　交抱道婦病行　詩肆　六下

去聲　[傅毅]妙好奧七激　文肆叄　四上　[闕名]孝授教孔廟禮器碑　文玖玖　四上

幽之

平聲　[班彪]災留遊北征賦　文貳叄　四下　[傅毅]軜旆時洛都賦　文肆叄　一下　舟流遊嬉遊七激　五上　[班固]舟旗流浮西都賦　文貳肆　五下　詩秋由流東都賦　八上

上聲　[馮衍]茂友顯志賦　文貳拾　四下　[班固]阜首起西都賦　文貳肆　二下　[王延壽]晷有朽魯靈光殿賦　文伍捌　三上　[胡廣]道右首詩中箴　文伍陸　七下　[無名氏]柳牖手婦守古詩　詩貳　三上　壽首右守董逃行　詩肆　四上

去聲　[班固]奧囿答賓戲　文貳伍　五下

幽魚

平聲　[梁鴻]流浮隅休適吳詩　詩貳　八下　[班固]虞周答賓戲　文貳伍　五下　[張衡]丘流鉤鰡歸田賦　文伍叄　九下　[馬融]舟幬流謳浮游廣成頌　文拾捌　十二上　[趙壹]求謳留迅風賦　文捌貳　八上　[闕名]州殊柔優高頤碑　文壹零伍　七下　[無名氏]流頭周憂遊茅山父老歌　詩叄　九下　頭流醴如山上雪　詩肆　八下　愁愁憂頭脩古歌　詩肆　十四下

上聲　[杜篤]耆壽首陽山賦　文貳捌　一下　[崔駰]酒缶後酒箴　文肆肆　十上　[李尤]擾受虬走耦首阜缶平樂觀賦　文伍拾　三上　[闕名]后舅久樊毅脩華嶽碑　文壹零叄　八下

去聲　[蔡邕]獸乳就狩五靈頌麟頌　文柒肆　三上　[闕名]冑偶高頤碑　文壹零伍　七下

幽之魚殊偸搜具爲魚部字，凝基囿爲之部字。

平聲　[崔駰]殊陶凝優達旨　文肆肆　四下　[李尤]流游留州偸搜修基函谷關賦　文伍拾　一下

去聲　[馬融]獸具囿廣成頌　文拾捌　十二上

幽宵之尤姬仕囿為之部字,眇僚表沼為宵部字。

平聲　[班彪]遊姬丘流僚冀州賦　文貳叁　五下　　[王逸]愁憂尤聊遊州

眇九思逢尤　文伍柒　二下

上聲　[班固]仕狩表答賓戲　文貳伍　五下

去聲　[班固]沼獸囿東都賦　文貳肆　七上

幽宵魚昭到諜為賓部字,樞雛為魚部字。

平聲　[王逸]悠昭樞憂九思怨上　文伍柒　三上

去聲　[馬融]到叫髟雛嘯諜長笛賦　文拾捌　二上

幽歌

上聲　[班固]冑阜野北征頌　文貳陸　二上

幽魚沃聚為魚部字,覆為沃部字。

去聲　[班固]獸覆聚西都賦　文貳肆　四下

3　宵　部

韻　字　表

豪皓號

桃高旄勞號膏豪逃毛刀操　　　腦倒奧　　　　　　　　暴號悼到耄縞操躁倒①

遨臊毃撓

肴巧效

交肴巢崤梢髐敹敠藃①嗃郊　　　　　　　　效校敎樂髐③

----

①　倒,見後漢魯峻碑,與'較爍綽遠虐邀榷樂的'為韻(見藥部合韻譜),原句云:'退邇忉倒'。
　　忉倒猶云忉怛。考字書韻書均無倒字,今從諧聲系統列此。

②　藃,見馬融長笛賦,與'嗃調攤'為韻。文選李善注云:"方言曰:摷動也。藃與摷同,所交切"。

③　髐,廣韻收平聲肴韻。司馬相如子虛賦'縞削髐'為韻,髐讀去聲。集韻兼收去聲效韻,音所
　　敎切。

宵小笑

　　搖驕朝昭姚謠嬌瑤遙消霄　　　繞表趙　　　　　笑照曜耀約妙

　　苗超喬樵饒飆燒橋鴞慆摽

　　鑣鯠猋妖要猇

蕭篠嘯

　　莕梟繚寮堯嶢跳　　　　　　曉杳窈　　　　　　　眺

3.1 宵 部 韻 譜 (兩漢)

平聲

　　前漢　[司馬相如]旄髾搖大人賦　漢文貳壹　七上　　[東方朔]梟桃七諫初

放　漢文貳伍　一上　　[王襃]暴高四子講德論文肆貳　九上　　　[楊雄]交肴勞臊

蜀都賦　文伍壹　三上　　旄槱河東賦　六上　　高號長楊賦　文伍貳　二下　　驕高嶕朝

逐貧賦　四下　朝笑兗州箴　文伍肆　一下　逃呶光祿勳箴　五下　[闕名]膏搖郊祀歌

天地　詩壹　六下　昭姚又景雲　七下　　[無名氏]豪逃鐃歌戰城南　九下　　繚燒又有

所思　十上

　　後漢　[王逸]梟跳九思悼亂　文伍柒　四下　　謠嫋又傷時　五上　　[張衡]搖

勞思玄賦　文伍貳　五下　　嶢寮莕西京賦　七下　　搖槱旄同上　九下　　毛膏勞東京賦

文伍叄　四下　　勞消毛刀逃遙髑髏賦　文伍肆　二上　　刀瑤遙勞四愁詩　詩貳　十下

[崔寔]刀毛答譏　文肆伍　九下　　[蔡邕]寮遙教霄高苗昭周勰碑　文柒伍　六下

操高教昭郭泰碑　文柒陸　一下　　操高姜肱碑　七下　　高撓陳寔碑　文柒捌　三上　　昭

教超喬高楊賜碑　六上　　[闕名]交堯成陽靈臺碑　文壹零貳　四下　　[無名氏]喬

遨遨喬遨高王子喬　詩肆　三上　　巢驕猛虎行　三下　　樵樵驕體如山上雪　八下　　苗

饒吳賫歌　詩伍　四上

上聲

　　前漢　[司馬相如]腦倒子虛賦　漢文貳壹　五上

去聲

前漢　[唐山夫人]燿約安世房中樂　漢詩叄　一下　[賈誼]暴躁悼旱雲賦

漢文拾伍　一下　[東方朔]樂到七諫哀命　文貳伍　四下

後漢　[馮衍]操樂顯志賦　後漢文貳拾　四下　[傅毅]照曜明帝誄　文肆叄

六下　[班固]校號北征頌　文貳陸　一下　[朱穆]眺妙曜鬱金賦　文貳捌　六下

[蔡邕]妙悼燿效郭泰碑　文柒陸　一下　悼效曜姜肱碑　七下　教效陳寔碑　文柒

捌　三上　[傅幹]曜效教暴皇后箴　文捌壹　十三下

3.2 宵 部 合 韻 譜 上（前漢）

宵幽

平聲　[韋孟]舊朝在鄒詩　漢詩貳　二上　[司馬相如]浮淼上林賦　漢文貳

壹　五上

去聲　[楊雄]道笑長楊賦　漢文伍貳　二下

宵魚

平聲　[韋孟]陋朝在鄒詩　詩貳　二上　[楊雄]興趡橋嶤河東賦　文伍壹

六上

宵藥

去聲　[司馬相如]縞削霄子虛賦　文貳壹　二上

3.3 宵 部 合 韻 譜 下（後漢）

宵幽

平聲　[王逸]遙嶢條鴞怊九思守志　後漢文伍柒　五下　[馬融]蓨嘀調摽

長笛賦　文拾捌　二上　[無名氏]條旄折楊行　漢詩肆　五下

上聲　[王逸]曉繞老琴思楚歌　詩貳　十一上

宵魚

平聲　[傅毅]鋪鑢洛都賦　文肆叄　一下　[桓麟]侯繇昭口劉寬碑　文貳柒

十二上　[馬融]郊苗虞廣成頌　文拾捌　十下
　上聲　[班固]處表幽通賦　文貳肆　十一上
　去聲　[闕名]度曜成陽靈台碑　文壹零貳　四下

4　魚　部

韻字表（前漢）

模姥暮

蒲蘇辜都徒吾圃胡圖鸕櫨
塗漠奴酤鋪梧湖乎孤觚駼
盧咮㠠蕸烏荼

虜伍土顧魯古怒鼓覩睹
浦扈櫓虎圃苦戶故怙悟祜
滸祖阻吐弩杜賈

惡寙故度瓠顧路護慕錯素
兔怖暮愬步誤祚悟賂固蒬
露

魚語御

疏去疎盧輿車墟鱸茹與
苴蘆如顒襦餘閭居且魚胥
渠躇廬儲豬漁書胥攄諸

汝語楚緒處渚與女虛胥所
鼠陼苴侶圉序敘旅許紵禦
舉黍暑距

去居御處馭著礜與遽語
禦豫粔舉

虞麌遇

拘俱濡腴膚砆蕪芋娛無亡
虞隅紆駒盂蛛扶夫竽鴝榆
兔珠區鈇驅殊巫朱婾符踰
叟芻廡

輔字雨武羽甫主數禹腐敷
斧舞簍聚矩寓附府取釜

注坿具仆遇驚柎脯聚傅芋
趣務虞懼樹嶇乳

侯厚候

---

①　攸，見王襃僮約。此字兼收宵部。
②　顧，廣韻只收去聲暮韻。按古亦讀上聲，詳江有誥唐韻四聲正(43頁)。
③　去，劉章耕田歌與'疏'爲韻。古有平聲一讀。
④　居，廣韻只收平聲魚韻，按古亦讀去聲，詳唐韻四聲正(4頁)。
⑤　舉，廣韻只收上聲語韻，按古亦讀去聲，詳唐韻四聲正(19頁)。

侯投漚搜頭　　　　　後芺垢耦口走斗藕狗訽偶　　構寇竇鬮�脰候儌①
　　　　　　　　　　部厚

麻馬禡

牙家華葭霞遮斜置邪牙奢　　夏舍暇下墅野者祉馬雅寡　　舍射霸詐罵賈②
杷鈀遐　　　　　　　　　赭閜

尤

鄒

韻字表(後漢)

模姥暮

都弧胡圖烏茶鋪謨塗蘇枯　　濟阻五虎古溥怙徂睹覩笯　　故度愬慕路素布輅謨④厝
徒孤辜剌徂狐骷猢頋模醐　　虜鄂土伍鼓莽③怒扈浦堵　　顧步怒固露墓慕塗兔怖呼
菰蒲顱湖壚壺姑逋　　　　　祖戶稌圃罟蠱顧補吐組苦　　悟祚污迕惡互暮竁誤作袴
　　　　　　　　　　　　　鹵魯買　　　　　　　　　　庫嫮

魚語御

余居墟裾諸書與閭廬初如　　與處黍舉所女序緒胥旅去　　居慮去著恕御禦馭庶處署
魚踞曙樐攄餘胥輿車且舒　　楚渚苧暑敍�ー呂禦脊杵許　　念譽助
徐菹淤虛疏渠葉豬組⑤紓　　著茹侶佇俎拒汝語杼煮署
譽儲除琚鞮於鋤　　　　　予距苣

虞麌遇

---

① 偷,王襃僅約與'聚'爲韻。廣韻只收平聲侯韻,無去聲一音。
② 賈,音價。
③ 莽,見張衡西京賦。此字兼收陽部。
④ 謨,廣韻只收平聲模韻,按古有去聲一讀,崔駰達旨'謨慮'爲韻,蔡邕周勰碑'布固度謨'爲韻。江有誥唐韻四聲正已指出(9頁)。
⑤ 組,見高頤碑,原句云:'示民敬謨,閼斷苴組',與'舒祖辜撲'押韻(後漢文105/8 上)。按'苴組'即'苴苴'之別體。

　　　　　　　　　　　　　　－142－

符虞娛與姝珠儒俱隅驅腴　　　主雨字武府廡父謨取儛舞　　　懼虞矩傅驅騖遇務附諭具

區趣夫無愚吁踰煦憮敷衢　　　刃禹輔腐聚斧縷矩豎柱撫　　　趣注霧裕數赴駙屨嫗趨騖

榆渝殊貙誅貐拘愉嶇紆劬　　　甫侮鱺樹脯竃數

株褕膚于廚扶軀盱魖芻須

樞迂齲襦諏濡趨竿歈蕪絇

蔜嵎趺鬚雛

侯厚候

侯樓婁陬謳偷鉤構鏤頭　　　部厚藪耦後走詢口后剖苟　　　湊豆陌投①奏踣

狗偶垢呴

尤

騶　　　　　　　　　　　　　　　　　　　　畫驟

4.1 魚 部 韻 譜 上（前漢）

平聲

[劉章]疏去 耕田歌 漢詩壹 三下　[賈誼]拘俱 鵩鳥賦 漢文拾伍 二下　濡

盧與車墟 惜誓 三上　驢車 弔屈原文 七下　辜②都 同上 八上　[武帝劉徹]躇

去 李夫人賦 文叁 一下　[枚乘]腴蒲膚 七發 文貳拾 五上　蘇茹 同上 五下　車

盧 同上 五下　徒與 同上 六上　[孔臧]牙家口華 諫格虎賦 文拾叁 三下　[司

馬相如]吾砆 子虛賦 文貳壹 一下　圃蒲蕪苴 同上　葭胡蘆苧圖 子虛賦 一下

與娛如 同上 二下　鯠鰅 同上 三下　櫧櫨餘閭 同上 四下　無俱 同上 五上　徒

都 同上 五下　塗虞 同上 六上　都霞華 大人賦 八上　徒車隅居娛 美人賦 文貳貳

一上　盧居 同上 一下　虞居 長門賦 二上　[劉勝]紆②駒 文木賦 文拾貳 七上　孟

蛛苴 同上　[東方朔]如舉 七諫自悲 文貳伍 四上　徒居 答客難 十上　魚徒 同上

---

① 投，句投字，與逗通，見馬融長笛賦。原句云：‘觀法于節奏，察變于句投’（後漢文 18/3 上）。
又王逸九思怨上‘投’與‘務’押韻。原句云：‘進惡兮九旬，復顧兮彭務；擬斯兮二蹤，未知兮
所投’。投爲投向之意，音透。

十下 徒居與胥扶同上 ［華容夫人］渠魚夫居髮紛紛兮歌 詩叄 三上 ［王襄］墟疎洞簫賦 文肆貳 一上 與娛胥墟居躇竽紆九懷昭世 三下 酤鋪僅約 十二上 ［韋玄成］鄒侯自劾詩 詩貳 七下 ［劉向］鶵榆九歎怨思 文叄伍 三下 夫廬又愍命 六下 梧湖又遠遊 八上 ［楊雄］腴鳧蜀都賦 文伍壹 三上 與遮羽獵賦 八上 梧魚虞珠®胥羽獵賦 九上 儲虞亡同上 九下 斜罝隅胡豬胥餘圖長楊賦 文伍貳 一上 廬吾同上 二上 區濡同上 二下 隅侯同上 三上 居虞逐貧賦 四下 壺酤車家乎酒賦 五上 隅侯反離騷 五上 吾華同上 五下 投漚同上 六上 搜塗候銖書廬解嘲 文伍叄 二下 餘傅漁侯驅同上 殊如同上 三上 墟書兗州箴 文伍肆 一下 邪都圖牙夫徐州箴 二上 郰都豫州箴 二下 居墟如圖牙同上 圖夫益州箴 三上 胡都雍州箴 三下 阻都胡幽州箴 三下 區侯司空箴 四下 墟辜隅尚書箴 五上 孤辜廷尉箴 六下 魚巫書太常箴 七上 圖奢�少府箴 七上 奢家將作大匠箴 七下 ［劉歆］據居遂初賦 文肆拾 一下 扶吾同上 二上 都紆同上 二下 ［闕名］殊朱郊祀歌 詩壹 六下 都華又齊房 七下 ［無名氏］烏邪鐃歌朱鷺 詩壹 九上

上聲

［戚夫人］虜伍汝永巷歌 詩叄 二上 ［賈誼］夏舍暇鵩鳥賦 文拾伍 二上 壄下惜誓 三下 ［韋孟］楚輔諷諫詩 詩貳 一下 後緒同上 土顧同上 着後同上 二上 土魯在鄒詩 二上 ［嚴忌］垢處渚宇雨野者耦後與哀時命 文拾玖 四上 ［武帝劉徹］社古土輔策封齊王閎 文肆 九上 社古土輔策封燕王旦 九下 社古土輔策封廣陵王胥 九下 ［枚乘］武怒馬鼓口走七發 文貳拾 七下 ［劉安］土下羽甫斗女八公操 漢詩壹 四上 ［公孫弘］伍覩答東方朔書 文貳肆 十一上 ［司馬相如］浦野下口怒子虛賦 文貳壹 三下 渚藕同上 四上 扈野同上 四下 者櫓同上 虎馬同上 羽虞同上 五上 宇虞鼓同上 五下 雅胥圃同上 六上 馬下題市門 文貳貳 八上 ［董仲舒］顧古士不遇賦 文貳叄 一下 ［司馬談］後主論六家要旨 文貳陸 四下 ［東方朔］壄輔寡下壄者七諫初放 文貳伍 一上 所苦虜下虎鼠後數戶故答客難 十上 狗虎同上 十一上 ［王襄］戶者覩語處陼九懷通路 文肆貳 三上 土覩禹緒輔又亂曰 五上 下緒夏莒四子講德論 八上

戶鼓僅約 十二下 赭苦土侶怙虜賈黎髯奴辭 十三上 ［劉向］楚宇九歎憂苦 六

上 腐詬又懲命 七上 悟古又恩古 七下 圉壄同上 羽雨又遠逝 八下 ［哀帝

劉欣］序古輔冊董賢爲大司馬大將軍 文玖 八上 ［楊雄］欹後河東賦 文伍壹 六下

部伍羽獵賦 八下 怒旅長楊賦 文伍貳 二上 虞舞胥祜雅同上 二上 處野竂

聚語逐貧賦 四上 下睹反離騷 五下 舉處同上 與許同上 六上 女耦同上 虎

雅武後趙充國頌 文伍叄 七下 土武矩青州箴 文伍肆 一下 寓處紵土兗州箴

一下 緒走同上 渚宇徐州箴 二上 濟處揚州箴 二上 距處豫州箴 二下 野夏

益州箴 三上 主緒寓雍州箴 三下 序緒宗正卿箴 六上 附主同上 馬野魯太僕

箴 六下 祖虜太常箴 七上 夏阻禦城門校尉箴 八上 ［崔篆］許處府武宇舞

舉耇取慰志賦 文陸壹 七上 ［闕名］土雨所古祜祭天辭 文伍柒 十二下 土

雨者祭地辭 十二下 馬虎郊祀歌練時日 詩壹 五下 宇所五武又帝臨 六上 雨

緒又惟泰元 六下 苦下又日出入 七上 下赭又天馬 七上 處宇又后皇 八上 宇

舞又華爆爆 八上 ［無名氏］下吐者饒歌朱鷺 詩壹 九上 主吾又臨高臺 十一上

苦弩平城歌 詩伍 一上 怒下衛皇后歌 一下 口後雨釜斗黍口鄭白渠歌 一下

怒杜虎五矦歌 二上

去聲

　　［劉友］惡瘝諸呂用事兮歌 詩壹 三下 ［賈誼］故度去鵩鳥賦 文拾伍 二上

故瓠弔屈原文 文拾陸 七下 語去同上 八上 下去同上 ［韋孟］顧路在鄒詩 詩

貳 二上 ［枚乘］路御七發 文貳拾 五下 注搆同上 ［司馬相如］處舍具同上

五上 處仆同上 ［司馬談］度舍論六家要旨 文貳陸 四下 ［東方朔］舍路七諫

哀命 文貳伍 四上 路去同上 四下 錯路馭去又謬諫 五上 著譽同上 ［劉胥］

臾路欲久生兮歌 詩壹 四上 ［王襃］遇路四子講德論 文肆貳 五下 寇仆同上

九上 脯芋僅約 十二上 具寶鬪同上 十二上 聚偷同上 ［韋玄成］居懼戒子孫

詩 詩貳 八上 ［劉向］慕故九歎離世 文叄伍 三下 語去又怨思 四上 暮度又惜

賢 五下 愬語又懲命 七上 顧故又遠逝 八下 ［楊雄］步與河東賦 文伍壹 六下

候射路羽獵賦 八上 務禦長楊賦 文伍貳 二下 度虞同上 懼舉解嘲 文伍叄 二

下 度霸青州箴 文伍肆 一下 誤詐霸揚州箴 二上 豫御荆州箴 二下 懼舉交州

筮 四上 居禦衛尉筮 六上 詐寤同上 悟賂太常筮 七上 去居將作大匠筮 七下

路固柜虞城門校尉筮 八上 [闕名]慕路郊祀歌天地 詩壹 六下 著豫又天門 七

上 [無名氏]菟賈長安謠 詩伍 五上 樹去東家棗諺 十上

4.2 魚部韻譜下 （後漢）

平聲

[班彪]余符覽海賦 後漢文貳叁 四下 居虞冀州賦 五下 娛臾同上 六上

[馮衍]墟都居顯志賦 文貳拾 一下 都墟同上 三上 [杜篤]姝珠祓禊賦 文貳

捌 一上 儒裾書虞同上 弧胡都同上 四上 盧都與同上 四上 盧諸書俱吳

漢誄 五下 [梁竦]閭廬悼騷賦 文貳貳 八下 [班固]初隅驅終南山賦 文貳肆 一

腴區西都賦 二下 圖烏都白雉詩 文貳肆 九上 圖都漢頌論功靈芝歌 十一下 符

腴諸答賓戲 文貳伍 六上 侯區封燕然山銘 文貳陸 三上 趣如典引 八上

[崔駰]驅胡都圖反都賦 文肆肆 一下 盧居樓魚大將軍臨洛觀賦 一下 夫荼

博徒論 五上 舖樓七依 七下 區侯司空筮 八下 居墟河南尹筮 十上 無盧車後

銘 十下 [王逸]蹢謨圖塗九思逢尤 文伍柒 二下 愚盧蘇隅同上 枯諸又怨上

三上 [李尤]婁盱阪樓舖平樂觀賦 文伍拾 二下 踰符函谷關銘 四下 書居娛

讀書枕銘 八上 娛與盂銘 十二上 [崔琦]謳煦七蠲 文肆伍 八上 徒都慮孤

辜剸圖外戚筮 八下 [張衡]蹢魚余徂徒思玄賦 文伍貳 三上 如書諸同上

符敷居廬同上 四下 塗無樅閭同上 五下 娛區同上 衢榆渝西京賦 六下 殊

攄盧餘敷胥居同上 七下 朱狐隅誄同上 八下 徒狐駼猢齬輿車且同上

十上 娛嬬拘侯虞渝同上 十一下 圖誅東京賦 文伍叁 一下 墟除餘東京賦 文

伍叁 二上 偷愉區同上 四下 敷舒徐同上 且夫如同上 六上 阪嶇紆隅踰

南都賦 七上 舒劬盧書模如歸田賦 九下 虞株羽獵賦 文伍肆 一上 愚夫髑髏

賦 一下 隅居諸七辯 文伍伍 一上 醯菹同上 一下 褕珠嵎紆四愁詩 漢詩貳

十下 [崔瑗]淤居河隄謁者筮 文肆伍 三下 盧疏竇貴人誄 五下 [桓麟]菰膚

七說 文貳柒 十下 [馬融]荼蒲渠于廣成頌 文拾捌 十下 衢廚車同上 十二下

[竇武]鉤侯上表諫宮官封筮 文拾陸 八下 [王延壽]構阪樓隅扶魯靈光殿賦

文伍捌　二上　　疏蕶敷珠鏤同上　初頭軀肝虞殊同上　二下　　舒豬盧渠顱

鼺®肝夢賦　三下　[趙壹]珠毚愚驅夫刺世疾邪賦　文捌貳　八下　　[張奐]敷舒

珠扶蕶賦　文陸肆　一上　[蔡邕]湖無漢津賦　文陸玖　一下　　駒且須短人賦　五上

枯辜釋誨　文柒叄　六下　符衢樞區圖辜除愚迀如渝居同上　八上　　謨度塗

劉寬碑　文柒柒　六　蘇辜孤徂濟北相崔君夫人誄　文柒玖　七上　[禰衡]須區躕疏

如隅初軀愚渝鸚鵡賦　文捌柒　二上　　[辛延年]都胡壚襦珠無餘盧崛壺

魚裾軀夫渝區羽林郎　詩貳　十五下　[闕名]魚娛居張公神碑　文玖捌　九下　　侯

樞諏紆舒濡渝譽吉成侯州輔碑　文玖玖　五上　　組通苴平聲　　舒徂辜模高頤碑

文壹零伍　八上　樞偶劉熊碑　文壹零陸　三上　[無名氏]魚書書如飲馬長城窟行

漢詩貳　十三上　夫如姝如古詩　詩叄　八下　裾舒古詩　八　愚躕萬里曲　詩肆　一下

俱株豫章行　四上　軀胥余壚趨盧折楊柳行　五下　除儲西門行　六上　書居孤兒

行　七上　衢魚壺竽琚欲輿瑟調曲豔歌　八上　須驅無愚滿歌行　九上　魚娛居

黎陽令張公頌　詩伍　三上　魚蕪范史雲歌　三下　壚夫居皇甫嵩歌　四上　鈎侯順帝末

京都童謠　六下　枯姑胡車胡桓帝時童謠　六下　逋徒車同上　書居桓帝時童謠　七

下　儒初太學中謠八顧　八下　頭侯甾下養　十下

上聲

[白狼王唐菆]部主厚雨遠夷慕德歌　漢詩壹　五上　　[馮衍]與處顯志賦

文貳拾　二下　與黍滸宇同上　四上　處與車銘　十一下　[鄭衆]舉所婚禮謁文贊

文貳貳　二下　[傅毅]霧雨洛都賦　文肆叄　一下　　藪武女同上　阻處雅琴賦　三下

舉處扇銘　六上　序緒迪志詩　詩貳　九下　[班固]府傅西都賦　文貳肆　四上　　緒

宇五東都賦　六下　序武明堂詩　八下　序雨廡胥靈臺詩　九上　五虎耦幽通賦　十

上　宇處難莊論　文貳伍　六上　旅主後陳平贊　文貳陸　四下　[崔駰]去舉達旨

文肆肆　四上　　舉處同上　四下　[蘇順]古溥怙雨父和帝誄　文肆玖　十上

[史岑]父宇楚出師頌　文肆玖　十　[王逸]渚女護余取耦睹九思疾世　文伍柒

三上　走詡又遭厄　四上　[李尤]古覩弩虜弩銘　文伍拾　九下　後口經檼銘　八下

[張衡]廡緒武處所主后剖思玄賦　文伍貳　三下　五鄠土西京賦　九上　伍鼓

莽怒扈浦堵同上　九下　古祖戶稌扈圉東京賦　文伍叄　五上　荢黍廡與南都賦

七下 **女儛緒與舉**同上 八上 **娛舉**同上 八下 **與圉**羽獵賦 文伍肆 一上 **宇暑處**冢賦 二下 **舞敘楚**七辯 文伍伍 一下 **紵羽暑**同上 二上 **圉舉**同上 **祖緒敘禹呂處輔**司徒呂公誄 三上 **舉輔與禦**鮑德誄 四上 **[崔瑗]處黍走緒楚腐後**東觀箴 文肆伍 三上 **府聚**鮑德誄 六上 **[馬融]口紓禦**廣成頌 文拾捌 十一下 **暑盤斧戶旅**同上 **[胡廣]處輔序**侍中箴 文伍陸 七上 **[王延壽]主女敘後**魯靈光殿賦 文伍捌 二下 **走與聚舞縷**王孫賦 四上 **武取矩**桐柏淮源廟碑 五上 **[張超]羽舉武緒膂後**楊四公頌 文肆捌 十下 **[蔡邕]阻雨緒舉取苛與胥**述行賦 文陸玖 三上 **舉序聚舞**協和婚賦 三下 **舉女豎羽主**同上 **部父**短人賦 四下 **竇拒舉口侶偶語**同上 **呂雨羽撫**琴賦 五下 **矩羽暑處**團扇賦 六下 **著緒暑**釋誨 文柒叁 七下 **輔甫后武藪膂**胡廣黃瓊頌 文柒肆 一下 **父緒矩禦茹侮**朱穆墳前方石碑 文柒伍 七上 **土祜輔屬祖**胡廣碑 文柒陸 五上 **序輔宇敘甫**太傅祠堂碑銘 六下 **武輔矩土斧宇與**橋玄碑 文柒柒 二 **輔府矩武宇**楊賜碑 文柒捌 七上 **后輔序舉敘序宇旅**袁逢碑 八上 **后輔與茹宇**房楨碑 八上 **怒祖**議郎胡公夫人哀讚 文柒玖 六上 **顧補**弔屈原文 八下 **[禰衡]侶羽阻暑主旅處佇俎**鸚鵡賦 文捌柒 一下 **[蔡琰]拒女阻腐聚語虜汝**悲憤詩 詩叁 三下 **[闕名]處古輔與**鍾晧頌 文玖柒 九上 **父與**武梁祠堂畫像 文玖玖 一下 **吐語**敕造孔廟禮器碑 四下 **舉輔旅虎撫**費鳳別碑 文壹零叁 七上 **黍宇甫**樊毅修華嶽碑 八下 **[無名氏]女杼雨許語**古詩 詩貳 三下 **樹輔**傷三貞詩 詩叁 十下 **脯煮**烏生詩肆 二上 **口後**同上 二上 **怒語許**古詩爲焦仲卿妻所作 十二上 **女汝舉**同上 十三下 **雨所苦雨**洛陽令歌 詩伍 四上 **父序雨**崔瑗歌 四上 **語甫**高孝甫歌 四下 **鼓怒**桓帝時童謠 六下 **矩武**鄉人謠 七下 **古祖**任安二謠 七下 **府舉**太學中謠三君 八上 **輔甫**又八俊 八上 **古祖**同上 **苦祖**又八顧 八上 **虎祖**同上 八下 **怙祖**又八廚 八下 **署處**恒農童謠 九上 **狗厚**朱伯厚諺 十二上 **許虎禦虜土**郭君諺 十二下 **虎祖**賈偉節諺 十三上

去聲

[班彪]故度愬北征頌 文貳叁 五下 **居懼**同上 **度故**悼離賦 六上 **[馮衍]慕路**顯志賦 文貳拾 二下 **慮去**同上 四上 **虞懼**刀陽銘 十一上 **[傅毅]素**

矩扇賦　文肆叄　三下　　攄御數⑧驅七激　四下　　著傅恕明帝詠　六下　　懼布同上

[班固]驅驚御遇去東都賦　文貳肆　七上　　度素御務同上　七下　　禦湊同上

八下　　馭驚答賓戲　文貳伍　四下　　輅素東巡頌　文貳陸　一上　　豆陋務慕附驚諭

寶將軍北征頌　一下　　懼誅慮奕旨　九上　　[崔駰]謨慮達旨　文肆肆　四上　　布

厝庶路同上　四下　　顧步車左銘　十上　　[黃香]御驅九宮賦　文肆貳　七上　　[王

逸]務投九思怨上　文伍柒　三上　　[李尤]怒度馬箠銘　文伍拾　十上　　具務鼎銘

十二上　　[張衡]御居處署附畫虞西京賦　文伍貳　七上　　固露度路慕墓同上

八上　　陋趣具東京賦　文伍叄　二下　　寓武數同上　五上　　搴念同上　顧塗步兔同

上　六上　　具路御羽獵賦　文伍肆　一上　　驅驚注兔舉遇同上　趣務七辯　文伍伍

二下　　[崔瑗]譽著張平子碑　文肆伍　六下　　[桓麟]驅驟霧七說　文貳柒　十一上

[馬融]奏投長笛賦　文拾捌　三上　　步禦虞同上　十一下　　[崔寔]路慕度處答譏

文肆伍　九下　　[王延壽]布怖步呼故度悟夢賦　文伍捌　三下　　[蔡邕]兔步筆

賦　文陸玖　六上　　務步裕釋誨　文柒叄　七上　　數驅譽踣誅驚懼同上　七下　　布固

度謨周䑛碑　文柒伍　六下　　祚謨太傅祠堂碑銘　文柒陸　六下　　布祚慕路劉寬碑　文

柒柒　七．度譽素汙固慕迕故路范丹碑　八上　　度惡議郎胡公夫人哀讚　文柒玖　六

上　　固互勸學篇　文捌拾　二上　　[孔融]路素固故祚暮步厝度暮雜詩　詩貳十

四下　　[闕名]譽著劉脩碑　文壹零壹　十下　　赴助譽唐扶頌　文壹零肆　八下　　[無

名氏]墓路寤露固度誤素古詩　詩叄　七下　　去素餘故古詩上山采蘼蕪　八下　路

去古詩　九下　　兔顧故古豔歌　十上　　鮒屨嫗迕鮒古樂府單辭　詩肆　十五上　度暮

作袴廉范歌　詩伍　三上

4.3 魚 部 合 韻 譜 上 (前漢)

魚宵

平聲　[韋孟]娛嫗苗姚諷諫詩　漢詩貳　一下　　[孔臧]居隅符書妖踰鴞

賦　漢文拾叄　四下　　[劉向]珠旄九歎遠逝　文叄伍　四下　　[楊雄]區絲吾渠夫

解嘲　文伍叄　二下

去聲　[劉向]蠧露九歎逢紛　文叄伍　二下

魚幽

平聲　[王襃]濡臾流四子講德論　文肆貳　七上　　[楊雄]旐輿驅羽獵賦　文
伍壹　八上

上聲　[司馬相如]閒隃上林賦　文貳壹　四上

去聲　[司馬相如]御獸子虛賦　文貳壹　二上　　[劉向]浮霧擧九歎遠遊　文
叁伍　八下

魚歌

平聲　[賈誼]魚蟻弔屈原賦　文拾陸　八上

魚之

平聲　[司馬相如]虛騶騏子虛賦　文貳壹　二上　　邪罘諸子虛賦　文貳壹　三
上

上聲　[枚乘]處母父所厚暑七發序　文貳拾　四下

去聲　[司馬相如]與怒懼態子虛賦　文貳壹　二上

魚幽宵　獸宙爲幽部字，耀爲宵部字。

去聲　[司馬相如]去獸兔耀宙子虛賦　文貳壹　五上

魚幽歌　龜牛爲幽部字，枷爲歌部字。

平聲　[王襃]枷杷盧車呴頭芻纑醿驫烏魚鳧龜餘豬芋駒廡牛芻
僮約　文肆貳　十一下

魚鐸

平聲　[李陵]漠奴徑萬里兮歌　詩貳　六下

去聲　[司馬相如]聖埤子虛賦　文貳壹　一下　　庶獲同上　六下　　澤護慕封
禪文　文貳貳　七下　　[東方朔]固涸七諫謬諫　文貳伍　五上　　[王襃]穫芋蕘僮約
文肆貳　十二上　　[楊雄]庶獲長楊賦　文伍貳　三上　　恪作祚徐州箴　文伍肆　二上

魚屋

上聲　[楊雄]鼓斲後睹解難　文伍叁　四下

去聲　[司馬相如]樸朴子虛賦　文貳壹　四上　　[王襃]射鏃處驚欲拊兔
伏寇四子講德論　文肆貳　九上　　[楊雄]趣欲羽獵賦　文伍壹　八上

魚鐸屋觸爲屋部字，獲獲爲鐸部字。

去聲　[楊雄]與隃觸獲遽注怖胆獲聚羽獵賦　文伍壹　八下

4.4 魚 部 合 韻 譜 下 (後漢)

魚宵

平聲　[杜篤]郊都論都賦　後漢文貳捌　二上　腴殊要誅餘同上　三下　[班固]謠廬幽通賦　文貳肆　九下　[崔駰]驕徒車旟東巡頌　文肆肆　六下　[張衡]驅趨驕書初儲西京賦　文伍貳　九下

上聲　[崔駰]杼禦舉楚趙脯女武序達旨　文肆肆　五上　[王逸]耦宇杳雨九思遭厄　文伍柒　四上　[張衡]麏藪走取後西京賦　文伍貳　十下　[闕名]府口敍表蔡湛頌　文壹零肆　一下

魚幽

平聲　[班固]衢無幽東都賦　文貳肆　六下　[王逸]夫墀絢蓊拘囚居九思悼亂　文伍柒　四下　[馬融]都蒲憂樗蒲賦　文拾捌　四下　[闕名]俟嶇疇儒休殊於夫李翊碑　文壹零貳　十下　[無名氏]廬居扶隅俱遊榆跌步出夏門行漢詩肆　五上　區諸由敷求留古詩爲焦仲卿妻作　十一下　廬初留同上　十四上

上聲　[班固]補道茂幽通賦　文貳肆　十上　[張衡]舞雨楚胥優舞賦　文伍叁　十下　[蔡邕]后輔庶序宇武朽後胡廣碑　文柒陸　五上　[闕名]茂武旅武舉虎輔咎壽武榮碑　文壹零壹　一上

去聲　[班固]署孝西都賦　文貳肆　四上

魚歌

平聲　[班固]徒邪都家十八侯銘王吸　文貳陸　六上

上聲　[班固]武雅東都賦　文貳肆　七上　寡禦予幽通賦　九下　雅旅下後十八侯銘斬歂　文貳陸　五上　[崔駰]馬弩安封侯詩　漢詩貳　九下　[張衡]野渚予佇女思玄賦　文伍貳　三上　馬寡鹵西京賦　十下　者睹五土苦同上　十一下　我_①雅魯鮑德誄　文伍伍　四上　[崔瑗]杜滸野河隄謁者箴　文肆伍　三下　[胡廣]武後禍主矩侍中箴　文伍陸　七下　[王延壽]序魯宇輔野魯靈光殿賦　文伍捌　一下

[闕名]虎社郇原頌 文玖柒 九上　宇土祖緒社祚輔綏民校尉熊君碑 文壹零伍

九上 [無名氏]苦車馬賈魯苦土⑩馬雨孤兒行 詩肆 六下

　　去聲 [馮衍]度舍顯志賦 文貳拾 一上　 [張衡]逗夜塗路布思玄賦 文伍

貳 四下　固塗庫暇東京賦 文伍叄 一下　嬥暇素顧七辯 文伍伍 一下

魚之

　　平聲 [無名氏]樓敷隅鉤珠襦須頭鋤敷嵎姝敷餘不愚夫 頭駒頭

餘夫居鬑趨殊陌上桑 詩肆 二下

　　上聲 [馬融]右後長笛賦 文拾捌 二上　副距數樗蒲賦 四下 [闕名]莒

雨洧楚土費鳳別碑 文壹零叄 七上　 [無名氏]戶語母府取語古詩爲焦仲卿妻作

詩肆 十二上　後口語去府負同上 十二下　虎吐茹母父京兆謠 詩伍 九上　父

母南陽諺 十一上

魚幽之留老朽爲幽部字。不持柘欹已爲之部字。

　　平聲 [無名氏]榆隅雛殊愉不毹疏持柘厨留趨樞如夫隴西行　詩肆

五上

　　上聲 [班固]欹矩所老舉西都賦 文貳肆 五下　 [闕名]父緒朽已後平

輿令薛君碑 文壹百 三下

魚宵歌下爲歌部字，摽爲宵部字。

　　上聲 [班固]表署野布西都賦 文貳肆 五上　 [馬融]摽下禦柱縷阻取

矩呂主長笛賦 文拾捌 二上

魚幽宵之朝爲宵部字，由爲幽部字。埃爲之部字。

　　平聲 [王逸]埃如由劬朝九思逢尤 文伍柒 二下

魚幽宵歌甕爲宵部字，下爲歌部字。道首受酒爲幽部字。

　　上聲 [張超]道侶甕父首女受豎序偶主所虜祖下酒主柱聚後數

垢父誚青衣賦 文捌肆 九下

魚宵歌之倒爲宵部字，峙爲之部字。馬下爲歌部字。

　　上聲 [李尤]武主敍鼓馬下倒羽峙舞平樂觀賦 文伍拾 三上

魚陽幽宵歌之蕩爲陽部字，倒爲宵部字，左爲歌部字。軌爲之部字，道爲幽部字。

上聲　[王逸]處蕩鼓倒左軌道九思遭厄　文伍柒　四上

魚鐸

上聲　[馬融]藪澤廣成頌　文拾捌　十二下

魚屋

上聲　[蔡邕]柱斧樸杵許短人賦　文陸玖　五上

去聲　[張衡]觸趣遇西京賦　文伍貳　九下

5　歌　部

韻字表(前漢)

歌哿箇

何羅峨陀峉駝多荷歌囉他　　我可砢砢

磋柯阿沱蹉鵝呵

戈果過

波頗羸和娑酥劘蠡戈　　　　夥　　　　　　　　　破過臥

麻馬禡

沙加化①差嗟蛇虵灑②砂枷　　　　　　　　　　　　化

支紙寘

施爲戲池罷蠵離崎奇垂宜　　礒硰䖡麾倚佹羸麗④彼迤　義麾

隨移議③巇鸃披儀隨馳陂　　峗蛫

轙蘺碕籬漇迤纚危戲桅

---

① 化,廣韻收去聲禡韻。按古有平聲一讀,詳江有誥唐韻四聲正(56頁下)。

② 灑,廣韻收上聲馬韻。按劉向九歎思古與'離'押韻,今列爲平聲。

③ 議,廣韻收去聲寘韻。按古有平聲一讀。

④ 麗,廣韻收去聲霽韻,音郎計切。段玉裁六書音均表將此字歸入支部(段氏第十六部),江有誥諧聲表歸入歌部。按西漢音此字與'麾倚'等字同屬歌部,至東漢始轉入支部。

韻字表(後漢)

歌哿箇

羅河鄹何阿沱歌娥荷柯蹉　　可我奓左　　　　　　　佐

䭾跎多他佗峨鵝

戈果過

過和波科磨娑騾莎　　　　禍墮火^①坐

麻馬禡

奢華沙鄹牙嗟邪花車蛇斜　　野馬下者罵闒雅寡瀉　　　化霸螺舍迓夜暇

家加葭魘葩瓜嘉芽化瑕那

紗

5.1 歌 部 韻 譜 上 (前漢)

平聲

　　[項羽]何何_{垓下歌} 漢詩貳 一上　　[高帝劉邦]何施_{鴻鵠歌} 詩壹 一上
[賈誼]沙羅_{弔屈原文} 漢文拾陸 七下　　[嚴忌]波施_{哀時命} 文拾玖 四上　加羅
波爲羅化頗差_{同上} 四下　　[武帝劉徹]何河_{匏子歌} 詩壹 一下　　[枚乘]戲
池罷_{七發} 文貳拾 七下　　[淮南小山]峨波_{招隱士} 文貳拾 八上　　[司馬相如]
差虧_{子虛賦} 文貳壹 一下　陀河_{同上}　池螭離_{同上} 三下　峨嵯峨崎_{同上} 四上
河䭾贏_{同上}　河沙_{大人賦} 七下　奇垂施_{美人賦} 文貳貳 一下　　[司馬談]化宜
多_{論六家要旨} 文貳陸 三下　和隨_{同上}　　[東方朔]嵯多移加何戲議爲_{七諫怨世}
文貳伍 二下　　[昭帝劉弗陵]波荷歌河多_{淋池歌} 詩壹 三上　　[王襃]崎巘_洞
_{簫賦} 文肆貳 一上　歌曪娑他穌_{同上} 一下　嗟磋柯和阿跎多劇化蛇阿歌
和加羅沱_{九懷株昭} 五上　　[劉向]和虵鵝披_{九歎遠逝} 文叄伍 四下　何沱_{又惜賢}
五下　峨歌_{又憂苦} 六上　離灑_{又思古} 七下　　[楊雄]羅波_{羽獵賦} 文伍壹 八上　䭾

---

① 火,詩經音屬脂部。後漢趙壹窮鳥賦與'野下者左我可墮'等字爲韻,故列本部。

蠡長楊賦　文伍貳　二上　　虧危同上　二下　　蛇歌反離騷　六上　　戈儀解嘲　文伍叁

三下　　蹉戈阿并州箴　文伍肆　四上　　差宜鼉大鴻臚箴　五下　　和宜太史令箴　八上

[劉歆]奇蚳池燈賦　文肆拾　三下　　[闕名]池何郊祀歌日出入　詩壹　七上　　奇馳

又天馬　七上　　阿河波歌又華爆爆　八上　　馳陂又朝隴首　八上　　轙蛇又赤蛟　八下

[無名氏]何和羅何鐃歌艾如張　九上　　和河何和又聖人出　十下

上聲

[賈誼]我可鵩鳥賦　文拾伍　二下　　[淮南小山]礒硊虮靡倚招隱士　文貳

拾　八上　　[司馬相如]夥靡砢子虛賦　文貳壹　三下　　倚佹虮砢纚同上　四下

麗倚大人賦　七上　　[楊雄]麗靡羽獵賦　文伍壹　九下　　[闕名]黿靡郊祀歌練時日

詩壹　五下

去聲

[楊雄]破過羽獵賦　文伍壹　八下　　義靡長楊賦　文伍貳　二上

5.2 歌 部 韻 譜 下 （後漢）

平聲

[馮衍]蛇化顯志賦　後漢文貳拾　一上　　奢華同上　三下　　[杜篤]羅河論都

賦　文貳捌　二上　　河過沙和同上　三下　　沙鉅同上　四上　　牙嗟吳漢誄　五下　　[傅

毅]華波羅洛都賦　文肆叁　二下　　[班固]河波西都賦　文貳肆　三上　　波華答賓戲

文貳伍　四下　　何酇蕭何贊　文貳陸　四上　　[崔駰]阿邪花刀劒銘　文肆肆　十一

上　　[黃香]車蛇九宮賦　文肆貳　七上　　[王逸]阿沱九思逢尤　五伍柒　二下　　[李

尤]斜車九曲歌　漢詩貳　十一上　　[張衡]家過加西京賦　文伍貳　八下　　歌葭阿

娥蛇同上　十下　　颬車葩蛇同上　十一上　　家華何同上　十二上　　河阿東京賦　文伍

叁　二上　　荷瓜南都賦　八上　　羅歌舞賦　十上　　阿葩嘉何怨篇　詩貳　十上　　[崔

寔]芽何太醫令箴　文肆伍　十上　　[酈炎]波柯阿嘉華沙和科見志詩　詩貳　十三

下　　[戴良]牙蹉駝失父零丁　文陸捌　七上　　[蔡邕]車跎華協和婚賦　文陸玖　三

下　　邪芽加家釋誨　文柒叁　六下　　加荷華祖德頌　文柒肆　三上　　嘉家和楊賜碑

文柒捌　五下　　[邊讓]波阿章華臺賦序　文捌肆　十一上　　娥羅歌阿章華臺賦　十一下

加化華波嗟_{同上} ［禰衡］嘉沙羅加_{鸚鵡賦} 文捌陸 一下 ［闕名］波河歌瑕

張公神碑 文玖捌 九下 家嘉_{度尙碑} 文壹百 一上 ［無名氏］河河何_{塋樣引} 漢詩

肆 一上 車家_{相逢行} 四下 斜車家_{長安有狹斜行} 四下 多歌_{善哉行} 五上 芋瓜

車家多_{孤兒行} 七上 我他_{滿歌行} 九上 磨羅_{雜歌} 十四下

上聲

　　　［馮衍］禍野_{顯志賦} 後漢文貳拾 三上 ［班固］可禍_{幽通賦} 文貳肆 十上

［李尤］馬下野可_{舟楫銘} 文伍拾 十一下 闛可_{杯銘} 十二上 ［戴良］者禍我

夎_{失父零丁} 文陸捌 七上 ［趙壹］野下者左我可墮火_{窮鳥賦} 文捌貳 九上

［蔡琰］罵下坐可禍_{悲憤詩} 漢詩叁 三下 ［無名氏］下馬_{相和曲烏生} 詩肆 二

上 瀉下羅_{古詩爲焦仲卿妻作} 十三下

5.3 歌 部 合 韻 譜 上 （前漢）

歌魚

　　平聲 ［孔臧］家何_{蓼蟲賦} 漢文拾叄 五上 ［司馬相如］池移華沙_{子虛賦}

文貳壹 一下 歌和波遮歌_{同上} 五下 峩差_{參差彌}_{哀秦二世賦} 文貳壹 六下

［東方朔］華和多蛇化家_{誡子} 文貳伍 十二上 ［王襃］蹉鵝荼荷_{僮約} 文肆貳

十二上 ［楊雄］退加砂家羅呵何_{逐貧賦} 文伍貳 四上

　　去聲 ［韋孟］過霸_{諷諫詩} 漢詩貳 二上 ［王襃］臥罵_{僮約} 文肆貳 十二上

歌支

　　平聲 ［司馬相如］隄蟻施鵝加池_{子虛賦} 文貳壹 二下 崖陂波_{同上} 四上

［楊雄］蚾鱺_{蜀都賦} 文伍壹 二上 多梔蘺斯_{同上} 二下 施沙厓_{甘泉賦} 五下

峩厓_{同上} 六上 池河崖陂_{羽獵賦} 八下 碕蝸蠡_{同上} 九上 多崖危隓_{冀州箴}

文伍肆 一上 差犧_{光祿勳箴} 五下

　　上聲 ［司馬相如］靡豸_{子虛賦} 文貳壹 四上 ［王襃］迆睨_{洞簫賦} 文肆貳

二上 ［楊雄］峗倚崎施倚阿巇_{蜀都賦} 文伍壹 一下

　　去聲 ［司馬相如］化義帝_{子虛賦} 文貳壹 六上 ［楊雄］化易_{博士箴} 文伍

肆 八下

歌脂

　　平聲　[淮南小山]峨漇羆悲招隱士　文貳拾　八上　　[司馬相如]蘺夷莎

子虛賦　文貳壹　四上　危坻同上　馳離離魁大人賦　七下　　[東方朔]鷈池駝阿

荷旎七諫亂曰　文貳伍　五下　　[劉向]斐峨蠡嵯九歎惜賢　文叄伍　五上　　[楊雄]

虵犀陂羽獵賦　文伍壹　八下　化綏長楊賦　文伍貳　二上　波纍反離騷　文伍貳　五下

隨奇隤爲解嘲　文伍叄　三下

歌支脂地爲支部字，追爲脂部字。

　　平聲　[司馬相如]地離追施子虛賦　文貳壹　五上

5.4　歌　部　合　韻　譜　下（後漢）

歌魚

　　平聲　[班彪]娑那加佗邪圖峨家波北征賦　後漢文貳叄　五上　　[張衡]峨

羅齬波柯跑西京賦　文伍貳　八上　葭華葩鷈鸕波南都賦　文伍叄　七下

　　去聲　[班固]化螯歌庶西都賦　文貳肆　四上

歌支

　　平聲　[鄭衆]宜嘉婚禮謁文贊　文貳貳　五上　　[張衡]嘉歌葩和移多思玄

賦　文伍貳　四下　　[崔瑗]隄歌河河隄謁者箴　文肆伍　三下　　[闕名]波歌沙訾

周憬功勳銘　文壹零叄　三下

歌鐸

　　去聲　[王延壽]霸佐百夢賦　文伍捌　三下

6　支　　部

韻字表（前漢）

支紙寘

　卑枝差雌知斯岐支　　　　此豸技氏豖　　　　　智易眦

齊

輗綌隑鷄啼鼶螗溪鼙　　　　睨　　　　　　　　帝系嫛繄

佳

蛙柴厓佳　　　　　　　　嶰　　　　　　　　　懈

至

地

韻字表(後漢)

支紙寘

知儀祇麗奇螭披斯移觿危　麗侈哆紫綺此伎氏綺豸罷　義知智刺易議瑞賜褫誼避
池戲卑宜枝離皮羈垂羆猗　孎彼企弛陀爾被是枳　　　麗累
陂隨議①卮規嫣褵誼撝 疲
馳義岐蛇虵②麾施 爲 迤麗③
離陂被靡彌箟差肢攲 蠵睨
睨脾叜崎跂醨兒雌羅羡篦
㰦陭峗徙支璃鈹蠡訾氏④委
麾罷⑤

佳

袿涯崖乖釵　　　　　　　解嶰　　　　　　　　賣

齊

珪蹄綌擕螗鷖鷛睢啼醯觿
磎豀題隄堤騠兮

至

地

---

① 議,廣韻收在寘韻。崔駰達旨'議'與'麗隨'押韻,古有平聲一讀。
② 蛇,或作虵,委蛇字。
③ 麗,見崔琦外戚箴。原句云:'晉國之難,禍起于麗',麗即麗姬,字亦作孋。
④ 氏,閼氏之氏,見杜篤論都賦,晉支。
⑤ 罷,與疲通。

6.1 支 部 韻 譜 上 （前漢）

平聲

　　[劉歆]卑�逐初賦　漢文肆拾　二上

去聲

　　[王襃]帝智四子講德論　文肆貳　八下　　　[劉向]孌智九歎愍命　文叄伍　六下

系帝高祖頌　文叄柒　九上　　　[楊雄]地帝懈元后誄　文伍肆　九下　　　[無名氏]繫

帝武帝太初中謠　漢詩伍　五上

6.2 支 部 韻 譜 下 （後漢）

平聲

　　[馮衍]知儀顯志賦　後漢文貳拾　三下　　　[杜篤]絓涯祓禊賦　文貳捌　一上

祇麾奇螭披斯論都賦　四上　移虧危池同上　四下　　　[傅毅]戲卑扇賦　文肆叄

三下　宜枝雅琴賦　同上　離皮七激　五上　羈垂北征頌　六上　　　[班固]螭羆崖

西都賦　文貳肆　五上　池涯隄猗陂同上　五下　　　[崔駰]垂猗大將軍臨洛觀賦　文肆

肆　一下　虧隨議達旨　四下　珪厄明帝頌　五下　儀規披扇銘　十一下　儀嬀婚禮

結言　十一下　褵皮同上　　　[許愼]誼撝說文解字敘　文肆玖　二下　　　[王逸]奇宜危

蹄池陂垂移疲機婦賦　文伍柒　一下　馳羲乖池羲岐九思疾世　三下　糜知又傷

時　五上　施戲同上　虧馳爲琴思楚歌　詩貳　十一上　　　[李尤]陂規池鴻池陂銘　文

伍拾　四上　移危楹銘　七下　知規施宜迤鍾簴銘　同上　斯知經樶銘　八下　危爲

鎧銘　九下　地離小車銘　十一下　　　[崔琦]谿危枝離七蠲　文肆伍　七下　虧池麗

外戚箴　八下　離螭同上　虧危斯同上　　　[張衡]枝離虧思玄賦　文伍貳　一下　離

攜同上　五下　陁被靡戲西京賦　十下　差離羆箆蛇麗儺同上　馳彌卑同上　十

一上　溪涯蠵東京賦　文伍叄　二下　箠離披南都賦　七下　螭觿蛇池陂涯南都賦

七下　池涯鷺螭同上　八下　施差離舞賦　十上　儀施扇賦　文伍肆　一下　祇肢

離髑髏體賦　一上　　　[崔瑗]儀規歆移馳離奇危枝蠶垂涯移宜斯草書勢　文肆伍

七上　　　[桓麟]崖谿崖枝七說　文貳柒　十一上　　　[朱穆]垂涯猗移池鬱金賦　文貳

捌 六下 [馬融]池陂廣成頌 文拾捌 十一下 鷺鵬同上 十二上 [秦嘉]施爲
贈婦詩 詩貳 十二上 [王延壽]醨馳知羈疲同上 四下 [蔡邕]垂陂差枝岐
宜琴賦 五下 披宜珪離崖危釋誨 文柒叄 六下 [禰衡]蠵危離知儀奇宜
斯鸚鵡賦 文捌柒 一下 [闕名]爲施武梁祠堂畫像 文玖玖 一下 [無名氏]離
涯知枝古詩 漢詩貳 三上 蠵羅爲移知滿歌行 詩肆 九上 池離枝古詩爲焦仲卿
妻作 十四上 枝歧支張君歌 詩伍 二上 奇皮太學中八廚謠 八下

上聲

[班固]羆侈西都賦 後漢文貳肆 二下 麗侈東都賦 七上 [張衡] 陊紫
錡此西京賦 文伍貳 八下 伎氏綺夛罷纚西京賦 文伍貳 十一下 [馬融]彼此
長笛賦 文拾捌 三下 [蔡邕]麗企馳彈棊賦 文陸玖 六下 弭陑解釋誨 文柒叄
六下 [無名氏]綺爾被解此古詩 漢詩叄 八上

去聲

[班固]誼避累幽通賦 文貳肆 十下 系帝高祖頌 後漢文貳陸 一上 帝地
典引 七上 [崔駰]義智達旨 文肆肆 三下 [李尤]刺義書案銘 文伍拾 八下
[張衡]智易七辯之七 文伍伍 二下 [馬融]議帝瑞廣成頌 文拾捌 十二下 [蔡
邕]知地賜釋誨 文柒叄 六上 [無名氏]智義太學中八廚謠 漢詩伍 八下

6.3 支部合韻譜上（前漢）

支歌

平聲 [枚乘]枝離谿七發 文貳拾 五上 [司]馬相如]鷄羲子虛賦 文貳壹
五下 [劉勝]崖枝雌啼儀知斯文木賦 文拾貳 六下 [東方朔]知離七諫怨世
文貳伍 四上 [劉向]柴荷九歎愍命 文叄伍 七上 [楊雄]籬岐光祿勳箴 文伍肆
五下 斯支離元后誄 十上

上聲 [楊雄]此彼解難 文伍叄 四上

支脂

平聲 [楊雄]佳眉反離騷 文伍貳 五下 支犀交州箴 文伍肆 四上

去聲 [楊雄]技帥羽獵賦 文伍壹 八上

支錫

去聲　[司馬相如]擊眦繫地子虛賦　文貳壹　二上

支脂錫疐爲脂部字,擊爲錫部字。

去聲　[楊雄]地彎擊地羽獵賦　文伍壹　八下

6.4 支部合韻譜下（後漢）

支歌

平聲　[杜篤]氏闕氏奇蠡彌騧⑨騠論都賦　文貳捌　三上　[傅毅]谿崖歌七激　後漢文肆叁　四上　[張衡]夥敪施罷移池西京賦　文伍貳　十下　[馬融]涯紗隨廣成頌　文拾捌　十二上　池堤莎委涯陂蠵鼃同上

支脂

平聲　[杜篤]崖支題犀璃觸論都賦　文貳捌　三上　[劉梁]差涯栖陂七舉　文陸肆　十下　[馬融]崖磓危枝頹長笛賦　文拾捌　一下　[王延壽]奇爲儀兒睢離知睨蜺脾呻啼醨髮崎施枝溪危離垂跂王孫賦　文伍捌　三下　[蔡邕]鶃雌兒斯短人賦　文陸玖　五上　[闕名]儀夷嵬虧陭規脆悲徯洄雷周憬功勳銘　文壹零叁　三下　歸谿機同上　[無名氏]淒啼離筵爲鹽如山上雪　詩肆　八下

上聲　[崔駰]弛是履達旨　文肆肆　四上　[馬融]柅礨兕狶廣成頌　文拾捌　十一下

去聲　[王逸]纍賣九思傷時　文伍柒　五上　[蔡邕]貴易智釋誨　文柒叁　七上　[闕名]易歸麗楊孟文石門頌　文玖捌　八下　利義避池繩計周憬功勳銘　文壹零叁　三下

支之

平聲　[無名氏]時離奇之古詩爲焦仲卿妻作　詩肆　十三上

支脂之沸爲脂部字,噫爲之部字。

去聲　[王逸]義沸噫琴思楚歌　漢詩貳　十一下

支錫

平聲 　[馬融]剌褐 廣成頌　文拾捌　十一下　　　[黃香]池歷釵袿蛇奇 九宮賦
文肆貳　七上

7 脂　部

韻　字　表

咍海代

哀開禮　　　　　　　　　凱　　　　　　　　概逮溉愛曖慨

灰賄隊

回迴雷䨍頹摧隤輠魁磑崔　　罪廆礧腇巋嵬　　　內畏隊碎潰隗塊對背昧倅
徊嵬蕢隈懷槐洄鼻配①　　　　　　　　　　　退悖誶闇憒黂

皆駭怪

階諧懷排乖褢喈齋嚌②　　　楷　　　　　　　壞

脂旨至

脂私師綏椎悲夷麋追遲　　　几美水死視履眂指矢兕蠡　　至二位遂淚鼻墜燧棄肆類
迡③衰肌衹遺惟坻誰眉姿　　雉圮砥　　　　　　懟比頓轡劓季崇醉濟帥倅
褢楣槐粜賚梨胝尸耆推維　　　　　　　　　　鷙暨寐貳率器匱隊萃視洎
睢杳湄飢妣墀麰帷鬐跠胰　　　　　　　　　　遂祕悸次懿粹鑽喟穟纍緌
狋伊茨葵鴟蠡尼祁雖咿　　　　　　　　　　　利贊愧騩冀躓
涂④黴⑤旎柅蠵矗

---

① 配，見張衡東京賦，與'摧懷'押韻。
② 嚌，見班彪北征賦。原句云：'雁邕邕以羣翔兮，鵾雞鳴以嚌嚌'。文選李善注曰：'嚌嚌衆聲
　也。音喈'。
③ 迡，見楊雄甘泉賦及闕名無極山碑，爲遟字別體。
④ 涂，見楚辭王襃九懷，陶壅。洪興祖補注音直尸切。按集韻脂韻涂爲坻之或體。
⑤ 黴，見楚辭王逸九思怨上。洪興祖補注云：'釋文音眉'。

微尾未

飛歸微妃韋旂機非依衣幾　　葷鬼虺狶　　　　　　　味貴氣畏渭煟濆沸帽卉謂

屝暉輝煇薇璣巍威徽希譏　　　　　　　　　　　　　毅魏尉未蔚欷慰胃圍緯髻

幾闈違睎騑肥靳霏晞徘圍　　　　　　　　　　　　　瑋諱

顄幃稀菲狶祈斐偉斐饑

齊薺霽

齊妻躋犀迷棲栖梯泥藜鷖　　米啓禮醴坻體悌濟涕第娣　　計惠戾齌嚏濟迡繼瘈蔕瞖

低稽黎悽西①螏妻分鵜淒　　隸　　　　　　　　　　　隸

7.1 脂 部 韻 譜 (兩漢)

平聲

[唐山夫人]歸懷 安世房中歌之六　漢詩叁　一下　　[劉友]微妃 歌一首　詩壹
三下　　[韋孟]韋旂 諷諫詩　詩貳　一下　　[嚴忌]歸懷 哀時命　漢文拾玖　四上　　[鄒
陽]迴歸躋 几賦　文拾玖　七下　　[武帝劉徹]飛歸 秋風辭　文叁　一下　　師綏 策封
燕王旦　文肆　九下　　[枚乘]飛迴 七發　文貳拾　七下　　微非 同上　　[淮南小山]
歸萋 招隱士　文貳拾　八上　　[司馬相如]犪綏 子虛賦　文貳壹　二上　　懷歸回
同上　三下　　麋犀 同上　四上　　依悲遲衰私衣 美人賦　文貳貳　一下　　棲妃諧誰
飛悲 琴歌　詩貳　四上　　[劉勝]靁椎 聞樂對　文拾貳　七上　　[董仲舒]暉歸齊
薇迷 士不遇賦　文貳叁　一下　　[東方朔]諱悲璣驥衰冀 七諫謬諫　文貳伍　四下
[司馬遷]私悲 悲士不遇賦　文貳陸　五上　　[李陵]攜隤歸 歌一首　詩貳　六下
[王襃]悲偉 洞簫賦　文肆貳　二上　　惟歸飛夷躋涕師夷 九懷陶壅　文肆貳　四下
階坻 甘泉宮頌　十一上　　榱楣懷誰 同上　　[韋玄成]韋綏 自劾詩　詩貳　七下　　夷
祗 同上　師煇 同上　階懷 戒子孫詩　八上　　[劉向]回頹 九歎逢紛　文叁伍　二下　　違
悲 又離世　三下　　違悲 又怨思　三下　　夷迴 同上　四上　　懷依 同上　　懷頹 又惜賢　五下
悲頹 又憂苦　六下　　衣夷 又愍命　六下　　次悲 又思古　七下　　[楊雄]夷眉 蜀都賦

---

① 西字彙收眞部。

文伍壹 一上 歸梨開諧甘泉賦 五下 依迡同上 六上 機違長楊賦 文伍貳 二下

衣遺反離騷 六下 資師解嘲 文伍叁 二下 師眉同上 三上 尸希回徽耆解難

四下 遺排連珠 十上 維階冀州箴 文伍肆 一上 違齊青州箴 一下 師遲同上

衰衣雍州箴 三下 夷推維衛尉箴 六上 歸齊太僕箴 六下 希依懷乖階城門校

尉箴 八上 師懷博士箴 八下 [劉歆]梯依棲瀰泥甘泉宮賦 文肆拾 三上 微

依燈賦 三下 齊遺遂初賦 三上 [崔篆]微暉遲睢機咨威夷譏維慰志賦 文

陸壹 六下 [闕名]遺歸郊祀歌五神 詩壹 八上 歸衰又赤蛟 八下 [無名氏]

威魁鴻隙陂童謠 詩伍 五下

[班彪]曖嘈懷衣北征賦 後漢文貳叁 五上 [桓譚]巢飛仙賦 文拾貳 七

下 [馮衍]懷悲顯志賦 文貳拾 一下 威綏刀陰銘 十一下 [杜篤]湄夷首陽山

賦 文貳捌 一下 [王阜]畿威歸祇機劉騊駼郡太守箴 文叁叁 七上 [傅毅]橐睎

夷洛都賦 文肆叁 一下 追飛歸七激之三 四下 師闈竇將軍北征頌 六上 回懷威

巍明帝誄 六下 [班固]階開闈扉西都賦 文貳肆 四上 躋楣階迷稽低同上

四下 隤摧夷同上 五上 齊徊同上 五下 濟階懷幽通賦 九下 迷綏祇同上

微開同上 十下 微輝漢頌論功歌詩靈芝歌 十一下 追機蕭何贊 文貳陸 四上 威

違陳武贊 五下 [崔駰]乖違達旨 文肆肆 四上 棲飢同上 遺黎南征頌 文

肆肆 六上 祈維違機司徒箴 八下 [班昭]師悲違非追歸誰東征賦 文玖陸

一上 [王逸]衣機帷姿機婦賦 文伍柒 一下 璣低霏悽棲微依西懷悲摧

九思怨上 三上 悲違黎遲飢迷懷睎雷又疾世 三下 夷嵬又傷時 五上 悲依

同上 頹追琴思楚歌 詩貳 十一上 [李尤]私非機鞠城銘 文伍拾 五上 依闈巍

闕銘 五下 [崔琦]摧微遲違機外戚箴 文肆伍 八下 [張衡]薑懷溫泉賦 文伍

貳 一上 違追衰思玄賦 一下 飢遲妃眉微同上 四上 歸回懷同上 五下 希

飛同上 六上 楣槐埤西京賦 六下 闈蘄扉同上 八上 飛霏雷威同上 十一上

配摧懷東京賦 文伍叁 四上 薑薆哀南都賦 七下 違徊哀歸睎同上 八上 嵬

徽綏微衰懷同上 八下 蔡排騤師徊歸同上 九上 幾飛闈司空陳公誄 文伍伍

三下 [崔瑗]威歸祇機郡太守箴 文肆伍 三下 遲闈司隸校尉箴 四上 幾師張平

子碑 六下 [馬融]磑嶉回崔廣成頌 文拾捌 十下 [崔寔]衣肥答譏 文肆伍

九下　[王延壽]姿馨跀櫰楣追踥挼魯靈光殿賦　文伍捌　二上　　[張超]姿斐

微衰茨泥葵鴟階妻誚青衣賦　文捌肆　九上　[唐姬]穨擢乖哀歌一首　詩叄　三

下　[蔡邕]違幾歸綏述行賦　文陸玖　三上　伊悲飛瞽師賦　五上　開徊擢琴賦

五下　輝微姿機師飛夷綏光武濟陽宮碑　文柒伍　一下　違依輝遲悲追胡公夫人

靈表　文柒玖　四上　衰違胡公夫人哀讚　六上　乖哀同上　師依悲姿濟北相崔君夫人

誄　六下　歸遺哀睎咨同上　七上　[禰衡]姿輝機鸚鵡賦　文捌柒　一上　姿機

飛弔張衡文　三上　[孔融]歸悲輝遲微飛誰依追衣希雜詩　詩貳　十四下　微

衰威違悲六言詩　十五上　巍私肥祁饑悲同上　[闕名]希悲鏡銘　文玖柒　十上

樓嗜徊西懷張公神碑　文玖捌　十上　歸葵劉脩碑　文壹零壹　十下　罋梯隈伊嶉

威祁私資迤□哀無極山碑　文壹零肆　三上　私□幾毘微懽懷郭究碑　文壹零伍

一下　姿威綏民校尉熊君碑　九上　[無名氏]齊階悲妻徊哀稀飛古詩　詩貳　二

下　幃徊歸誰衣古詩　三下　悲衣違輝綏歸闈飛睎扉古詩　詩叄　七下　歸誰

罋飛葵誰衣古詩　九上　睎歸薤露歌　詩肆　一下　葵睎輝衰歸悲長歌行　三下

歸菲藜悲罋衣孤兒行　六下　罋歸豔歌行　八上　歸罋悲歌　十一上　階懷回古八

變歌　十四下　徊懷吳賁歌　詩伍　四上　諧眉更始時南陽童謠　六上　衰遺建安初荊州

童謠　九上　諧妻齋齋泥迷太常妻　十二上　諧開袁文開諺

上聲

　　[鄒陽]几羣酒賦　漢文拾玖　七下　　　[武帝劉徹]罪水瓠子歌　漢詩壹　一下

[司馬相如]庾壘嶵子虛賦　文貳壹　四上　　　[劉勝]几美文木賦　文拾貳　七上

[東方朔]至死七諫繆諫　文貳伍　五上　涕濟旱頌　文貳伍　十二上　　[王襃]凱脆

洞簫賦　文肆貳　二上　累指聖主得賢臣頌　文肆貳　九下　　[韋玄成]視履自劾詩　詩

貳　七下　[劉向]美夷死九歎惜賢　文叄伍　五上　[楊雄]美葦蜀都賦　文伍壹　二

上　濟娣繼元后誄　文伍肆　九下　[劉歆]履眂遂初賦　文肆拾　二上　　[闕名]水

鬼郊祀歌天馬　詩壹　七上　[無名氏]死矢武帝時童謠歌　詩伍　五下

　　[馮衍]夷美顯志賦　後漢文貳拾　四上　　[班固]幾視西都賦　文貳肆　二下

禮濟東都賦　八下　　[崔駰]禮體達旨　文肆肆　四上　　[史岑]啓禮楷出師頌

文肆玖　十　[李尤]矢兕鏡銘　文伍拾　九下　　[張衡]第啓西京賦　文伍貳　八下

雉几視圮東京賦 文伍叄 二上 壘葦鬼躓同上 五上 [王延壽]巋崛魯靈光殿
賦 文伍捌 一 [闕名]禮濟悌樊毅修華嶽碑 文壹零叄 八下 [無名氏]楷禮太
學中謠八俊 詩伍 八上

去聲

[枚乘]畏隈追死壞七發 文貳拾 七下 [司馬相如]渭內子虛賦 文貳壹
三下 隸至同上 謉贄二封禪文 文貳貳 七上 [王襃]氣位解嘲 文伍叄 三下
欷淚洞簫賦 文肆貳 二上 戾氣四子講德論 七下 至比同上 八下 [韋玄成]逮
隊戒子孫詩 詩貳 八上 [劉向]圍緯九歎愍命 文叄伍 六下 味貴杖銘 文叄柒
九上 [班倢伃]愧淚擣素賦 文拾壹 八上 [楊雄]卉對甘泉賦 文伍壹 六上 罪
位連珠 文伍叄 十上 位類揚州箴 文伍肆 二上 謂劓廷尉箴 六下 位貴太常箴
七上 貴遂將作大匠箴 七下 [劉歆]戾燧遂初賦 文肆拾 一下 [闕名]遂逮
郊祀歌青陽 詩壹 六上 位醉又赤蛟 八下

[馮衍]貴悴顯志賦 後漢文貳拾 四上 位颮同上 四下 [傅毅]逮墜溉
昧迪志詩 漢詩貳 九下 [班固]位貴西都賦 文貳肆 四上 隊帥東都賦 七上 暨
醉氣退同上 七下 貴墜氣貳答賓戲 文貳伍 五上 氣孿東巡頌 文貳陸 一上 概
類氣奕旨 九上 [王逸]位棄琴思楚歌 詩貳 十一下 [李尤]未鷙津城門銘
文伍拾 六下 匱器匱匣銘 十二下 [張衡]內對誶思玄賦 文伍貳 三下 闠隧尉
萃匱西京賦 八下 器位貳東京賦 文伍叄 二上 器位肆孿同上 六上 [崔瑗]
器位器寶大將軍鼎銘 文肆伍 四下 氣遂貴遺葛龔珮銘 五上 [馬融]帥沸雉至
潰悴樗蒲賦 文拾捌 五上 [王延壽]曖邃祕濞悸魯靈光殿賦 文伍捌 二上 對
睢悴視颮同上 蔚瑋同上 三上 [蔡邕]位®次筆賦 文陸玖 六上 粹饋遂瘵
二崔君夫人誄 文柒玖 六下 [闕名]欷喟嚴訢碑 文玖捌 十下 [無名氏]穟悴
古歌 詩叄 十上 遂季惠朱暉歌 詩伍 二下 胃尉竃下養諺 十下

7.2 脂部合韻譜上 (前漢)

脂歌

平聲 [唐山夫人]施回安世房中樂 漢詩叄 一下 [司馬相如]夷師危

歸大人賦　文貳壹　七下　　衰危祇遺封禪文　文貳貳　八上　　[東方朔]悲衰頹歸

池七諫自悲　文貳伍　三下　　　[王襃]靡巍甘泉宮賦　文肆貳　十一上　　眉姿脂綏垂

青鬢髵奴辭　十二下　[劉向]離哀九歎憂苦　文叄伍　六下　　迻巍又遠遊　八上　　馳指

同上　[楊雄]威危馳回斄蛇妃眉貲甘泉賦　文伍壹　五下　　　藜飛蛇犀陂羽獵賦

八下　　夷馳長楊賦　文伍貳　二上　　眉危懷徽轙泥夷酒賦　五上　　馳師同上　六上

[無名氏]歸爲回衣歸鐃歌巫山高　漢詩壹　九下

　　　　上聲　[司馬相如]蠵蜺子虛賦　文貳壹　四下　　[楊雄]差至指上林苑令箴

文伍肆　九上

　　　　去聲　[王襃]靡塊聖主得賢臣頌　文肆貳　九下

脂支

　　　　平聲　[鄒陽]枝薵枝歸几賦　文拾玖　七下　　[枚乘]飛槐溪七發　文貳拾

五上　[王襃]衰卑四子講德論　文肆貳　七上　　[無名氏]雌雓又雓子班　十下　　知

衰又上邪　十下

　　　　上聲　[司馬相如]水豸氏豕子虛賦　文貳壹　五上

脂之

　　　　平聲　[楊雄]狋犛橐羽獵賦　文伍壹　八上　　衣胝肌遲之逐貧賦　文伍貳　四

上　[司馬相如]衣肌脂懷回辭美人賦　文貳貳　一下　　[無名氏]思歸鐃歌戰城

南　詩壹　九下

　　　　上聲　[鄒陽]醴騤米啓待泥啓齊禮酒賦　文拾玖　七上　　　[司馬遷]死

鄙悲士不遇賦　文貳陸　五上

　　　　去聲　[王襃]備內聖主得賢臣頌　文肆貳　十上　　[司馬相如]類萃記計子

虛賦　文貳壹　二上

脂歌之 旗爲之部字。纚爲歌部字。

　　　　平聲　[楊雄]綏纚開柅旗甘泉賦　文伍壹　四上

脂真

　　　　平聲　[王襃]沌頹洞簫賦　文肆貳　二下　[楊雄]殷遲少府箴　文伍肆　七上

脂祭

去聲　[賈誼]慨溰碎墜屍潰逝穢熠憒害淚惠遂位氣敗旱雲賦　文拾伍　一上　[鄒陽]醉歲酒賦　文拾玖　七下　[司馬相如]位大子虛賦　文貳壹　二上

脂質

去聲　[王襃]愲惠棄肆遂味懟失氣類頹貴洞簫賦　文肆貳　二上

7.3 脂部合韻譜下（後漢）

脂支

平聲　[馮衍]披悲顯志賦　後漢文貳拾　二上　[杜篤]衰違危師維眉微®非威姿論都賦　文貳捌　四上　[傅毅]偉麾洛都賦　文肆叄　一下　[班固]規齊十八侯銘酈商　文貳陸　四下　罷威飛垂又傅寬銘　五上　威奇姿奕旨　九上　[崔駰]脈蹄泥博徒論　文肆肆　五上　[李尤]蚍微熏鑪銘　文伍拾　十一上　[桓麟]威爲機迷祇師□徽劉寬碑　文貳柒　十二上　[徐淑]歸差違師懷徊暉乖追衣答秦嘉詩　漢詩叄　七上　[胡廣]資機師移夷暉法高卿碑　文伍陸　八下　[郭正]隨追師法眞頌　文陸叄　一上　[闕名]危回追摧歸哀徊衰北海相景君銘　文玖捌　六上　虧頹懷郭君碑　文壹零叄　十上　齊兮樊敏碑　文壹零伍　七上　[無名氏]陂脂饑古詩　詩叄　九下　歸悲衣啼麋麋兒非非遲歸東門行　詩肆　六上　遲爲施歸古詩爲焦仲卿妻作　十一下　儀歸衣儀違歸催同上　十二下

上聲　[蔡邕]砥水履智彈琴賦　文陸玖　六下

脂之

平聲　[蔡邕]辭希歸答卜元嗣詩　詩貳　十三上　[孔融]非歸哀來六言詩　詩貳　十五上　[闕名]臺微畿饑張壽碑　文壹零壹　四上　[無名氏]歸哀來古詩爲焦仲卿妻作　詩肆　十三下

去聲　[班固]備魏典引　文貳陸　七下　[李尤]記位太學銘　文伍拾　四下　[無名氏]貸匱悴刺巴郡守詩　詩叄　十一上

脂歌

去聲　[傅幹]器愛化內皇后箴　文捌壹　十四上

脂真

平聲　[杜篤]回魂祓禊賦　文貳捌　一上　　[崔瑗]衰遲埋河堤謁者箴　文肆伍

三下　　[蔡邕]泥微眉蠐頔扉低脣姿飛追非希師微妃私畿懷階穨攡乖

排衣追扉帷階機維飢青衣賦　文陸玖　四上

脂祭

去聲　[傅毅]歲悴七激　文肆叄　四下　　[馬融]昧氣鷩厲廣成頌　文拾捌

十一上　[無名氏]蔕計孤兒行　詩肆　七上

脂月

去聲　[班固]寐軷墜察對幽通賦　文貳肆　六下

脂支魚居書爲魚部字。啼麋兒移爲支部字。

平聲　[無名氏]歸悲衣啼麋兒遲居東門行　詩肆　六上　飛徊衣書悲移

古詩爲焦仲卿妻作　十一下

脂支之來期材爲之部字，隨離垂爲支部字。

平聲　[無名氏]來齊隨徊開頹離垂期雙白鵠　詩肆　七下　　嵬離圍悲

攡材豔歌行　八上　　懷來葦移雷懷依古詩爲焦仲卿妻作　十二下

脂祭之代爲之部字。乂蓋邁爲祭部字。

去聲　[蔡邕]乂惠頴墜氣愛蓋邁逮碎代胡碩碑　文柒伍　九下

脂質

去聲　[杜篤]渭類實溉遂論都賦　文貳捌　三下　　[崔駰]率尉太尉箴　文肆

肆　八上　　[王逸]昧氣出貴荔支賦　文伍柒　二上　　[張衡]醉萃屈紱遂貴西京

賦　文伍貳　八下　　戾洎質贄二東京賦　文伍叄　三上　　[馬融]潰穴濞戾突長笛賦

文拾捌　二上　　[蔡邕]類懿位紱彎蔚貴遂二胡廣黃瓊頌　文柒肆　一下　　[禰衡]

彎瑟類頴淚欷鸚鵡賦　文捌柒　二上　　[無名氏]內日古詩爲焦仲卿妻作　詩肆　十

三上

脂祭月厲介制說轊爲祭部字，察瞽爲月部字。

去聲　[馬融]毅厲介戾氣制察說惠長笛賦　文拾捌　三上　墜疰轊倅瞽

躓隊計廣成頌　十一下

脂月質切爲質部字，刿爲月部字。

去聲 [馬融]切肆戾冽躓長笛賦 文拾捌 二下

8 祭 部

韻 字 表

泰

大害外蓋沛帶蔡饋貝籟會瀬頼泰竄①艾斾最沬磕濭藹濊

怪

界芥疥溰介

夬

邁敗喝

廢

廢吠乂穢肺

祭

世逝衛厲裔礪製晣歲枻勢蔽滯敝濿傺綴際噬制弊藝癘筮澨銳祭說彗

霽

契慧蔕达麃蒂

8.1 祭 部 韻 譜 (兩漢)

前漢 [項羽]世逝_{垓下歌} 漢詩貳 一上 [高帝劉邦]帶厲裔_{封爵誓} 漢文壹 七上 帶礪世_{丹書鐵券} 七上 [賈誼]大敗世_{鵩鳥賦} 文拾伍 二下 [武帝劉徹]沛外_{瓠子歌} 詩 一下 [枚乘]廢外_{七發} 文貳壹 四下 磕裔_{同上} 七上 [孔臧]邁歲_{諫格虎賦} 文拾叁 四上 [司馬相如]蔡蓋_{子虛賦} 文貳壹 二上 界外

---

① 竄,廣韻收去聲換韻,音七亂切。按左傳昭公二十六年'竄在荊蠻',經典釋文云:'竄,七亂反,字林七外反'。七外反爲古音。詳顧炎武唐韻正卷十一竄字下。

芥同上 三上　[劉勝]蔡害闕樂對 文拾貳 六下　[東方朔]薉滯敗七諫怨世 文
貳伍 三上　逝世同上　[王襃]薉达洞簫賦 文肆貳 一下　沛逝礪瀨蓋蔡裔九
懷臱嘉 四上　[韋玄成]裔世自劾詩 詩貳 七下　[劉向]礪沛九歎逢紛 文叄伍
二下　厲逝又離世 三下　[楊雄]礪厲沛世甘泉賦 文伍壹 五下　寵賴反離驪 文
伍貳 五下　邁瀨同上 六上　大敗豫州箴 文伍肆 三上　際外交州箴 四上　外衛
光祿勳箴 五下　祭笫③太常箴 七上　[劉歆]厲逝遂初賦 文肆拾 二下　[闕名]
沛裔郊祀歌練時日 詩壹 五下　蓋瀣又赤蛟 八下　[無名氏]大逝鐃歌巫山高 詩
壹 九下　外歲又上陵 十上　世吠武帝太初中謠 詩伍 五上

　　　後漢　[光武帝劉秀]敗外報臧宮馬武詔 後漢文貳 二　[班彪]厲逝覽海賦
文貳叄 四下　厲誓冀州箴賦 五下　[馮衍]裔大顯志賦 文貳拾 三下　[杜篤]害
帶滯敗論都賦 文貳捌·三下　[班固]說制東都賦 文貳肆 六上　制外同上 八下
制勢敗突旨 八下　[崔駰]厲蔡達旨 文肆肆 四下　蓋大四晧墟頌 七上
[王逸]慧勢荔支賦 文伍柒 二上　[李尤]外穢辟雍銘 文伍拾 四下　會害門銘
六上　害大鎧銘 九下　沛敗鞍銘 十上　又帶樽銘 十二上　[崔琦]敗外廢外戚箴
文肆伍 八下　[張衡]癘穢溫泉賦 文伍貳 一下　噬世晰思玄賦 三下　裔厲外
藹同上 五下　外害帶沛大東京賦 文伍叄 一下　帶會厲蓋裔艾同上 三下　笫
裔司空陳公誄 文伍伍 三下　世賴邁鮑德誄 三下　[崔瑗]藝契張子平碑 文肆伍
六上　[崔寔]會大外世答譏 文肆伍 九下　[張超]外衛尼父頌 文捌肆 十上
[蔡邕]瀣會漢津賦 文陸玖 一下　害敗釋誨 文柒叄 六下　說銳同上　[蔡琰]
邁會敗外艾蓋吠肺逝大賴厲廢歲悲憤詩 漢詩叄 四上　[闕名]大會逝口
樊敏碑 文壹零伍 七上　[無名氏]泰外淮南王篇 漢詩肆 九下　際礪世獻帝初童謠
詩伍 九上

8.2 祭 部 合 韻 譜 上 (前漢)

祭脂

　　[韋孟]衛墜諷諫詩 漢詩貳 一下　[司馬相如]柤蓋貝籟喝沸會礪外
燧隊裔子虛賦 漢文貳壹 二下　厲濞逝大人賦 八上　逝沫晰內封禪文 文貳貳

七上　[東方朔]憤害早頌 文貳伍　十一下　[劉向]唱僁九歎愍命 文叁伍　七上

[楊雄]內外羽獵賦 文伍壹　七下　會藹綴外內同上　八下　戾沛雍州箴 文伍肆

三下　內敗衛尉箴　六上　世噬崇少府箴　七上　內外蓋城門校尉箴　八上

祭月

　　　[司]馬相如]瀨世勢絕哀秦二世賦 文貳壹　六下　沬逝同上　七上　[楊雄]

害割殺泰敗謁廷尉箴 文伍肆　六下

祭歌

　　　[劉向]儀濿九歎遠逝 文叁伍　四下　[班倢伃]製麗晰擣素賦 文拾壹　七下

8.3 祭 部 合 韻 譜 下 (後漢)

祭脂

　　　[杜篤]內外裔論都賦 後漢文貳捌　四上　　[班固]說氣世東都賦 文貳肆

八上　外內歲世答賓戲 文貳伍　四下　　會勢貴頓世賴同上　五上　　昧契綴典引

文貳陸　六下　[胡廣]穢勢逝計謂害弔夷齊文 文伍陸　八下　　[皇甫規]邁帶

外退女師箴 文陸壹　七下　[王延壽]藹霱魯靈光殿賦 文伍捌　三上　[蔡邕]厲

翳瀨裔最逝害述行賦 文陸玖　一下　　[闕名]大裔世制外愛祭沛賴蔽歲成

陽靈臺碑 文壹零貳　五上　裔世惠勢至郭輔碑 文壹零陸　五下

祭月

　　　[班固]厲竄穢壓折噬殺西都賦 文貳肆　五上　裔外界喝世封燕然山銘

文貳陸　三下　　[崔駰]大殺艾際太尉箴 文肆肆　八下　[張衡]苅製槀弊裔

東京賦 文伍叁　五上　　[桓麟]發外七說 文貳柒　十一上　　[闕名]厲際濊邁乂

碣世袁良碑 文玖捌　四下　世滅柳敏碑 文壹零壹　八下

祭質

　　　[張衡]律會帶七辯 文伍伍　一下　[闕名]結逝辛通達李仲曾造橋碑 文壹百

四下

祭歌

　　　[闕名]大夜蓋勇歲吳仲山碑 文壹零貳　七下

陽　聲　韻

9　蒸　部

韻　字　表

登
　　登朋崩弘騰增肱稜

蒸○證
　　升陞稱乘徵興烝澄繩蒸承　　　　　　　　　應
　　兢陵澂馮凝應冰憑凌鷹勝

東
　　弓夢

耕
　　閍紘

9.1　蒸　部　韻　譜（兩漢）

平聲

　　前漢　[嚴忌]陞稱哀時命　漢文拾玖　四上　　[枚乘]乘弓七發　文貳拾　六上
[司馬相如]徵興封禪文　文貳貳　七下　　[劉向]登興九歎離世　文叄伍　三上
[楊雄]繩夢甘泉賦　文伍壹　五上　　乘興閍朋羽獵賦　七下　　[闕名]興承郊祀歌
五神　漢詩壹　八上

　　後漢　[馮衍]朋興顯志賦　後漢文貳拾　三上　　[班固]興弘◎典引　文貳陸　七
下　　[崔駰]興蒸司徒箴　文肆肆　八下　　[班昭]徵興東征賦　文玖陸　一下　　[李
尤]登陵承京師城銘　文伍拾　五下　　承徵高安館銘　五下　　興乘鐙銘　七下　　[張

－173－

衡]增承興徵馮繩兢升西京賦 文伍貳 七下 [廉品]烝澄大儺賦 文陸陸 二下 [張超]承馮靈帝河閒舊廬碑 文捌肆 十下 [蔡邕]興騰漢津賦 文陸玖 一下 興凝蟬賦 七上 [無名氏]弘承太學中謠三君 漢詩伍 八上 凌陵又八俊 八上 稱升又八及 八下

9.2 蒸部合韻譜上（前漢）

蒸侵

平聲 [楊雄]乘風澄兢甘泉賦 漢文伍壹 四上 風升閎紘蒸解難 文伍叄 四上 崩心音勝元后誄 文伍肆 十下

蒸冬

平聲 [司馬相如]乘中子虛賦 文貳壹 五上

蒸陽

平聲 [司馬相如]升煌烝乘封禪文 文貳貳 八上

9.3 蒸部合韻譜下（後漢）

蒸侵

平聲 [馮衍]風陵顯志賦 後漢文貳拾 三下 [班固]興林荅賓戲 文貳伍 五下 [劉廣世]禽鷹騰興七興 文肆叄 七上

蒸耕

平聲 [杜篤]乘萌論都賦 文貳捌 二下 [班固]騰升明萌十八侯銘蟲達 文貳陸 五下 [馬融]紘征廣成頌 文拾捌 十一上 [蔡邕]應冰萌凝興承釋誨 文柒叄 六下

蒸東

平聲 [班固]陵承興公西都賦 文貳肆 三上

蒸侵陽岡爲陽部字，風爲侵部字。

平聲 [馮衍]岡紘風崩顯志賦 文貳拾 二上

蒸冬耕明爲耕部字，終爲冬部字。

平聲　[蔡邕]明烝徵承終升九嶷山碑　文柒伍　一上

蒸冬東侵雍爲東部字，風爲侵部字，躬爲冬部字。

平聲　[班固]雍風徵躬稜東都賦　文貳肆　七下

蒸冬耕侵京爲耕部字，風爲侵部字，隆爲冬部字。

平聲　[杜篤]京風陵隆論都賦　文貳捌　二上

10　冬　部

韻　字　表

冬

　　宗農彤懤冬

東

　　中忠終崇戎融宮窮躬隆衆忡沖雄①

江

　　降

10.1　冬部韻譜（兩漢）

平聲

前漢　[武帝劉徹]中終躬策封齊王閎　漢文肆　九下　　[司馬相如]忠宮

美人賦　文貳貳　一上　中宮同上　戎隆終封禪文　六下　[劉胥]終窮歌一首　漢詩

壹　四上　[劉向]宮窮九歎遠遊　文叄伍　八下　[楊雄]中宮甘泉賦　文伍壹　五上

宮崇羽獵賦　七下　忠宗兗州箴　文伍肆　一下　[劉歆]宮中融甘泉宮賦　文肆拾

三上　[無名氏]雄宮紫宮諺　詩伍　九下

後漢　[班固]宮中西都賦　後漢文貳肆　三上　　[崔駰]躬中車左銘　文肆肆

---

①　雄字詩經音屬蒸部，自西漢末轉入本部。

十上 [黃香]宮崇九宮賦 文肆貳 六下 [李尤]中宮融平城門銘 文伍拾 六下
[張衡]宮彤終思玄賦 文伍貳 五上 隆宮中西京賦 七下 窮宮同上 十上 [崔
瑗]宮穹窮和帝誄 文肆伍 五下 [王延壽]宮崇魯靈光殿賦 文伍捌 三上

10.2 冬 部 合 韻 譜 上 (前漢)

冬東

平聲 [嚴忌]容忠容凶宮窮胷憅哀時命 漢文拾玖 三下 [王褒]中窮
從酆宮九懷匡機 文肆貳 二下 [楊雄]窮雄溶中羽獵賦 文伍壹 八下

冬侵

平聲 [劉勝]風隆文木賦 漢文拾貳 七上

冬陽

平聲 [王褒]行窮聖主得賢臣頌 文肆貳 十下

冬東蒸雍爲東部字,陵爲蒸部字。

平聲 [楊雄]雍宮陵博士箴 文伍肆 八上

10.3 冬 部 合 韻 譜 下 (後漢)

冬東

平聲 [李尤]封窮七款 後漢文伍拾 三下 [張衡]中宮融豐崇東京賦
文伍叁 二上 [闕名]躬通隆充中楊孟文石門頌 文玖捌 七下

冬蒸

平聲 [班固]崇徵靈臺詩 文貳肆 九上 [崔瑗]徵躬和帝誄 文肆伍 五下
[無名氏]繩中古詩爲焦仲卿妻作 詩肆 十二上

冬侵

平聲 [邊讓]終風中雄隆章華臺賦 文捌肆 十一下

冬陽

平聲 [崔駰]行農東巡頌 文肆肆 六下

冬東侵風爲侵部字,鋒雍充爲東部字。

平聲　[傅毅]風鋒降_{竇將軍北征頌}　文肆叁　六上　　[崔駰]風中雍宗_{大將軍}
西征賦　文肆肆　一下　[趙壹]風充中終_{迅風賦}　文捌貳　八上

冬東談_{嚴爲談部字，通從爲東部字。}

平聲　[杜篤]中巖窮戎通從_{論都賦}　文貳捌　三下

11　東　部

韻　字　表

東董送

工同東通公銅桐功洪蒙空　　動　　　　　　弄貢痛
叢翁蔥樅童筒豐充朦聾橦
聰攻控①巑瓏鴻崆　嵩驄恫
嵷籠酆朦蓬從②

鍾腫用

容松鍾訟溶庸墉鏞舂頌封　　勇竦種踵溶恐鞏駧恫　　用頌縱
凶胸邕雝灉饔壅重從逢蓉
恭兇鋒忪衝洶龍供縫蹤縱
誦③龔茸壟鑫寵

江講絳

邦雙幢江　　　　　　項

---

①　控，見班固西都賦，與‘蹤鋒雙’等字押韻。原句云：‘機不虛掎，弦不再控’。控者引也，此字
　　廣韻收去聲送韻，今列爲平聲字。
②　從，見漢郊祀歌華爗爗，原句云：‘神之行，㪍容容；騎沓沓，般從從’。集注云：‘容音勇，從音
　　總。一曰容讀如本字，從音才公反’。今列於平聲。
③　誦，廣韻收去聲用韻。武榮碑與‘功同’押韻，讀平聲。

11.1 東 部 韻 譜（兩漢）

平聲

前漢 [賈誼]工銅鵩鳥賦 漢文拾伍 二下 東®同同上 [韋孟]同邦諷諫詩 漢詩貳 一下 恭邦在鄒詩 二上 [嚴忌]桐通哀時命 文拾玖 三上 [鄒陽]羈工几賦 文拾玖 七下 [孔臧]叢蹤從鋒鐘東怵衝雙工諫格虎賦 文拾叄 三下 [董仲舒]容從士不遇賦 文貳叄 一下 [司馬談]功從論六家要旨 文貳陸 三下 [司馬遷]公同悲士不遇賦 文貳陸 五上 [王襃]洪封四子講德論 文肆貳 六下 邕從容同上 八下 櫳蔥封舂重僮約 十二上 [韋玄成]東從自劾詩 詩貳 七下 同庸同上 [劉向]邦鼪九歎逢紛 文叄伍 二下 同通又愍命 七上 龍溶又遠遊 八下 東公高祖頌 文叄柒 九上 [楊雄]叢從東蜀都賦 文伍壹 二上 工逢同上 二下 公江同上 三上 從凶解嘲 文伍叄 三下 蒙同徐州箴 文伍肆 二上 同凶宗正卿箴 六上 供龍太僕箴 六上 供同少府箴 七上 襄供太官令箴 九上 [崔篆]蹤容從慰志賦 文陸壹 六下 [闕名]容樅郊祀歌華爗爗 詩壹 八上 [無名氏]縫舂容淮南民歌 詩伍 一上 龔翁杜陵蔣翁諺 十下

後漢 [馮衍]同容顯志賦 後漢文貳拾 四下 [劉蒼]同功武德舞歌詩 漢詩壹 四下 [傅毅]紅重同七激 文肆叄 四下 [班固]蹤鋒控雙西都賦 文貳肆 五上 鐘龍瓏容東都賦 七上 容鍾同上 七下 容通荅賓戲 文貳伍 五上 東公高祖頌 文貳陸 一下 [崔駰]頌功大將軍西征賦 文肆肆 一上 從衝功鍾達旨 四上 恭容車後銘 十下 [班昭]同凶東征賦 文玖陸 二上 雍同大雀賦 二上 [王逸]龍衝功雙九思守志 文伍柒 六上 [李尤]通從同小車銘 文伍拾 十一下 雍容通恭天軿車銘 十二上 [張衡]東墉通西京賦 文伍貳 八上 功重襄鐘空同上 十上 紅鴻龍雙同上 十下 橦鋒逢同上 雍鏞幢容工東京賦 文伍叄 四上 東墉胷通南都賦 七上 容雙定情賦 九下 公邕司徒陳公誄 文伍伍 三下 空庸邦同蹤同上 [崔瑗]恭空功雖兕恫張平子碑 文肆伍 六下 [朱穆]雙松鬱金賦 文貳捌 六下 [馬融]工洪礱㯹蒱賦 文拾捌 四下 龍橦廣成頌 十一上 同通鐘叢同上 充攻功重空同上 十二上 貢同衝同上 十二下 功龍同上 工從東巡頌

十三上　[王延壽]鴻擬魯靈光殿賦　文伍捌　三上　[蔡邕]容功蹤通釋誨　文柒叁

六上　容從同上　七上　功蹤恭公朱穆墳前碑　文柒伍　七上　恭容庸蹤公從雍

封胡廣碑　文柒陸　四上　恭龍通雍同上　五上　恭功庸公太傅祠堂碑銘　六下　公

聰嵩龍從通功功恭庸雍同邦喬玄碑陰　文柒柒　三上　功封庸公楊賜碑　文柒捌

七上　邦同⑧胡公夫人哀讚　文柒玖　六上　邦從龍答卜元式詩　漢詩貳　十二下　[張升]

容重白鳩賦　文捌貳　一上　[闕名]功同誦武榮碑　文壹零壹　一下　同縱庸功雙

邦圉令趙君碑　文壹零伍　六上　功通邦蒙豐頌劉熊碑　文壹零陸　三上　[無名氏]

東桐公平陵東　詩叁肆　二上　聰公工鮑司隸歌　詩伍　二下　雙重許叔重諺　十一上

雙童江夏黃童諺　十一下　庸公胡伯始諺　十一下　龍雙荀氏八龍諺　十二上　龍雙公

沙六龍諺　十二上

上聲

前漢　[王襃]動竦勇四子講德論　漢文肆貳　七下

後漢　[張衡]峒項種西京賦　後漢文伍貳　九上　[蔡邕]種踵短人賦　文陸玖

四下　勇恐同上

去聲

前漢　[王襃]縱弄貢頌甘泉宮頌　漢文肆貳　十一上

後漢　[班固]用痛幽通賦　後漢文貳肆　十一上

11.2 東部合韻譜上（前漢）

東冬

平聲　[東方朔]容從工農逢誠子　漢文貳伍　十二上　[王襃]從同聰衆

四子講德論　文肆貳　七下　隆功聖主得賢臣頌　文肆貳　十上　[劉向]降洶九歎逢紛

文叁伍　二下　[楊雄]鍾窮甘泉賦　文伍壹　五上　降隆東雙功龍融頌雝蹤從

河東賦　文伍壹　六上　恭降宗正卿箴　文伍肆　六上　衆公元后誄　十上　崇庸從同上

[劉歆]通宮遂初賦　文肆拾　一下　[闕名]窮同冬龍郊祀歌日出入　漢詩壹　七上

東陽

平聲　[王襃]明聰聖主得賢臣頌　文肆貳　十下

東侵

　　平聲　[楊雄]聰恭風尙書箴　文伍肆　四下

東幽

　　平聲　[東方朔]同調七諫謬諫　文貳伍　五上

11.3 東 部 合 韻 譜 下（後漢）

東冬

　　平聲　[光武帝劉秀]功終報臧宮馬武詔　後漢文貳　二　[杜篤]蒙通中容首陽山賦　文貳捌　一下　[傅毅]容紅降雙七激　文肆叁　五上　[班固]終容東都賦　文貳肆　八下　宗容典引　文貳陸　七上　[李尤]中崇通函谷關賦　文伍拾　一上　重崇從聰忡同上　一下　隆中豐辟雍賦　二上　[張衡]戎雍西京賦　文伍貳　六上　[崔瑗]豐融張平子碑　文肆伍　六下　[邊韶]中容通塞賦　文陸貳　一下　[劉琬]雄胸筒馬賦　文陸陸　十一上　[胡廣]戎功邊都尉箴　文伍陸　七下　[闕名]宗洪東海廟碑　文壹零貳　七上　[無名氏]通中相和曲烏生　漢詩肆　二上　雍宗太學中謠八顧　詩伍　八上

東蒸

　　平聲　[馮衍]崩功顯志賦　文貳拾　三下

東侵

　　平聲　[闕名]恫風西狹頌　文壹零貳　一下

東陽

　　平聲　[闕名]縱皇通雝同功誦楊孟文石門頌　文玖捌　八下

東冬侵沖窮爲冬部字，風爲侵部字。

　　平聲　[禰衡]蹤容沖風雍窮顏子碑　文捌柒　三上

東冬蒸乘爲蒸部字，宮爲冬部字。

　　平聲　[張衡]龍鍾乘宮東京賦　文伍叁　四下

東冬侵蒸隆降終爲冬部字，風爲侵部字，興爲蒸部字。

　　平聲　[馬融]工鐘容隆風降興重同終長笛賦　文拾捌　二下

東冬陽蒸<small>羊光牆傷愴忘爲陽部字，肱爲蒸部字，宮爲冬部字。</small>

平聲　［闕名］恭鍾蹤從羊光牆通□肱蒙 功凶 宮□傷愴忘誦<small>武班碑</small>

文玖捌　七上

12　陽　　部

韻字表（前漢）

唐蕩宕

　唐光塘蒼行綱荒喪旁藏當　　蕩莽儻慌盪蕩　　　　　曠

　岡桑湯黃昂堂鳳康卬皇徨

　葬倉臧踏亢茫剛廊惶囊瑝

　煌遑傍棠滂璜浪芒慷�ⁱ

陽養漾

　陽揚鄉方長傷亡置央羊章　　響壤瀁往杖　　　　　放望暘昶

　莊芳忘常疆王張良翔璋嶂

　涼房觴殃商祥梁徉糧將量

　裳牆腸鴦裝強彊場楊牀香

　霜彰望攘廂享②昌湘相洋

　嘗光壇箱羌釀詳狂尚養愴

　悵嶂饗

庚梗敬

　明英衡橫兵撐坑京慶③珩　　　　　　　竟競慶病詠鏡映

　兄卿

---

① 珩，見楊雄甘泉賦，原句云：‘魚頡而鳥珩’，文選李善注珩音胡剛切。

② 享養饗等字廣韻收上聲養韻，愴悵嶂等字廣韻收去聲漾韻。漢人均與平聲字押韻。

③ 慶，廣韻收去聲敬韻。漢以前讀平聲，漢以後始有去聲一讀。 詳顧炎武唐韻正卷十二慶字下。

韻字表(後漢)

唐蕩宕

剛荒茫湯堂唐光藏黃傍煌　　廣沆蕩莽儻　　　　　曠
喪康綱芒臧瑝徨當皇旁棠
岡璜廊簀抗航伉桑昂闖狼
碙趟芒篁潢浪鸝塘蒼惶亢
卬亢郎囊倉隍琅遑朗①螂
抉②滂

陽養漾

彊強長亡翔章梁箱張常傷　　上敞想仰往悵象壤響瀁罔　　貺悵快昶讓
揚疆商方祥鄉羌香王昌房　　泱
觴裝芳陽魴姜驤彰央望洋
蔣饗③量涼良颺暘匡霜將
羊襄裳樟嘗廂防殃糧牀漿
忘鏘邊泱錫驤鍈狂糧葦場
鴦庠享粻穰償狀莊鏜璋倡
殭養爽楊伴坱煬釀讓愴岷
妝

12.1 陽 部 韻 譜 上 (前漢)

平聲

---

① 朗,廣韻收蕩韻,王逸九思哀歲與平聲字押韻。
② 抉,見馬融長笛賦'腫菌碨抉'句。文選李善注音烏郎切。按集韻唐韻有此字,音於郎切,與李善音同。
③ 饗享養爽等字廣韻收上聲養韻,狀愴等字廣韻收去聲漾韻。漢人均與平聲字押韻。

[唐山夫人]芳光行芒章安世房中歌　漢詩叁　一下　芳饗臧常忘同上　常

明光良光芳忘同上　二上　常明疆同上　[高帝劉邦]揚鄉方大風歌　詩壹　一

上　[賈誼]喪翔鵩鳥賦　漢文拾伍　二下　臧衡惜誓　三下　臧羊同上　祥翔弔屈原

文　文拾陸　七下　臧羊同上　八上　[韋孟]荒商光諷諫詩　詩貳　一下　堂牆在鄒

詩　二上　[羊勝]王璋黃昂疆屏風賦　文拾玖　六下　[公孫乘]光堂裳月賦

六下　[嚴忌]揚梁英哀時命　文拾玖　三上　翔祥傷糧鄉芳將行當橫桑行唐

湯方量臧同上　三下　[鄒陽]梁觴揚狂光酒賦　文拾玖　七下　[武帝劉徹]

長鄉傷陽亡罝央羊章莊揚明芒揚李夫人賦　文叁　一上　傷悵同上　一下　芳

忘秋風辭　一下　常光策封齊王閎　文肆　九上　疆芳泰山鼎文　十三上　[枚乘]翔張

裝兵七發　文貳拾　七上　印強將行當同上　場桑行同上　七下　[孔臧]傷涼

塘長揚房蒼楊柳賦　文拾叁　四上　行觴章王綱揚荒常忘同上　四下　亡映

蓼蟲賦　五上　[司馬相如]章楊芳子虛賦　文貳壹　二上　堂房同上　四上　狼羊

同上　五上　鳳明同上　五下　梁撐梁將光章綱央楊堂房長揚揚卬橫徨映

牀香旁亡光方霜更明忘長門賦　文貳貳　二下　明良封禪文　六下　鄉鳳將堂

房腸鶯翔琴歌　詩貳　四上　[劉勝]章翔璋嶂浪文木賦　文拾貳　六下　[司馬

談]昌亡論六家要旨　文貳陸　三下　長臧綱同上　常綱明同上　四下　[烏孫公

主]方王牆漿傷鄉歌一首　詩叁　二　[東方朔]湯坑七諫初放　文貳伍　一上　湯

長央鄉又自悲　三下　臧陽嗟伯夷　五下　[昭帝劉弗陵]王方傷藍田覆車山鼎文

文伍　三下　章蹌裳祥黃鵠歌　詩壹　三上　[王襃]翔行洞簫賦　文肆貳　二上　房

芳橫堂洋翔忘傷九懷匡機　二下　陽行光英祥裳將旁光當又通路　三上　陽

行橫臧映湘傷又思嘉　三下　洋荒上強又蓄英　四上　陽光糧行方傷又思忠

四下　翔揚又株昭　五上　望章聖主得賢臣頌　十下　場疆同上　荒鄉疆皇碧雞頌

十一上　翔荒同上　桑行當嘗僮約　十二下　唐臧商堂青髯髯奴辭　十二下　[韋玄

成]常翔自劾詩　詩貳　七下　常荒戒子孫詩　八上　[成帝劉驁]望臧報許皇后　文

捌　十二上　[劉向]兵亡圍棊賦　文叁伍　二上　堂裳九歎逢紛　二下　揚彰又怨思

四上　映行又憂苦　五下　長行同上　六上　唐桑又遠遊　八上　明光同上　方桑

同上　湘央同上　八下　行疆杖銘　文叁柒　九上　杖相同上　長王說苑佚文　文叁玖

八下 [班婕伃]光芳張良擣素賦 文拾壹 七下 [趙飛燕]霜望慷歸風送遠操

詩叄 二 [楊雄]行兵狂裝梁攘盰章甘泉賦 文伍壹 四上 芳英堂同上 五下

蹌光唐羽獵賦 八上 揚皇陽方光同上 八下 衡房央同上 九下 藏岡逐貧賦

文伍貳 四下 張堂陽行同上 裳房反離騷 五下 行芳同上 六上 行堂解謿 文

伍叄 二上 卿光衡當同上 湯橫冀州箴 文伍肆 一上 場王同上 長殃兗州箴

一下 方康徐州箴 二上 陽湯荊州箴 二下 強亡豫州箴 三上 常荒益州箴 三上

京荒雍州箴 三下 壃荒幽州箴 三下 唐忘芒旁同上 方王享并州箴 四上 兵

荒綱同上 京亡交州箴 四上 王常忘大司農箴 五上 荒箱亡同上 行尙璜執金

吾箴 七下 觴王太官令箴 九上 陽方唐王旁元后誄 九下 王明荒慶央同上

十上 黃皇同上 臧常忘行同上 [劉歆]兵陽遂初賦 文肆拾 二下 涼霜同上

常傷同上 三上 常彭同上 [闕名]祥明享拜祝祠太一贊饗文 文伍柒 十三下 腸

糧辰子逐疫 十三下 亡康光長王使威長葬銘 十四上 望方郊祀歌練時日 詩壹 五下

香鄉同上 黃堂同上 芳觴同上 光黃又帝臨 六上 昌嘗忘疆又朱明 六上 藏

霜又玄冥 六上 享荒翔將又惟泰元 六下 明章又天地 六下 商長鷄享同上

堂望光黃羊明觴放章又天門 七上 昌方同上 七下 房堂華曄曄 八上 觴洋

長同上 芳光又五神 八上 觴驤同上 詳饗又朝隴首 八上 祥觴光央又赤蛟 八

下 [無名氏]黃蒼良鐃歌君馬黃 詩壹 十上 王羊行又雉子班 十下 陽香陽

揚方又石流 十一上 喪卿樓護歌 詩伍 二上 場葬尹賞歌 二上 張王三王諺 十上

上聲

　　[枚乘]慌儻瀁曠七發 漢文貳拾 七上 [王襃]莽盪洞簫賦 文肆貳 一上

[劉向]瀁往九歎逢紛 文叄伍 二下 慌蕩九歎遠逝 文叄伍 四下 [楊雄]蕩往

揚州箴 文伍肆 二上 [闕名]蕩響郊祀歌天門 漢詩壹 七上

去聲

　　[王襃]暢壤四子講德論 漢文肆貳 八下 [劉向]放望九歎怨思 文叄伍 三下

12.2 陽 部 韻 譜 下 (後漢)

平聲

　　　[光武帝劉秀]剛疆 報臧宮馬武請滅匈奴詔　後漢文貳　二上　長亡 同上　荒疆

同上　二下　[班彪]茫行翔章湯梁堂唐光箱章 覽海賦　文貳叄　四上　[桓譚]

綱張 離事　文拾伍　一上　　[馮衍]藏常 顯志賦　文貳拾　一上　　傷常揚 同上　二上

荒傷 同上　三上　疆梁 同上　三下　綱光 同上　四上　[杜篤]商黃 祓禊賦　文貳捌

一上　常方祥商鄉傍 首陽山賦　一下　荒煌方羌 論都賦　三上　　[梁竦]香長強

疆喪王荒昌 悼騷賦　文貳貳　八下　[傅毅]光房煌觴康揚剛常 舞賦　文肆叄　二

上　裝芳陽方 同上　二下　魴芒 七激　四下　臧常 同上　五下　揚康 扇銘　六上

[班固]疆方姜 西都賦　文貳肆　二下　陽方堂梁驤瑲彰 同上　四上　央梁光 同

上　四下　望徨陽洋湯將央 同上　觴饗 東都賦　七下　堂陽煌 明堂詩　八下　湯

梁 辟雍詩　八下　王量方涼 竹扇賦　十一上　荒綱唐 答賓戲　文貳伍　五上　陽方綱

常 同上　五下　當堂良康 樊噲贊　文貳陸　四上　長揚王章 灌嬰贊　四下　皇唐 典

引　八上　疆芴亡方 奕旨　九上　　　[崔駰]光颺 大將軍臨洛觀賦　文肆肆　一下

暘藏 達旨　四下　棠商匡強喪 太尉箴　八下　良匡 車右銘　十下　[蘇順]傷霜亡

將喪 歎懷賦　文肆玖　九下　傷皇章 和帝誄　十上　剛唐光 同上　[史岑]疆黃陽

出師頌　文肆玖　十　[班昭]羊堂 鍼縷賦　文玖陸　二上　　[王逸]藏皇昌光襄裳

樟芴良梁驤岡長 機婦賦　文伍柒　一上　瑲瑲 荔支賦　二上　藏方 九思守志　六上

[李尤]章光陽方張湯梁匡饗 辟雍賦　文伍拾　二上　洋廊行棠陽 東觀賦　三上

鄉梁方良康 洛銘　四上　方陽洋房良梁 明堂銘　四下　章昌 雲臺銘　五上　王光

陽方荒 德陽殿銘　五上　牆陽當常 鞠城銘　五上　光房當荒王 平樂館銘　五下　堂

涼嘗廂簧 堂銘　七上　長涼揚 笛銘　八上　張方抗常 屏風銘　八上　常防殃芒

戟銘　九上　常傷 鴦銘　九下　[崔琦]煌皇湯 外戚箴　文肆伍　八上　　[張衡]方香

箱殃常航嘗裳珩長藏芳霜亢亡章 思玄賦　文伍貳　二上　桑糧岡 同上　三上

光黃 同上　四下　行洋梁淋漿 同上　昂煌驤揚湯忘 同上　翔閶鏘芒狼硠湯

皇驤邊 同上　五上　防藏趨驤 西京賦　七上　堂章煌 同上　方祥央望翔 同上

七下　荒羊岡篁疆 同上　九上　匡亢 同上　十上　房臧堂康 東京賦　文伍叄　一下

昌陽將商方章 同上　二上　常房鄉泱 同上　二下　廂將 同上　三上　皇將 同上

錫瓖鍚 同上　三下　梁狂良潢光方 同上　五上　祥黃皇唐荒裳浪王 同上　五下

康陽疆詳 南都賦 七上　光黃 同上　橿桑 同上　場張芒鶬翔 同上　八下　荒塘

驤忘 同上　良章揚 同上　九上　翔鄉昂揚光 舞賦　十上　方驤鄉桑涼昂岡宛

霜躅髖賦 文伍肆　'一下　行堂 冢賦　二下　黃鴦 七辯 文伍伍　一下　驤堂長 司徒呂

公誄　三下　鄉章璜光方庠 大司農鮑德誄　四上　房湯當嘗牀霜香光張方皇

忘 同聲歌 詩貳　十上　陽長裳 四愁詩　十下　[崔瑗]光章 南陽文學頌 文肆伍　二上

長忘綱傷藏強光量祥芳 座右銘　四下　良芳傷 張平子碑　六上　皇章 草書勢　七

上　[劉梁]梁黃光 七舉 文陸肆　十下　裳霜 同上　十一上　[侯瑾]商傷 箏賦 文

陸陸　一上　[朱穆]望光 鬱金賦 文貳捌　六下　[馬融]藏疆 廣成頌 文拾捌　十上

常狼壤岡光場良行 同上　十一上　方芒陽場相祥光羊 同上　十一下　行將觴

同上　十二上　荒享王 同上　十二下　藏常章陽良荒 同上　祥行光荒望 同上

[崔寔]章匡光 答譏 文肆伍　九下　[胡廣]皇王 陵令箴 文伍陸　八上　[桓彬]

梁香粮 七設 文貳柒　十二下　梁羊芳 同上　[王延壽]堂章 魯靈光殿賦 文伍捌

一下　陽煌 同上　[趙壹]方亡行強狹昌涼藏 刺世疾邪賦 文捌貳　八下　[張超]

王望梁綱荒康臧 楊四公頌 文捌肆　十上　商良 靈帝河間舊廬碑 文捌肆　十下　堂

房璜箱翔剛陽荒祥穰觴將量 同上　[戴良]傷償狀 失父零丁 文陸捌　七上

[蔡邕]疆商陽 述行賦 文陸玖　二上　央涼唐黃陽 同上　二下　牀良 協和婚賦　四

上　揚章裳翔光桑翔昂 琴賦　五下　長傷 傷故栗賦　七上　防抗湯揚 釋誨 文柒叁

七下　陽黃堂方 陳留太守行縣頌 文柒肆　一上　莊堂光 祖德頌　三上　方皇彰疆

光武濟陽宮碑 文柒伍　二上　良彰匡匡蒼皇口芳 伯夷叔齊碑　二下　彰忘皇光章

嘗 樊陵頌碑　四上　狹皇傷章光藏 朱穆墳前方石碑　七上　彰堂光良強方翔 胡碩

碑　九上　章揚望喪皇嘗疆 太傅祠堂碑銘 文柒陸　六下　荒綱方望芳光章 陳寔

碑 文柒捌　三下　傷央喪腸長良蒼 太傅胡公夫人靈表 文柒玖　四上　良方剛莊

臧光 濟北相崔君夫人誄　六下　長疆狹傷惶將 同上　七上　良藏陽光望忘喪章

昌將傷 同上　良陽祥 祝祖文　八上　剛鋩 勸學篇 文捌拾　一下　光璋 同上　二上

[蔡琰]常良疆祥光羌亡 悲憤詩 詩叁　三下　[孔融]方張傍王匡揚彰忘光

藏長 離合作郡姓名字詩 詩貳　十四上　[傅幹]綱房 皇后箴 文捌壹　十四上　[宋子

侯]旁當昂桑颺傷霜香芳忘腸堂 董嬌饒詩 詩貳十　六上　[士孫瑞]剛商彰

將陽祥亡荒強劍銘　文捌肆　十三下　　[闕名]方芳孔嵩讚　文玖陸　九上　　昌王

雙魚洗銘　文玖柒　九下　　裳亡北海相景君銘　文玖捌　六上　　陽黃堂行章忘武梁碑

文玖玖　一上　　翔望彰任伯嗣碑　文壹佰　一下　　蒼陽兼光梁昌方亢康堂望章

場芳祥疆西嶽華山廟碑　文壹佰　六下　　望卬度尚碑　十上　　光皇傷臧疆楊統碑　文

壹零壹　二上　　良□方孔彪碑　文壹零貳　二下　　匡光大尉楊震碑　六下　　央詳亡長

央疆故民吳仲山碑　七下　　喪傷費鳳別碑　文壹零叄　六下　　堂常白石神君碑　文壹零肆

八下　　陽量臧章相皇忘香粮疆昌同上　九上　　章方亢曹全碑　文壹零伍　三上

[無名氏]旁鄉飲馬長城窟行　詩貳　十三上　　梁鄉古詩　詩叄　九下　　鴦忘古絕句

十上　　糧傷東光　詩肆　一下　　堂倡王鴦行廂郎傍煌傍殭忘雞鳴　一下　　忘堂

倡煌郎光傍鴦行廂黃堂央相逢行　四下　　傍忘郎陽光黃堂央長安有狹斜行

四下　　香梁豔歌行　八上　　牀漿淮南王篇　九下　　梁鄉同上　　牀長揚堂徨翔腸裳

蒼傷歌行　十上　　光囊古詩爲焦仲卿妻作　十二上　　長將忘行同上　十二下　　方香梁

樂府　十四下　　堂羊商行香康霜古歌　十四下　　堂梁桓帝時童謠歌　詩伍　六下　　王

芒靈帝末京都童謠　七下　　良王太學中(八廚)謠　八下　　養將竈下養諺　十下　　伉常劉太

常謠　十一上　　常良白眉謠　十一下

上聲

　　[馮衍]上敞顯志賦　後漢文貳拾　一下　　[傅毅]廣想仰往悵象舞賦　文肆

叄　二下　　[班昭]壞響往蟬賦　文玖陸　二下　　[張衡]瀁沉敞西京賦　文伍貳　八上

[馬融]象罔長笛賦　文拾捌　三上　　蕩泱莽廣成頌　十下　　[王延壽]儻敞魯靈光

殿賦　文伍捌　一下

去聲

　　[杜篤]上望暘論都賦　文貳捌　三上　　[班固]曠眖竇將軍北征頌　後漢文貳陸

二下　　[張衡]悵快四愁詩　詩貳　十下　　[無名氏]昶讓閭君謠　詩伍　九下

12.3 陽部合韻譜上（前漢）

陽東

　　平聲　[賈誼]狂長功惜誓　漢文拾伍　三下　　[司馬相如]東光陽皇方行

大人賦 文貳壹 七下　　[東方朔]蒙湯七諫自悲 文貳伍 三下　　公堂又謬諫 五上

揚通同上 五下　　[劉向]章行藏茸九歎憂苦 文叁伍 六上　　[楊雄]裳頌羽獵賦

文伍壹 九上　皇龍解嘲 文伍叁 三上　莊光將龍元后諫 文伍肆 九下　　[闕名]

央方黃當融龍當剛卯文 ,文伍柒 十一下

陽耕

　　　　平聲　[王襃]平攘四子講德論 文肆貳 八上　　　[楊雄]楊榮甘泉賦 文伍壹

四上　零狂疆趙充國頌 文伍叁 七下　羌陽章亢京庭同上　茫荊剛强荊州箴 文

伍肆 二下

陽冬

　　　　平聲　[東方朔]兵雄疆亡行倉享答客難 文貳伍 十上

陽蒸

　　　　平聲　[司馬相如]羊紘鄉子虛賦 文貳壹 五下

陽侵

　　　　平聲　[賈誼]明風方羊旁商翔鄉惜誓 文拾伍 三上

陽東冬壟同功公矓江聰縱蓬凶容重東壅爲東部字,降爲冬部字。

　　　　平聲　[東方朔]傷忘彰殃亡望壟同芳狂傷香攘陽明光旁 降 長 傷

藏葬行當功公央矓江聰縱長方蓬凶望容重東壅七諫沈江 文貳伍 二上

陽東蒸朋爲蒸部字,通爲東部字。

　　　　平聲　[東方朔]廂朋翔通七諫怨思 文貳伍 三上

陽東侵動爲東部字,感爲侵部字。

　　　　上聲　[東方朔]動往感七諫謬諫 文貳伍 五上

12.4 陽 部 合 韻 譜 下 (後漢)

陽耕

　　　　平聲　[馮衍]佯明顯志賦 後漢文貳拾 四上　　洋英同上　張常英席後右銘

十一下　[杜篤]章陽望榮明論都賦 文貳捌 三上　　[梁鴻]芒京央五噫歌 漢詩

貳 八下　[班固]昌京東都賦 文貳肆 七下　精光荒蒼答賓戲 文貳伍 六上　　光

芒亨王亢典引　文貳陸　七下　[崔駰]羹方漿嘗七依　文肆肆　七下　揚明同上

横匡河南尹箴　十上　衡陽車左銘　十上　[黃香]綱行煌明块閶煬房芒陽行

方九宮賦　文肆貳　六下　[李尤]竟陽張圍棊銘　文伍拾　十三上　[崔琦]堂霜芳

城七蠲　文肆伍　七下　[張衡]裝陽英荒芒思玄賦　文伍貳　二下　衡羹明嘡饗穰

東京賦　文伍叄　四上　嘗將堂方琅明英醸南都賦　八上　莨芳秔同上　猛陽英

長同上　九上　秔梁秔香七辯　文伍伍　一下　[馬融]廊張聲長笛賦　文拾捌　二下

兵場當亡方夯望行央翔行羊迎房強牆長惶裝坑囊迎姎圍棊賦　四上　常

明廣成頌　十下　唐光衡東巡頌　十三上　[蔡邕]良行煌光彭張央兵行倡方

疆祖餞祝文　文柒玖　八上　[禰衡]行亨蒼光魯夫子碑　文捌柒　二下　[闕名]明

忘鏡銘　文玖柒　十上　傷章祥陽央明昌王鏡銘　十下　明方綱武梁祠堂畫像　文

玖玖　一下　兄忘芳鄭固碑　六上　光常衡章黃康芳忘揚祝睦碑　文壹佰　六上

陽綱衡方皇光昌長香芳忘常祝睦後碑　文壹佰　八上　揚榮讓長良亡郭仲奇碑

文壹零貳　三下　精陽堂涼章成陽靈台碑　五上　鄉章方明光□堂綱當荒郭君碑

文壹零叄　九下　明章剛揚讓京長亡蒼芳譙敏碑　文壹零伍　四下　[無名氏]傷

量詳兄長古詩爲焦仲卿妻作　詩肆　十三下

陽東

　　平聲　[班固]功彰邈答賓戲　文貳伍　四下　揚光荒功十八侯銘夏侯嬰　文貳陸

五上　[崔駰]蹤翔大將軍西征賦　文肆肆　一上　[王逸]涼朗唐穰愴章光房陽

荒鑫螂傷九思哀歲　文伍柒　五上　[崔瑗]籠廣邈傷竇貴人誄　文肆伍　五下　[馬

融]鴻洋皇抉唐方當亡裝揚長笛賦　文拾捌　二下　[蔡邕]彰昌光疆庸長

祥忘陳留東昏庫上里社碑　文柒伍　二下　[闕名]光荒疆霜方通常綱章楊孟文石

門頌　文玖捌　八上　工惶章芳張公神碑　九上　陽方鄉公觴夯央同上　陽香功

光行羊昂相章疆衡方碑　文壹零壹　五上　綱光□望芳良煌通康蔡湛頌　文壹

零肆　一下　雝璋方亡康陽疆霜唐扶頌　八上　[無名氏]長幢箱疆長長歌行

漢詩肆　三下　郎雙古詩爲焦仲卿妻作　十三上

陽蒸

　　平聲　[闕名]倉良興孟郁脩堯廟碑　文壹佰　八下　升珉騰□朱龜碑　文壹零

肆　十上

陽冬

平聲　[無名氏]香傍中古樂府　漢詩叁　十上

陽元東通雙爲東部字，丹爲元部字。

平聲　[無名氏]忘妝通光璫丹雙古詩爲焦仲卿妻作　詩肆　十二上

陽元耕虔爲元部字，明甿爲耕部字。

平聲　[闕名]光彰虔明康方行甿皇孔宙碑　文壹佰　五上

陽耕東通功邦松同爲東部字，明迎榮清靈鳴萌寧馨庭貞爲耕部字。

平聲　[桓譚]通明宄迎仙賦　文拾貳　七下　　[闕名]邦清臧松揚靈鳴宂

柳敏碑　文壹零壹　八下　　　光行萌陽通綱寧馨庭同貞臧陽榮張表碑　文壹零壹

五下　[無名氏]葬傍相通鳶更徨忘古詩爲焦仲卿妻作　詩肆　十四上

陽耕冬冥明爲耕部字，中爲冬部字。

平聲　[許愼]冥明中溺方說文解字後敍　文肆玖　四下

陽東蒸蔥爲東部字，弘爲蒸部字。

平聲　[闕名]房蔥常霜弘央傷嚴訢碑　文玖捌　十下

陽耕侵京爲耕部字，風爲侵部字。

平聲　[闕名]光京亡臧傷風桒昌章馬江碑　文壹零壹　十上

陽蒸冬侵蒸朋興爲蒸部字，忠爲冬部字，今爲侵部字。

平聲　[闕名]蒸陽疆忠朋章興今梁彰昌潘乾校官碑　文壹零肆　三下

13　耕　部

韻字表(前漢)

庚梗敬

生榮平嶸鳴牲荊　　　　　　　　　　　　　命

耕耿諍

蒸耕甖　　　　　　　　幸

清靜勁

清旌聲情成名征程醒傾楨　　嶺靜省整　　　　　政正聖性淨
貞精誠楹嶸嬰營崝城正嬴
令禎丼籯逞①纓䁞聘

青迥徑

庭冥聽刑丁靈寧扃瞑銘螟　　　　　　　　　　　廷聽佞定
經零形星冷玲熒霆苓定②
廷甯屏

韻字表（後漢）

庚梗敬

英京生嶸榮平驚兵明庚牲　　景猛　　　　　　　命病敬
兄行荆鳴笙衡鯨瑩卿橫
慶③亨羮竟迎彭喤坑甦命
秔

耕耿諍

蒸爭甖崢譻耕箏鏗萌　　　　倖

清靜勁

城貞征名聲傾情清成精旌　　領整省靜井眚　　　　性政聖正屏盛靜聘
營程誠丼楨甇縈逞正盈令
盛逞①鉦菁輕纓醒嬰楹瓊

---

① 逞、聘，廣韻收上聲靜韻。西漢韻文與平聲字押韻。
② 定，廣韻收去聲徑韻，楊雄解嘲與‘平’押韻。
③ 慶、竟二字廣韻收在敬韻，東漢韻文與平聲字押韻。
④ 逞字廣韻收在靜韻，孔彪碑與平聲字‘冥形生’押韻。

頸嶸鑛

青迥徑

冥形零庭寧青星軨苓靈聽　　　　　　　　定聽

廷銘熒刑經徑①婞涇腥洴

玲丁馨垌停訂鈴泠陘絣亭

軿齡扃霆炯②

13.1 耕 部 韻 譜 上（前漢）

平聲

[唐山夫人]清庭冥旌安世房中歌 漢詩叁 一上 聲聽情成冥同上 [賈誼]成刑丁鵬鳥賦 漢文拾伍 二下 名生同上 [韋孟]清庭征在鄒詩 詩貳 二上 [公孫詭]庭聲文鹿賦 文拾玖 六下 [武帝劉徹]榮程李夫人賦 文叁 一下 冥庭靈同上 寧平瓠子歌 詩壹 一下 聲生扃寧落葉哀蟬曲 二上 [枚乘]寧平七發 文貳拾 四上 醒暝聽聲生平傾同上 [孔臧]生寧清生銘情楊柳賦 文拾叁 四下 榮莖螟生蓼蟲賦 五上 [廷尉翟公]生情署門 文貳貳 八下 [司馬相如]清榮庭傾嶸生子虛賦 文貳壹 四下 莖榮同上 鳴經同上 冥零聲美人賦 文貳貳 一下 成聲封禪文 六下 榮成同上 七上 [司馬談]形情論六家要指 文貳陸 四上 聽生形成冥名同上 四下 [東方朔]鳴情七諫自悲 文貳伍 三下 旌冥同上 四上 榮聲生同上 楨貞同上 [王襃]冥形精聲洞簫賦 文肆貳 一下 征冥生傾靈九懷昭世 三下 征嶺旌冥榮又思忠 四下 誠平寧四子講德論 八上 [成帝]平清鼎銘 文捌 十二下 [劉向]名星九歎逢紛 文叁伍 二上 情傾同上 誠情同上 二下 庭城同上 情庭又怨思 四上 冥情同上 庭城又愍命 七上 庭楹又思古 七下 聲情同上 清榮又遠遊 八上 征冥同上 冥清同上 八下 [班倢伃]清扃生泠聲榮自悼賦 文拾壹 七上 [楊雄]清玲②傾嶸嬰成甘泉賦 文伍壹 五上 營耕寧城平嶸河東賦 六下 熒冥形榮嚶鳴霆羽獵賦

---

① 徑字廣韻收在徑韻。班固竇將軍北征頌與‘明冥城庭’押韻。

② 炯字廣韻收在迥韻。楊震碑與‘清榮’押韻。

九上 聲平 長楊賦 文伍貳 二上 星霆 同上 正貞 反離騷 五下 芌榮 同上 靜廷 解嘲 文伍叁 三上 定平 同上 三下 形聲 解難 四上 莖成 同上 四下 營征 青州箴 文伍肆 一下 經成 豫州箴 二下 寧傾 同上 平營 同上 三上 贏程生 大司農箴 五上 省清庭經 光祿勳箴 五下 刑寧 廷尉箴 六下 令征 太史令箴 八上 楨寧成 清經 博士箴 八下 靈精楨成 元后誄 九下 經寧成傾旌名 同上 十下 精冥征 庭銘 同上 [劉歆] 征平 遂初賦 文肆拾 一下 情誠 同上 二上 冥泠 同上 二下 誠城 同上 二下 寧清冥 同上 三上 城庭 甘泉宮賦 三上 [闕名] 寧靈 祭地辭 文伍柒 十二下 鳴清 郊祀歌天地 漢詩壹 六下 成生鳴牲生醒名幷甯平成榮 又景星 七下 [無名氏] 冥鳴 鐃歌戰城南 詩壹 九下 清寧 潁川歌 詩伍 一下 籛經 鄒魯諺 十上

上聲

　　[韋玄成] 整幸 戒子孫詩 漢詩貳 八上

去聲

　　[孔臧] 政廷命 諫格虎賦 漢文拾叁 四上 [劉向] 正聽 九歎離世 文叁伍 三上 [楊雄] 聖正命 豫州箴 文肆伍 二下 [闕名] 聽命 郊祀歌青陽 漢詩壹 六上 [無名氏] 靜命 投閣諺 詩伍 十下

13.2 耕 部 韻 譜 下 （後漢）

平聲

　　[班彪] 城貞征 北征賦 後漢文貳叁 五上 [馮衍] 英征京 顯志賦 文貳拾 二上 冥形 同上 聲零生冥 同上 二下 嶸榮 同上 庭征 同上 三上 傾聲 同上 生平 同上 三下 冥英 同上 四上 驚情寧清生成 與婦弟任武達書 十下 [杜篤] 青星庭 論都賦 文貳捌 三上 平寧 大司馬吳漢誄 五下 [劉倉] 清成寧 武德舞歌詩 漢詩壹 四下 [鄭眾] 生傾 婚禮謁文贊 文貳貳 三上 [梁竦] 寧名 悼騷賦 文貳貳 八下 [傅毅] 精軨榮 洛都賦 文肆叁 一下 芌聲榮靈聽 七激 四下 平清 同上 五下 旌兵形廷 竇將軍北征賦 六上 銘明聲榮 北海王誄 六下 [班固] 情京 西都賦 文貳肆 二下 精靈成明京 同上 城寧 同上 四上 成形 同上 庚熒生 同上

榮生嶸莖英刑庭寧同上 四下 牲靈東都賦 七下 清營生聲同上 八上 兄明

行成辟雍詩 八下 靈聲京幽通賦 九下 聲荊營榮程同上 十下 經形情同上

十一上 聲聽答賓戲 文貳伍 五上 經明庭旌南巡頌 文貳陸 一上 明冥城徑庭

竇將軍北征頌 一下 庭靈聲寧封燕然山銘 三上 誠營幷寧周勃贊 四上 誠傾名

楨曹參贊 四下 征營平傾韓信贊 五下 清成典引 六下 行倖爭平奕旨 八

下 刑城甍生鳴聲情榮詠史 詩貳 九上 [袁安]笙平夜酣賦 文叄拾 一上

[崔駰]庭衡明成清榮經聲庭尚書箴 文肆肆 九上 平清大理箴 九下 迸明

同上 情刑同上 京營河南尹箴 十上 [班昭]征行東征賦 文玖陸 一上 [王逸]

形平明星征機婦賦 文伍柒 一上 冥嬰征京明九思悼亂 四下 靈明榮媖九思

傷時 五上 甍冥熒生情九思哀歲 五下 [李尤]平清庭幷正平樂觀賦 文伍拾

二下 生榮零七款 三下 清平盈傾井銘 七下 形名金馬書刀銘 九上 兵名鯨

刑聲寶劍銘 九上 令聽鉦銘 十上 靈莖傾名靈壽杖銘 十下 明行程印銘 十一

上 盛成鳴安釳銘 十二下 衡明權衡銘 十三上 [崔琦]傾幷榮七蠲 文肆伍 七

下 [張衡]靈營清溫泉賦 文伍貳 一下 生成同上 情名聲營平崢楨逞鳴

榮寧思玄賦 二下 輕傾生同上 鉦冥清謍征靈同上 五上 庭經平西京賦 八下

形冥涇同上 十一上 菁城營榮丁輕同上 十一下 營盈城東京賦 文伍叄 二上

明寧形同上 二下 靑清鳴嚶同上 軨莖纓同上 三下 正旌庭同上 四上 營

鉦聲牲成同上 四下 名菁腥清潊醒南都賦 八上 笙聲鳴精同上 八下 寧征

榮靈同上 鳴零征營定情賦 九下 清榮鳴嚶情歸田賦 九下 縈聲形舞賦 十上

征玲傾羽獵賦 文伍肆 一上 靈形髑髏賦 一下 庭清聲七辯 文伍伍 一下 庭

成同上 二下 寧傾盈清名司徒呂公誄 三下 聲丁形成鮑德誄 四上 [崔瑗]

經馨形南陽文學頌 文肆伍 二上 靈星瑩三珠釵銘 五上 精榮銘柏枕銘 五下 形

盈張平子碑 六下 [滕撫]靈庭明祭牙文 文陸壹 九上 [桓麟]形聲七說 文貳

柒 十一上 [鄭彬]清靈貞□坰平榮□□盈牲零張公神道石闕銘 文陸叄 七上

[朱穆]靑零停清熒靈鬱金賦 文貳捌 六下 [馬融]城京廣成頌 文拾捌 十三上

成明東巡頌 [邊韶]清營榮逞幷坰聲經冥正榮輕嬰情程成貞盈訂名星

庭形精生靈旌老子銘 文陸貳 四上 [秦嘉]傾楹星庭贈婦詩 詩貳 十二上

征鈴鳴形寧誠形聲瓊輕情留郡贈婦詩　十二下　[崔寔]星庭鳴聲寧大赦賦

文肆伍　九上　[胡廣]平幷邊都尉箴　文伍陸　七下　生經陵令箴　八上　[王延壽]

明精京寧魯靈光殿賦　文伍捌　一上　嶸泠驚精英同上　一下　生靈青形情同上

二下　成形庭征星同上　傾冥同上　三上　[張超]清靈丁貞楊四公頌　文捌肆

十上　[蔡邕]清形征名精縈靈漢津賦　文陸玖　一下　縈城名陘傾形冥嶸生

莖靈幷營聲述行賦　二上　榮生幷傾靈靜情賦　四上　形鳴琴賦　六上　兵驚

彈棊賦　六下　庭生榮英明傷故栗賦　七上　靈經營冥形釋誨　文柒叁　六上　形

耕生征輕傾同上　六下　楹平綎庭同上　七上　成生盈榮寧情同上　清靈寧

亭生征同上　八上　情輕生寔聲陳留太守行縣頌　文柒肆　一上　城營經成聽耕

平情陳留太守行縣頌　同上　成盈靈寧京兆樊惠渠頌　二下　精生坰五靈頌(白虎)　三

上　平清寧庭成太尉陳公贊　三上　靈形傾警枕銘　八下　靈貞榮形軿鈴旌齡

生情聲城纓名驚王子喬碑　文柒伍　三下　靈精生楨刑成清楊秉碑　成聲銘

胡碩碑　八下　生靈情驚營清貞經聽處士圈典碑　文柒陸　二上　靈瑩生名成爭

盈榮齡零情寧呈銘胡根碑　二下　靈生聲清寧太傅祠堂碑銘　六下　靈經寧誠

聲姜肱碑　七下　生程正聲陳寔碑　文柒捌　一　貞寧清成珽靈程聲楊賜碑　五下

英行濟北相崔君夫人誄　文柒玖　六下　榮形青庭齡翠鳥詩　漢詩貳　十三上　[邊讓]

明京平章華臺賦　文捌肆　十二上　[禰衡]停驚生刑鸚鵡賦　文捌柒　一下　[蔡

琰]精零冥榮腥停征局營庭星泠鳴嚶箏清盈驚頸寧生聲聽熒形情生

悲憤詩　詩叁　四下　[闕名]程平丁寧鏡銘　文玖柒　十上　成明靈清精貞盈

寧英幷同上　十下　清爭聽經平寧楊孟文石門頌　文玖捌　八上　明情榮同上　八

下　庭驚寧牲泠傾張公神碑　十上　成榮都鄉孝子嚴舉碑　文壹佰　四上　明貞度尚

碑　十上　榮聲荆同上　寧冥庭平楊統碑　文壹零壹　二上　靈征張壽碑　四上　平

生榮傾清零情寧侯成碑　八上　冥形生逞孔彪碑　文壹零貳　二下　名清城庭

征□程貞同上　三上　營成成陽靈臺碑　五上　誠牲靈成庭榮聲同上　生精楊震

碑　六下　清榮炯同上　城榮故民吳仲山碑　七上　精明榮成清傾征生平寧耿勳

碑　八下　明成爭婁壽碑　文壹零叁　一下　泠庭榮靈名情營冥呈聲貞生寧清

瑩聲經纓衡停馨冀州從事郭君碑　九下　馨傾盈衡唐扶頌　文壹零肆　八上　牲盛

白石神君碑　八下　**生明盈寧嶒名**同上　**清名生盈成聽**同上　九上　**形泠銘**樊敏
碑　文壹零伍　七上　**[無名氏]生成**古詩　詩叄　九下　**生精鳴星**古兩頭纖纖詩　十下
貞聲譙君黃詩　十一上　**生命**烏生　詩肆　二上　**令平明寧命**王子喬　三上　**亭星**
生城傾聲纓長歌行　三下　**寧形耕寧榮**滿歌行　九上　**聲迎**古詩爲焦仲卿妻作　十
三下　**鳴平**董宣歌　詩伍　二下　**明卿廷平**郭喬卿歌　二下　**平姓**桓帝初京都童謠　七
上　**貞英**太學中八俊謠　七下　**誠平**太子中三君謠　八上　**英經**太學中八俊謠　八上　**明**
平太學中八廚謠　八上　**靑生**獻帝初京都童謠　九上　**鏗行**楊子行　十一上　**庭生**考城
謠　十一下

上聲

　　[桓譚]**領整**離事　後漢文拾伍　一上　　[張衡]**省靜**司空陳公誄　文伍伍　三下
[無名氏]**并整**桓帝末京都童謠　漢詩伍　七上　**整景**太學中謠八廚　八下

去聲

　　[班彪]**性命**冀州賦　後漢文貳叄　五下　　[馮衍]**政命**顯志賦　文貳拾　三上
[班固]**命聖**[8]幽通賦　文貳肆　十一　**政正**奕旨　八下　　[崔駰]**聖政命**司徒箴　文
肆肆　八下　[蘇順]**命政**和帝誄　文肆玖　十上　**命性屏**同上　十上　[李尤]**正病**
杯銘　文伍拾　十二下　[張衡]**正命**溫泉賦　文伍貳　一下　[蔡邕]**性聖正命**周鼒
碑　文柒伍　六下　**命聘靜**姜肱碑　文柒陸　七下　**聖敬政定命聽盛**喬玄碑　文柒柒
二

13.3 耕部合韻譜上（前漢）

耕陽

　　平聲　[韋孟]**城生耕寧京征平**諷諫詩　詩貳　一下　　[王襃]**清明靈**四子
講德論　文肆貳　八下　[韋玄成]**兄形聲京**自劾詩　詩貳　七下　[班倢伃]**靈庭**
明成自悼賦　文拾壹　七上　**清輕聲庭明**擣素賦　七下
　　去聲　[韋玄成]**盛慶**子孫詩　詩貳　八上　　[班倢伃]**性病詠鏡**擣素賦　文
拾壹　八上　[公孫乘]**鏡映淨**[8]**正佞**月賦　文拾玖　七上

耕真

平聲　[賈誼]生身弔屈原文　漢文拾陸　七下　[嚴忌]真淸身聲情名榮逞
正成生年哀時命　文拾玖　四下　[鄒陽]臣賓屛鎭纓屛酒賦　文拾玖　七上　[枚
乘]鵠纓鳴鱗苓莖天七發　文貳拾　五下　[司馬相如]騁形精恩子虛賦　文貳
壹　六下　[劉旦]城鳴人歌一首　漢詩壹　四上　[王襃]嬰親四子講德論　文肆貳
五下

耕蒸

平聲　[王襃]肱成四子講德論　文肆貳　七下　[楊雄]征騰崩幽州箴　文伍肆
三下

去聲　[王襃]正定應四子講德論　文肆貳　九上

耕陽真顛爲眞部字,衡爲陽部字。

平聲　[楊雄]生經顛盈傾衡元后誄　文伍肆　九下

13.4　耕　部　合　韻　譜　下（後漢）

耕陽

平聲　[傅毅]行傾聲橫幷驚輕淸冥湯生昂霜當舞賦　後漢文肆叄　二下
[李尤]征鳴囊函谷關銘　文伍拾　四下　[張衡]聽刑傷髑髏賦　文伍肆　二上
[馬融]京生楊爽榮熒形廣成頌　文拾捌　十下　[張昶]明成程榮馨穰華山堂
闕碑銘　文陸肆　六上　[闕名]精靈倉史晨奏祀孔子廟碑　文壹零壹　七下　零情靈
榮英聲瞖城庭平良甇生刑宵冥字李翊夫人碑　文壹零陸　六下

上聲　[張衡]政眚隍靜東京賦　文伍叄　三上

耕眞

平聲　[孔融]靈貞榮霆寧脣張儉碑銘　文捌叄　十二上　[闕名]淸靈貞坰
平榮盈牪零君英民年天辰曰營靈張公神碑　文玖捌　九下　存天淸幷靈孔彪
碑　文壹零貳　三上　明矜經唐扶頌　文壹零肆　八上　明淸廎盈形楨生靈庭榮
臣樊敏碑　文壹零伍　七上

耕東

平聲　[班固]容精成慶白雉詩　文貳肆　九上

耕冬

平聲 [闕名]萌明宮咸陽靈台碑 文壹零貳 四下 [無名氏]中平名相和曲

雞鳴 詩肆 一下

耕真元門為真部字，泉為元部字。

平聲 [李尤]陘庭門口零泉經函谷關賦 文伍拾 一上

耕陽蒸七廣為陽部字，升為蒸部字。

平聲 [張衡]亡廣寧平升冢賦 文伍肆 二下

14 眞 部

韻 字 表

痕很恨

恩根

魂混慁

門存尊昏沌奔犇閽喬孫論　本忖　　　　　　論困
昆敦窀屯鵾賁坤豚魂婚溫
樽峰鶤遯①

真軫震

仁人親信眞神鄰辛珍蠙臣　軫脤引盡菌畛　　　　信進鎭震印胤刃荻觀
濱麟銀鱗民秦身辰陳伸塵
賓駰頻晨根瀕振緡貧震②
鎭輴函紳嬪呻新因津申寅
斌困旻汝儐螾纁薪彬轔巾

---

① 遯，廣韻收在混慁兩韻。楊雄解嘲與'臣貧存'押韻，故列入平聲魂韻。
② 震字廣韻收在去聲震韻，無平聲一讀。

甄甂泯闉爒埋訊①

臻

榛臻臻莘溱

諄準稕

均輪脣春遵循純倫侖鈞詢　尹允　　　　　　　俊峻順潤

巡旬醇滑淳踆迀綸浚

殷隱焮

勤殷昕垠圻欣炘慇斤懃懃　近隱

沂②

文吻問

云聞分紛羣雲雰文君芬軍　吻忿　　　　　　　問運訓奮分郡

氛勛棻紜耘勳緼熅墳緼熏

運③員煇④暉芸沄

先

天年顚賢闐怜憐躅堅先烟　殄

田玄牽鉉巓弦咽淵佃千

西⑤駢眠瞑

14.1 眞 部 韻 譜 （兩漢）

平聲

----

① 訊字廣韻收在去聲震韻，古詩爲焦仲卿妻作與‘人門君’押韻。
② 沂，廣韻收在微韻，音魚衣切。班固答賓戲。杜篤論都賦均與本部字押韻。顧炎武唐韻正卷二云：‘古音魚巾反’。
③ 運，廣韻收在去聲問韻。按古有平聲一讀。詳見江有誥唐韻四聲正(52下頁)。
④ 煇，暉二字廣韻收在微韻，音許歸切。張衡西京賦‘煇彬翕翕’爲韻，闕名孫根碑‘純民儦暉仁恩權’爲韻，故歸入本部。顧炎武唐韻正卷二云：古音熏’。
⑤ 西，廣韻收在齊韻。漢代韻文大牛與本部字通押，惟王逸九思怨上以‘璣低霏懷棲黴依西懷悲摧’爲韻（見脂部韻譜），今兼收眞脂兩部。顧炎武唐韻正卷二云：‘西，古音先’。

前漢 [唐山夫人]天人安世房中歌 漢詩叁 一下 [賈誼]仁信人旱雲賦

漢文拾伍 一下 紛垠鵩鳥賦 文拾伍 二下 珍矉弔屈原文 文拾陸 八上 [韋孟]

仁臣在鄒詩 詩貳 二上 親聞諷諫詩 二上 [武帝劉徹]親信李夫人賦 文叁 一

下 仁人瓠子歌 詩壹 一下 [孔臧]真神鄰鴞賦 文拾叁 四下 人辛云蓼蟲賦

五上 [司馬相如]紛雲子虛賦 文貳壹 一下 銀鱗同上 顚榛同上 四下 垠門

天聞存大人賦 文貳壹 八上 人親長門賦 文貳貳 二上 君存聞封禪文 六下 神

尊民同上 七上 [劉勝]雲雾羣分文文木賦 文拾貳 六下 [司馬談]遵循

論六家要指 文貳陸 三下 恩分同上 [東方朔]淵人七諫亂曰 文貳伍 五下 門

身據地歌 詩貳 二下 [司馬遷]辰存聞勤陳分伸悲士不遇賦 文貳陸 四下

[王襃]眠闠怜九懷通路 文肆貳 三上 昏真臻芬又昭世 三下 紛憐門同上 神

晨紛雲憐又思忠 四下 君臣四子講德論 七下 天人同上 仁文同上 八上 臣

賓同上 八下 臣雲聖主得賢臣頌 十上 仁倫碧雞頌 十一上 [張敞]神天塵書

文叁拾 六上 [韋玄成]聞訓自劾詩 詩貳 七下 [劉向]親濱九歎逢紛 文叁伍

二上 聞神又離世 三上 均純同上 西紛又遠逝 五上 門濱又遠遊 八上 辰淵

同上 [班倢伃]脣春擣素賦 文拾壹 七下 [楊雄]垠珉鱗炘神嶙板甘泉賦

文伍壹 四下 門川侖同上 芬麟闉神同上 五下 門塵羽獵賦 八下 民身長楊賦

文伍貳 一上 顚天逐貧賦 四下 紛紛反離騷 五下 臣貧存遁解嘲 文伍叁 二上

天淵解難 四上 臣軍震趙充國頌 七下 震晨殷兗州箴 文伍肆 一下 親君揚州

箴 二上 純昏豫州箴 二下 嵓垠門臣雍州箴 三上 賢天司空箴 四下 臣人均

同上 文倫鄰大鴻臚箴 五下 人堅衛尉箴 六上 殷昕駰太僕箴 六上 神蠲太常

箴 七上 仁顚將作大匠箴 七下 陳遵振賓博士箴 八下 [劉歆]人門遂初賦 文

肆拾 二上 陳淵同上 神真同上 三上 [應季先]淵親人美嚴王思詩 詩貳 七上

[闕名]雲紛漢郊祀歌練習日 詩壹 五下 紛尊又天地 六下 門侖又天馬 七上 根

門侖又華曄曄 八上 鄰雲又五神 八上 垠鱗又朝隴首 八上 [無名氏]人君

鐃歌思悲翁 詩壹 九上 引陳年又遠如期 十一上 君君循民鈞君雜歌謠辭上郡歌

詩伍 二上 烟門元帝時童謠 五上 根孫武帝時童謠 五下 田人顚憐同上 門羣

人天民王莽末天水童謠 五下 論文張文諺 十下

後漢　[光武帝劉秀] 人身 報臧宮馬武請滅匈奴詔　後漢文貳　二　　臣人 同上

[班彪] 文賢 北征賦　文貳叄　五下　　[馮衍] 信親 顯志賦　文貳拾　二下　　艱紜 同上

三上　　勳芬 同上　四上　　鎮玄親神 同上　四下　　仁身 杖銘　十一下　　輪民 車銘　十一下

[杜篤] 君鄰臣勤民淵存仁 論都賦　文貳捌　四上　　　[鄭衆] 芬珍 婚禮謁文贊　文

貳貳　二下　　顛伸 同上　三上　　[梁竦] 珍仁真 悼騷賦　文貳貳　八下　　[傅毅] 田鷗

洛都賦　文肆叄　一下　　濱鱗 同上　　親旻 北海王誄　六下　　[班固] 困辰雰神 終南山賦

文貳肆　一　　分鱗雲茶 西都賦　三上　　紛神 同上　四上　　臣門 同上　五上　　震天淵

同上　五下　　天民 東都賦　六上　　珍文雲震 同上　七下　　溽垠鄰臣賓 同上　七下　　真耘玄

珍淵 同上　八上　　門莘仁 同上　　珍雲緼文神年 寶鼎詩　九上　　信真 幽通賦　十一上

論分 答賓戲　文貳伍　四上　　鱗雲震門根 同上　四下　　神春 同上　五上　　神濱垠信

勳 同上　五下　　聞玄 同上　五下　　文人 同上　　神珍真分斤鈞垠文 同上　六上　　辰巡

東巡頌　文貳陸　一上　　先垠軍仁信 竇將軍北征頌　二上　　雲民 擬連珠　文貳陸　二下

羣分 同上　三上　　羣分神天 封燕然山銘　三上　　分煴 典引　六下　　紛分 同上　七上　　運

陳 同上　文臻 同上　八上　　陳人 奕旨　八下　　伸新 同上　　分文 同上　　[崔駰] 雲震

大將軍西征賦　文肆肆　一上　　門人真羣 達旨　文肆肆　三下　　民文仁 同上　四上　　耘存

同上　五上　　震轔 東巡頌　六下　　巡勤 同上　　神人 北巡頌　六下　　臣人均賢天 司空箴

九上　　神蜀 太常箴　九上　　人艱文門遵民忿殷軍秦身 大理箴　九下　　分秦 河南尹

箴　十上　　天年臻孫 冬至襪銘　十一上　　[黃香] 純天春旬辰神 天子冠頌　文肆貳

八上　　民身 屏風銘　八下　　[班昭] 仁人神信 東征賦　文玖陸　一下　　魂艱門 同上

文人 同上　二上　　[王逸] 甄倫昏 九思悼亂　文伍柒　四下　　[李尤] 珍鄰 平樂觀賦

文伍拾　二下　　陳文 東觀賦　三上　　門因 七款　三下　　信津殷鄰珍 河銘　四上　　循陳

門淵文 東觀銘　四下　　遵春辰人欣 永安宮銘　五上　　因雲 雲臺銘　五上　　寅春 上東

門銘　六上　　申分 廣陽門銘　六下　　辰振 庭門銘　六下　　文身 錯佩刀銘　九上　　先存陳

武庫銘　十下　　賓陳文醇 几銘　十下　　賢豚 席銘　十下　　陳申勳 研墨銘　十一下　　仁

斌身塵 文履銘　十一下　　民陳 算銘　十三上　　[崔琦] 仁身 外戚箴　文肆伍　八下　　晨

人親陳 同上　　[張衡] 臻烟 溫泉賦　文伍貳　一下　　珍聞勤殷 思玄賦　二上　　真信

身 思玄賦　二上　　鄰瀕墳魂 同上　三上　　仁人辰秦 同上　三下　　輝彬崟嶙 西京賦

七上 倫文羣雲同上 八下 鶉溫門旬論同上 九上 踆囷蝹同上 十一上 醇

芬熏踆東京賦 文伍叁 三上 陳轔畛神同上 三下 麟仁民人同上 五上 駓瞑

天巓間南都賦 七下 田軥臻同上 辰瀕雲紛同上 八上 軡巾塵濱髑髏賦 文

伍肆 二上 鱗根闉七辯 文伍伍 一下 榛珍同上 雲氛垠嵒同上 二上 墳彬

同上 二下 人神新同上 紳信臣民仁神新鄰綏箭銘 三上 賓人司空陳公誄 三

下 鄰頻震鮑德誄 四上 門紛巾四愁詩 漢詩貳 十下 [崔瑗]津仁人親闋都尉

箴 文肆伍 三上 臣震人均賓神陳身申臣羣員北軍中侯箴 三下 勤親人君

軍同上 四上 神懃雲竇貴人誄 五下 存尊昆同上 君文張平子碑 六下 [鄭彬]

君□勳民年天因□張公神道石闕銘 文陸叁 七上 [侯瑾]神賓倫箏賦 文陸陸

一上 [馬融]淵佃震年廣成頌 文拾捌 十二下 辰神東巡頌 十三上 [劉琬]伸

雲神龍賦 文陸陸 十一下 [崔寔]玄雲勤貧神答譏 文肆伍 九下 [胡廣]文

鄰臣詢勳侍中箴 文伍陸 七下 賢親仁人同上 垠賓邊都尉箴 文伍陸 七下 文

人陵令箴 八上 [王延壽]人垠紛雲鱗坤神魯靈光殿賦 文伍捌 一下 勤勳殷

熅臻西芬堅存孫珍同上 二下 [趙壹]賢憐西恩天年孫窮鳥賦 文捌貳 九上

[張超]身真新墳楊四公頌 文捌肆 十上 [蔡邕]神軍臣聞述行賦 文陸玖 二上

溱遵勤墳殷晨文運欣同上 二下 勳文觀倫神筆賦 六上 殷貧勤存雲溫

臻身欣九惟文 七上 羣文倫塵雲聞云釋誨 文柒叁 六上 魂塵濱王立義葬流民

頌 文柒肆 一下 仁醇人祖德頌 三上 賓真樂銘 九上 天雲民勛九疑山碑 文柒

伍 一上 神民陳留東昏庫上 里社碑 二下 勤純分遵欣震仁珍文鄰年李林碑

玄天淵敦根門郭泰碑 文柒陸 一下 陳人神親聞袁公夫人馬氏碑 文柒柒 六上

神珍文聞陳寔碑 文柒捌 一 塵聞詢勤同上 三下 倫神人臣真文鉉賢臻

年天孫堅尊存魂楊賜碑 四下 真神賓雲身翟先生碑 文柒玖 一上 仁濱人

年黃氏神誥 五上 艱年憐存胡公夫人哀讚 六上 門存同上 人身勸學篇 文捌拾

二上 人文答卜元嗣詩 詩貳 十三上 [邊讓]分文紛羣雲章華臺賦 文捌肆 十一下

[鄧耽]新殷文仁人臣珍賓年郊祀賦 文肆玖 二上 仁民同上 [仇靖]君文

神均銀鄰□欣析里橋郙閣頌 文捌壹 四上 [竇玄妻]人親天興竇玄書 文玖陸

八下 [闕名]雲民貧張公神碑 文玖捌 九下 田民武梁祠堂畫像 文玖玖 一下 君

□□勤紛人□寅濱神運泯郭旻碑　六下　　民仁鎮嚴舉碑　文壹佰　四上　　君純

張壽碑　文壹零壹　四上　　新聞張表碑　六上　　臻千史晨奏祀孔子廟碑　七下　　人神均

訓成陽靈臺碑　文壹零貳　五上　　醇天珍存婁壽碑　文壹零叁　一下　　君勛分民震臣

仁昏泯尹宙碑　五下　　君孫云無極山碑　文壹零肆　三上　　芬殷白石神君碑　八下　　人

真文□朱龜碑　十上　　昆年張君表頌　文壹零伍　四上　　倫年張納碑　五下　　坤君醇

壠神繽民劉熊碑　文壹零陸　三上　　淵芬□勳□氛昆范鎮碑　五上　　[無名氏]

陳神真申塵津辛古詩　詩叁　七上　　親壠薪人因古詩　七下　　親民人新風巴郡

太守詩　十下　　年賢天淮南王篇　詩肆　九下　　人因古詩爲焦仲卿妻作　十二上　　人門

君訊同上　十三上　　君身云同上　樽門古歌　十四下　　親秦古歌　十五上　　賓津人

通博南歌　詩伍　三上　　塵雲范史雲歌　三下　　君民劉君歌　三下　　真身民陳紀山歌　五

上　　珍麟太學中謠八及　八下　　彬真同上　君春京兆謠　九上　　綸春井大春謠　十一上

彬文馮仲文謠　十一上

上聲

　　[班倢伃]本近擣素賦　漢文拾壹　八上

　　[崔駰]允吻尙書箴　後漢文肆肆　九上　　[張衡]殄盡東京賦　文伍叁　六上

去聲

　　[韋孟]俊信諷諫詩　漢詩貳　一下　　[劉歆]運濱遂初賦　漢文肆拾　一下

　　[馮衍]郡困顯志賦　後漢文貳拾　一下　　峻論同上　三下　　[班固]順信幽通

賦　文貳肆　十下　　順奮竇將軍北征頌　文貳陸　二上　　順運同上　　[崔駰]訓順達旨

文肆肆　五上　　信潤刻漏銘　十一上　　[史岑]勳郡問出師頌　文肆玖　十　　[張衡]

刄信疢思玄賦　文伍貳　三下　　[蔡邕]訓順釋誨　文柒叁　七下　　進訓鎮倫運泯

胡廣碑　文柒陸　四上　　隱問順訓奮胤泯楊賜碑　文柒捌　六上　　[無名氏]印進

鄉人謠　漢詩伍　七下

14.2 眞 部 合 韻 譜 上 (前漢)

眞元

　　平聲　[鄒陽]雲寃几賦　漢文拾玖　七下　　[司馬相如]濱山麟輪子虛賦

文貳壹 一上 年園同上 一下 天軒同上 四下 諱鑾封禪文 文貳貳 八上 [王襄]門欣難根九懷尊嘉 文肆貳 四上 分宣四子講德論 六下 眩泉甘泉宮頌 十一上 [劉向]犇轅九歎離世 文叁伍 三上 前身又遠逝 四下 淵山又惜賢 五下 賢慇又愍命 六下 淵遷同上 還溫說苑供文 文叁玖 七下 [嚴遵]門源座右銘 文肆貳 十三下 [楊雄]藩顛天甘泉賦 文伍壹 四下 延淵同上 五上 天垣同上 山門瀕河東賦 六下 門淵山羽獵賦 七下 紛環同上 八上 前神鄰同上 九上 臣山同上 關侖長楊賦 文伍貳 一上 先端聚靈賦 三上 年山反離騷 六上 文言泉天倫門解嘲 文伍叁 二上 存全同上 三上 山連君玄同上 三下 信言臣頻鄰人身尚書箴 文伍肆 四下 全淵廷尉箴 六下 雲臣遵煩少府箴 七上 勤山樊門人信蘭同上 十下 [闕名]西泉員文郊祀歌象載瑜 漢詩壹 八下

上聲 [司馬相如]衍榛哀秦二世賦 文貳壹 六下 [司馬遷]忖選悲士不遇賦 文貳陸 五上

去聲 [王襄]獻溙聖主得賢臣頌 文肆貳 十下 [劉向]漫運九歎逢紛 文叁伍 二下 [楊雄]晏弦羽獵賦 文伍壹 八下

真耕

平聲 [司馬相如]民秦聲封禪文 文貳貳 六下 替神尊榮民同上 七上 [王襄]名文繒四子講德論 文肆貳 七上 [劉向]正神九歎遠逝 文叁伍 四下

真侵

平聲 [唐山夫人]心申親轃安世房中歌 漢詩叁 一上 [無名氏]陳紛心鐃歌遠如期 詩壹 十一上

真談

平聲 [王襄]陳賢廉四子講德論 文肆貳 八上

14.3 眞 部 合 韻 譜 下 (後漢)

真元

平聲 [馬援]堅連年銅柱銘 後漢文拾柒 九下 [桓譚]新元仙賦 文拾貳 七下 門麟壇旋坤同上 [杜篤]勳雲秦崙軍沂安文仁論都賦 文貳捌 二下

[班固]巓前年臻仙年終南山賦　文貳肆　一　纏天西都賦　四上　神塵紘雲天

文山震屯東都賦　七上　真耘玄珍山淵同上　八上　川淵仙人同上　山淵答賓

戲　文貳伍　五上　文身全存十八侯銘周昌　文貳陸　五下　[崔駰]婚玄盤七依　文

肆肆　七下　羣屯震人輪雲津奔弦鈞山人同上　樽存歡樽銘　十下　[王逸]

臻繁天荔支賦　文伍柒　二上　氛神雲鞭泉端堅珍婚姦存分勳歎憐九思守志

六上　[李尤]山榛分平樂觀賦　文伍拾　二下　門因連川七欵　三下　[張衡]根

先坤原玄圖　文伍伍　九上　[崔瑗]湣敦繁南陽文學頌　文肆伍　二上　神臣焉人

寶大將軍鼎銘　四下　盤人同上　[桓麟]倫賢年言答客詩　漢詩貳　十一下　[馬

融]山根長笛賦　文拾捌　二上　鄰文山樗蒲賦　文拾捌　四下　謢眩昏巖山屯堅

廣成頌　十一上　辰燃天雲純樽門存東巡頌　十三上　[邊昭]先便眠對嘲　文陸

貳　二上　[高彪]臣慶身桓車鷮門川間詢賢尊臣親身真存觀遵身督軍御

史箴　文陸陸　二上　然年神真煩山還煙然玄塵端存清誡　二上　[崔寔]賣

人紛言天蠲諫議大夫箴　文肆伍　十上　[堂谿典]淵文言開母廟石闕敍　文伍捌

十一下　[王延壽]身人前牽紘臻夢賦　文伍捌　三上　[蔡邕]君真門千天臣

文藩勳昆蔡朗碑　文柒伍　四下　[禰衡]人鄰存坤元魯夫子碑　文捌柒　二下

[闕名]君純雲宣恩尊勳文賢嵩嶽太室石闕銘　文玖捌　二下　難緣顓民君仁

神驀言民煩便患勤宣孫陳君閣道碑　三下　元信民北海相景君銘　六上　秦焉

難艱年門殘顓淵楊孟文石門頌　八上　原賢勳同上　陳芬田錢張公神碑　十上

文仁原民神純孟郁脩堯廟碑　文壹佰　八上　人闉刊昆張壽碑　文壹零壹　四上　純

芬文口口訓蠻焉弦神民圻帝堯碑　文壹零叁　四下　分川臻汝民神天年樊毅

修華嶽碑　八上　純民儐暉仁恩權孫根碑　文壹零肆　五下　然純存連旃宣然勳

賢孔耽神祠碑　七上　神捐恩臣煩民埍君存唐扶頌　八上　年全寬恩仁弦勳雲

殷近新純仁芬勳淵民人親山孫張君表頌　文壹零伍　三下　君元遵寬坤口文

勳安張納碑　五下　臣戔震勳親神人劉熊碑　文壹零陸　三上　勳芬顏雲年夏堪

碑　六上　[無名氏]山天古絕詩　漢詩叁　十上　間彈西身天間相和曲烏生　詩肆

二上　君民論溫賢民仁貧端人門年論寃煩竿君人恩勤聞昏西傳雁門太守

行　七上　親言滿歌行　九上　尊連淮南王篇　九下　人船言轉悲歌　十一上　紘門

專辛恩還古詩爲焦仲卿妻作　十二上　　門論全同上　十三下

　　　上聲　　[張衡]賑引展軫尹西京賦　文伍貳　九上

　　　去聲　　[班固]斷印答賓戲　文貳伍　五上　　[邊昭]健順分塞賦　文陸貳　一下

真耕

　　　平聲　　[班固]庭羣聞文西都賦　文貳肆　四上　　[崔駰]倫勳鈞辰庭東巡頌
文肆肆　六上　　[皇甫規]坤君分刑女師箴　文陸壹　七上　　[闕名]倫臣庭勳昆元
賓碑　文玖玖　七下　　純人經呈平聞衡方碑　文壹零壹　五上　　君瑩仁文楊著碑　六下

　　　去聲　　[崔駰]震命安封侯詩　漢詩貳　九下

真侵

　　　平聲　　[馮衍]勤心顯志賦　文貳拾　二上　　[李尤]咽年君文勳循門琛奔
論坤函谷關賦　文伍拾　一下

真元耕傅藩山原閭蜓筵衍爲元部字，靈驚正庭生清寧楹經庭命廷爲耕部字。

　　　平聲　　[許慎]傳年申神辛藩靈瀕門山說文解字後敘　文肆玖　四下　　[堂
谿協]川原驚玄文閭民正秦神庭生清寧坤君孫昆開母廟石闕銘　文伍捌　十
下　　[李尤]先楹經蜓門雲德陽殿賦　文伍拾　二下　　[蔡邕]筵陳煙庭民垠
王子喬碑　文柒伍　三下　　[闕名]天仁真身文晨民恩神命親廷衍北海相景君銘
文玖捌　五下

真元侵患檀言然遷錢煩爲元部字，心爲侵部字。

　　　平聲　　[闕名]神患心□□殷親雲檀□耘言然存恩遷孫昆年三公山
碑　文壹零叄　十下　　錢心文煩□民□君天孫同上　十一上

真元侵耕風爲侵部字，官歎肝爲元部字，榮爲耕部字。

　　　平聲　　[闕名]君親文風仁神遵民官聞倫分歎肝榮存昆郭仲奇碑　文壹
零貳　四上

真元侵蒸金深湛爲侵部字，元艱瑗安遷爲元部字，陵爲蒸部字。

　　　平聲　　[闕名]民君申□神金元仁民陵□□深人湛愍艱瑗屯孫安
遷昆年辛通達李仲曾造橋碑　文壹佰　四下

真元耕蒸東侵功爲東部字，承爲蒸部字，成清營庭名聲英爲耕部字，尒乾歎愃歡爲元部字，南爲侵部字。

平聲　　[闕名]君功分承真堅遵敦聞勳成仁清旻營君兆親呻乾俺
辛庭歎名南塵聲英愃歡顚身　薛君碑　文壹佰　三上

15　元　部

韻　字　表

寒旱翰

　　安寒丹壇翰①餐汗 殞干難　　　旱祖　　　　　案璨汗散難歎岸爛旦炭瀚
　　蘭犴殫單殘刊歎瀾竿彈檀　　　　　　　　　　贊讚悍粲彈翰旰爛嘆
　　肝翰韓玕奸戔觶②

桓緩換

　　官端丸完歡槃漫讙欒摶桓　　　滿緩館　　　　奐館亂畔叛漫觀蒜絆鸛算
　　觀冠曼盤纞懽巒鸞酸貫耑　　　　　　　　　　煥半爨斷玩段惋
　　驩般撥粹宛

删潸諫

　　關還蠻斑顏環姦删攀兆班　　　　　　　　　　嫚晏鴈澗
　　患③訕

元阮願

　　原援怨軒翻垣園藩蕃言樊　　　輓晚遠飯返囆反褰婉　　　怨飯願苑獻遠蔓萬建勸
　　蘋寃繁轅諠元煩猿繁燔媛　　　　　　　　　　　健
　　飜憲④獻⑤

① 翰,汗,歎等字廣韻收在去聲翰韻,兩漢韻文有與平聲押韻者,故亦列入平聲。
② 觶,從單聲,廣韻收在歌韻,晉徒河切。漢人與本部字押韻,當晉徒干切。
③ 患,廣韻收在去聲諫韻,漢代韻文均與平聲字押韻,故列於平聲。
④ 憲,廣韻收在去聲願韻,楊雄交州箴與'難乾'押韻,讀平聲。
⑤ 獻,廣韻收在去聲願韻,班固十八侯銘鄺商贊與'刊'字押韻。

仙獮線

然旃鞭挻卷焉仙連旋乾愆　　　鱣獮衍演卷轉善踐展免涎　　羨變禪賤倦延戰膳饌抃

全遷渼漣延傳睠綿泉船錢　　　褊選闡　　　　　　　　　媛孌埏延

筵猭緣鮮篇麆宣蜷權椽臠

僝鸇聯襄娟踡便圓矊燃蠕

蜓蝘捐鱣川虔翩蜓瑗愃

先銑霰

前肩湔邊懸編妍蓮　　　　　顯　　　　　　　　　　　練見宴懸燕徧眄縣

山產襉

山閑閒　　　　　　　　　　產　　　　　　　　　　　閒辨綻

15.1 元 部 韻 譜 (兩漢)

平聲

前漢 [賈誼]遷還鱣言 鵬鳥賦 漢文拾伍 二下 摶患同上 [韋孟]然漣在鄒詩 漢詩貳 二上 [武帝劉徹]渼難 瓠子歌 詩壹 一下 [枚乘]安閒七發文貳拾 四上 桓山同上 七下 渼延言觀同上 [孔臧]原巒軒還歡諫格虎賦文拾叁 三下 還園蕃 蓼蟲賦 五上 [司馬相如]蘭干子虛賦 文貳壹 一下 曼山蘋同上 黿鼉同上 二上 鸞干軒挻同上 園原同上 四下 嬋還同上 五下 蜒卷顏大人賦 七上 延言美人賦 文貳貳 一下 傳觀封禪文 六下 觀全同上 七上 [司馬談]端款論六家要旨 文貳陸 四下 [東方朔]環山安答客難 文貳伍十一上 [劉去]患怨歌一首 詩壹 四下 [王襃]安閑洞簫賦 文肆貳 一上 船湔錢僮約 十二上 山轅殘盤同上 [韋玄成]顏蠻自劾詩 詩貳 七下 [成帝劉驁]謹焉報許皇后 文捌 十二上 [劉向]原連九歎逢紛 文叁伍 二上還患又離世 三上 蘭閒又憂苦 六上 睠漣同上 言遷又思古 七下 怨言杖銘文叁柒 九上 單寒說苑供文 文叁玖 七下 [楊雄]壇山甘泉賦 文伍壹 五下 旃鞭關翰羽獵賦 八上 挻猭卷同上 八下 旃還長楊賦 文伍貳 二下 完殫歡榮逐貧賦 四上 臠山怨焉仙干同上 四下 安患解嘲 文伍叁 二下 輄安同上 三下

乾丹 益州箴 文伍肆 三上　難乾憲 交州箴 四上　官漫 大鴻臚箴 五下　閑愆 太僕箴
六下　艱山 元后誄 九下　[劉歆]患原 遂初賦 文肆拾 二上　然患 同上　翩綿 同上
二下　連山衍泉蘪 甘泉宮賦 三下　[無名氏]斑干 鐃歌雄子斑 詩壹 十下　軒寒
蘭翩 又臨高臺 十下　寒丸 逐彈丸謠 詩伍 九下　完還 東家棗謠 十上

後漢 [光武帝劉秀]安殘 報臧宮馬武詔 後漢文貳 二　[班彪]漫怨患藩
詈殘 北征賦 文貳叁 五上　[馮衍]山仙 顯志賦 文貳拾 四上　懽愆 杯銘 十一下
[杜篤]前川 祓禊賦 文貳捌 一上　關安觀 論都賦 二上　連蠻 同上 三上　宣元
焉 同上 四上　[梁竦]篇然 悼騷賦 文貳貳 八下　[傅毅]軒鸞原山旋殫旋
七激 文肆叁 五上　泉山鮮觀 同上 五上　觀言 同上 五下　[班固]安山川 西都
賦 文貳肆 二下　連閒錢焉 同上 四上　蘭殫 同上 五下　連山衍 竇將軍北征頌 文
貳陸 二上　旋川 封燕然山銘 三上　獻刊 十八侯銘 酇商 四下　[崔駰]山僊
藩 司徒箴 文肆肆 八下　官虔殘干 大理箴 九下　[黃香]蜷鑾 天子冠頌 文肆貳
八上　[班昭]卷開歎焉 東征賦 文玖陸 一下　端貫原 鍼縷賦 二上　[王逸]山
猿 九思悼亂 文伍柒 四下　[李尤]安原 函谷關銘 文伍拾 四下　閑寒然 室銘 七上
彈丸 彈銘 九下　歡奸 臥牀銘 十下　顏冠 鏡銘 十一上　[崔琦]瀾竿蘭軒連
七蠲 文肆伍 七下　然權殘燔 外戚箴 八下　[張衡]山泉巒原 溫泉賦 文伍貳 一
上　山言 思玄賦 三上　泉寒 西京賦 六下　驥鸞觀 同上 七上　般姦斒蘭 同上 九
下　竿桓猭猨藩殘 同上 十上　斒翩聯 同上 十下　泉山殫 東京賦 文伍叁 一上
旋前轅 同上 二上　宣原園 同上 四下　盤干軒安 同上 五下　檀嬡 南都賦 七上
娟卷 同上 八上　延邅盤 同上 八下　邅山蕃斒 同上　安遷言宣 同上 九上　觀
山安 冢賦 文伍肆 二下　仙篇遷焉 七辯 文伍伍 一上　鮮酸蘭 同上 一下　山艱
翰 四愁詩 漢詩貳 十下　玗盤 同上　[崔瑗]觀官貫言宣安虔干言殘 東觀箴
文肆伍 三上　園姦官鶾 司隸校尉箴 四上　繁權翰刪 草書勢 七上　[馬融]悍巒
橫端猨單 廣成頌 文拾捌 十一下　[秦嘉]歡愆戔間言 述昏詩 詩貳 十一下
[廉品]儺軒 大儺賦 文陸陸 二下　[崔寔]川浚 諫議大夫箴 文肆伍 十上　[皇甫
規]官閑藪怨 女師箴 文陸壹 七上　[王延壽]環觀延 魯靈光殿賦 文伍捌 二下
[蔡邕]權煩 釋誨 文柒叁 七上　觀安 太尉陳公贊 文柒肆 三下　然旋 袁公夫人馬氏

碑 文柒柒 六上 肝乾胡公夫人哀讚 文柒玖 六上 [邊讓]單盤歎難桓歡[蔡琰]患單關蠻漫歎安餐乾難顏悲憤詩 詩叁 四上 [闕名]門山曹全碑 文壹零伍 三上 [無名氏]寒言飲馬長城窟行 詩貳 十三上 言山盤連班間歎殘古詩 詩叁 八 言難間歡還古詩 八 言延言端丸桴仙董逃行 四上 難乾歡山飜丸寒宣干餐善哉行 五上 煩端同上 傳言言翩寒病婦行 六下 安干滿歌行 九上 言然言古詩爲焦仲卿妻作 十三下 班閒錢桓帝時童謠 詩伍 六下 桓安任安二謠 七下 藩元太學中謠 八顧 八下

上聲

[賈誼]旱遠轉鵩鳥賦 漢文拾伍 二下 反遠惜誓 三上 [武帝劉徹]滿緩瓠子歌 漢詩壹 一下 [中山王劉勝]卷蠍文木賦 文拾貳 七上 [董仲舒]踐飯返轉善褊展顯辨士不遇賦 文貳叁 一下 [東方朔]反遠七諫哀命 文貳伍 四上 蹇遠同上 產返同上 四下 遠壇又亂曰 五下 壇館寶鼎銘 十二上 [劉向]圈轉九歎逢紛 文叁伍 二下 反遠九歎離世 文叁伍 三下 免遠又遠逝 五上 反遠又愍命 七上 [班倢伃]卷晚擣素賦 文拾壹 八上 [楊雄]阪遠羽獵賦 文伍壹 八上 涫亂光祿勳箴 文伍肆 五下

[馮衍]反遠顯志賦 後漢文貳拾 二下 [杜篤]悍遠祖論都賦 文貳捌 三下 [馬融]演緩報遠反蟺變轉遭善長笛賦 文拾捌 三上 [秦嘉]蹇晚遠返飯勉轉卷留郡贈婦詩 漢詩貳 十二上 [王延壽]跨嵁魯靈光殿賦 文伍捌 三上 [無名氏]遠緩轉古歌 詩肆 十四下 晚反飯賈父歌 詩伍 四上

去聲

[韋孟]嫚練諷諫詩 漢詩貳 二上 [嚴忌]難歎哀時命 文拾玖 四上 [枚乘]飾散七發 文貳拾 五上 亂岸畔同上 七下 [孔臧]亂散諫格虎賦 文拾叁 四上 [廷尉翟公]賤見署門 文貳貳 八下 [司馬相如]館變禪封禪文 文貳貳 七上 變見同上 [中山王劉勝]案璨汗文木賦 文拾貳 七上 [司馬遷]賤亂悲士不遇賦 文貳陸 五上 [王襃]汗倦旦聖主得賢臣頌 文肆貳 九下 觀遠甘泉宮頌 十一上 桉蒜僅約 炭岸同上 [韋玄成]奐館自劾詩 詩貳 七下 [劉向]叛散九歎逢紛 文叁伍 二下 願返又離世 三下 怨難又怨思 四上 畔觀又思古

七下　　[楊雄]觀見漫亂甘泉賦　文伍壹　四下　　畔亂難長楊賦　文伍貳　二上　叛

漢益州箴　文伍肆　三上　絆爛亂叛交州箴　四上　　[無名氏]間鴈鐃歌上陵　詩壹

九下　涎見武帝時童謠　詩伍　五下

　　　　[杜篤]畔衍亂漢論都賦　後漢文貳捌　二下　　炭漢同上　四上　　[梁竦]衍

觀悼驪賦　文貳貳　八上　　[傅毅]亂贊難館洛都賦　文肆叄　一上　　膳饌飯七激　四

下　見觀衍蔓同上　五上　　[班固]爛觀宴西都賦　文貳肆　四上　　鶴雁漢散同上

五下　願戰筭竇將軍北征頌　文貳陸　二上　　[史岑]漢贊歎煥出師頌　文肆玖

十　[張衡]懸辨燕徧見西京賦　文伍貳　七下　　蔓萬延返同上　八上　　延見援

同上　十一上　館婉筭同上　十一下　　觀漢煥東京賦　文伍叄　二下　　粲亂舞賦　十上

館爛漫建蜒七辯　文伍伍　一下　　昄練同上　勸倦同上　二下　　段案嘆惋四愁詩

漢詩貳　十下　　[崔瑗]亂難遺葛龔珮銘　文肆伍　五上　　[馬融]讚扑漫長笛賦　文拾

捌　三下　　[王延壽]漫蜒魯靈光殿賦　文伍捌　一下　　[蔡邕]飯見胡公夫人哀讚　文

柒玖　六上　　[邊讓]斷亂館婉玩章華臺賦　文捌肆　十一上　　半彈散幹漢同上　十

一下　　[禰衡]旦漢散絆弔張衡文　文捌柒　三上　　[闕名]粲澗見旰獻衍張公神

碑　文玖捌　十上　建畔難爛見徧萬同上　　[無名氏]縣見飲馬長城窟行　詩貳　十

三上　燕見縣綻綻昄昄見豔歌行　詩肆　七下

15.2 元 部 合 韻 譜 上 （前漢）

元真

　　　平聲　[路喬如]冠干獌®原作狁誤　今訂正　　謹桓安樊恩歡鶴賦　漢文貳拾

八下　　[司馬相如]蘭干蓀蘋原衍子虛賦　文貳壹　四上　　巒寒春同上　五下

[王褒]遷堅天山淵根顛開獌諠恩然洞簫賦　文肆貳　一上　　轉飡倫同上　二下

[劉向]山盤烟天熏爐銘　文叄柒　九上　　[楊雄]餐汗天長楊賦　文伍貳　一下　蠻

旋山川昏干揚州箴　文伍肆　二上　　[劉歆]寒浚遂初賦　文肆拾　二下

　　　　去聲　[司馬相如]羨散埏潤封禪文　文貳貳　六下　　[王褒]觀苑困宴四子

講德論　文肆貳　八上

15.3 元 部 合 韻 譜 下（後漢）

元真

平聲　[劉倉]山文武德舞歌詩　漢詩壹　四下　　[鄭衆]煙邊婚禮謁文贊　後漢文貳貳　三上　[梁鴻]噬賢適吳詩　詩貳　八下　[傅毅]然川山前天洛都賦　文肆叄　一上　[崔駰]淵乾源達旨　文肆肆　四上　官賢同上　奮權同上　芸椽穿酸博徒論　五上　[史岑]原艱邊襄鈜出師頌　文肆玖　十下　[許慎]喘分貫聯原說文解字後敍　文肆玖　四下　[王逸]干蜒攬沄延陳九思哀歲　文伍柒　五下　[李尤]咽篇函谷關銘　文伍拾　四下　[張衡]乾然愆言戔盤玄虔殫東京賦　文伍叄　三上　軒閑紛同上　四下　[崔瑗]泉天川門河隄謁者箴　文肆伍　三下　[趙壹]賢權痕緣狷前燃妍門年存延賢錢邊刺世疾邪賦　文捌貳　八下　[闕名]堅篇言費鳳別碑　文壹零叄　六下　焉賢蔡湛頌　文壹零肆　一下　門山曹全碑　文壹零伍　三上　桓蕃焉言宣樊捲即拳字　軒愆園恩門權煩根昏李翊夫人碑　文壹零陸　六下　[無名氏]諠門錢刺巴郡太守詩　詩叄　十一上　蓮田間相和曲江南　肆詩　一上　然間冠肩難餐賢君子行　三下　山泉斤口間端捐燔山連豫章行　詩肆　四上　山難端磷紛烟端攀前傳言端丸桿仙董逃行　四上　船前天前緩聲歌　十一　還官婚人言君門言煩古詩爲焦仲卿妻作　十三上　言門專緣姻同上　君緣同上　婚雲幡輪鞍穿珍門同上　十三下　遷千間泉同上　十三下　寒蘭單神同上　十四上　弦邊順帝末童謠　詩伍　六下　珍元太學中謠八及　八下

去聲　[班固]館環年麟論西都賦　文貳肆　四上　[張衡]門半岸館冢賦　文伍肆　二下　[蔡邕]媛建漢衍順變胡府君夫人黃氏神誥　文柒玖　五上　[郭正]聞見法眞頌　文陸叄　一上

元談

平聲　[鄭衆]謙醔婚禮謁文贊　文貳貳　五上

去聲　[崔瑗]漢萬鑒東觀箴　文肆伍　三上

元真侵眠爲眞部字，蟬爲侵部字。

平聲　[王逸]原歎眠蟬九思悼亂　文伍柒　四下

元歌

　平聲　[王逸]猿蛇九思悼亂　文伍柒　四下

16　談　部

韻　字　表

談敢闞

　　　　　　　　覽菼澹　　　　　　濫淡

添忝桥

　謙　　　　　玷①

鹽琰豓

　廉銛襜　　　險芡嶮嫌漸　　　豓

咸豏陷

　讒

銜檻鑑

　巖　　　　　　　　　　　鑒

感

　　　　　　　坎

16.1　談　部　韻　譜（兩漢）

上聲

　[張衡]隒嶮險西京賦　後漢文伍貳　七上　澹菼芡東京賦　文伍叁　二下

去聲

---

① 　‘玷’從占聲，‘占’字清代古韻學家有人都入侵部，有人歸入談部，今歸入談。

[司馬相如]濫淡子虛賦　漢文貳壹　三下　　[劉向]漸濫九歎憂苦　文叁伍

六下

[張衡]豔鑒七辯　後漢文伍伍　一下

16.2 談 部 合 韻 譜 上 （前漢）

談侵

　　平聲　[王襃]濫含洞簫賦　漢文肆貳　一下

談東

　　平聲　[劉向]容讒九歎逢紛　文叁伍　二上

16.3 談 部 合 韻 譜 下 （後漢）

談元

　　上聲　[班固]遠玷幽通賦　後漢文貳肆　九下

17　侵　　部

韻 字 表

覃感

　　南潭耽含醰　　　　　感慘

侵

　　音心深臨沈金琴吟唫襟林

　　淫禁陰霠禽葠衿淋欽任參

　　衿尋岑涔砧崟今霖擒簪箴

　　寢①琛湛砧②

───────────────

①　寢，蔡邕濟北相崔君夫人誄與'音'相押，故列入平聲。

②　'砧'爲，'磛'之異體。'磛'從甚聲在本部。《廣韻》音知林切。班倢伃《擣素賦》以'砧音

　　沈深金琴'押韻。

鹽
　潭
凡
　凡
東
　風楓
蒸
　矜

17.1 侵 部 韻 譜（兩漢）

平聲

[武帝劉徹]音心李夫人賦　漢文叁　一下　　[枚乘]林風陰心音七發　文貳
拾　六上　林潯風心禽同上　　[孔臧]心林淫吟音深禁諫格虎賦　文拾叁　三下
沈吟音臨陰林深楊柳賦　四上　[司馬相如]音風子虛賦　文貳壹　五下　[東方
朔]潭風心七諫初放　文貳伍　一上　金衿心淫又自悲　三下　[劉胥]深心歌一首
漢詩壹　四上[王襃]音心四子講德論　文肆貳　六上　吟陰同上　七下　唫陰聖主得賢
臣頌　十上　[韋玄成]心矜戒子孫詩　詩貳　八上　[劉向]深淫九歎思古　文叁伍
七下　[班倢伃]臨音沈心擣素賦　文拾壹　七下　砧音沈深金琴同上　琴音吟
同上　八上　襟心同上　[楊雄]深琴甘泉賦　文伍壹　五上　深金解難　文伍叁　四上
禽耽兗州箴　文伍肆　一下　[劉歆]陰淋遂初賦　文肆拾　二下　[闕名]陰心郊祀
歌練時日　詩壹　五下　風心又朝隴首　八上　[無名氏]南心鐃歌君馬黃　詩壹　十上
風心臨又芳樹　十上　南簪又有所思　十上

後漢[馬援]深臨淫武溪深行　漢詩貳　八上　[馮衍]風耽顯志賦　後漢文貳拾　二
上[杜篤]金林深臨論都賦　文貳捌　三下　[傅毅]沈心七激　文肆叁　四上　心
音迪志詩　詩貳　九下　[班固]林●沈心終南山賦　文貳肆　一　[崔駰]陰林
凡達旨　文肆肆　三下　[李尤]陰風隔銘　文伍拾　七下　音心深禁淫琴銘　七下
欽陰音金漏刻銘　八上　[崔琦]琴音七蠋　文肆伍　七下　簪音外戚箴　八下　[張

衡]禁儽深思玄賦　文伍貳　四上　　心參風林禽音鑑同上　五下　　楓林參陰西京

賦　九上　　風心七辯　文伍伍　二上　　參林鮑德誄　四上　　林深襟四愁詩　詩貳　十下

[崔瑗]音吟和帝誄　文肆伍　五下　　[侯瑾]音淫音箏賦　文陸陸　一上　　[蔡邕]

霖淋琴霖雨賦　文陸玖　一上　　陰音蟬賦　七上　　今心林祖德頌　文柒肆　三上　　淫

沈箴心酒樽銘　八下　　臨陰胡公夫人哀讚　文柒玖　六上　　音寢濟北相崔君夫人誄　六下

音風答元式詩　詩貳　十三上　　[禰衡]深林衿音心禽鸚鵡賦　文捌柒　一上　　[無

名氏]陰深簪古絕句　詩叁　十上　　金林太學中謠八顧　詩伍　八上

17.2 侵 部 合 韻 譜 (前漢)

侵談

　　　平聲　[劉歆]吟巖遂初賦　文肆拾　二下

侵冬

　　　平聲　[司馬相如]蓡風音宮窮子虛賦　文貳壹　四下　　[王褒]淫慘音風

窮洞簫賦　文肆貳　二下

侵東

　　　平聲　[東方朔]容心深林七諫怨思　文貳伍　三下

侵元

　　　平聲　[王褒]耽還洞簫賦　文肆貳　二下

侵冬談真宮中宮崇窮為冬部字，憺為談部字，闇為真部字。

　　　平聲　[司馬相如]心音宮臨風淫陰音憺闇吟南中宮崇窮音長門賦

文貳貳　二上

17.3 侵 部 合 韻 譜 下 (後漢)

侵談

　　　上聲　[蔡邕]感坎慘述行賦　後漢文陸玖　二下

侵冬

　　　平聲　[班固]風陰淋農任心音潛參竇將軍北征頌　文貳陸　二下　　[闕名]

音陰窮梁商誄　文玖柒　十下

侵真

　　　平聲　[傅毅]深岑斤七激　文肆叁　四上　　陰林根同上　四下

侵談冬讒爲談部字，降爲冬部字。

　　　平聲　[梁鴻]南降讒適吳詩　漢詩貳　八下

入 聲 韻

18 職 部

德

德國得則惑賊北墨黑塞默克忒或慝刻勒特剋貸①欻

職

極職息直亟食翼臆億域雉穡側色識棫檍翊力棘弋飾熾救殖飭殛式仄昃匿稙意測逼陟稷憶巍惻惡偪織

屋

服福伏牧鵩囿郁

麥

革

18.1 職部韻譜 (兩漢)

　　兩漢 [唐山夫人]德翼式德極安世房中歌 漢詩叁 一上 北德慝國同上
殖德同上 一下 德極同上 翼則極德福同上 即則國福革同上 德福則殖
翼同上 二上 德則福同上 [劉友]國直歌一首 詩壹 三下 [賈誼]德福旱雲
賦 漢文拾伍 一下 息翼臆息鵩鳥賦 二上 福纆極同上 二下 息則極同上 惑
億息同上 伏域同上 息直惜誓 三下 國賊同上 [韋孟]則國諷諫詩 詩貳 二
上 [嚴忌]革得雉息哀時命 文拾玖 四上 職極息得泰山刻石文 十三上 極德
國服西極天馬歌 詩壹 二上 [枚乘]極轄七發 文貳拾 四上 極側同上 七下
[司馬相如]得職子虛賦 文貳壹 三上 極北同上 三下 得食哀秦二世賦 七上

---

① 貸,集韻傷得切。

—218—

色墨美人賦　文貳貳　一上　德⑨翼封禪文　八上　[劉勝]息食聞樂對　文拾貳　七上

[東方朔]惑息直七諫初放　文貳伍　一上　伏息又哀命　四上　墨革極得又繆諫

五上　德極同上　直得答客難　十下　[王襃]息翊洞簫賦　文肆貳　二上　棘墨四子

講德論　七上　德力同上　七下　息域同上　八上　德識德服同上　九下　革墨得

聖主得賢臣頌　九下　極息得同上　十上　塞德同上　十下　極域甘泉宮頌　十下　[劉

向]極息九歎離世　文叄伍　三下　北得又憂苦　六上　意側又思古　七下　[楊雄]

福極甘泉賦　文伍壹　六上　伏息長楊賦　文伍貳　二上　弋域同上　二下　德則飾

惑得逐貧賦　四下　直服極息同上　默極解嘲　文伍叄　三上　域德克趙充國頌　七

下　德國北并州箴　文伍肆　四上　則國職司空箴　四下　植敕大司農箴　五上　極

力職大鴻臚箴　五下　敕職衛尉箴　六上　□德賊執金吾箴　七下　敕福德元后誄

十下　[劉歆]極側遂初賦　文肆拾　一下　棫檍甘泉宮賦　三下　[闕名]飭億郊祀

歌練時日　詩壹　五下　息服德翊又西顥　六上　德飾又惟泰元　六下　極服又天馬

七上　服福又后皇　八上　塞億同上　德殛又朝隴首　八上　福極又象載瑜　八下

[無名氏]北食鐃歌戰城南　詩壹　九下　北食得同上　北極又君馬黃　十上

　　　後漢　[光武帝劉秀]德賊報臧官馬武清滅匈奴詔　後漢文貳　二　[班彪]則

息北征賦　文貳叄　五下　[馮衍]德殖顯志賦　文貳拾　二下　國惑同上　三上　惑

北同上　三下　服德席前右銘　十一下　[杜篤]域國伏論都賦　文貳捌　三上　[傅

毅]意食七激　文肆叄　四下　翼息側同上　五上　則德北海王誄　七上　國則迪志

詩　漢詩貳　九下　則忒式測稷息力極同上　[班固]職福東都賦　文貳肆　八下

伏逼得幽通賦　十上　色域同上　十一上　息力億竹扇賦　十一上　服德答賓戲　文

貳伍　四下　國覿同上　五下　則翼典引　文貳陸　六下　服牧同上　七上　色翼同上

八上　則德奕旨　八下　[崔駰]極得達旨　文肆肆　四下　得伏德剋北征頌　七

上　福億杖頌　七上　域式太尉箴　八上　則國職司空箴　八下　棘德殛大理箴　九下

式敕則國車右銘　十下　革塞食福仲山父鼎銘　十下　德忒仄六安枕銘　十一上

[蘇順]德國則和帝誄　文肆玖　十上　[李尤]則德刻忒漏刻銘　文伍拾　八上　飾

忒冠幘銘　十一下　[崔琦]食飾七蠲　文肆伍　八上　[張衡]服敕惡思玄賦　文伍

貳　五下　北德則西京賦　七上　域棘塞仄西京賦　九下　食直極東京賦　文伍叄

二上 **昊服飾**舞賦 十上 **北域**豪賦 文伍肆 二下 **[崔瑗]服極國**司隸校尉箴

文肆伍 四上 **力式**草書勢 七上 **[朱穆]翼息伏食極德域力**與劉伯宗絕交詩 漢

詩貳 十一上 **[邊昭]式則極**塞賦 文陸貳 一上 **[崔寔]賊國翼**諫議大夫箴 文

肆伍 十上 **[胡廣]服飾國則福億**印衣銘 文伍陸 八上 **[王延壽]則德力忒**

側福服殖息食極億桐柏淮源廟碑 文伍捌 五上 **[蔡邕]極色**筆賦 文陸玖 六上

直食匿釋誨 文柒叁 七下 **墨息食側職慝國惑德則**焦君贊 文柒肆 三上 **息**

棘福極樊陵頌碑 文柒伍 四上 **極惻則德**蔡朗碑 四下 **息則域極**胡廣碑 文柒

陸 五上 **國牧服**陳球碑 文柒柒 二上 **棘極**陳寔碑 文柒捌 二上 **德忒則翼福**

極張玄祠堂碑 文柒玖 三上 **息職力極**崔君夫人誄 七上 **[鄧耽]德福**郊祀賦 文肆

玖 二上 **[闕名]翼力職服伏德式極億**樊安碑 文玖玖 十下 **德翼勑式職側**

國服極王元賓碑 十一上 **極側**辛通達李仲曾造橋碑 文壹佰 四上 **測福極**孟郁修堯

廟碑 九下 **德力革國**楊統碑 文壹零壹 二上 **直克福**劉修碑 十下 **則國德殖服**

直福西狹頌 文壹零貳 一下 **惻極意息力**孔彪碑 三上 **惻式德極**郭仲奇碑

三下 **息德北色**吳仲山碑 七下 **福服德**樊毅修華嶽碑 文壹零叁 八下 **棘墨測極**

伏式勒德億梁休碑 文壹零陸 七上 **[無名氏]食憶**飲馬長城窟行 漢詩貳 十三上

側飾食色翼古詩 詩叁 九上 **棘賊**古詩 九下 **極側**王子喬 詩肆 三上 **域德**

喻猛歌 詩伍 三上 **嶷則域**襄陽太守歌 四下 **色息**匈奴歌 四上 **得北**更始時南陽童

謠 六上 **織息**古詩爲焦仲卿妻作 十一下

18.2 職 部 合 韻 譜 (前漢)

職沃

　　[王襃]力睦**德**四子講德論 漢文肆貳 六上 **[楊雄]力**敕**罋覆側**司空箴

文伍肆 四下

職緝

　　[李延年]立國國**得**歌一首 漢詩貳 七上 **[司馬相如]魶翼**子虛賦 文貳

壹 三下 **[董仲舒]黑訥惑**士不遇賦 文貳叁 一上 **[楊雄]殖給**上林苑令箴 文

伍肆 九上 **[闕名]合**國郊祀歌赤蛟 詩壹 八下

職屋

　　[楊雄]國谷長楊賦　文伍貳　二上　　[闕名]祿彧服德息極孝昭帝冠辭　文伍柒　十二上

職鐸

　　[楊雄]熾伯解嘲　文伍叁　二下　　極石牧青州箴　文伍肆　一上

職錫

　　[楊雄]食易大司農箴　文伍肆　五上　　[無名氏]益北德國服極鐃歌上之回詩壹　九上

18.3 職 部 合 韻 譜（後漢）

職緝

　　[杜篤]德飾立息側式書撼賦　文貳捌　四下　　[傅毅]國集墨極明帝誄文肆叁　六下　　[班固]殖邑國西都賦　文貳肆　三上　　邑翼極東都賦　七上　　立國答賓戲　文貳伍　五上　　億邑域竇將軍北征頌　文貳陸　二上　　級服陟奕旨　八下　　[崔瑗]直懸及司隸校尉箴　文肆伍　四上

職沃

　　[班固]息縮忒惑福鵩幽通賦　後漢文貳肆　十下　　[崔駰]德國迪縑銘　文肆肆　十一下

職質

　　[張衡]福洫職敕德刻息東京賦　文伍叁　二下　　[闕名]賊服栗辛通達李仲曾造橋碑　文壹佰　四下　　則德食室職無極山碑　文壹零肆　三上　　室力費汎碑　文壹零陸　四上

職屋

　　[蔡邕]束色筆賦　文陸玖　六上

職幽

　　[胡廣]式綏德敕則福綏節銘　文伍陸　八上

職緝屋曲為屋部字,邑為緝部字。

[班固]直曲邑惑十八侯銘王陵　文貳陸　五上

職緝質及爲緝部字,卒爲質部字。

[闕名]及卒惻費鳳碑　文壹零叁　六上

職沃藥激爲藥部字,覆爲沃部字。

[班固]激覆息西都賦　文貳肆　五上

職沃鐸逐爲沃部字,落爲鐸部字。

[班固]逐落服竇將軍北征頌　文貳陸　二上

職沃祭勗告毓爲沃部字,沛爲祭部字。

[闕名]德力則式勗服特得沛直告毓極勒鄭固碑　文玖玖　六上

職沃屋緝藥月質玉祿瀆贖爲屋部字,室物殁爲質部字,絜爲月部字,爵虐爲藥部字,畜爲沃部字,邑洽爲緝部字。

[闕名]玉室職償則德絜爵物祿畜虐邑伏洽殁瀆贖費鳳碑　文壹零叁
五下

19　沃　部

沃

　　告毒鵠誥篤酷

屋

　　六陸育宿驚肉築蓄宿逐隩覆復淑澳熟腹睦目竹煜奧毓覆縮數憂

覺

　　覺學

錫

　　戚迪滌①

燭

　　勗

----

　　①　滌,班固東都賦與'嶽洛作'相叶,見鐸部合韻譜。

19.1 沃 部 韻 譜（兩漢）

前漢 [司馬相如]鬻陸築子虛賦 漢文貳壹 四上 育蓄封禪文 文貳貳 七下 [東方朔]宿告七諫初放 文貳伍 一上 [司馬遷]覺毒悲士不遇賦 文貳陸 五上 [劉向]肉築九歎怨思 文叁伍 四上 陸宿又思古 七上 [楊雄]陸隩益州箴 文伍肆 三上 [無名氏]六宿鐃歌思悲翁 漢詩壹 九上 覆復鵠鴻隙陂童謠 詩伍 五下

後漢 [傅毅]勖復迪志詩 漢詩貳 九下 誥學同上 [班固]鵠目西都賦 後漢文貳肆 五下 戮蹙幽通賦 文貳肆 十上 [李尤]逐覆鞍銘 文伍拾 十上 [張衡]六毓復蓄思玄賦 文伍貳 四上 育淑陸燠復東京賦 文伍叁 五上 覺戚學同上 六上 陸熟南都賦 六下 腹復髑髏賦 文伍肆 二上 [無名氏]宿熟銅雀歌 漢詩肆 十五上 腹復蜀中謠 詩伍 六上

19.2 沃 部 合 韻 譜 上（前漢）

沃職

[劉向]逐服九歎愍命 漢文叁伍 六下 [楊雄]陸服冀州箴 文伍肆 一上

沃月職別為月部字，個為職部字。

[楊雄]別個陸鬻幽州箴 文伍肆 三下

19.3 沃 部 合 韻 譜 下（後漢）

沃職

[馬融]目伏廣成頌 後漢文拾捌 十二下

沃藥

[班固]樂竹煜東都賦 文貳肆 七下

20 藥 部

韻 字 表

鐸

樂轢縞①鶴

藥

約削躍弱虐籥嫋爵鑠雀爚綽灼逴爍爍酌繳醀②

覺

駮貌較擢操榷邈櫂卓

錫

礫躒激旳

20.1 藥部韻譜（兩漢）

前漢 [司馬相如]約嫋削子虛賦 漢文貳壹 五下 [王襃]樂躍四子講德論

文肆貳 九上 [楊雄]弱樂長楊賦 文伍貳 二下 樂籥太樂令箴 文伍肆 八下

後漢 [班固]酌醀西都賦 後漢文貳肆 五下 繳樂同上 五下 [班昭]約

綽東征賦 文玖陸 二上 [張衡]擢削雀激西京賦 文伍貳 七下 駮較爚同上 九

下 操躍轢礫同上 十上 [崔瑗]樂籥南陽文學頌 文肆伍 二上 [趙壹]樂駮

刺世疾邪賦 文捌貳 八上

20.2 藥部合韻譜上（前漢）

藥沃

[楊雄]虐酷執金吾箴 漢文伍肆 七下

---

① 縞見司馬相如子虛賦，與‘穀曲谷’合韻。廣韻縞入皓韻，無入聲一讀。

② 醀，班固西都賦與‘酌’字爲韻。廣韻此字收笑韻。

藥職

　　[司]馬相如]服郁礫藐側子虛賦　文貳壹　六上

20.3 藥 部 合 韻 譜 下（後漢）

藥沃

　　[班固]鑠樂蕭東都賦　後漢文貳肆　六下

藥職

　　[班固]域躍典引　文貳陸　七上　福鑠同上　八上

藥鐸

　　[張衡]弱約作西京賦　文伍貳　六上

藥錫

　　[班昭]翩灼蟬賦　文玖陸　二下

藥屋盍屬爲屋部字，闔爲盍部字。

　　[班固]樂屬爵擢闔西都賦　文貳肆　四上

藥鐸盍業爲盍部字，胙爲鐸部字.

　　[闕名]鑠業胙費汎碑　文壹零陸　三下

藥宵

　　[闕名]較嬈綽邈虐貌榷倒樂的魯峻碑　文壹零貳　九下

21 屋 部

韻 字 表

屋

　屋族濱牘楸祿木鹿速簏斛穀牘轂麓獨簇縠禿錄卜漉牘哭黷餗腺沐砡麗驚

燭

　玉屬足綠曲谷辱俗束燭促躅局欲續浴蜀縟獄超粟褥璿贖

覺

角渥濁岳嶽樸愨幄斷剝琢喔啄朴數穀埆

沃

僕

21.1 屋 部 韻 譜（兩漢）

前漢 [武帝劉徹]玉屬瓠子歌 漢詩壹 一下　　[枚乘]木綠族足柳賦 漢文貳拾 二上　角鹿七發 五下　[司馬相如]谷瀆子虛賦 文貳壹 四上　[王襃]屋牘束僅約 文肆貳 十二上　[劉向]瀆簏九歎怨思 文叁伍 四上　浴濁又惜賢 五上　束斛說苑供文 文叁玖 九上　[楊雄]谷屬甘泉賦 文伍壹 四下　轂族解嘲 文伍叁 二上　轂斛大司農箴 文伍肆 五上　谷木蔟元后誄 文伍肆 十下　[劉歆]辱足遂初賦 文肆拾 二上　[闕名]穀玉郊祀歌練時日 詩壹 五下　俗樸嶽穀又玄冥 六上　[無名氏]濁族潁川謠 詩伍 一下　嶽角五鹿謠 十上　秀屋懷如屋諺 十下

後漢 [馮衍]俗谷顯志賦 後漢文貳拾 三下　覿祿刀陽銘 十一上　[杜篤]曲屬首陽山賦 文貳捌 一下　[傅毅]東曲縟促俗角曲舞賦 文肆叁 二下　屋綠七激 五上　轂玉同上　[班固]谷玉足屬木蜀西都賦 文貳肆 三上　[崔駰]麓數達旨 文肆肆 四下　祿餗司徒箴 八下　錄速獄大理箴 九下　[王逸]暺喔俗獨幄九思憫上 文伍柒 三下　屋蔟又遭厄 四上　[李尤]木樸角鷟彈銘 文伍拾 九下　足犢金羊燈銘 十三上　[張衡]俗欲思玄賦 文伍貳 五下　縟綠玉燭西京賦 七上　瀆麗族剝同上 十下　木轂屋東京賦 文伍叁 三下　樸足欲玉谷蔟穀愨覯同上 五下　粟玉角曲南都賦 七上　樸褥燭玉欲濁速髑髏賦 文伍肆 二上　瀆屬木琢冢賦 二下　[崔瑗]谷僕轂關都尉箴 文肆伍 三上　[侯瑾]曲縟續俗箏賦 文陸陸 一上　[馬融]欲俗祿哭長笛賦 文拾捌 三下　嶽屋浴廣成頌 十下　曲屬局同上 十一下　[秦嘉]屋燭贈婦詩 漢詩貳 十二上　[蔡邕]族祿釋誨 文柒叁 七上　欲辱祖德頌 文柒肆 三上　足錄續麓李咸碑 文柒陸 八上　屋木犢勸學篇 文捌拾 二上　[闕名]嶽濁辛通達李仲曾造橋碑 文壹佰 四上　渥

足足_{曹全碑} 文壹零伍 三上 [無名氏]屬綠速促束玉曲促躅屋_{古詩} 漢詩貳 二下 促燭續錄嶽欲_{怨歌行} 詩肆 九上

21.2 屋 部 合 韻 譜 上 (前漢)

屋沃

[枚乘]綠曲鵠_{七發} 漢文貳拾 五下 足濁目_{同上} 七上 [劉安]谷木族 瀆足樕毒祿朴斷慤屋足篤渥木_{屏風賦} 文拾貳 二下 [司馬相如]璷目 _{子虛賦} 文貳壹 三下 [楊雄]屋敠 _{將作大匠箴} 文伍肆 七下 獨斛學_{元后誄} 十上

屋職

[劉向]簏囿_{九歎愍命} 文叄伍 七上 [楊雄]穀麓伏_{上林苑令箴} 文伍肆 九 上

屋藥

[楊雄]爵祿穀_{解嘲} 文伍叄 二上 [司馬相如]縞穀曲谷_{子虛賦} 文貳壹 二上

屋盍

[楊雄]捷足_{反離騷} 文伍貳 五下

屋沃鐸_{閣爲鐸部字,宿爲沃部字。}

[司馬相如]谷閣屬宿_{子虛賦} 文貳壹 四上

屋沃藥職_{虐爲藥部字,賊伏爲職部字,毒爲沃部字。}

[王襃]虐賊伏毒足族_{四子講德論} 文肆貳 八下

屋沃職藥魚_{邈爲藥部字,徒爲魚部字,覺爲沃部字,逼爲職部字。}

[董仲舒]邈速徒木覺祿辱角逼俗束谷_{士不遇賦} 文貳叄 一上

21.3 屋 部 合 韻 譜 下 (後漢)

屋沃

[李尤]目谷_{函谷關賦} 後漢文伍拾 一上 [馬融]砥伏谷復屬樸_{長笛賦} 文拾捌 二上 [秦嘉]祿獨足曲陸躅谷穀數屬_{留郡贈婦詩} 漢詩貳 十二下 [酈

炎]促局足逐濁錄卜曲祿嶽見志詩　詩貳　十三下　[趙整]濁毒酷足刺世疾邪

賦　文捌貳　八上　[戴良]目啄逐失父零丁　文陸捌　七上　[蔡邕]穀祿淑渥族

縠辱濟北相崔君夫人誄　文柒玖　六下

屋職

　　　[杜篤]嶽極谷蜀論都賦　文貳捌　二上　[李尤]翼縛德陽殿賦　文伍拾　二下

[無名氏]惻漉牘平陵東　漢詩肆　二上

屋沃藥鐸魚樂爍為藥部字，白若為鐸部字，告為沃部字，呴為魚部字。

　　　[王逸]局促辱樂白沐若躅爍呴剝告九思憫上　文伍柒　四上

屋魚

　　　[張衡]燭驅屬東京賦　文伍叄　六上

22　鐸　部

韻　字　表

鐸

莫作諤索惡薄錯諾託度冪雒落廓涸咢洛堊簿鄂恪亳閣郭博纏箬漠鍔崿昨駱橐絡壑

阼怍蘀槖泊胙①

藥

若斮略鵲著

昔

石席炙數籍釋腋尺繹奕譯歺掖襗藉液斥碩昔襗

陌

逆宅澤帛客白劇迫陌百額頜伯柏虢戟格赫貊坼𡐦

① 胙，班固西都賦與'榭獲裔藉'相叶，後漢費汎碑與'鑠業'相叶（見藥部合韻譜）。　此字廣韻
　收暮韻，集韻鐸韻有此字，音'疾各切'。

麥

獲畫
覺

朔
藥

赦①酪②射③榭④

22.1 鐸 部 韻 譜（兩漢）

前漢 [賈誼]劇澤旱雲賦 漢文拾伍 一下 [枚乘]澤莫作薄錯帛若席炙客諾石斁七發 文貳拾 六下 [孔臧]逆宅劇鴞賦 文拾叁 五上 [東方朔]石斮若作惡白薄七諫怨世 文貳伍 二下 錯託薄託又謬諫 五上 度索答客難 十下 [王褒]度廓四子講德論 文肆貳 七上 落陌僮約 十一下 塈索洛澤同上 十二上 索簿同上 索席石白客白百索搏落尺陌額惡同上 十二下 [韋玄成]作度自劾詩 漢詩貳 七下 [劉向]石薄九歎逢紛 文叁伍 二下 帛石又怨思 三下 迫釋又遠逝 五上 錯釋又憂苦 六上 雒薄又愍命 六下 [楊雄]繹錯度薄鄂甘泉賦 文伍壹 四下 白落解嘲 文伍叁 二上 窶宅同上 三上 白鵲同上 酪索橐同上 石伯宅冀州箴 文伍肆 一上 亳宅兗州箴 一下 譯逆揚州箴二上 宅射太僕箴 六上 伯奕太常箴 七上 恪射作度薄宅元后誄 十上 [劉歆]惡落遂初賦 文肆拾 二上 [無名氏]石客若牟名歌 漢詩伍 一下 百諾楚人諺 九下 莫閣投閣諺 十下

後漢 [馮衍]作虢顯志賦 後漢文貳拾 三下 [杜篤]亳洛論都賦 文貳捌二上 白作衆瑞賦 五上 [傅毅]液坼七激 文肆叁 四下 [班固]錯閣西都賦文貳肆 四上 澤作東都賦 七下 漠鍔封燕然山銘 文貳陸 三上 博客奕略奕旨

① 赦，後漢崔寔大赦賦與'迹惕'相叶(見錫部合韻譜)。廣韻此字入禡韻，音'始夜切'。

② 酪，楊雄解嘲與'索橐'相叶。廣韻此字入禡韻，'枯駕切'。

③ 射，楊雄太僕箴與'宅'相叶，元后誄與'恪作度薄宅'相叶，王褒四子講德論與'斿'相叶。廣韻此字入禡韻，音'神夜切'。

④ 榭，班固西都賦與'獲裔藉胙'相叶。廣韻此字入禡韻，音'辭夜切'。

八下　[崔駰]伯奕太常箴　文肆肆　九上　鍔錯刀劍銘　十一上　[張衡]絡薄作

託泊鍔西京賦　文伍貳　九下　斥壑獲同上　十上　[崔瑗]畧迫草書勢　文肆伍

七上　[馬融]錯竿長笛賦　文拾捌　三下　縛作落廣成頌　十一下　[崔寔]作格

宅諫議大夫箴　文肆伍　十上　[蔡邕]石索釋誨　文柒叄　七上　[邊讓]澤伯虢赫

章華臺賦　文捌肆　十一上　[無名氏]柏石客薄洛索宅尺迫古詩　漢詩叄　七上

石獲傷三貞詩　十下　落閣薄郭夕古詩爲焦仲卿妻作　詩肆　十四上　尺額帛童謠歌

詩伍　六上　博諾二郡謠　八上　諤博太學中謠八及　八下　石掖縫掖謠　十二上

22.2 鐸 部 合 韻 譜 上 （前漢）

鐸藥

　　[枚乘]若澤樂七發　漢文貳拾　六上　[劉向]寞樂九歎憂苦　文叄伍　六上

[楊雄]石籥長楊賦　文伍貳　二上　[無名氏]筰欋鐃歌上陵　漢詩壹　九下

鐸屋

　　[王襃]斲射四子講德論　文肆貳　六上　腋木略同上　七下　樸芎聖主得賢臣

頌　九下　[楊雄]族伯籍錯宗正卿箴　文伍肆　五下

鐸藥職櫟爲藥部字，伏爲職部字。

　　[司馬相如]略獲櫟若藉伏藉澤子虛賦　文貳壹　五下

鐸魚

　　[無名氏]白博作索苦鐃歌將進酒　漢詩壹　十上

22.3 鐸 部 合 韻 譜 下 （後漢）

鐸藥

　　[馬融]惡鄂薄宅鶴長笛賦　後漢文拾捌　三下　[胡廣]恪虐作託侍中箴

文伍陸　七下　[無名氏]恪卓太學中謠八廚　漢詩伍　八下

鐸屋

　　[班固]石幄朔宅十八侯銘張良　文貳陸　四上　[王逸]落錯陌峇岳澤薄

石九思愍上　文伍柒　三下　[馬融]作落木廣成頌　文拾捌　十下

鐸職
　　[馮衍]德石顯志賦　文貳拾　一上　　　[杜篤]棘莋貊論都賦　文貳捌　三上
[班固]德著澤落薄答賓戲　文貳伍　五上　　　[無名氏]石直古詩爲焦仲卿妻作　詩肆　十四上

鐸錫
　　[傅毅]客策迫舞賦　文肆叄　三上　　畫澤七激　五上　　　[班固]易澤帛襌役竇將軍北征頌　文貳陸　二上　　[史岑]易逆戟出師頌　文肆玖　十下

鐸沃
　　[張衡]陸石樽冢賦　文伍肆　二下

鐸緝
　　[班固]石蛤答賓戲　文貳伍　五上　　[無名氏]立迫古詩爲焦仲卿妻作　詩肆　十四上

鐸盍
　　[班固]業作典引　文貳陸　七下

鐸祭
　　[班固]榭獲裔藉胙西都賦　文貳肆　五上

鐸藥職息福爲職部字，樂爲藥部字。
　　[馬融]錯息樂福廣成頌　文拾捌　十上

鐸屋職曲爲屋部字，德爲職部字。
　　[闕名]白曲諤□□宅碩夕□德王政碑　文玖玖　二上

鐸屋沃嶽爲屋部字，滌爲毒部字。
　　[班固]嶽洛滌作東都賦　文貳肆　六上

鐸屋藥盍埆穀僕爲屋部字，樂爲藥部字，狹爲盍部字。
　　[白狼王唐菆]埆穀樂狹石洛帛僕遠夷懷德歌　漢詩壹　五上

鐸職緝邑爲緝部字，德爲職部字。
　　[班固]恪亳邑德繹典引　文貳陸　七上

鐸質錫擊爲錫部字，釋爲質部字。

[黃香]白擊鐸戟廓崿九宮賦　文肆貳　七上

鐸質沃職實爲質部字,學爲毒部字,得國爲職部字。

[崔駟]得實學國蠻逵旨　文肆肆　四下

23 錫　部

韻　字　表

錫

析歷瓶敵狄逖績壁擊霳惕闃汨①

昔

益易役迹僻壁適辟跡積闢磧

麥

策翮隔諞厄軶阨蹟

23.1 錫部韻譜（兩漢）

前漢　[劉去]積益歌一首　漢詩壹　四下　[劉向]迹辟九歎離世　漢文　[王襃]策迹聖主得賢臣頌　文肆貳　九上　[楊雄]易役長楊賦　文伍貳　二下　辟迹解嘲　文伍叄　三上　僻績益州箴　文伍肆　三上　績僻廷尉箴　六下　[崔篆]策績適慰志賦　文陸壹　六下

後漢　[馮衍]策迹顯志賦　後漢文貳拾　三上　[班固]迹辟易東都賦　文貳肆　六下　磧敵迹阨竇將軍北征頌　文貳陸　二上　策析奕旨　八下　[蘇順]迹蹟賈逵誄　文玖拾　十上　[張衡]辟闢積狄西京賦　文伍貳　七上　[崔寔]靂壁引里諺　漢詩伍　九下　[胡廣]隔逖闢績邊都尉箴　文伍陸　七下　[蔡邕]翮瓶弔屈原文　文柒玖　八下　[無名氏]壁歷易適翮跡軶益古詩　詩叄　七上

---

①　汨,汨灑水名,廣韻入錫韻,音'莫狄切'。

23.2 錫 部 合 韻 譜 (後漢)

錫鐸

[王逸]厄汩易闃石九思遭厄　後漢文伍柒　四上　　[崔寔]迹惕赦大赦賦

文肆伍　九上　[馬融]迫積長笛賦　文拾捌　二上　昔惕同上　三上

錫月

[崔瑗]訏辟逖役司隸校尉箴　文肆伍　四上

24 質 部

質

日匹慄實室疾一舸畢栗壹溢失密汩佾躓七必質泆吉逸蜜漆秩悉軼筆率鞸

術

卒律出術戌潏橘崒黜悴①述

櫛

瑟澌

吻迄

迄訖

物

怫物勿屈掘鬱佛堁沕崛詘芴

沒

沒歿曶忽骨突砯勃惚溘

屑

結咽節屑切鐵血跌穴譎戾閉

職

―――――――――――――

① 悴，廣韻入至韻，集韻術韻有此字，音'昨律切'。

衁溫

至

諡埶躓

霽

替

黠

軋

24.1 質 部 韻 譜 （兩漢）

前漢 [賈誼]節沒旱雲賦 漢文拾伍 一下 慄怫結同上 [韋孟]逸黜諷諫詩 漢詩貳 一下 逸室同上 一下 一弼同上 室弼在鄒詩 二上 [武帝劉徹]溢日瓠子歌 詩壹 一下 [枚乘]忽慄汩七發 文貳拾 六下 鬱突律卒同上 七下 [淮南小山]軋沸忽沕栗穴慄招隱士 文貳拾 八上 [司馬相如]鬱崒子虛賦 文貳壹 一下 忽佛同上 二上 勃茀惚同上 四上 [東方朔]實室七諫自悲 文貳伍 四上 [王褒]逸疾四子講德論 文肆貳 六上 律節同上 骨砐聖主得賢臣頌 九下 [韋玄成]畢日戒子孫詩 詩貳 八上 栗室同上 [劉向]結屑九歎遠逝 文叄伍 四下 坲悴同上 五下 鬱悴又惜賢 五上 汨疾同上 五下 鬱日又思古 七上 [班倢伃]屆日術擣素賦 文拾壹 八上 [楊雄]筆詘解嘲 文伍叄 三上 溢日荊州箴 文伍肆 二下 律卒衛尉箴 六上 室日將作大匠箴 七下 [闕名]物詘郊祀歌朱明 詩壹 六上 溢一又天地 六下 [無名氏]一失一畫一歌 詩伍 一上

後漢 [馮衍]室術顯志賦 後漢文貳拾 四上 術節同上 四下 [傅毅]泆術日舞賦 文肆叄 三下 溢卒弼室北海王誄 七上 逸日迪志詩 漢詩貳 九下 迄卒同上 [班固]室血東都賦 文貳肆 六上 鐵日出東都賦 文貳肆 七上 律佾畢同上 七下 [崔駰]實質術日達旨 文肆肆 三下 溢律仲山父鼎銘 十下 [蘇順]秩衁室一和帝誄 文肆玖 十上 [王逸]忽室琴思楚歌 詩貳 十一下 [李尤]節密七款 文伍拾 三下 戌悉上西門銘 七上 物實盤銘 十二上 [張衡]

節跌結思玄賦 文伍貳 一下 一崒律出西京賦 六上 日逸室東京賦 文伍叁 二

下 瑟畢份秩一吉同上 四上 結節替誚秩同上 六上 穴潏溢疾軋汨南都賦

七下 栗橘同上 八上 日室冢賦 文伍肆 二下 [崔瑗]溢吉竇大將軍鼎銘 文肆伍

四下 [馬融]律一出畢長笛賦 文拾捌 四上 突卒沒閉圍碁賦 四上 [崔寔]

太醫令箴 文肆伍 十上 [王延壽]一屈日魯靈光殿賦 文伍捌 二下 [張超]逸

一吉誚青衣賦 文捌肆 九下 [蔡邕]日蜜協和婚賦 文陸玖 四上 律溢琴賦 五下

[邊讓]節跌結章華臺賦 文捌肆 十一下 [孔融]密穴室日實一漆畢臨終詩

詩貳 十五上 [闕名]栗失□勿必無極山碑 文壹零肆 三上 [無名氏]日結血

古詩 詩肆 十五上

24.2 質 部 合 韻 譜 上（前漢）

質月

　　　[劉去]忽絕歌一首 漢詩壹 四下 [王襃]溢鬱律誚折溢滅出洞簫賦

漢文肆貳 一下 溢發四子講德論 七上 [劉向]滅日九歎遠遊 文叁伍 八上 [班

倢伃]絕結咽擣素賦 文拾壹 八上 [楊雄]實熱室解嘲 文伍叁 三上 烈律

同上 三下 哲慄密舌折尚書箴 文伍肆 四下

質祭

　　　[劉向]血廢九歎惜賢 文叁伍 五下 [楊雄]替弊冀州箴 文伍肆 一上 世

泄室卒將作大匠箴 七下

質盍

　　　[楊雄]節業甘泉賦 文伍壹 九下

質月祭脂潏鼇墜沸爲脂部字，折冽沫爲月部字，濴瀨沛礚爲祭部字。

　　　[司馬相如]潏汨滭折冽濴鼇瀨沛墜礚溷沸沫疾上林賦 文貳壹 三下

質職

　　　[楊雄]逸七國解嘲 文伍叁 二上

質真

　　　[劉向]鬱忿九歎惜賢 文叁伍 五下

24.3 質 部 合 韻 譜 下 (後漢)

質月

[傅毅]節跌折絕殁智蛻畢列悅舞賦　後漢文肆叁　三上　　[班固]實物
�791節東都賦　文貳肆　七上　闕日實將軍北征頌　文貳陸　二上　　[杜篤]越血論都賦
文貳捌　三上　[馬融]謫室七密結滅溢慄失訖疾出必圍棊賦　文拾捌　四上

質月脂肆爲脂部字，冽爲月部字。

[馬融]切肆戾冽躓長笛賦　文拾捌　二下

質職

[闕名]出掘國德結任伯嗣碑　文壹佰　一下

質脂

[班固]計謐實日答賓戲　文貳伍　四下

25 月 部

曷

達頞葛闥嚇轄鴰剌闕遏割碣

末

闊奪豁沫末括

屑

霓蜺纈咽絜臬

薛

冽烈絕裂折雪歠熱滅桀舌哲喆掇躄缺別兊①說晢傑轍悅漦冽冽荔瞥設

月

月髮越竭調闕發鉞伐訐疐碣

----

① 兊, 古文'別'字。

黠

殺察札錣

25.1　月　部　韻　譜 (兩漢)

前漢　[韋孟]髮察諷諫詩　漢詩貳　一下　絕烈在鄒詩　二上　[枚乘]歊雪
七發　漢文貳拾　五下　[司馬相如]烈越子虛賦　文貳壹　四上　[劉勝]裂折文木
賦　文拾貳　六下　[司馬遷]闊奪悲士不遇賦　文貳陸　五上　達豁同上　[韋玄成]
烈列戒子孫詩　詩弎　八上　[劉向]謁闕九歎遠遊　文叄伍　八上　轕發同上　[班倢
伃]雪月發熱絕怨詩　詩叄　二　[楊雄]月烈羽獵賦　文伍壹　七下　絕滅同上
八上　滅絕解嘲　文伍叄　三上　頮沫同上　三下　奪鉞枻荊州箴　文伍肆　二下　[劉
歆]別枻遂初賦　文肆拾　二上　[闕名]列察郊祀歌景星　詩壹　七下　[無名氏]
竭雪絕鐃歌上邪　詩壹　十下　闊葛諸葛豐諺　詩伍　十上　札舌谷樓諺　十下

後漢　[馮衍]達伐顯志賦　後漢文貳拾　二下　[傅毅]列察洛都賦　文肆叄
一下　越沫奪滅絕發末舞賦　三上　[班固]越列西都賦　文貳肆　四上　缺滅絕
同上　哲烈東巡頌　文貳陸　一上　[崔駰]烈發闕伐月反都賦　文肆肆　一下
[李尤]別說舌滅筆銘　文伍拾　八下　[張衡]括發末西京賦　文伍貳　十上　列
設鍛霓哲東京賦　文伍叄　三上　刺蠆雪絕霓南都賦　七上　絕滅髑髏賦　文伍肆
二上　[馬融]髮介葛越圍棋賦　文拾捌　四上　咽絕同上　[邊韶]列月塞賦　文
陸貳　一下　[崔寔]哲察諫議大夫箴　文肆伍　十上　[張超]傑月尼父頌　文捌肆
十上　[蔡邕]闊達樊惠渠頌　文柒肆　二下　鉞烈黃鉞銘　七下　[禰衡]滅絕竭
發弔張衡文　文捌柒　三上　[蔡琰]別裂轍咽悲憤詩　漢詩叄　四上　[傅幹]悅絕
皇后箴　文捌壹　十三下　[無名氏]絕別古絕句　詩叄　十上　雪月絕豔如山上雪
漢詩肆　八下　伐遏魏郡輿人歌　詩伍　三上

25.2　月　部　合　韻　譜　上 (前漢)

月祭

[司馬談]竭敝論六家要旨　漢文貳陸　四下　[劉向]折蔽九難遠遊　文叄伍

八下　**[闕名]**殺廢_{郊祀歌西顥　漢詩壹　六上}

月質

　　[公孫乘]月出_{月賦　漢文拾玖　七上}

月祭緝_{汲為緝部字，外為祭部字。}

　　[楊雄]轄礚汲外_{羽獵賦　文伍壹　八上}

25.3 月 部 合 韻 譜 下 （後漢）

月祭

　　[班固]辥缺制哲_{典引　文貳陸　陸下}　　**[崔駰]**闓闕發沛滯_{達旨　文肆肆}

三下　制設滅_{同上　四上}　　**[張衡]**發施轄鷢殺噦鉞_{東京賦　文伍叁　三上}　烈瘱

列折_{七辯　文伍伍　二上}　　**[無名氏]**雪月絕會_{鎧如山上雪　漢詩肆　八下}

月質

　　[班固]烈竭律_{典引　文貳陸　八上}　絕述_{奕旨　八下}　　**[張衡]**殺烈摯_{西京}

賦　文伍貳　九下　　**[闕名]**日發辥沫_{鏡銘　文玖柒　十上}　裂血絕_{郭仲奇碑　文壹零}

貳　三下　詘折_{孫根碑　文壹零肆　五下}　　**[無名氏]**慄列缺札別滅察_{古詩　漢詩叁}

八上　烈節_{太學中謠八及　詩伍　八下}

月盍

　　[張衡]栜磕列業轍月_{西京賦　文伍貳　八上}　絕雪□滅輒_{舞賦　文伍叁}

十上

月藥

　　[崔駰]激烈_{東巡頌　文肆肆　六下}

月質職_{逸為質部字，式為職部字。}

　　[李尤]逸式說_{豐侯銘　文伍拾　十二下}

月質緝_{弼栗為質部字，立為緝部字。}

　　[闕名]□闕弼栗立_{柳敏碑　文壹零壹　八上}

月緝質錫職_{邑襲為緝部字，術出卒為質部字，易為錫部字，國為德部字。}

　　[杜篤]邑劣絕術易國襲出卒_{論都賦　文貳捌　二上}

26　盍　部

韻　字　表

盍

　　闔

怗

　　協牒浹擸①

葉

　　接獵曄捷輒

業

　　業嶪脅劫

乏

　　法乏

狎

　　翣

26.1 盍部韻譜（兩漢）

前漢　[司馬談]法業論六家要旨　漢文貳陸　四下　[楊雄]乏業長楊賦　文伍

貳　一下　[闕名]葉牒郊祀歌齊房　漢詩壹　七下

後漢　[馮衍]法業顯志賦　後漢文貳拾　一上　[傅毅]協刧舞賦　文肆叁

二下　[張衡]法脅闔嶪接獵曄西京賦　文伍貳　六下　[闕名]業內武梁祠堂畫像

文玖玖　一下

———————————————

① 擸見王襃洞簫賦，以'法合雜獵擸'爲韻。擸，集韻入怗韻，音'諾叶切'。廣韻怗韻'奴協切'

下有捻字，捻擸字通。

27 緝 部

韻 字 表

合

　　合荅沓遝雜颯䶂蛤訥①

緝

　　邑集歙輯悒及泣入襲習急立戢溼粒澀隰褺給岌

洽

　　洽

27.1 緝部韻譜（兩漢）

前漢 [司馬相如]歙輯隰子虛賦 漢文貳壹 四下 [劉勝]邑集聞樂對 漢文拾貳 七上 [東方朔]悒及七諫哀命 文貳伍 四下 [班倢仔]雜合沓擣素賦 文拾壹 八上 [楊雄]合襲解嘲 文伍叄 二下 [劉歆]及合遂初賦 文肆拾 二上 後漢 [傅毅]習急及邑舞賦 後漢文肆叄 三上 及立迪志詩 漢詩貳 九下 [班固]及集東都賦 文貳肆 七下 [崔駰]合入達旨 文肆肆 三下 褺入同上 四下 [李尤]集遝辟雍賦 文伍拾 二上 立集德陽殿賦 二下 集邑立洛銘 四上 [張衡]及立合思玄賦 文伍貳 二上 習入東京賦 文伍叄 六下 [王延壽]立入魯靈光殿賦 文伍捌 一下 [蔡邕]邑集戢及溼粒急入習澀述行賦 文陸玖 三上 集戢入釋誨 文柒叄 七上 [無名氏]泣及入枯魚過河泣 詩肆 十四上

---

① 訥廣韻入沒韻，此字從內得聲，當在本部。董仲舒士不遇賦以'黑訥惑'為韻。 黑惑為職部字。

27.2 緝 部 合 韻 譜 上 （前漢）

緝盍

[王褒]法合雜獵擸洞簫賦　漢文肆貳　一下　入法四子講德論　八下

緝職

[闕名]翊集郊祀歌華燁燁　漢詩壹　八上

緝祭

[司馬相如]際答封禪文　文貳貳　八上

緝質

[劉向]集日九歎遠逝　文叄伍　四下　泣戾又思古　七上

27.3 緝 部 合 韻 譜 下 （後漢）

緝盍

[班固]颯翣竹扇賦　後漢文貳肆　十一上　洽浹典引　文貳陸　七上

（附）　兩漢詩文韻字校記

1.1　之部韻譜

　　平聲① 王褒《九懷》《陶壅》"吾乃逝兮南娭"，"娭"嚴可均《全漢文》刻本作
"娛"誤，今從《楚辭》改。"娭"音熙。

　　② 楊雄《廷尉箴》"穆王耄荒，甫侯伊謀，五刑訓天，周以阜基。""謀"原作
"謨"，與"基"不叶，《古文苑》作"謀"，今據改。

　　③ 班固《幽通賦》"币三正而滅姬"，"姬"《漢書》《敍傳》作"周"，今從《文
選》作"姬"，"姬"與"災"爲韻。

　　④ 蔡邕《京兆樊惠渠頌》"莫修莫釐"，"釐"原作"治"，今從《蔡中郎文集》改
作"釐"，"釐""思"皆平聲字。

　　上聲⑤ 蔡邕《協和婚賦》"考遂初之原本，覽陰陽之綱紀，乾坤和其剛柔，艮兌感
其腓胇，葛覃恐其失時，摽梅求其庶事。"丁聲樹先生指出："胇"字與上下

用韻皆不合。賦云"艮兌感其脢腓",疑"腓脢"本作"腓脢"。《易》《咸卦》艮下兌上六二感其腓,在艮體;九五感其脢,在兌體;故此賦云艮兌感其腓脢。艮與腓應,兌與脢應,若如今本,旣失其韻,又失其行文之辭例矣。案丁先生所說極碻,今改"脢腓"爲"腓脢","紀""脢""事"爲韻。

去聲⑥　司馬相如《封禪文》"般般之獸,樂我君囿,白質黑章,其儀可喜。""囿"原作"圃",與"喜"不叶,今據五臣本《文選》改作"囿"。

2.2　幽部合韻譜上

幽宵①　枚乘《柳賦》"於是罇盈縹玉之酒,爵獻金漿之醪,庶羞千族,盈滿六庖。弱絲清管,與風霜而共彫,鎗鍠啾唧,蕭條寥寂。儁人英髦,列襟聯袍。""寥寂"當作"寂寥"。"醪""庖""彫""寥""髦""袍"爲韻。 若作"寂"則不叶《古文苑》作"寂寥",今據改。

3.1　宵部韻譜

平聲①　王逸《九思》《傷時》"使素女兮鼓簧,乘戈蘇兮謳謠,聲噭咷兮清和,音晏衍兮要婬。""婬"與"謠"押韻,"婬"當作"嬈"。

4.1　魚部韻譜上

平聲①　賈誼《弔屈原文》"般紛紛其離此尤兮,亦夫子之故也,歷九州以相其君兮,又何必懷此都也。""故"《史記》《屈賈列傳》作"辜",今據《史記》作"辜",與"都"爲韻。

②　劉勝《文木賦》"制爲樂器,婉轉蟠行,鳳將九子,龍導五駒。""行"與"駒"不叶,《西京雜記》《古文苑》並作"紆",今據改。

③　楊雄《羽獵賦》"剖明月之珠胎","珠胎"《文選》五臣本作"胎珠",是也。"珠"與"梧""魚""虞""胥"爲韻,今據改。

4.2　魚部韻譜下

平聲①　王延壽《夢賦》"撲苔蘽,扶夔魖。""魖"與上下用韻不合,當爲"魖"字之誤。"魖",字書無此字,蓋"魖"字之或體。楊雄《長楊賦》云"梢夔魖而抶獝狂",張衡《東京賦》云"殘夔魖與罔象","夔魖"爲一詞,"魖"音虛,若字從"翟",則與"魖"字所從得聲不符。今改作"魖"。

去聲②　　傳毅《七激》"乃使王良理轡，操以術敎"。"敎"當爲"數"字之誤。"數"與
　　　　　"攄""御""驅"押韻，若作"敎"則不相叶。

4.4　魚部合韻譜下

魚歌①　　張衡《鮑德誄》"業業學徒，童蒙我求。舍厥往著，去風即雅。 濟濟京河，
　　　　　實爲西魯。""我求"當爲"求我"之誤。《易》《蒙卦》"匪我求童蒙，童蒙求
　　　　　我"是其證。此處"我"與"雅""魯"押韻，若作"我求"則不相叶，今據《易》
　　　　　《蒙卦》改正。

　　　②　　《孤兒行》"頭多蟣虱，面目多塵"，"塵"下或有"土"字是也，"土"與"魯"
　　　　　"苦"爲韻。今增"土"字。

5.2　歌部韻譜下

平聲①　　杜篤《吳漢誄》"朝失鯁臣，國喪牙爪；天子愍悼，中宮咨嗟。"案"牙爪"當
　　　　　作"爪牙"，"牙""嗟"押韻。

6.4　支部合韻譜下

支歌①　　杜篤《論都賦》"驅騾驢"，"騾驢"或作"驢騾"，"騾"與"氏""奇""蓋""彌"
　　　　　"騠"叶韻，聲音相近，若作"驢"則聲音較遠，今改作"驢騾"，以"騾"爲韻
　　　　　字。

7.1　脂部韻譜

去聲①　　蔡邕《筆賦》"上剛下柔，乾坤位也，新故代謝，四時次也。""位"嚴可均
　　　　　《全後漢文》及《古文苑》均作"正"，今依《蔡中郎文集》改。"位""次"押
　　　　　韻，作"正"則不叶。

7.3　脂部合韻譜下

脂支①　　杜篤《論都賦》"諸夏滅徵"，"徵"《後漢書》《杜篤傳》作"微"，今據正。
　　　　　"微"與"維""眉""非""威"押韻。

8.1　祭部韻譜

　　　①　　楊雄《太常箴》"慢行繁祭，無曰我材，輕身恃筮"。"祭""筮"押韻。"筮"原誤
　　　　　作"巫"，今據《全後漢文》崔駰《太常箴》改正。兩文相同，今列楊雄名下。

9.1　蒸部韻譜

平聲① 班固《典引》"故夫顯定三才,昭登之績,匪堯不興;鋪聞遺策,在下之訓,匪漢不弘厥道。"《文選》李善注云:"言布聞古之遺策,聖德在下之訓,非漢不能弘道。案"興"與"道"不能押韻,《後漢書》《班固傳》"厥道"二字屬下文,以"興""弘"爲韻。依李善注知"厥道"二字屬下亦非。疑原句爲"鋪聞遺策,在下之訓,匪漢厥道不弘。""興""弘"二字爲韻。

11.1 東部韻譜

平聲① 賈誼《鵩鳥賦》"怵迫之徒兮,或趨東西;大人不曲兮,意變齊同。"東西"當爲"西東"之誤,"東"與"同"爲韻,今校改。

② 蔡邕《胡公夫人哀讚》"昔予□之即世兮, 安宅兆于舊邦,依存意以奉亡兮,遷靈柩而同來。""同來"疑原作"來同","邦""同"爲韻,今校改。

13.1 耕部韻譜上

平聲① 楊雄《甘泉賦》"和氏玲瓏","玲瓏"五臣本文選作"瓏玲"。案"玲"與"清""傾""嶸""嬰""成"爲韻,作"瓏玲"是也。今據改。

13.2 耕部韻譜下

去聲① 班固《幽通賦》"天造草昧立性命兮,復心弘道惟聖賢兮"。"聖賢"《漢書》《敍傳》作"賢聖",今據正。"命"與"聖"爲韻。

13.3 耕部合韻譜上

耕陽① 公孫乘《月賦》"隱員巖而似鉤,蔽修堞而分鏡,少旣進以增輝,遂臨庭而高映。火珠匪明,皓璧非瑩。""瑩"《古文苑》作"淨"今據改。

14.1 眞部韻譜

平聲① 班固《答賓戲》"言通帝王, 謀合神聖"。"神聖"《漢書》《敍傳》作"聖神","神"與"濱""垠""信""勳"爲韻,作"聖神"是也,今據改。

② 班固《竇將軍北征頌》"劉殘寇於沂垠","垠"原作"根",誤,今依《古文苑》改正。

15.2 元部合韻譜上

元眞① 路喬如《鶴賦》"白鳥朱冠,鼓翼池干。 舉脩距而躍躍,奮皓翅之猴猴。""猴猴"依文義及韻讀當作"猴猴"。《玉篇》:"猴,莊善切,鷙鳥擊勢也。"

《法言》《孝至篇》"蠁虎桓桓，鷹隼駪駪，"李軌注："駪駪，攫撮急疾也"。
《廣雅》《釋訓》云："駪駪，武也。"據是可知"駪駪"爲奮翅矯武之意，與路
賦文義正合。"駪"與"冠""干""讙""桓""安""樊""恩""歡"爲韻，字當作
"駪"無疑。（"狱"《玉篇》與"翼"爲一字，"狱"當是"狱"字之誤。）

17.1　侵部韻譜

平聲①　班固《終南山賦》"傍吐飛瀨，上挺修林"。"林"原作"竹"，今從《古文苑》
改。"林"與"沈""心"爲韻。

18.1　職部韻譜

①　司馬相如《封禪文》"聖王之德"原作"聖王之事"，此從《文選》。"德"與
"翼"爲韻。

九、 淮南子易林韻譜

1. 淮南子韻譜

(1) 之 部

平聲

能時之基原道篇柔弱安靜十句　時之又應化揆時二句　謀之又先者隤陷四句　熙德尤治俶眞篇含哺而游八句　時災精神篇風雨非其時二句　之來灰骸又居不知所爲二句　灰時財本經篇燎木以爲炭六句　欺疑又君臣相欺二句　才治主術篇任人之才二句　時財謀又淸靜無爲六句　治持又能多者四句　時裘齊俗篇夫以一世之變三句　骸灰持恢謀哉道應篇形若槁骸七句　謀疑時又周伯昌行仁義而善謀三句　時謀氾論篇徐偃王知仁義而不知時二句　謀時期詮言篇不豫謀二句　治能又使水流下四句　能治兵略篇主執賢四句　治旗持之又善用兵者九句　來之又觀波之所以來二句　貍來又始如狐貍二句　之謀又故所向非所之也二句　絲龜說山篇下有伏苓四句　龜貍又壞塘而取龜二句　貍龜又殺戎馬而求狐貍二句　醫謀說林篇與死者同病四句　牛貍又見象牙四句　姬牛來公之賢八句　謀骸又讒夫陰謀二句　辭喜人間篇其所能者四句　時滋之又聖人敬小愼微六句

上聲

止始原道篇水流而不止二句　有宰又生萬物而不有二句　右始又無所左而無所右三句　理海又是故一之理二句　右在又在於上六句　餌海有俶眞篇是故以道爲竿八句　里海又舜之耕陶也四句　理紀起理時則篇感動有理六句　理止覽冥篇陰陽之所壅沈不通者四句　母紀精神篇以天爲父四句　裏紀又外爲表而內爲裏三句　有理又是故聖人以無應有二句　恃有主術篇任一人之力者四句　里海又故假輿馬者四句　裏礙繆稱篇包裹宇宙而無表裏二句　里海又有聲之聲二句　駭理又勿驚勿駭二句　已止海齊俗篇故古之聖王五句　汜里在道應篇此其外猶有汰沃之汜三句　理喜詮言篇寧守其分四句　始已理又故不爲始三句　謀事悔又神勞於謀四句　始晦紀兵略篇終而復始三句　海駭又動則凌天振地五句　子海又上

視下如子二句　　止里說山篇深則達五藏四句　　己里始又不運於己三句　　理在又聖人之同死生四句　　里母殆又亨牛以饗其里三句　　海里說林篇田中之潦四句　　己矣里又諸之興已三句　　海己又流潦注海三句　　止里友市又騏驥驅之不進七句　　晦謀又見之闇晦二句　　里阜故蹠步不休四句　　使止理人間篇夫勸人而弗能使也三句　　畝里泰族篇故九州不可頃畝也二句　　止有又輕者欲發四句　　事理始要略夫　作爲書論者七句　　己理紀母又使人知遺物反己七句　　采理始又所以一蘩生之短修六句

去聲

志意來之兵略篇在中虛神七句　　忌期事要略操舍開塞六句　　使備原道篇四時爲馬四句　　載事待俶眞篇若夫神無所掩六句　　背右天文篇不可通也四句　　事態主術篇上多事二句　　意待事司又減想去意六句　　戴喜繆稱篇人以其所願於上四句　　治意又聖人在上四句　　事意齊俗篇是故凡將舉事二句　　事異又是以人不兼官四句　　志富詮言篇日月庚而無溉於志三句　　事怪說山篇被羊裘而賃四句　　治事又文王汚膺五句　　事似說林篇斲門以爲薪四句　　佩富又龜紐之璽四句　　備怪要略使人通迴周備三句

之部合韻

之幽

平聲　醫庖說林篇憂父之疾者子四句

上聲　丑始天文篇正月指寅四句

之職

上聲　己止事辭喜極精神篇其生我也九句

去聲　覆載原道篇以天爲蓋四句　　載植俶眞篇夫天不定四句　　載息覽冥篇天不兼覆四句　　事福氾論篇故喪宏知天道而不知人事二句　　德事載詮言篇誅而無怨六句　　伏意備兵略篇善用間諜七句　　識備又舉措動靜四句　　蠶意怪說林篇水蠹爲蟜七句　　治異食誨力泰族篇乃裂地而州之七句　　塞意事要略所以竅窔穿鑿百事之壅遏八句

(2) 幽　部

平聲

流浮原道篇兩木相摩而然四句　　游舟又短綆不綺四句　　周游又夫日回而月周二句　　游求覽冥篇浮游不知所求　　矚悠秋兵略篇泱哉矚矚四句　　浮休說山篇蘭生幽谷六句

上聲

守保原道篇欲剛者必以柔守之四句　沼鳥獸又射沼濱之高鳥二句　道寶守主術篇以不知爲道四句　好醜道詮言篇故不爲好三句　道守有百技而無一道二句　首爪兵略篇夫飛鳥之擊也俛其首四句　道醜說山篇紂有得事四句　考寶說林篇白璧有考二句　酒缶好醜又君子有酒四句　好醜又釀醴在頰則好二句　酒道又愛熊而食之鹽四句　造巧泰族篇奚仲不能旅三句

去聲

好報原道篇大包羣生而無私好二句

幽部合韻

幽魚

平聲　茅樞原道篇環堵之室四句　留疇侯天文篇條風至九句　珠由說山篇得隋侯之珠二句

上聲　道主天文篇欲知天道二句　主道主術篇故國有亡主二句

幽之

上聲　有保主術篇乘衆人之智四句

幽宵

平聲　豪休修務篇達略天地四句

(3) 宵　部

平聲

搖勞原道篇疾而不搖二句　窕躁嶢梟又處小而不逼六句　教搖勞主術篇處無爲之事三句　毛刀高說山篇斷右臂而爭一毛四句　搖撓說林篇使葉落者風搖之二句　熛燒又一家失熛二句　勞饒修務篇夫痟地之民多有心者四句　撓搖又口曾撓三句

上聲

曉照原道篇冥冥之中四句　少小精神篇故所求多者所得少二句　少小兵略篇故善戰者不在少二句　小少泰族篇故凡可度者小也二句

去聲

燿効精神篇如光之燿二句　暴肖本經篇伐亂禁暴二句　詔教主術篇任而弗詔二句

毛笑氾論篇不殺黃口四句　釣召說山篇故魚不可以無餌釣也二句　笑叫說林篇至樂不笑二句
笑眺修務篇冶由笑二句

(4) 魚　　部

平聲

驅俱區驟原道篇四時爲馬八句　隅樞又經營四隅二句　渝濡又新而不朗四句　慮
輿又恬然無思四句　無慮居又有生於無四句　去居俶眞篇是故事其神者神去之二句　衢
無又道出一原五句　辜邪時則篇審用法四句　盧居精神篇夫靜漠者四句　烏諸又日中有踆
烏二句　無盧又故有而若無二句　盧慮又廓然而虛二句　梧魚餘娛本經篇曲拂邅回八句
瑕居篠疏又抑微減瑕五句　樞符主術篇處靜持中四句　邪挐又志在正道直邪二句　魚
枯繆稱篇交拱之木六句　盧餘齊俗篇故亂國若盛四句　車家又夫待腰褭飛兎而駕之四句
濡趨道應篇爭魚者濡二句　慮圖扶兵略篇以論慮之三句　無盧又是以聖人藏形於無二句
魚竽壺又主能射雲中之鳥六句　無竽說山篇物莫不因其所有而用其所無三句　閭竽濡又
爲儒而踞里閭四句　車書又見竅木浮而知爲舟三句　諸蛆說林篇月照天下四句　枯烏圖
又舍茂林而集於枯三句　欋扶疏又木大者根欋四句　盧魚人間篇身死人手二句　書稼車
脩務篇昔者容成造歷六句　嘔濡殊珠濡渝泰族篇天地所包十句　愚拘又詩之失愚二句
書夫娛又閑居靜思六句　除疏盧餘泰族篇其起福也十句　書辜又爲奸刻僞書三句　居
乎又關雎興於鳥而君子美之四句

上聲

下寡原道篇累之而不高四句　土走處又夫蘋柎根於水六句　處暑所又各因所處四
句　下野輿後又利貫金石十句　處野矩又卓然獨立六句　怒苦又是故無所喜而無所怒二
句　所五舉處戶天文篇立春之後七句　斗所又帝張四維四句　土野女戶土野所
羽暑雨地形篇自東北方曰和邱以下二十句　偶走又或奇或偶二句　下暑土又凡八極之雲
六句　暑怒精神篇天有風雨寒暑二句　緒宇野所又反復終始八句　雨土怒本經篇天之
精六句　虎組又㩌兕伏虎二句　怒輿主術篇國有誅者四句　下矩繆稱篇道至高無上六句
馬弩下又善御者不忘其馬三句　弩釜齊俗篇鉛不可以爲刀四句　舞處又故當舜之時八句
馬羽下又是從牛非馬四句　下暑又儀必應乎高下二句　矩宇所又故天之員也不得規六句
下舞下道應篇深目而玄鬢七句　去所詮言篇耳目鼻口四句　府主又聖人不爲名尸四句　棓

口又王子慶忌死於劍四句　後所與又隨時三年八句　下所兵略篇貪味饕餮之人四句　野
浦扈又故黃帝戰於涿鹿之野四句　野下又朝不易位六句　雨下圍偶緒又卒如雷霆十句
假舍去又乘而勿假也三句　雨沮圍寡又止如邱山八句　虎武又左青龍四句　序暑又是
故處於堂上之陰四句　虎走又合如兒虎二句　武取又是故合之以文三句　父下又下視上如
父二句　後雨鼓緒又薉之於前九句　後伍又翼輕邊利四句　夏夜說山篇陰陽不能且冬且
夏三句　狗走又執彈而招鳥四句　走狗後以束薪爲鬼四句　馬炬狗俎又將軍不敢騎白馬
六句　鼠齟與又掘室而求鼠四句　狗雨又若用朱絲約芻狗二句　鼠壞齟又狸頭愈鼠四句
戶下又三人比肩四句　助雨說林篇幾易助也二句　社黍又無鄉之社二句　覩顧又皮將弗
覩二句　去下又中夏用簟四句　馬下虎又君子之居民上五句　武走又見虎一文四句　兔
買又逐鹿者不顧兔四句　土下又城成於土二句　楚予後呂距走處楚人間篇故蔡女蕩
舟十四句　雨矩御下脩務篇進如激矢九句　御虞泰族篇簡士卒三句　與舉處又朋黨比周
六句　鼓馬下又乃折枹毀鼓四句　下伍怒要略明設權操柄以制羣下六句　巨粗語又其言
有小有巨四句

去聲

具數原道篇小大脩短四句　故詐又偶睸智故二句　慕慮又去其誘慕三句　素夜俶眞
篇偃其聰明四句　舍素又是故虛無者道之舍二句　固赦度時則篇姦人已得六句　赦固又敗
物而弗取四句　聚寶又飾羣牧四句　慮素故精神篇清目而不以視六句　故詐主術篇上多故
二句　度舍居故道應篇攝女知七句　數遇詮言篇倍道棄數二句　素舍又平者道之素也
二句　慮儲又聖人無思慮二句　慮故怖又苦心愁慮四句　故遮候寤又變常易故六句
助去又舉事以爲人者衆助之二句　庫處又建鼓不出庫二句　數揆兵略篇發必中詮四句　謝
夜兵略篇若春秋有代謝二句　詐慮又不可巧詐也二句　步夜又因其飢渴凍暍五句　慮鬥
又因民而慮二句　度豫說山篇巧者善度二句　布暮又見蘗而求成布三句　絮布說林篇蓬苗類
絮四句　紵布故又布之新不如紵四句　步故又蘇秦步曰何故　露步脩務篇身淬霜露二句
步故泰族篇聽欲馳四句　厚晝又天致其高四句　寇鬥又乃相率致勇而爲之寇二句　喻具
要略假像取耦四句

魚部合韻

魚之

倨盱牛覽冥篇臥倨倨四句　野圄宇雨父女志俶眞篇若夫眞人十三句　下母古戶寡脩務篇今使人生於辟陋之國十句

魚幽

儒騶庮說山篇喜文非俠也六句

魚歌

閭疽瑕虧說林篇治鼠穴而壞里閭四句

魚鐸

素白原道篇純粹樸素二句　露澤又上天則爲雨露二句　格度詮言篇强勝不若已者四句　舍斥處兵略篇相地形六句　昔昨說山篇歲賢昔二句　炙夜又見彈而求鴞炙二句　射乍說林篇虎豹之文來射二句

魚屋

慕欲精神篇使耳目精明元達而無誘慕二句　數樹欲繆稱篇欲知天道六句　嚃臯詐齊俗篇引諺　欲諫喻附兵略篇其後驕溢縱欲六句　欲助又同欲相助　斲具鬥說林篇大匠不斲二句　構哭又紂醢梅伯四句　務族要略有脩族二句

魚沃

覆軵說林篇傾者易覆也二句

（5）歌　部

平聲

移多原道篇轉化推移三句　多隨又好憎繁多二句　虧化馳又能存之此六句　宜爲又形神志氣三句　議和爲蛇化俶眞篇坐而不教八句　爲施又非道之所爲也二句　義宜和又是故聖人內脩道術四句　歌和天文篇女夷鼓歌二句　阿苛時則篇平而不阿二句　阿和挫又平而不險六句　虧爲精神篇夫癩者趣不變四句　爲和儀又性有不欲十句　和爲本經篇君臣不和二句　化爲和又隨自然之性四句　碕波又積牒於石四句　宜施主術篇小大脩短四句　儀宜宜又文武備具六句　爲隨齊俗篇故行齊於俗四句　宜過又各用之於其所適三句　隨爲又故狐梁之歌四句　移虧道應篇日中而移二句　訶議爲詮言篇動有章則訶四句　爲

何又故通性之情者四句　危剉又故治未固於無非四句　波爲麾阤兵略篇擊之若雷八句　爲化又視其所爲二句　儀宜又無法無儀二句　化移又因形而興之化二句　移奇又所當者陷四句　池爲說山篇因高而爲臺四句　楷羈犧河又髡屯犂牛六句　羈轙多爲又遺人馬而解其羈七句　麻波又祭之日而言狗生四句　和危說林篇水火相憎六句　過差又循繩而斷四句　趨馳又趨曰何馳　議苛又有爲則議二句　宜議又以爲裳則宜二句　河波又使人無度河可,中河使無波不可　河多又湯沐之於河二句　馳譌又易道良馬四句　譌和又善舉事者三句　波差詭又水雖平六句　移虧又從朝視夕者移二句　化移施脩務篇目失精神滑淖纖微五句　皮蛇又若使之銜腐鼠四句　移馳靡泰族篇日之行也四句　義爲化靡又清明條達者八句　差過又寸而度之四句　和差要略所以使人黜耳目之聰明六句

上聲

　　　彼我原道篇不在於彼二句　　墮禍原道篇夫善游者溺四句　　可可說林篇使人無度河可二句

去聲

　　　麗過俶眞篇夫貴賤之於身也四句

歌部合韻

歌元

　　　酸和說林篇百梅足以爲百人酸二句　　觀議患詮言篇爲善則觀四句

歌幽

　　　奇調爲移虧陂移兵略篇敵若反靜十四句

(6) 支　　部

平聲

　　　涯呰原道篇脩極於無窮四句　　規離主術篇若欲規之二句　　知爲又知員者四句　　堤谿兵略篇勢如決積水於千仞之堤二句　　蹄枝知說林篇馬齒非牛蹄四句　　忮呰泰族篇禮之失忮二句

(7) 脂　　部

平聲

　　　齊諧兵略篇或將衆而用寡者四句　　私齊脩務篇若夫堯眉八彩四句

上聲

是死原道篇又無非無是三句　死牝地形篇高者爲生四句　體死精神篇存而若亡四句
眛死體又覺而若眛四句　指視詮言篇星列於天而明四句　死牝又後生而前死二句　弟死
又上視下如弟二句　矢體又疾如礦弩四句　死致說林篇狗彘不擇顧甌而食四句　致履又冠
則戴致之二句　指死又一膊炭樸四句　尾幾又畏首畏尾二句　死指又鼠無時死二句　指體
人間篇癰疽發於指二句　指至泰族篇四海之內五句　指體要略詮言者三句

去聲

視至道應篇正女形三句　利比泰族篇則機樞調利三句

脂部合韻

脂祭

去聲　利害原道篇故以神爲主者四句　底滯兵略篇上窮至高之末四句　利害詮言篇
不可以得利二句

脂微祭

去聲　利位世原道篇又貪饕多欲之人五句

（8）微　　部

平聲

微渼(回)飛原道篇甚淖而渭六句　歸畏又天下歸之二句　遺悲又古之人三句　悲
開肥又不以奢爲樂六句　衣機又其縱之也若委衣二句　飛衰地形篇土龍致雨四句　衰歸
時則篇行秌冪四句　歸遺主術篇下者萬物歸之四句　微懷又故心小者二句　非微繆稱篇物
多類之而非二句　衰悲道應篇夫物盛而衰二句　懷睎氾論篇夫繩之爲度也四句　帷衣說山
篇先針而後縷四句　飛椎又衆議成林四句　推非微又推與不推四句　衣歸悲又莊王誅里
史五句　微機要略分別百事之微二句　依諱微機又故言道而不明終始八句

上聲

水絺原道篇陸處宜牛馬四句　鬼水又寢居直夢四句　毀累說山篇聖人不先風吹四句

去聲

既費原道篇富贍天下而不既二句　悖觜逮又疏達而不悖四句　氣類地形篇皆象其氣
二句　悖憒時則篇廩而不悖二句　貴遂精神篇能知大貴二句　眛氣繆稱篇引黃帝語　愛

貴齊俗篇淳均之劍不可愛也三句　　類悖貴又異形殊類四句　　位肆兵略篇朝不易位二句　　氣

類說山篇日月不應非其氣二句　　味氣又譬一臠肉四句　　悴削說林篇有　者四句

微部合韻

微歌

平聲　悲危原道篇是故不以廉爲樂四句　　隨非又故亡國之法四句

微脂

平聲　衰遲飢兵略篇常以生擊死四句　　威飢歸又是故內脩其政以積其德六句　　衣

犀又砥利劍者三句　　飛飢說林篇蚤與驥致千里而不飛二句　　飢肥推又人食礬石而死五句

去聲　內惠隧又治國家六句　　器汸本經篇大鍾鼎四句　　算蜺齊俗篇夫明鏡便於照形

七句

微祭

去聲　胝蹪肆悖類愛本經篇柔而不胝八句　　內外褻詮言篇自樂於內四句

(9) 祭　部

去聲

滯廢原道篇是故能天運地滯二句　　大外又託小以包大二句　　外廢又是故以中制外二句

裔蓋又故雖游江潯海裔三句　　大外又故在於小四句　　害廢時則篇取而無怨四句·　外瀨際

覽冥篇曾逝萬仞之上六句　　竄裔又莫不僤驚伏竄二句　　敗廢本經篇晚世風流俗敗二句　　外

世主術篇平九州四句　　蓋滅害齊俗篇故日月欲明六句　　外制道應篇故人主之意欲見於外二句

大敗氾論故得王道者四句　　外敗詮言篇引廣成子語　　害廢又邪與正相傷四句　　敗害又强

而不相害二句　　蔽閉又風雨可障蔽二句　　外穢隧說山篇無內無外四句　　大芥說山篇海雖大二

句　　蓋敗說林篇日月欲明而浮雲蓋之二句　　害敗又善用人者四句　　敗廢人間篇名者難成而易

敗也四句　　廢敗害又夫就人之名者廢四句　　外世脩務篇消搖仿佯於塵埃之外三句　　敗害要

略成之爲敗二句

祭部合韻

祭月

廢泄昧原道篇故夫形非其所安而處之則廢六句　　滯穢泄時則篇流而不滯四句　　廢裂

覽冥篇四極廢二句　　發歲齊俗篇夫一儀不可以百發二句　　世穢絕兵略篇乃討强暴六句　　噬

跌害兵略篇有角者觸六句　蹶拂敗說林篇游者以足蹶四句　跋發外掘外蔽說林篇以瓦鉒者全八句　滅大人間篇禍生而不蚤滅四句　達世脩務篇精神曉冷五句　滯泄泰族篇邪氣無所留滯三句　蹤敗滅害又故事有鑿一孔而生百隙八句

祭質

　　失察慧泰族篇不稱丈量六句

(10) 蒸　部

平聲

　　蒸應原道篇風興雲蒸二句　勝淩又力無不勝二句　淩雄*覽冥篇夫死生同域四句　夢萌騰精神篇是故其寢不夢四句　興應主術篇萬物並興二句　登勝繆稱篇近而不可以至三句　應雄奇正之相應二句　勝應兵略篇諸有象者四句　繩淩又故前後正齊四句　稱應要略有主術四句

去聲

　　寧應繆稱篇其坐無慮四句　憎勝兵略篇常以積德擊積怨三句　應勝又持五殺以應二句

蒸部合韻

蒸東

　　冬繩覽冥篇和春陽夏三句

蒸侵

　　心蒸本經篇上下離心二句　應朕兵略篇乃以明物類之感四句

(11) 陽　部

平聲

　　張明強剛陽光原道篇約而能張六句　明行翔又日月以之明四句　皇柄央方又泰古二皇五句　陽行生又優天地而和陰陽四句　霜行又童子不孤四句　霜傷藏又秋風下霜四句　強當又志弱而事強二句　剛強又行柔而剛二句　創傷又擊之無傷二句　陽狂又人大怒破陰四句　強明又筋力勁強二句　喪亡又忽然若有所喪二句　房蔣旁又上漏下溼六句　強翔又是故不待勢而奪五句　方明堂光俶眞篇能載大員者履大方五句　行明又是故性遭命而後能行二句　喪兵常天文篇為疾為喪三句　強昌又大歲迎者辱四句　行傷兵

---

* "雄"詩經音在蒸部，西漢末轉入冬部。

霜又丙子干甲子十句　　殃霜又庚子干戊子四句　　亡藏又戊子干庚子四句　　鄉鄉又戊子干壬子四句　　方央又天員地方二句　　行當殃又六月當心六句　　昌殃亡涼明兵強常康又歲星之所居以下二十句　　昌亡又以保畜養四句　　亡殃又合於歲前則死亡二句　　忘明亡匡時則篇直而不爭十句　　陽行昌疆明又乾敦陽陽八句　　行強剛藏又故多正將行五句　　鏡迎藏傷覽冥篇故聖人若鏡四句　　桑棠又朝發榑桑二句　　行光精神篇日月失其行二句　　行殃又五星失其行二句　　方旁又以死生為一化四句　　陽狂又人大怒破陰四句　　光行本經篇日月淑清而揚光二句　　煌章明又焜昱錯眩七句　　糧葬又居民無食四句　　亡傷主術篇國無義四句　　昌亡繆稱篇故情勝欲者昌欲勝情者亡　　張病又大戰去水四句　　行喪葬齊俗篇武王伐紂七句　　強剛陽明方道應篇吾知道之可以弱十句　　昌亡又夫憂所以為昌也二句　　殃亡又若興之從四句　　牆方氾論篇故東面而望四句　　陽象方羊又山出曉陽四句　　迎將央詮言篇來者弗迎四句　　藏倡又聖人內藏二句　　境行兵略篇故聞敵國之君有加虐於民者四句　　方陽剛明常方明又所謂道者九句　　兄塘當又民之為用六句　　強明當望亡又地廣民眾九句　　腸傷場又涉而壘腸四句　　行強又威儀並行二句　　傷明又彼非輕死而樂傷也二句　　兄亡又下視上如兄二句　　強行又兵猶且強二句　　陽行祥又明於奇賚陰陽四句　　將行又君若不許四句　　光陽說山篇日望月奪其光四句　　藏病又天二氣則成虹三句　　抗常行又申徒狄負石自沈於淵五句　　枉往又舉直與枉二句　　兵當又得萬人之兵二句　　行明說林篇足以壘者淺矣四句　　亨藏又狡兔得而獵狗烹二句　　行芳又芻狗能立而不能行二句　　芳霜兵望又蘭芷以芳四句　　兄當又損年則嫌於弟四句　　旁嘗傷又小國不鬬於大國之間四句　　行上又欲觀九州之土四句　　倉囊橫又未嘗稼穡六句　　芳明又不生而堅四句　　牀荊又行者思於道四句　　陽霜又聖人處於陰四句　　牆祥傷又負子而登牆三句　　梁裳又不能耕而欲黍粱二句　　明光明又百星之明四句　　傷殃人間篇夫再實之木根必傷二句　　羹傷又稿粱之飯四句　　粱良又食芻豢四句　　粱羊又故蠹啄剖柱梁二句　　行當又或明禮義推道理而不行二句　　明章脩務篇舜二童子四句　　喪亡明泰族篇其殺物也三句　　行光霜又逆天暴物七句　　康亡又以沈湎淫康三句　　方橫又輪員輿方二句　　王亡又故同氣者帝四句　　王放又故桀紂不為王二句　　光行殃常常要略所以和陰陽之氣九句　　行強常羊兵所以知戰陳分爭之非道不行也八句

上聲

悅象原道篇忽兮怳兮悅兮二句　　悅往景上又游微霧八句　　網像又故矢不若繳三句　　像

景秉仗又沕穆無窮八句　兩往覽冥篇罔兩不知所往　像往主術篇故至精之像三句　養長泰族篇其生物也二句

去聲

狀量齊俗篇樸至大者無形狀二句　唱讓詮言篇聖人常後而不先四句　象量沆藏兵略篇天化育而無形象四句　狀象兵略篇無名無狀二句

陽部合韻

陽東

平聲　剛强鄉同量原道篇積於柔則剛八句　明章公原道篇掩其聰明四句　明功常當原道篇夫任耳目以視聽者九句　功方張天文篇景風至九句　陽陽通天文篇天地以設六句　聰傷揚精神篇是故五色亂目八句　明聰當通本經篇精泄於目八句　明聰障主術篇冤而前旅六句　長藏功堂方傷公主術篇春生夏長十二句　量讓功障行主術篇上好取而無量二句　方當倡明功主術篇臣道員者六句　橫窮剛忘氾論篇夫脩而不橫四句　陽强功氾論篇能陰能陽四句　王功兵略篇夫爲地戰者四句　强亡强工亡兵略篇衆之所助十句　窮行兵略篇輪轉而無窮二句　創通當兵略篇是故大兵無創四句　行功兵略篇是故扶義而動四句　剛强張東明創兵略篇故用兵之道十二句　霜傷功人間篇同日被霜四句　明氓窮霜行脩務篇湯夙興夜寐十句　明壅境脩務篇君子有能精搔靡監七句

上聲　動往像脩務篇無爲者寂然無聲七句

(12) 東　部

平聲

降窮原道篇雷聲雨降二句　窮功又體道者逸而不窮二句　中窮又是故好事者未嘗不中二句　公洞又是故無所私而無所公三句　容宗時則篇厥德孔密四句　終宗通覽冥篇純溫以淪四句　用中精神篇有精而不使四句　宗通又除穢去累三句　窮通主術篇人有困窮二句　宗窮又故得道之宗二句　公通忠齊俗篇望君而笑六句　同通宗窮詮言篇方以類別九句　通凶又人有窮而道無不通二句　窮同通又通而不華八句　從窮用冲又故神制則形從五句　中窮攻兵略篇莫見其所中四句　同從同通說山篇行合趨同四句　聲聰聰通說林篇聽有晉之晉者聾四句　窮宮又駿馬以抑死四句　功龍又隨時而舉事四句　通江修務篇禹耳參漏四句　從用泰族篇故因其性四句　功同又故聖主者四句　聲通又既瘖且聾二句　從凶

又位高而道大者從二句　**公功**要略其數直施而正邪五句

上聲

洞動原道篇遂分洞兮二句　**總孔**又萬物之總二句　**動恐**俶眞篇是故生不足以使之四句
動恐又知者不能動也二句　**動容**兵略篇故計定而發五句

去聲

縱用原道篇恬則縱之二句　**重恐動**兵略篇錞鉞牟重四句　**重動**泰族篇夫濕之至也四句

東部合韻

東陽

脣亡中本經篇怨尤充脣四句　**明聰公從**齊俗篇以視則明四句

東幽

調通本經篇心與神處四句

東談

　　上聲　**動敢**兵略篇心不專一四句

東蒸

從應泰族篇故寒暑燥濕四句　**騰龍**兵略篇鸞舉麟振四句　**應動**原道篇通則能應二句
動應天文篇物類相動二句　**應動**精神篇感而應二句　**應動**泰族篇非法之應也二句

東侵

南衆蟲原道篇九疑之南四句　**心中**泰族篇今夫道者五句

(13) 耕　　部

平聲

形盈清原道篇包裹天地六句　**冥形**又幽兮冥兮二句　**生成**又萬物弗得不生二句　**生
鳴形成**又無形而有形生焉四句　**形亭成生**又故晉者八句　**清盈**又濁而徐清二句　**寧平**
又則五藏寧二句　**情生**又是故有以自得也八句　**生營平形生**又悲喜轉而相生六句　**成生**
又形備而性命成二句　**榮傾**又窮而不僑四句　**形聲**俶眞篇視之不見其形二句　**性營清生**
又外從其風八句　**冥聲**又視於冥冥二句　**寧形**又所立於身者不寧二句　**城刑**天文篇不周風
至六句　**生榮**又甲子干庚子四句　**生成**又是故天不發其陰四句　**刑生**又日爲德四句　**生**

成又或死或生二句　經刑地形篇東西爲緯四句　平生平時則篇準平而不失二句　形冥精神篇惟象無形二句　清寧生又天靜以清四句　成形又形體以成二句　形生又化者復歸於無形也二句　精清冥又若此人者六句　生成本經篇振困窮六句　正平又扶撥以爲正二句　精平情又天愛其精三句　冥成形主術篇窈窈冥冥五句　平正命又衡之於左右九句　形輕又人有其才四句　生正又非天墮四句　局成又外閉中局二句　聲經繆稱篇如鴞好聲二句　形聲誠精又目見其形四句　攖清又勿撓勿攖二句　傾形齊俗篇故高下之相傾也二句　情營又有以自見也四句　平正正傾又神清意平五句　政平又智昏不可以爲政二句　聽形又辯士之言可聽也三句　營性又性命飛揚四句　星生道應篇此猶光乎日月而載列星三句　形聲又視之不見其形二句　生成成精氾論篇春分而生四句　聲聲形形聲鳴聲詮言篇鼓不滅於聲八句　性形莖又無須臾忘爲賢者六句　清寧兵略篇以濁爲清二句　形成又制刑而無刑二句　情成又同情相成　形經又運於無形二句　旌冥情又是謂至旌三句　形聲冥說山篇視之無形三句　正平又水定則清正二句　冥精寧正又夫照鏡見眸子九句　清傾又以濁入清二句　城生又針成幕四句　平清形正說林篇水靜則平五句　形聲又使景曲者形也二句　聲生又飢馬在廐四句　榮誠又管子以小辱成大榮二句　形情又聖人之偶物也三句生成人間篇夫禍之來也四句　盈精成名脩務篇是故田者不強八句　鳴驚兵生泰族篇邑犬羣嗥七句　平寧又理清志平二句　精形要略窮逐終始之化四句

上聲

幸井說林篇毋曰不幸二句

去聲

爭聖原道篇得在時四句　靜定爭又柔弱以靜四句　靜命精神篇恬愉虛靜二句　定爭主術篇上煩擾四句　正命兵略篇觀其邪正二句

耕部合韻

耕真

天情原道篇故達於道者四句　淵形又草木注根四句　天情信成人又聖人不以人滑天八句　形聲身又視之不見其形三句　淵名又藏金於山四句　正平生天覽冥篇蒼天補八句　蹎瞑生又其行蹎蹎四句　成形人又剛柔相成四句　情人又是故聖人法天順情三句形真本經篇是故神明藏於無形二句　生盈人又莫死莫生三句　仁信成真誠聲形主術

篇不施而仁九句　生形身生平齊俗篇是故其耕不強者十句　生形人詮言篇能反其所生三句　名身又故道術不可以進而求名二句　贏矜＊人又有禍則誳六句　形親聲矜又大道無形五句　形精人生驚兵略篇權勢必形八句　淵情又建心乎窈冥之野四句　人牲說林篇海不受流　四句　燐驚又抽簪招燐二句　信情脩務篇皋陶馬喙四句　情人名又則窮道本末六句　形聲人民刑泰族篇聖人在上九句　真形冥經要略有原道八句　天形清冥又所以言至精之通九天也四句

耕陽

生行聽鳴說林篇兎絲無根而生四句

耕元

精便兵略篇蓄積孰多四句

(14) 眞　部

平聲

人身原道篇不在於人二句　天淵俶眞篇譬若夢爲鳥而飛於天二句　人天天文篇歧行喙息四句　人人身主術篇是故有諸己八句　田新親人又使各處其宅六句　臣信繆稱篇驕溢之君無忠臣二句　新真天神伸齊俗篇今夫王喬赤誦子十句　天昫道應篇此其下無地而上無天三句　人身人間篇外化所以入人也四句　仁親脩務篇文王四乳四句　新親天泰族篇無故無新三句

眞部合韻

真耕

真身天成覽冥篇夫全性保眞六句　真身情身要略欲一言而寤十一句

真諄

親天鄰先根神精神篇是故無所甚疏十二句

(15) 諄　部

平聲

貧勤原道篇收聚畜積而不加富四句　川嵒門先又經紀山川八句　勤損又四支不勤

＊"矜"字詩經音屬眞部。淮南子同。

二句 **根門**又萬物有所生四句 **遁紛**又淖溺流遁二句 **根門存勤**又大渾而爲一八句 **純混**又其全也純兮若樸其散也混兮若濁 **閔門**精神篇芒芠漠閔三句 **門根存**又精神入其門三句 **雲峇**本經篇龍登玄雲二句 **遁淪**又故閉四關三句 **雲峇**又魏闕之高四句 **根門**齊俗篇既出其根二句 **垠門**兵略篇地方而無垠二句 **員輪紃**說林篇環可以喩員四句

去聲

    運埶兵略篇神出而鬼行四句

諄部合韻

諄真

    神門原道篇以恬養性三句 **淵雲存**又澹兮其若深淵四句 **根門神先**又百事之根六句 **門鄰人分**人間篇禍與福同門四句

諄元

    塵輪門全原道篇令雨師灑道八句

諄元真

    端神循先主術篇主道員者五句 **全門神**兵略篇所用不復五句

(16) 元 部

平聲

    殘淺原道篇斲之而不薄四句 **觀然焉**又由此觀之三句 **攀屧**又先者上高四句 **斷然散**斬之不斷五句 **垸寬**時則篇轉而不復四句 **鞭環**覽冥篇左右若鞭二句 **關患苑**本經篇故閉四關三句 **官姦安嫚**主術篇工無二伎八句 **安亂**繆稱篇心治則百節皆安四句 **觀原**齊俗篇聖人之法可觀也三句 **端觀**兵略篇天員而無端二句 **鞍柞**又車不發軔四句 **選摶撢干**又陳卒正六句 **原觀**又是故聖人藏於無原四句 **歡怨**揖讓而進之四句 **殘殫**又楚王忘其猨四句 **寒山**說林篇川竭而谷虛五句 **羶酸**又羊肉不慕蟻六句 **難泉**又橋竹有火四句 **散然**又赤肉縣則烏鵲集六句 **焉然**又非有事焉二句 **轉前**泰族篇縣旐未轉二句 **言閒**又瘖者不言二句 **言山閒**要略有氾論六句

上聲

    遠還原道篇則精神日耗而彌遠二句 **觀遠**道應篇今子游始於此三句 **短賤**詮言篇人莫不貴其所脩四句 **反援**又直己而待命六句

去聲

變難原道篇遭卒應變二句　　見辯精神篇不學而知四句　　判散齊俗篇剖之判之二句

攘判亂又望我而笑六句　　變亂氾論篇知法治所由生四句　　亂辯詮言篇軍多令則亂二句　　亂

變又靜以持躁四句　　旦半說山篇雖知將旦二句　　斷亂說林篇是而行之四句　　變見泰族篇故

國危亡而天文變二句　　怨畔又商鞅爲秦立相坐之法四句　　變反壇要略所以觀禍福之變四句

元部合韻

元諄

平聲　運端主術篇環復轉運二句　　船綸說山篇上求揖而下致船三句　　文關要略差擇

微之眇三句

上聲　反損泰族篇天地之道三句

去聲　反變困氾論篇物動而知其反五句　　變論要略所以明戰勝攻取之敎五句

元諄真

間神間嬗環倫精神篇出入無閒七句

元耕

然營精神篇以道爲紃五句　　變定原道篇萬方百變二句

(17) 談　部

去聲

澹氾原道篇澹兮其若深淵氾兮其若浮雲

(18) 侵　部

平聲

陰瘖原道篇人大怒破陰大喜隊陽薄氣發瘖驚怖爲狂　　音風又目觀掉羽武象之樂四句

陰禽兵略篇敵人執數四句　　貪禽兵略篇拙者處五死以貪二句　　林風金說林篇有山無林三句

音風泰族篇皆合六律而調五音二句

(19) 職　部

極測原道篇廓四方四句　　德伏職國又施之以德五句　　北食力勒又鴈門之北六句

側息又時之反側二句　　極測又大不可極二句　　塞得又約其所守則塞二句　　得牧又中能得

之二句　　得極俶眞篇捫之不可得也二句　　德殖服又於是在上位者七句　　國賊天文篇熒惑常

以十月入太微五句　　**色匿**又辨變其色二句　　**德剋**又凡用太陰六句　　**得克服**時則篇殺伐既得四句　　**極息極**精神篇孔乎莫知其所終極四句　　**惑福息**吾安知夫刺灸而欲生者之非惑也四句　　**極服**又精神澹然無極二句　　**飾賊**主術篇若欲飾之二句　　**默則極測得**又天道玄默六句　　**域植**又神不馳於胸中五句　　**食得德**齊俗篇鑿井而飲六句　　**得極**道應篇搏之不可得也二句　　**服德息**氾論篇天下不非其服六句　　**德塞**又國之所以存者四句　　**直域**詮言篇故處衆枉之中四句　　**得福則**又不求得三句　　**得福賊**又不求所無六句　　**德得**又慮不勝數五句　　**福德**又故祭祀思親不求福二句　　**北賊**又亂則降北二句　　**力賊**兵略篇因民之欲三句　　**試巫**又口無虛言四句　　**力北**又心誠則支體親力二句　　**力革力**又今夫虎豹便捷五句　　**食息德**又飢者能食之三句　　**惑北得**說山篇不通於學者五句　　**福食**又芻狗待之而求福二句　　**直得**又舉枉與直二句　　**輻服**又厲利劍者七句　　**德力色**說林篇謂許由無德二句　　**測食**又情泄者中易測二句　　**稷福**又無國之稷二句　　**刻食賊**又山生金六句　　**北黑**又揚子見逵路而哭之四句　　**稷德**人間篇故樹黍者不獲稷二句　　**福極測**又故福之為禍四句　　**匿惑得**又辭而能則匿六句　　**息塞**又夫爝火在縹煙之中也四句　　**賊食**故直意適情四句　　**力弋**脩務篇夫鴈順風而飛五句　　**棘息**又跋涉山川四句　　**力則弋極福**要略所以上因天時八句　　**塞極**又乃以穿通窒滯四句　　**福得**又使人知禍之為福二句

職部合韻

職屋

極握原道篇行而不可得窮極也二句　　**厤曲**時則篇糞除苛厤二句　　**直濁**兵略篇夫景不為曲物直二句　　**足稷**人間篇故禍之所從生者四句　　**息足德**泰族篇政教平六句

職之

德服職代德覽冥篇近者獻其智九句　　**測匿備**兵略篇兵貴謀之不測也四句

職緝

輯力德兵略篇羣臣親附六句

職葉

黑福法脩務篇蘇援世事六句

職鐸

隙得直服兵略篇上下有隙四句

(20) 沃　部（本部無單用例）

沃部合韻

沃屋

　　腹欲泰族篇肥　膚二句

(21) 藥　部

　　樂虐本經篇是以天覆以德四句　　灼鑿氾論篇故目中有疵六句　　躍駮修務篇若魚之躍二句

(22) 鐸　部

　　石澤原道篇潤於草木四句　　啞喑又故夫烏之啞啞二句　　壑澤俶眞篇夫藏舟於壑二句　石客魄精神篇是故視珍寶珠玉六句　　魄宅主術篇天氣爲魂四句　　射措繆稱篇虎豹之文來射二句　　射措詮言篇故虎豹之彊來射二句　　射博說山篇柔死桃梧四句　　石壑又用之簡圭四句　釋博又琬琰之玉六句　　席石藉又病者寢席三句　　獲射說林篇的的者獲二句　　穫落又再生者不穫二句　　白澤又銅英靑五句　　索石惡又救經而引其索四句　　石薄又疾雷破石二句　壑溥澤又寅邱無壑四句　　白石又見之明白二句　　石射修務篇契生於卵四句　　落若泰族篇五色雖朗六句　　魄宅要略所以使人愛其精神四句

鐸部合韻

鐸屋

　　螫博觸說山篇介蟲之動以固四句　　尺斛泰族篇太山不可丈尺也二句

(23) 屋　部

　　琢樸原道篇已彫已琢二句　　樸濁又其全也二句　　穀木天文篇以長百穀二句　　瀆谷時則篇塞蹊徑四句　　祿足又常平民祿二句　　族俗角覽冥篇晚世之時六句　　粟哭本經篇天雨粟二句　　欲樸足又澹然無欲四句　　俗族穀主術篇兼包萬物六句　　欲耨繆稱篇福生於無爲四句　　足屋速齊俗篇故愚者有所脩六句　　琢璞已雕已琢二句　　穀鹿道應篇石上不生五穀二句　　角足觸兵略篇若虎之牙八句　　欲足又餌之以所欲二句　　束仆又極其變而束之二句　濁辱說山篇以淸入濁二句　　木谷又上求材四句　　木穀足又鄙人有賣屋棟者五句　　角玉又故梧桐斷角二句　　足木說林篇蝮蛇不可爲足二句　　木樸又蔭不祥之木二句　　辱足又故大白若辱二句　　屋穀修務篇築牆茨屋二句

屋部合韻

屋鐸

木遨轂角格_{兵略篇擊之如雷霆十句} 貉鹿_{說山篇撰良馬者三句}

（24）錫　　部

恚積_{原道篇憂悲多恚二句} 擊敵_{天文篇北斗所擊二句} 刺擊_{繆稱篇操銳以刺二句}

擊刺_{氾論篇槽柔無擊二句} 僻刺責_{詮言篇詩之失僻三句} 臂易_{說山篇故末不可以強於本四句}

璧適_{又得和氏之璧二句}

（25）質　　部

穴室_{原道篇木處榛巢四句} 節穴_{覽冥篇徑躇都廣四句} 一畢滅_{又投足調均六句} 日

鐵漆日_{夫燧之取火於日四句} 日節_{精神篇天有四時五行九解四句} 實節_{又以虛受實二句}

鐵日捽_{本經篇鼓橐吹埵以銷銅鐵六句} 失一_{主術篇守而勿失二句} 閉節_{又中扃外閉二句}

失一_{齊俗篇已淫已失二句} 失一轍_{道應篇若滅若失四句} �垤至_{兵略篇夫五指之更彈四句}

必疾_{又慶賞信而刑罰必二句} 節一_{說林篇舞者舉節二句} 日疾_{又蓋非�013不能蔽日四句} 結

失_{又多冰可折三句} 慄日垤_{人間篇引堯戒} 穴室_{脩務篇令民皆知去巖穴二句} 垤穴櫛室

日_{又螳知為垤八句}

（26）術　　部

忽屈_{原道篇怳兮忽兮二句} 物出_{又吾獨怳慌遺物二句} 物屈_{兵略篇物物而不物二句}

術部合韻

術職

或勃_{說山篇為孔子之窮於陳蔡而廢六藝五句} 勃或_{人間篇知人之性四句}

（27）月　　部

割泄_{時則篇急而不羸四句} 絕忽_{覽冥篇騁若飛四句} 泄越_{精神篇五藏定寧充盈而不}

_{泄二句} 蹙竭越_{又形勞而不休則蹶四句} 殺罰奪_{本經篇生之興殺也三句} 越泄_{主術篇精}

_{神勞則越二句} 達竭_{又旁流四達二句} 殺奪_{氾論篇其德生而不殺二句} 熱烈_{詮言篇大寒地}

_{坼冰凝四句} 雪達_{兵略篇若以水滅火四句} 竭揭_{又因其勞倦怠亂四句} 掇拔_{說山篇見一芥}

_{則掇之二句} 竭達熱_{說林篇為酒人之利而不酤六句}

月部合韻

月祭

滅折裂舌弊原道篇故兵強則滅五句　泄弊絕道應篇謀未及發泄也三句

月術

術達詮言篇有智而無術二句

月質

雪節說林篇冬有雷電四句

(28) 盍　部

甲法時則篇守門閭四句　合接兵略篇白刃合二句

(29) 緝　部

入集帀原道篇鬼出電入四句　急溼又各生所急二句　入襲精神篇是故憂患不能入二句　及入襲本經篇下之潤濕弗能及三句　入集兵略篇與條出三句　鞈吸又若聲之與響四句　入集又使波知吾所出四句　集入說林篇鵠的張而弓矢集二句

2. 易 林 韻 譜

1. 之　部

平聲

姬來乾之升，豫之鼎，豐之震，旅之師　臺災坤之大畜，大有之恒，豫之蒙，大過，巽之明夷，中孚之恒　時來蒙之旅，泰之訟，困之鼎　喜來財蒙之同人，姤之蹇　狸辭來需之暌，否之革，同人之否，隨之師，剝之蒙，萃之蹇，震之咸，巽之需　時來師之同人　材時災師之解　喜謀比之履，隨之震　疑牛履之蠱　材時丘履之巽，剝之師　怠災泰之噬嗑，否之蹇，蠱之未濟　來時同人之大有，震之夬，豐之姤　期喜大有之兌　災來謙之大壯　災來謙之節，益之頤，萃之豫，艮之乾　能時豫之泰(能音奴來切)　基之豫之夬，小過之賁　尤治喜隨之小過　牛時蠱之同人　怠時觀之未濟　牛丘剝之比　思怡剝之謙　期時无妄之頤，坎之井，漸之解，既濟之蠱　財牛无妄之萃　災之疑大畜之乾　災來大畜之賁，兌之同人　臺來大畜之頤　牛來頤之遯　姬之頤之革，離之革，姤之小畜　時災牛來大過之復　裘來大過之困，節之觀，中孚之泰，未濟之困　時災大過之歸妹　絲災遯之泰，歸妹之明夷　災牛丘大壯之比　災埃大壯之暌　祠災來明夷之訟　時來明夷之巽　之時來暌之艮，節

之震 基時疑蹇之豫 能來蹇之明夷 姬臺損之恒,漸之恒 之時姤之萃 基時困之

小畜 疑時艮之損 疑醫艮之夬 醫治里豐之豫 紿期巽之无妄 喜時兌之蹇,既濟

之復 媒來節之未濟

上聲

起已乾之履 子殆乾之蠱 海有子乾之觀,否之乾,謙之豫,頤之坤 在起坤之訟

有喜坤之小畜,履之艮 使母子坤之噬嗑 喜時支坤之小過,訟之坎,蠱之小畜 紀已

屯之蒙,小過之節 里賄屯之需 母喜屯之觀,泰之豫,否之既濟,剝之无妄,家人之遯 負子

屯之恒,師之姤,泰之同人,損之復 婦海屯之蹇,渙之履 子已屯之升 起市子屯之困,姤

之蒙,井,漸之巽,既濟之井 市有喜屯之震 殆在蒙之離 子海蒙之晉,謙之旅,大壯之隨

海里需之師,臨之萃 婦喜需之大過,同人之姤 鯉友需之損 子母殆在需之歸妹,大

畜之蠱 海倍需之豐 母止訟 海有鯉訟之比,泰之大壯,損之需,益之无妄,姤之否,既濟

之隨 子母訟之隨,益之賁 里喜訟之臨,大過之師,兌之頤 右母訟之咸 否有訟之益

子母有子師 子友師之訟,觀之師 紀始師之謙,剝之乾,无妄之乾 市喜師之豫,復之

賁,艮之師 鯉有倍比之觀,益之晉 殆悔比之明夷 里母比之蹇 齒子久小畜之大有

在殆小畜之遯,臨之復,損之遯,渙之晉 已起止小畜之困,否之大畜,蹇之益 子喜小畜之

小過 子喜餌履之同人,无妄之節,大過之賁,中孚之蒙 齒殆履之益 市母履之姤,姤之蠱

喜有履之萃 里子履之小過,噬嗑之損 止市泰之遯,恒之噬嗑,小過之觀 市有賄喜

泰之升,震之无妄,豐之賁 里海母泰之兌,隨之巽 理里泰之既濟 有喜否之履,同人之

復,復之損 在子否之豫,賁之解,復之比 婦喜否之渙,同人之渙,家人之屯,夬之賁,渙之謙

里母同人之泰,大壯之剝,明夷之鼎,漸之既濟 富有喜同人之明夷 海殆在同人之巽 海

里喜同人之既濟 子母起大有之小畜 母恥大有之剝 海市有謙之小畜,萃之坎,漸之

渙,兌之升 止有謙之恒,夬之大過,升之隨,革之睽,巽之 海里在謙之明夷,无妄之小畜 敏

海母謙之家人,家人之觀 里海謙之萃,豐之兌,旅之歸妹 使喜豫之豐,臨之坤 事有

隨之坤,臨之解 熾悔隨之豫 婦子隨之睽 在喜蠱之革 右母殆喜臨 使母殆

臨之履 海子觀 里喜市觀之離 海餌駁噬嗑之大畜 駁起噬嗑之大壯 婦喜噬嗑

之家人,賁之遯 齒理賁之大畜 嘻鯉賁之頤 有殆賁之升 海母喜賁之升 子母

賁之艮 友仕賁之節,夬之震 在殆剝之姤 海在剝之升 仕改已殆復之謙 畝有

復之无妄，歸妹之坤　子喜復之咸　祐祀復之姤　市喜无妄之訟　子友殆母无妄之噬嗑

有里喜无妄之大畜　子己无妄之坎　有倍无妄之升　海市无妄之震　起已大畜之否

齒餌大畜之大壯·餌有祐大畜之萃　母海里子大畜之巽　右齒子母大畜之未濟，兌之大過，中孚之坤　紀起大過之蒙　在喜大過之頤　市倍子友大過之恒，巽之損，未濟之益

子理決大過之漸　市有大過之旅　理起喜坎之謙　市倍坎之賁　喜有坎之无妄　敏殆坎之大畜　市喜坎之恒　祉起久坎之萃　子母咸之屯　市殆倍咸之訟，豐，豐之旅

子殆咸之同人　母子咸之家人　里鯉市在殆咸之漸　子已咸之旅，豐之頤　耜止子恒之蒙　理殆遯之乾　仕里遯之履　耳里恃市遯之賁　子母遯之剝　士喜遯之革，益之兌，兌之損　市喜遯之歸妹　氾子悔遯之巽，明夷之噬嗑　子有大壯之益　里市悔晉之需，歸妹之否　理喜晉之同人　右己晉之隨　海里母悔晉之坎，歸妹之漸　子有晉之損　餌子母晉之震，升之解，渙之咸　起理晉之漸　市喜晉之中孚　悔忌明夷之小畜　使母子有明夷之萃　海里明夷之既濟　止有家人之蒙，井之需　子在起家人之復，艮之噬嗑　起駁睽之大壯　祉殆睽之益　事喜睽之歸妹　否市止睽之既濟

起始喜蹇之蒙　起齒蹇之遯　倍里蹇之漸　喜母在有解之訟　使事解之復　齒已解之大過　起喜解之困　子市有解之兌　婦祐渙之噬嗑　里海市益之咸　子已益之夬　子殆夬之家人　母久姤之无妄　子事喜姤之大過　否市姤之井　亥起殆姤之歸妹　士喜萃之蠱　有喜萃之升　母子萃之渙　灸起萃之節　母悔萃之既濟　子殆升之无妄　士起升之離　紀有升之困　有久升之小過　子母困之小過

敏史井之噬嗑　子起母井之震　起腜井之豐　市倍革，豐之復，既濟之渙　鯉餌子革之訟　里鯉市革之姤　耳母鼎之乾　母子喜祉鼎之萃　起有鼎之歸妹　子給止期震之履　海有友震之隨　使事載艮之觀，小過之履　喜子艮之睽　子士漸之咸，旅之井　海有歸妹之復　有喜歸妹之兌　海鯉友豐之坤，未濟之豫　起子豐之隨

子殆喜豐之觀，巽之賁　理喜旅之損　耳母旅之未濟　市子中孚之明夷　子喜富中孚之蹇　殆已小過之師　起里未濟之履　市倍未濟之泰　枲殆未濟之解

去聲

志使需之小畜　忌吏喜訟之巽，剝，中孚之震　待事謙之乾　悔怪豫之恒，蠱之恒，井之解　意怪志悔復之隨睽之隨　能事无妄之賁　悔富意戒之需　怪祐大壯

之小畜　怪悔意大壯之大過　意志家人之履　態富睽之同人　識事損之大畜,巽之節
治事益之渙,升之豫　代思夬之无妄　佩悔萃之漸　態怪萃之既濟　喜事富升之大壯
市富倍困之豫　待富革之觀　侍富豐之渙,渙之大畜　悔意兌之觀　使事吏未濟
之坎

合　韻

之幽

平聲　鳩尤乾之蒙　姬憂坤之无妄,升之謙　仇丘坤之兌,復之小畜　時憂屯之姤
媒憂蒙之困　憂災訟之需　憂災師之渙　時憂小畜之大畜,艮之小畜　來憂小畜之
漸,晉之艮　貍留履之賁　時憂泰之大畜　休時憂否之艮　詩憂大有之賁　騮休
丘隨之噬嗑　時調臨之噬嗑　憂財臨之无妄　時憂休臨之大畜　時災憂觀之大畜
騮萊噬嗑之升　牛憂賁之恒　鳩災賁之歸妹,歸妹之節　之憂剝之震　調災遊仇
无妄之既濟　牛憂治大畜之咸　態憂頤之同人　憂來頤之剝,小過之噬嗑　災憂離之履
憂財離之臨,革之小過　牛之時憂咸之小畜　骸災憂咸之夬　憂來恒之屯　憂災
恒之小畜　時憂來大壯之艮,艮之既濟　鳩尤晉之同人　時災憂明夷之同人　期憂
家人　來憂家人之大畜　憂災家人之睽,艮之節　時憂睽之无妄　能憂睽之兌　時期
憂蹇之隨　遊來憂解　憂袍財益之既濟　休憂財夬之坎　絲媒憂夬之兌　仇
丘萃之需　尤憂升之家人　來之憂鼎之師　災憂鼎之頤　期遊既濟之

上聲　道里殆使在乾之剝　海母酒乾之復　首寶子乾之漸　好倍坤之坎
己狩祐屯之大畜　道祀蒙之蹇,同人之蹇　海母酒蒙之鼎　己亥止市咎需之晉,恒
之謙　母保訟之泰　草友比,明夷之蹇　里道母比之蹇　喜在咎比之小過　餌子
母手小畜　齒子道久小畜之大有　酒喜小畜之艮　擾友道履之隨　殆酒履之觀
母己保泰之否　保咎悔否之比　寶有喜否之履　棄有否之漸,損之渙　寶有喜
同人之復　起草大有之訟,大畜之泰　有市咎大有之履,蠱之中孚　茂酒老友大有之
同人　起咎謙之臨　喜茂有謙之解,中孚之隨　母咎久豫之否　酒起草豫之大畜
市寶有喜豫之損　子手隨之恒,睽之坤　海殆子咎臨之睽　耳草臨之　喜咎觀之復
酒紐祉噬嗑之離　在咎噬嗑之姤　起駭時咎剝之小畜　市寶咎剝之旅　咎悔剝之
既濟　保喜大畜　牖母大畜之渙　子喜咎頤之家人　子母茂大過之需,離之大有　悔

咎坎之艮　酒老有咎離之師　負咎離之同人,旅之明夷　殆咎離之无妄　咎子殆咸之同人　手起咎咸之歸妹　老海恒之坤　紀咎恒之萃　起咎遯之家人　子理咎大壯之同人,漸之大有　齒咎大壯之離　紀在咎晉之蹇　海咎晉之姤　婦酒里喜家人之漸,小過之益　阜有睽之剝　咎喜解之離　擾起解之既濟　子喜飽損之賁　甌子損之剝,萃之隨　市寶倍損之萃,姤之益　海止市咎益之震,巽之謙　咎喜益之漸　草起夬之剝　茂酒友夬之離　子殆好夬之家人　有寶萃之同人　齒寶否起萃之中孚　喜有壽升之屯　狩喜升之睽　道市倍困之豫　耳咎困之賁　茝好婦子井之艮　在寶革之師　牡起革之井　右在咎鼎之睽　手酒喜震之睽　朽里市悔歸妹之否　守抱老祉歸妹之遯　手喜咎歸妹之蹇　保子久旅之艮　牡母旅之漸,渙之復　草殆渙之坤　市有寶渙之同人　齒起子舅渙之隨　咎倍里節之旅　在咎中孚之乾　首飽殆中孚之訟　殆保小過之震　婦酒喜既濟之中孚　枭咎未濟之解　祀憂咎未濟之中孚

　　　　去聲　就富乾之離　牸舅訟之升　就好悔復之漸　囷熾瑁富遯之渙　悔臭損之大過

之魚

　　　　平聲　烏家災坤之蒙,比之睽　時居屯之乾,咸之大過　來侯屯之隨,需之比　除來蒙之咸　雛姬訟之睽,革之復　居時師之艮　愚謀比之家人,睽之師　頭驅治比之歸妹　頭之小畜之復,歸妹之萃　災來謳小畜之旅　烏郵家小畜之未濟　頤拘履之小畜　烏車時履之井　盧尤泰之未濟　牛居大有之頤　夋萊謙之師　如尤謙之損　盧驅尤豫之坎　牛魚隨之頤　時盧蠱之同人　侯時臨之遯　醫治盧臨之益　車輿期觀之小畜　盧災觀之兌,睽之渙　災除噬嗑之咸　災家噬嗑之漸　都盧災賁之无妄,剝之豫　驢時娛无妄之蠱　來梧无妄之困　襦牛大過之節　襦拘災坎之大有　盧雛來離之家人　頭家治恒之泰　絲災襦遯之泰　裾尤晉之咸　車頤明夷之咸,歸妹之巽　謀居家人之訟　辜災家人之謙,中孚之井　醫災盧睽之大畜　駒財蹇之未濟　雛狸解之益　烏來損之艮,渙之无妄　夫治益之大有　謀家姤之晉　家謀萃之歸妹　車謀居困之艮　災須之鼎之剝　尤家鼎之咸　家之漸之鼎　徐家時旅之井　魚財渙之需,節之中孚　家財未濟之履

上璧　輔海處乾之隨　殆士處乾之賁　狗母走坤之震，否之姤　女語喜坤之
同人　斧殆坤之遯，否之蠱　起后屯之晉　宇止屯之萃，履之家人　附喜取許蒙之井
敏愈需之无妄　舉海需之大畜　野在苦需之益　楠母父止訟　乳厚有訟之乾，
鼎之蒙　戶處有訟之噬嗑　禹祖母者訟之家人，師之離　距右處訟之節　子脯處
母有子師　女子師之泰，姤之升　子野母師之睽，觀之升　府聚止師之蹇，姤之鼎
里海柱小畜之損　黍齒小畜之鼎　黍母小畜之　倍處否子履之比　理雨有泰之困
乳理里聚泰之既濟　斧祀否之謙　語舞喜否之損　馬魯喜同人之需，臨之升　處
否子同人之家人　子友舉同人之小過，咸之同人　海裏處喜同人之既濟　後右祉
大有之需，震之歸妹　舉喜謙之師　野喜謙之噬嗑　海止者謙之无妄，剝之大過　海後
厚謙之益，觀之頤　士父已母謙之歸妹，小過之離　處否子豫之家人　走子豫之蹇
與悔豫之震　子里耳許隨之否，渙之既濟　野有隨之蠱　口止柱處子喜蠱之晉
里處蠱之既濟　母走臨之乾　止海子處臨之節　舞喜噬嗑之乾　喜在處噬嗑之晉
馬止噬嗑之升　耳怒駭賁之泰　苦鯉賁之頤　子野母者賁之艮　舞處齒復之家人
里處里喜无妄　市府无妄之大有　史苦无妄之離　旅止无妄之損　史起主大畜之
離，坎之剝　子走頤之臨，萃之復　戶處喜頤之復　母所頤之歸妹　齒緒頤之，家人之
大過　後祀大過之坤，睽之頤　友起厚坎之乾，革之需　母處坎之震　處下起坎之漸
祖起舞坎之巽　處與悔離之節　子脯處母咸之屯　子野母恒之師　海止苦
恒之旅　汜子市顧悔遯之巽，明夷之噬嗑　里苦遯之節　後有大壯之坎　走後有
大壯之旅　戶止大壯之節　輔母苦晉之蒙　厚子有晉之損　起里糒晉之漸　已
雨明夷之坎　子在處家人之復，艮之噬嗑　戶子已家人之頤　止女家人之蹇　久野
家人之升　聚有家人之鼎　語市睽之觀　父起睽之恒，歸妹之夫　口走主矣睽之蹇
輔敏睽之節　乳喜睽之未濟　子苦殆使蹇之小畜　起處蹇之履　子處祉解之臨，
夬之隨　舞喜解之革　婦女雨祐損之噬嗑　駭止估處損之震　母子主損之巽
起走有夬之困　苦止姤之訟　理主亥姤之頤　子女喜姤之既濟　士苦萃之蠱　野
子萃之賁　馬士起升之離　敏舉祐困之渙，既濟之漸　母耦井之訟　起祖祀井之
无妄　戶處祐井之大畜　下在井之離，震之渙　母所井之震　野在井之漸　虎殆
輔革之小畜　怒處有革之大壯　敏舉革之家人　處下已革之漸　駭苦革之兌　下

子鼎之否　里處醢喜震之大壯　采主震之中孚　舉輔子艮之明夷　負下理漸之兌

輔子母歸妹之家人　土有豐之比　賈有豐之蠱　社喜父豐之大畜　婦子處旅之

大壯　雨里巽之離　齒腐兌之履　厚喜兌之謙　殆所兌之蠱,小過之睽　耳喜取

兌之益　苦止兌之未濟　海所渙之賁　苦口有渙之萃　馬有渙之井　起父渙之革

子野母悔節之漸　羽戶喜既濟之臨　戶覩在既濟之損

去聲　怪去居坤之履,否之同人　去思屯之渙　忌悟吏訟之巽　試去履之剝,否

之屯　忌悟吏喜剝,中孚之震　懼喜坎之噬嗑　佑寇坎之巽　悟惡悔離之震　怪

懼誨咸之坤　度富家人之臨,漸之節　呼渡故悔姤　妒事革之謙,兌之離　娶聚事

歸妹之泰

之宵

平聲　巢灰需之否,咸　旗郊之師之隨,履之解　妖蕾比之蒙,革之大過　朝裘

蠱之小過　鴞災勞大畜之蹇　消尤解之中孚　姬臺逃損之恒,漸之恒

上聲　潦海隨之臨,漸之中孚　潦止有夬之大過

去聲　笑富咸之鼎　到晦明夷之屯　號笑燿意既濟之兌

之職

絲得解之乾　福來得履之中孚,鼎之謙　塞謀識蠱之泰　得子坤之蹇　己德

師之豐　食殖祉比之需　億稷有比之升　喜祉極泰之大有　國得喜蠱之鼎　德

殆蠱之需　食子升之遯　食有未濟之復　富貸得比之臨,同人之益,坎之大過,損之睽

震之訟　背富德頤之恒　載得蹇之既濟　得事夬之鼎　稷祀巽之蹇

之魚幽

平聲　之憂居蠱之巽(憂,幽部字)　烏郵家憂坎之渙

上聲　海府聚有子受乾之觀(受,幽部字)　右遇聚咎母訟之咸,同人之旅(咎,幽

部字)　子好女與悔比之漸,泰之震(好,幽部字)　海咎在所剝之井　子擾苦剝之漸

(擾,幽部字)　酒口酗怒悔大壯之家人(酒,幽部字)　老口考起萃之井(老,考,幽部字)

徵起子序咎渙之恒　子乳保中孚之觀(保,幽部字)

之魚宵

去聲　祐到懼觀之鼎(到,宵部字)

之幽宵

平聲　郊憂之 大畜之夬（郊，宵部字）　　巢思憂 井之家人（巢，宵部字）

上聲　呦少草子 升之乾（少，宵部字）

之魚幽宵

上聲　稻去有囊 小畜之大壯，豫之師（稻，幽部字，囊，宵部字）　　酒右槗所 大壯之无

妄（酒，幽部字。槗宵部字）

2. 幽　　部

平聲

舟休憂 屯之乾，咸之大過　　舟浮憂 屯之益　　憂求 蒙之頤　　遊憂秋 訟之姤　　憂

牢 比之否　　聊憂愁 比之大壯　　愁憂 小畜之否　　舟遊鰌 履之坤　　憂羞 履之明夷　　蠲

憂 同人之升，損之解　　周休 同人之中孚　　憂休 謙之大壯　　遊憂 謙之井，臨之頤，漸之豐，

未濟之賁　　憂愁 豫之遜，震之明夷　　遊憂 蠱之豐　　舟憂 臨之小畜　　羞憂 觀之蠱　　秋

憂鵬 復之遜　　騮休優 復之睽　　浮憂 復之夬　　鳩仇 无妄之明夷　　遊仇 无妄之既濟　　憂

愁 頤之隨，中孚之渙　　桴游憂 頤之萃　　遊憂囚 頤之震　　遊憂 大過之同人　　憂愁 坎之頤

憂遊 坎之既濟　　遊憂 離之中孚，睽之泰，困之晉　　陶囚 遜之中孚　　憂聊 大壯之晉　　仇

憂 明夷，歸妹之頤，巽之蒙　　牢憂 明夷之旅，豐之困　　愁憂 家人之兌　　遊留 解之震　　憂

遊休 解之旅　　調憂 解之渙　　憂瘳愁 損之漸　　流憂 損之小過　　遊憂 益之泰　　憂休

留 夬之屯　　遊憂 屯之頤　　遊憂 夬之旅　　牢憂 姤之大壯　　憂愁聊 萃之大過　　遊憂

升之蹇　　舟憂 震　　遊遭憂 歸妹之大有，旅之小過，小過之否　　流憂 歸妹之晉　　調遊 旅之

既濟　　咆憂搔聊 節之乾　　聊愁 中孚之大有　　囚牢 既濟之旅

上聲

蚤道憂好 坤之漸　　守討 屯之同人　　寶道 需之臨　　好壽 需之豐　　棗考 師之豫，

艮之師　　狩憂 小畜之大畜，艮之小畜　　酒禱 小畜之坎　　茂稻 履之歸妹，離之豐　　酒告 履之

既濟　　咎早寶 泰之漸，賁之謙，剝之姤，節之豐　　道寶 否之萃，巽之恒　　守咎 同人之觀，剝

之兌　　道守咎 大有之井，賁之夬，明夷之寶，困之未濟　　老保 臨　　酒禱考 臨之蒙，兌之咸

考保 噬嗑之臨　　草道 噬嗑之中孚　　酒考 復之賁　　首咎 无妄　　就咎 大畜之未濟　　酒

抱 坎之震　　憂咎 離之坤，未濟之中孚　　酒禱 離之訟，困之大有　　憂咎 離之无妄　　道酒

離之大過,小過之未濟　擾咎咸之泰　守抱恒之大有　道咎恒之渙　裹莠明夷之家人
道憂家人　牡狩酒解之同人　朽咎解之井　鳥獸益之渙,升之豫　草飽夬之大有
就好夬之家人 妣之乾　手咎寶妣之中孚　酒咎萃之旅　酒考困之巽　首咎井之小過
草咎豐之萃　道咎旅之損　酒咎中孚之遯

合韻

幽宵

平聲　愁蒿憂乾之噬嗑,益之大過　遼憂屯之兌　鰌郊逃同人之益　巢州謙之革
郊曹噬嗑之訟　嗥遭逃噬嗑之旅　臊周噬嗑之巽　要搖憂大畜之遯　搖憂大畜之
旅,困之益　休驕坎之夬　堯救家人之履　號蒿憂解之夬　臊周燒愁益之否

上聲　皎道乾之泰　稻造槁需之艮,晉之比　稻好槁剝之蠱

去聲　到就小畜之頤,既濟之坎　孝召豫之,臨之坤

幽沃

就復无妄之賁

幽宵魚

羞頭銷泰之觀,豫之渙(頭,魚部字)　臊周燒誅睽之明夷(誅,魚部字)

3. 宵　部

平聲

逃搖需之隨,巽之隨,既濟之噬嗑　巢搖訟之解　郊逃同人之益,剝之艮,巽　鴞勞
噬嗑之漸　朝消賁之睽　槁潦解之頤　要搖昭渙之頤

上聲

少槁震之同人

去聲

縞到笑否之旅　笑妖噬嗑之豫　到妖遯之損　到笑明夷之无妄　笑召困之漸

4. 魚　部

平聲

盧夫乾之夬,需之剝,睽　盧居乾之震,中孚之睽　盧都坤之坎,艮之渙,豐之謙　趨
頭去居坤之復,否之同人,旅之屯　居扶坤之家人　珠隅壚居坤之益　夫隅如坤之井

盧家屯之蠱　濡居屯之姤　胡奴于屯之无妄,明夷之升　膚盧屯之井,損之比　盧扶屯之鼎　幠家蒙之大壯　烏除居蒙之家人　駒居蒙之解　除於居蒙之巽　華家株蒙之兌　車溝去盧蒙之旣濟,井之比　居夫需之小畜　呼盧需之渙　家夫頭訟之坤家車居訟之離　家華訟之困,震之泰　牙豬居訟之鼎　華家師之坤,否之隨,謙之夬,噬嗑之旣濟,大過之蹇,解之歸妹　猴家師之屯,大有之姤,革之蒙　烏夫師之蒙　居賦師之大過　都家師之損　膚枯師之益,恒之大壯,震之需　啞家師之萃　膚侯師之井,大畜之剝　雛去夫師之革　盧屠居家比之師　夫居比之否　車去夫居比之革,隨之比盧餘居小畜之需,萃之小過　魚謳小畜之訟　魚奴車都駒小畜之剝　家除魚小畜之夬　居家履之復,否之觀,大有之巽,蠱之漸　車家履之益　胡家履之升　車家履之鼎雛俱娛履之渙　奴家泰之剝,家人之革　書侯泰之益　梟雛通泰之巽　家烏否之益,兌之姤　盧居同人之離　吁盧同人之萃　盧去同人之升,賁之震,損之解　蹻頭侯大有之隨　隅居家大有之巽　頭盧謙之蒙　居盧謙之比　雛俱諸謙之賁,旅之夬,兌之鼎　盧初謙之革,咸之隨,晉之觀　蹻隅侯謙之巽,渙之遯　株拘謙之節,明夷之訟,萃之豫　夫盧隨之需,坎之革　孤家隨之離　盧侯隨之恒,睽之坤　輿車隨之旅　隅居家蠱之漸　吳閭臨之泰　盧居臨之否　符盧臨之无妄　烏家臨之震　駒雛臨之兌魚盧觀之大有,坎之困,睽之訟,豐之剝　車家居觀之隨,革之解　隅趨觀之明夷　胡頭觀之艮　魚株盧觀之巽　盧去噬嗑之臨　家盧賁之乾　家墓賁之坤　車塗居賁之晉邪夫居剝之需　車家居剝之訟,復之旅,小過之臨　盧居復之屯,頤之益　塗車家復之蠱車家復之觀,夬之訟　魚餘復之咸　車家復之歸妹　雛駒无妄之坎　車家无妄之萃盧趨大畜之恒　蘇邪大畜之夬　車去輿大畜之小過　家都大過之觀　駒居大過之復車家大過之困,節之觀,中孚之泰,未濟之坤　塗袴坎之渙　車家離之咸,姤之坎　華魚去咸之噬嗑　俱襦咸之升　車家恒之旣濟　烏蟆遯之屯　駒雛頭遯之小畜　魚盧晉之恒　駒車晉之遯　車夫盧晉之節　儲膚明夷,歸妹之頤,巽之蒙　家夫家人之頤　駒雛家人之小過　呼家家人之損,漸之離,中孚之坎,小過之大有　驢狐睽之需,蹇之剝,震之恒車都睽之兌　輿去夫居蹇　蒲盧蹇之解　瞿須蹇之旅　去雛輿解之比　无隅解之家人　鰕魚家損之乾　餘居車損之夬　雛去夬之謙　珠襦夬之未濟　盧濡萃之未濟　樞盧驅居升之臨　呼侯升之鼎　居盧懼虞升之旣濟　居舍如困之師

都餘居困之履　華家胥居困之觀　雛駒居困之頤　蟆盧餘困之暌　徒家井之大有　魚頭居革之頤，漸之明夷　夫居孤鼎之大畜　偷珠鼎之震　車御艮之夬　居瓜漸　牙家儲漸之噬嗑　魚諸珠漸之暌　雛居漸之姤　儲魚豐之蠱　家狐旅之賁，渙之升　餘居節之離　夫孤節之離　盧瓜小過之漸　誣閭既濟之旅

上聲

府聚乾之觀，否之乾，謙之豫，頤之坤，震之隨　輔處乾之隨　處苦魯乾之大過，謙之剝，復之離，咸之萃，豐之井　禹野土乾之中孚，師之小畜，兌之萃，既濟之比　戶處伍坤之需，小畜之解，大壯之頤　虎怒走口坤之臨，同人之比，益之比　魯與坤之頤，井之旅　語虎抒坤之夬，師之乾，巽之訟　處旅苦序坤之姤　努輔屯之同人　女后屯之觀，泰之豫　野苦屯之恆，師之姤，泰之同人，損之復　聚語苦主屯之節，小畜之豫　女與下屯之未濟，噬嗑之无妄，大過之咸　圉伍蒙之剝，井之同人　兔圉蒙之復　虎怒走所蒙之坎　語下蒙之離　女后蒙之晉，謙之旅　處苦所蒙之豐　語苦需之蠱　兔鼠需之噬嗑，旅之噬嗑　後厚需之大畜，謙之益，中孚之小畜　舞序需之大過　豎愈需之巽　虎者需之中孚　樹父訟　口走訟之損　走後訟之夬　苦語訟之歸妹，歸妹之履　脯處師，咸之屯　舉輔師之訟，觀之師　顧女者師之小過，隨之豐，噬嗑之暌，損之中孚　去戶比之坎　戶舞比之節，臨之姤，塞之觀，震之晉，小過之蒙　祖楚小畜之師　口厚小畜之噬嗑，井之恆，節之暌　許苦小畜之坎　賈野阻履之觀　女耦履之无妄，姤之无妄　聚處愈履之大壯　語誤處履之革，无妄之屯，明夷之復　輔黍泰之艮　乳聚泰之既濟　走狗否之遯，解之坎，小過之歸妹　口走同人之乾　走口下大有之晉　庚取宇大有之升　煦主大有之中孚　虎者謙之賁，兌之鼎　黍筥謙之大過　兔腐去謙之豐　雨輔土豫之訟　戶苦豫之旅　走後處豫之漸　輔舞隨之坤，臨之解　部走隨之需　夏宇所隨之謙　武口隨之復，損之明夷　呴處隨之家人　浦處祖隨之節　寡處者苦隨之既濟，大過之泰　侶下蠱之渙　虎下臨之履　偶所臨之豫　口斧後臨之坎，艮之頤　下所臨之豐　下處觀　偶處觀之乾　馬賈觀之晉　走口觀之姤　蠱與處觀之困，姤之觀，巽之剝　距苦觀之歸妹　舉苦觀之中孚，暌之比　怒午距野苦噬嗑之泰　處苦噬嗑之大過　旅戶噬嗑之姤　渚下噬嗑之中孚　虎聚苦賁之訟　戶舞處賁之否　戶苦賁之頤　野許賁之艮　聚筥剝之屯　筥旅處復之中孚　虎語无妄之兌　馬魯賈大畜之大有　舞處旅大畜

之大壯　詢口走大畜之家人,明夷之臨　戶處大畜之艮　古輔所頤之乾　怒下苦頤之

大過　暑所大過之需,睽之困　五走大過之大有　耦主大過之頤　走後口大過之遯

雨下所大過之升,漸之同人　社宇大過之井　后所大過之巽　處楚圍主坎之屯　虎

走坎之臨　處土緒坎之離,艮之晉　夏舍舉譽坎之豐　後走離之遯,恒之升,明夷之頤,

豐之无妄,節之咸　買阻咸之訟,豐　馬主咸之同人　怒柱旅苦咸之豫,萃之咸　怙苦

咸之家人　戶苦咸之睽　野苦咸之旅,豐之頤　羽下處恒之坤　處雨宇所恒之剝

魯馬買戶與宇恒之益　黍雨所恒之革　輔野苦遯之乾　苦口遯之大過　虎輔

遯之家人,未濟之隨　虎語遯之中孚　虎弩者大壯　馬所大壯之需　儲黍舞大壯之咸

聚走大壯之未濟,困之井　暑取晉之需　馬苦晉之小畜　所處晉之渙　處輔明夷之坤,

歸妹之大壯　處苦明夷之離,蹇之无妄　口處苦明夷之夬　處輔苦明夷之姤,益之艮,夬

之益,革之既濟,艮　處虜明夷之既濟　下走家人之小畜　夏舍家人之大有,歸妹之渙　夏

居家人之晉　處下家人之益　舉輔睽之歸妹　走口土蹇之晉　所苦蹇之解　處伍

蹇之巽　黍苦解之頤　土馬解之晉　女雨損之噬嗑　兔鼠苦損之歸妹　兔去所

益之解　走後野夬之大壯　語口戶姤之咸　口許姤之損　苦土姤之升　筥輔土

萃之蒙　斧輔處萃之訟　御馬升之離　戶後升之渙　戶所升之中孚　旅處語困之

噬嗑　父土井之需　主所井之賈　女所井之頤　鼠去井之坎,歸妹之師　父所井之震

父緒輔革之夬,節之泰　馬下鼎之夬　渚后鼎之小過　虎怒震之小畜　怒午庫下

距野震之豫　口處艮之家人　雨虜下艮之升　處所輔歸妹之剝,中孚之師,既濟之无妄

處伍豐之小畜　雨稼豐之未濟　後主旅之坎　柱腐旅之咸　虎怙旅之夬　鹽處

旅之漸,渙之復　下舍后兌之革　走口兌之旅　野主處苦渙之損　羽距侶節之大過

女處中孚之益　馬下小過之鼎　旅聚腴未濟之蠱

去聲

助去乾之比,遯之升　誤路處乾之无妄,夬之既濟　語誤舍處乾之解,損之謙　舍

處乾之姤　哺去坤之損　樹去仆屯之坎,噬嗑之否　樹惡去屯之夬　路懼屯之井,

損之比　作路屯之小過　兔路據蒙之无妄　懼惡步蒙之渙,既濟之離　遇聚訟之咸,

同人之旅　嫁袴去訟之渙　路慕師之屯,大有之姤,革之蒙　舍固居師之困　路步處

比之損,蠱之師,小過之萃　酬鬥比之鼎　乳故比之巽　步舍居小畜之同人,豫之睽,鼎之

噬嗑,震之節,節之困　固去樹小畜之蠱,蹇之鼎　距舍居小畜之節　舍故履之睽　固去履之震　渡袴故泰之坤,既濟之姤　路處同人之革,損之革　處懼同人之既濟　步忓大有之剝　惡舍豫之歸妹,震之噬嗑　去柱仆觀之需　度居觀之睽　晤去觀之姤　舍居賁之萃　惡懼剝之既濟　處懼復之豫　兔故路舍復之困　處去大畜之損,頤之晉,渙之屯　豫謝故大畜之中孚　步居坎之需　去懼坎之噬嗑　語誤故咸之頤,革之坎　袴賂咸之升　兔去處睽之大有,豐之師　懼居晉之屯,節之鼎　步趨晉之泰　步舍處夬之豫,震之大畜　謝污夬之漸　乳處姤之大畜　居舍霸升之咸　助去升之小過　懼路困之漸　步舍袴井之蒙,既濟之震　誤處井之師　路舍井之歸妹　夜晝故井之渙　夜露袴步革之豫,未濟之損　夜誤居革之噬嗑　路惡懼處漸之无妄,渙之困　塗故漸之小過　兔袴歸妹之明夷　固處旅之咸　步舍豐之同人　夜晝懼渙之蠱　步舍夜居節之噬嗑　居度稼小過之大畜　惡去小過之晉　居舍小過之震,未濟之否　怒居小過之中孚　惡舍未濟之同人

合　韻

魚歌

平聲　啞家和師之萃　家和蠱之解　塗車家嗟復之蠱　魚餘嘉復之咸　盧危艮之蒙　車筆夬之井,艮之夬

上聲　罷苦蹇之損

去聲　嫁坐禍坤之晉,比之大有　罷夜晉之蠱

魚幽

平聲　辜仇乾之臨,謙之復　樞憂居乾之小畜,謙之觀　隅憂乾之家人　盧羔乾之蹇,家人之明夷　芻姝憂坤之巽　興遊屯之否,泰之晉　居盧憂蒙之屯,渙之師　牟憂居蒙之旅　牟侯需之大壯　鋤收訟之履　盧仇比之夬,晉之鼎　居憂否之坤　躕隅侯憂同人之隨　呼周休同人之中孚　隅胸曹大有之訟　烏辜憂大有之比　遊居憂大有之艮　周侯大有之渙,鼎之姤　都盧憂豫之明夷　興車憂豫之井　遊家豫之鼎　烏都憂豫之既濟　隅流趨蠱之蒙,萃之師　家車憂蠱之訟　盧居憂蠱之臨　俱憂臨之剝　流居臨之革　盧憂噬嗑之屯　烏御家憂噬嗑之鼎　居憂剝之節　盧居憂復之屯　隅胸曹軀大畜之泰　襦隅憂大畜之兌　車遊頤之姤　殳驅憂大過之訟

華憂_{大過之比} 與憂_{坎之遯} 徒求_{坎之明夷} 魚鰌廬_{坎之鼎} 憂家_{坎之未濟} 居憂_{離之需} 牢居_{咸之萃,姤之復} 車初憂_{咸之渙} 休餘_{恒之否} 憂居_{恒之坎} 牙家儲憂_{大壯之乾} 榆株憂_{晉之睽} 遊憂駒_{蹇之豫} 家遊_{姤之兌} 都休_{節之否} 囚誣_{中孚之比}

上聲 走道口_{乾之晉} 醜處_{坤之家人} 女道處_{屯之大過,蹇之比} 黍咎_{蒙之否} 暑茂_{蒙之觀} 醜就取_{需之恒,觀之无妄} 酒口_{訟之益,履之萃} 狗走咎_{訟之旅,隨之革} 草處_{師之夬} 哺就好_{履之咸} 怒午距咎_{泰之坎} 宇好_{泰之萃,鼎之大有} 野咎_{否之解,无妄之小過} 咎所_{否之鼎,同人之恒} 草寶處_{同人之剝} 傴寶_{同人之大壯} 土保_{同人之井} 杵道_{同人之鼎} 棗聚_{謙之大過} 弩道虎者_{豫之噬嗑} 走擾_{豫之復,明夷之節} 酒雨_{豫之升} 禹道處所_{隨之賁} 具取道_{隨之姤} 柱道_{臨之革} 道苦_{觀之家人,萃之觀} 醜偶_{噬嗑之萃} 處寶_{剝之夬} 主飽_{復之觀,夬之訟} 舞酒處女_{復之明夷} 口寶_{復之損} 女醜苦_{无妄之豫} 輔咎_{大畜之漸} 女許戶處咎_{大過之小畜} 馬女咎_{大過之歸妹} 土飽_{坎之大有} 道苦_{離之巽} 口主道_{咸之離} 主咎_{咸之同人} 丑咎後_{恒之臨} 戶道處_{遯之大有} 馬距考_{遯之豫,節之歸妹} 主擾走_{大壯之巽} 社矩緒考_{大壯之渙} 馬保_{晉之,鼎之豫} 棗荂許_{明夷之家人} 魯楚寶_{家人之蠱} 所咎_{家人之既濟} 走首_{益之比} 主飽_{夬之訟} 酒口後_{姤之履} 苦寶_{萃之剝} 竄好_{萃之家人} 手愈_{萃之節} 狩所_{困之剝} 戶處保_{困之姤} 保魯_{困之小過} 走草口_{井之兌} 父道_{震之蹇} 野稻咎_{震之兌} 酒口苦_{歸妹之屯} 暑保伍_{巽之震} 弩道走_{兌之比} 旅走咎_{中孚之節} 老保旅_{既濟之大畜} 後廡柱咎_{既濟之恒}

去聲 處臭_{隨之乾} 去遇救_{噬嗑之明夷} 兔售_{萃之巽}

魚宵

平聲 居朝_{屯之鼎,訟之恒} 囂家_{需之升} 頭搖_{比之震} 頭妖_{比之兌} 廬逃_{小畜之晉,豫之姤} 居巢_{履之旅} 隅勞頭_{同人之震} 狐笑_{大有之咸} 居扶巢_{隨之无妄} 車朝家_{隨之渙} 初郊_{剝之比} 刀車臊_{无妄之艮} 車朝廬_{大過之大壯} 橋俱_{大壯之剝} 廬魚繞_{遯之井} 廬逃天_{晉之大畜} 桃舒_{夬之剝} 踰消_{鼎之井} 魚勞_{艮之姤} 魚郊廬_{歸妹之坎} 珠燒_{小過之大過} 雛俱巢_{既濟之小畜}

上聲 雨潦_{謙之恒,升之隨} 乳厚天_{頤之節,益}

去聲　路到比之渙,革之坤　寇盜鬥豫之革,既濟之井　步御路到復之蹇,艮之鼎
鷁噪射搖无妄之中孚　處倒夬之蹇　笑夜震之巽

魚鐸

語縛訟之巽,剝,中孚之震　鵲暮隨之泰　暮赦遜之損　柝護懼損之姤

5. 歌　部

平聲

馳疲乾之大畜,坎之家人,兌之需　何多他坤之萃,泰之渙,巽之解　奇離爲訟之大
有　河罷他訟之萃,蹇之師　蛇河師之咸,噬嗑之復,大壯之鼎　隨危履之晉　跛和否之夬
和隨謙之同人　吹危謙之遜,噬嗑之渙,損之渙,旅之晉,中孚之噬嗑　和危豫之咸　危
歌臨之離　化宜臨之既濟　多嘉觀之謙　危罷噬嗑之小過　危歌賁之離　隨危
復之小過　危爲大過之屯　罷池危大過之明夷　羅池坎之益　危和坎之未濟　河
他離之咸,姤之坎　和宜歌離之姤　奇離家人之謙,中孚之井　麻歌河家人之益,革之
漸危疲波蹇之泰　離虧損之頤　麾靡萃之大有,豐之噬嗑　嘉虧困之剝　危池螺旅
之无妄　離歌義軻施中孚之困　疲嗟小過之剝

上聲

坐禍坤之晉,比之大有,大過之兌　禍坐否之升　踦禍否之未濟　墮禍噬嗑之小畜
墮坐禍大過之蠱,遜之益,鼎之既濟　徒踦禍恒之漸　被禍恒之巽　罷跪晉之小畜　徒
禍坐家人之豐　踦墮之大壯　坐禍兌之无妄　詭坐禍未濟之家人

去聲

破臥腂履之屯　義地復之臨　臥過困

合　韻

歌支

平聲　隨罷雌乾之渙,泰之復　支危蒙之夬,蠱之艮　珪河需之无妄,同人之晉　枝
離知訟之謙　雌危履　知離臨之同人　河涯他困之坎　知頗艮之大有
上聲　啟解禍巽之兌,同人之夬
去聲　藥繁需之蠱

歌鐸

踦墮作歸妹之睽

6. 支　　部

平聲

雌知蒙之節　圭觜同人之大畜,遯之謙,巽之大有　枝知大有之坤,漸之謙,旅之大過,未濟之困　崖雌賁之坎　涯攜夬之節,小過之大壯

上聲

是解渙之漸

合　　韻

支脂

平聲　衰枝隤蒙之訟,泰之咸　機知衣否之中孚　圭資同人之大畜,遯之謙　脂枝謙之遯,噬嗑之渙　堤泥妻臨之訟　卑畏臨之中孚　違知賁之旅,夬之升　微谿蹇之咸,未濟之觀　湄涯歸迷齊解之无妄　卑衰升之巽

上聲　累解坤之晉,比之大有　火解噬嗑之大壯　水尾蟹幾无妄之歸妹　累解晉之家人　尾枳損之大過　履婢姤之需　累罪解漸之震

去聲　視避利嗜訟之,鼎之解　視避利晉之頤,艮之大畜　駬孿易解之蒙　視避刊綏嗜中孚之咸,小過之豫

支月

悅臂家人之巽

支之

平聲　支疑否之夬　雌嘻賁之頤　枝滋有井之巽

去聲　賜意履之升

7. 脂　　部

平聲

齊衣乾之益,蠱之噬嗑,離之旅,升之坎,艮之未濟,兌之賁　藜妻乾之夬,需之剝,睽之解　齊師比之剝,泰之乾,萃之解,革之否,歸妹之臨,節之益,中孚之解　歸迷悲回泰之家人　稽飛謙之需,升之師　隤微蠱之否　皆妻觀之謙　齊資歸剝之坎,中孚之臨　飛歸復之小過　賾衰无妄之大過　推微衰大畜之姤　威微坎之夬　妻悲坎之升,大壯之井　師

齊離之乾　諧齊離之小畜　魁咨離之升　齊師咸之大有　唯麀咸之賁,損之无妄,既
濟之咸　飛齊師諧遯之夬　維迷衣晉之旅　犂妻資蹇之睽　畏雖損之蠱　衰機
益之小過　哀悲衰姤之家人　梯歸姤之解　妻哀升之剝　麀積困之无妄　哀悲
艮之否　脂巍漸之比　埤巍威漸之剝,節之蠱　非哀豐之鼎,異之觀　器追旅之大畜
枚飢兌之噬嗑

上聲

火死乾之小過,剝之坤,咸之艮,睽之渙　濟火需之大有,頤之謙　火尾泰之旅,賁之
觀,井之臨　尾水同人之漸,巽之師　視尾臨之困　水尾幾无妄之歸妹　尥視尾坎之觀
視機姊益之需　尾死比升之大畜,旅之觀　弟禮升之渙　鬼視死困之謙　水履累
震之乾

去聲

退潰乾之兌　至利師之晉　視利嗜訟之,鼎之解,旅之益,中孚之咸,小過之豫　醉
戾履之蒙,益之未濟,姤之夬　潰內泰之睽　至利同人之大有,震之夬　隊憒愧氣大有
之蒙,頤之否　利逮大有之大壯　季寐謙之蠱,隨之大畜,節之渙　遂祟蠱之无妄,兌之節
隊貴蠱之解　悖位觀之遯,既濟之節　諱畏噬嗑之大有　退遂賁之大畜　類憒遂大畜
之隨　遂憒大畜之既濟　黷味憒頤之鼎　壞畏咸之師　遂貴遯之蹇　諱畏大壯之困
利悴家人之萃　蹟祟睽之需,蹇之剝　痺次睽之中孚　利至蹇之大有　位器解之觀
退遂隊解之噬嗑　驥至損之蠱　隊祟夬之姤　味祟井之坎,歸妹之師　藏味憒井之
困,小過之謙　隊遂革之遯　匱季歸妹之益　類憒節之夬　氣憒既濟之大壯　祟憒
未濟之解　憒氣未濟之震

合　韻

脂歌

平聲　隤疲歸乾之萃,師之臨　飛池屯之旅,否之晉　離悲師之比,　大有之大過
歸悲離比之隨,豫之大壯　飛池比之觀,益之晉　蛇威履之鼎　脂宜同人之未濟　微
靡隨之大有,睽之遯　離徊隨之益,家人之无妄　危稽隨之中孚　蛇微離蠱之坎,大壯之
大有　衣宜觀之萃　宜虧衰觀之　河衣他觀之渙,賁之小過　師罷妻觀之既濟,賁
之蠱　隤罷哀賁之　師危晉之未濟　維危家人之蹇,旅之家人　衣池睽之乾,蹇之同人

陂哀益之旅　　離哀困之既濟　　離非井之姤

上聲　指坐禍小畜之益　　水火禍泰之履，大有之謙　　坐火禍大有之節　　火禍頤之旅　　水火鬼徙姤之旅　　水火禍艮之坤，未濟之漸　　指倚禍漸之臨

去聲　利義　之復　　視化困之離

脂之

平聲　思悲小畜之歸妹　　乖之時姤之萃　　齊師時萃之解

上聲　利海有師之復　　罪有泰之夬　　齒子殆利大有之蹇　　濟火恃坎之大壯齒視子母恒之需　　龜火恒之大過　　子毀艮之升　　死鬼祀小畜之萃，渙之大過

去聲　事位隨之乾　　媚背復之蒙，明夷之艮　　燧至震之萃　　視志節之巽

脂幽

平聲　憂肌泰之比

上聲　視軌姊中孚之履

去聲　位咎艮之大有

脂祭

疥害逮坤之大過，大有之大壯　　具位訟之大畜　　帶戾泰之遯，歸妹之訟　　蔽棄位蠱之坤，艮之履　　制戾剝之大有，頤之損　　賴憒逮大畜之隨　　壞敗頤之无妄　　劓棄快睽之賁　　彎制位蹇之姤　艮之泰　　季制萃之損

脂質

弼匱蒙之坤，師之歸妹，隨之屯，井之乾，鼎之損　　趺崇蒙之睽　　卒出位訟之大畜　　出位訟之升，中孚之大過　　屈退吉否之泰　　節類噬嗑之坤　　沸潰室大壯之豐　　嫉逐蹇之旅　　律隊戾崇益之豐　　出崇憒夬之中孚　　卉出升之中孚　　律逐艮之賁　　屈出類漸之旅，歸妹之同人

脂月

月頹大過之損　　悖額孼家人之咸，漸之升

8. 祭　部

吠外乾之比，遯之升　　薈會霈坤之旅，履之恒　　勢斃蒙之剝，井之同人　　世害需之震，益之隨　　會帶師之噬嗑，蠱之謙，臨之大過，无妄之恒，巽之乾　　蔡害師之鼎，大過之晉，兌之

泰，渙之坎　**沛賴**泰之豐　**疥害**大有之大壯　**大外**隨之蹇，賁之蒙，益之中孚，巽之漸，小過

之蠱　**害賴**臨之咸　**沛磕賴**賁之損　**害賴歲**頤之大壯　**歲敗**家人之比　**會廢**夬之遯

廢害姤之賁　**帶賴**萃之蠱　**衛廢**升之同人

合　韻

祭之

　　去聲　**疥忌**頤之咸　**薊意**大過之小過

祭月

　　折罰斃乾之大壯　**達外**小畜之睽，遯之兌　**絕脫害**同人之賁，噬嗑之震　**絕敗**

豫之復，明夷之節　**會外訣**坎之隨　**列廢**遯之大壯　**敝缺**大壯之萃　**訣快**萃之賁

9. 蒸　部

　　熊閎泰之隨，蹇之大過，益之屯，未濟之渙　**陵升**大畜之噬嗑　**升登**離之恒　**陵興**

明夷之比　**陵登**明夷之咸，歸妹之巽　**陵崩蒇**旅之姤

合　韻

蒸侵

　　平聲　**憎金**乾之歸妹，震之遯　**男承**屯之離，蠱之大壯　**冰心**晉之否　**冰尋**明夷之乾

蒸耕

　　平聲　**生興**既濟之坤

蒸真

　　平聲　**崩仁**觀之遯　**登鄰**睽之蒙　**仁信增**小過之乾

蒸之

　　恆來既濟之節

蒸職

　　得仍賁之既濟

10. 東　部

平聲

　　聲通功乾　**宮中**坤之觀，之解，需之夬，履之需，謙之坤，豐之蹇　**容恭同**坤之困　**公**

同坤之鼎　**東訟同凶**屯之漸　**聲通**屯之中孚　**功隆**蒙之謙，師之節，否之賁，噬嗑之需

凶邦蒙之賁,損之困　東從蒙之小過　鴻東逢需之遯　空訟訟之噬嗑　同東從訟之頤,隨之兌　宮攻訟之漸　邦春寒之謙,剝之乾　中凶師之頤,大過之渙,旅之困　聾通功師之升　宗降比之需　通功比之噬嗑　東蓬比之復,姤之遯　龍凶蓬比之頤,豫之頤　降雍小畜之鼎　同凶履之蒙,益之未濟,姤之夬　降通空履之謙　同凶履之大畜　公同凶履之晉　重中大有之坎　聰功大有之家人　痛從謙,隨之解,艮之革　通凶豫之蠱,觀之噬嗑,旅之復,既濟之蹇　聳功隨之蠱　同從隨之觀　童充隨之大過　重功隨之咸　冬降蠱之坎　通訟功蠱之革　通功臨之既濟　動逢觀之乾　醲宗降觀之坎,艮之謙　龍東逢邦觀之漸　通凶噬嗑之小過　訟匄公剝之渙,大過之坎,大壯之大畜,夬之同人　凍通功復之需　東從雍春復之晉　終凶復之歸妹　通逢凶復之巽　胸春无妄之乾　通功邦大畜之噬嗑　公訟雍大畜之无妄,小過之家人　逢凶大畜之革　中凶頤之蒙,兌之大畜　龍東聾頤之泰　凶邦頤之坎　東公頤之旅　東逢大過之蠱,遯之益,鼎之既濟　東功大過之夬,未濟之屯　公中大過之小過　龍東通離　功逢離之困　訟從離之未濟,損之既濟　隆通公同咸之晉　窮隆恒之咸　雍同恒之蹇,晉之大有　同工恒之解,渙之觀　同從公恒之萃　通逢恒之革　功宗恒之渙　聾從遯之需　凶訟功遯之噬嗑　江凶遯之困,蹇之臨　邦逢遯之既濟　東功晉之家人　功凶晉之井,艮之歸妹　縱功晉之歸妹,歸妹之蒙　通凶功明夷之大有,巽之升　窮凶明夷之隨　東中明夷之益,益之觀,豐之泰,中孚之歸妹　通窮從明夷之困,歸妹之豐　逢凶家人之噬嗑　公通窮家人之剝,未濟之小畜　龍逢功睽之離,巽之姤　東通革之鼎　東庸功升之夬　逢凶困之歸妹　訟功井之益　公東封革之明夷,兌之明夷　功同窮震之大有　蓬中艮之剝,豐之損　中同艮之解　空宗東凶艮之豐　公凶旅之賁,渙之升　重通公巽之比　聰凶巽之小畜,兌之井　戎衆鋒節之訟　功隆節之革　同訟節之巽　龍凶節之兌

上聲

動寵乾之需,革之隨　寵恐鼎之兌

合　韻
東蒸

平聲　重登公坤之師　豐龍興蒙之升　同興需之震,益之隨　同興泰之大過　蠅中大畜之觀,鼎之訟　降冰坎之解　功興咸之賁,渙之无妄　興訟大壯之歸妹　登肱凶

艮之歸妹

東侵

平聲 攻禽功履之夬，鼎之隨 金功大壯之遯 金吟功既濟之頤 終心訟之同
人，小畜之坤 深宋觀之明夷 林中无妄之巽，小過之晉 林雄謙之需，升之師 吟雄蠱之
无妄 瘤雄兌之節

東談

上聲 檻動夬之謙

東耕

平聲 重中公寧訟之賁 驚通功小畜之乾 功成豫之臨，噬嗑之 刑功姤之隨
宗聖損之履

東真

平聲 人功需之噬嗑，旅之噬嗑 嘻同人豫 通逢人豫之艮 仁訟大畜之需 仁
窮復之大過 凶仁遯之坤，漸之小畜 隆人明夷之蒙，益之升 凶身明夷之大壯，解之大壯
同仁家人之損，漸之離 功人升之節 衆君鼎之需
去聲 衆信遯之无妄

東元

官凶之噬嗑 中患未濟之大壯

東魚

平聲 雉貢訟之既濟
上聲 走恐後中孚之剝

東魚幽

上聲 走恐後咎困之屯（咎，幽部字）

11. 陽 部

平聲

肓傷乾之遯，訟之豫，旅之小畜 羊望乾之蹇，家人之明夷 姜亡乾之夬，需之剝，睽
之解 房傷乾之小過，剝之坤，咸之艮，睽之渙 望病坤之无妄，升之謙 光明長王坤之未
濟，否之无妄 行強光屯之履，比之无妄，剝之大畜，遯之復，晉之坤，井之履，巽之晉，中孚之兌

橫强屯之否,泰之晉,隨之升,解之咸　**姜昌**屯之噬嗑,比之豫,蠱之困,遯之姤,姤之師　**盲牀**

鄉屯之睽　**强光明**屯之既濟　**王明**蒙之乾,節　**亡倉**蒙之坤,師之歸妹,隨之屯,井之乾,

鼎之損　**望昌**蒙之謙,師之節,否之賁,噬嗑之需　**强鄉相**蒙之豫　**明藏**蒙之睽　**霜長殃**

蒙之中孚　**亡桑鄉**需之師,臨之萃　**殃章傷**需之復,噬嗑之剝,姤之泰　**堂昌**需之萃,大有

之蠱　**陽藏**需之中孚,渙之剝　**羊牂**訟之遯,否之坎,夬之觀,革之同人　**傷亡鄉**訟之大壯

狼傷亡訟之明夷　**牂鄉糧**訟之蹇　**兵傷**訟之夬　**行明**師之泰,姤之升,震之謙　**狼陽**

師之否,噬嗑之旅　**迎鄉當**師之家人　**堂亡倉**師之歸妹　**康長**比之乾,觀之坤　**裳兵傷**

比之蒙,革之大過,鼎之遯,旅之遯　**明傷兄**比之賁　**牀傷**比之復　**防行光藏鄉**比之大畜,

離之謙,姤之謙　**堂牀**比之離,同人之兌,損之隨,節之履,未濟之訟　**僵喪**比之鼎,大畜之晉,益

之蒙,升之復,既濟之萃　**强行王**比之艮,恒之困,小畜之隨　**梁强康**比之旅　**陽明**比之兌,

大過之臨　**傷明光**小畜之復,歸妹之萃,旅之節　**傷常**小畜之頤　**堂亡**小畜之晉,豫之姤,大

畜之恒　**明祥慶**小畜之漸　**穎殃鄉**履之小畜　**亡行藏**履之臨　**明祥殃**履之漸　**穎**

鄉莊履之兌　**明光**履之小過,噬嗑之損　**蘙芒傷**泰之賁,損之泰,歸妹之鼎,小過之解　**鑾**

望迎傷泰之明夷　**旁迎**泰之損,未濟之姤　**行兄亡**泰之姤,否之歸妹　**狼强皇**否　**享**

慶否之豫,賁之解,復之比　**肓行鄉**否之噬嗑,大過之艮　**明光康**否之復,隨之坎,噬嗑之同人

光藏行鄉否之困,震之未濟　**行兄亡**否之歸妹　**光明昌**否之小過,既濟之需　**牂行**同人

之蒙,无妄之觀,歸妹之解,兌之遯,中孚之萃　**陽長昌**同人之大過　**行明鄉**同人之解,升之坤

央亡同人之萃　**行傷糧**同人之困　**行牂囊黃**同人之,革之恒,渙之豫,中孚之漸　**常明**

同人之未濟　**行桑糧**大有之乾　**明光傷**大有之師,解之謙,未濟之蹇　**光湯明**大有之泰,

巽之既濟　**光明**大有之臨　**放喪**大有之賁　**狼傷殃**大有之无妄　**妝牂**大有之頤　**裳康**

大有之坎　**狂鄉明**大有之遯,大壯之否　**盲明常**大有之益,解之節　**梁旁箱鄉倉**大有

之夬　**皇祥殃**大有之旅,噬嗑,益之家人　**迎鄉**大有之兌　**光望兄**大有之小過　**光明**謙之

屯,大壯之恒,革之謙,兌之離　**明囊旁**謙之蠱,節之渙　**梁僵康**謙之未濟,既濟之未濟　**藏**

行漿羹豫之小畜　**黃瑛**豫之蠱,觀之噬嗑,旅之復,既濟之蹇　**堂兄漿迎**豫之巽　**明囊**

隨之大畜　**穎光**隨之大過　**光傷**隨之益,家人之无妄　**當羹筐桑**隨之艮　**慶迎**蠱之乾

良傷蠱之屯　**明光傷**蠱之比　**慶相**蠱之否　**長光兄張**蠱之大有　**光明牀亡**蠱之豫

光黃蠱之蹇　**藏行堂**蠱之損　**明章堂**蠱之震　**稂王京**蠱之歸妹,賁之姤　**岡堂殃**

蠱之兌　堂明蠱之節　行囊明臨之師,賁之噬嗑,鼎之坎,旅之頤　行常姎臨之比　姎鄉
臨之泰　堂僵光臨之鼎　昌良王臨之旅　堂常姎臨之渙　明堂光觀之訟　盟強觀之泰
良行房觀之大壯,大畜之暌　當病觀之蹇　常光觀之革　陽光觀之未濟　庚行噬嗑之
坤,漸之旅,歸妹之同人　光慶噬嗑之屯　揚行噬嗑之賁　梁王噬嗑之咸　明傷光噬嗑之
艮,萃之謙,巽之噬嗑　明狂賁之屯,剝之泰,晉之小過　翔霜賁之隨,損之否,困之節,鼎之觀
行僵兄當賁之咸,復之訟　望堂賁之家人,姤之坤,漸之屯,渙之小過,中孚之賁　狼英賁之
暌　姎梁王賁之革,損之大有　鄉行賁之巽　羊望羊賁之中孚　明光剝之大有　當
姎剝之離　明光行旁剝之萃,暌之復,革之履　彊傷復之泰　明傷復之同人　常亡復
之臨　望鄉復之大過　陽香望牀復之大壯　衡香筐姜復之艮　行桑復之中孚　明
光藏无妄之蒙　昌光无妄之需,節之姤　防行陽鄉无妄之同人　皇昌无妄之大壯　牆
行无妄之震　行藏无妄之未濟　行牆惶大畜之屯　迎鄉煌當大畜之小畜,益之謙　狂
昌大畜之履　姎傷光大畜之同人　箱陽囊慶大畜之大過　牀章穰大畜之益,小過之比
望行明鄉大畜之萃　房光行昌大畜之升,小過之恒　明鄉大畜之渙　行涼傷頤之屯
堂漿頤之蠱,損之豫,中孚之鼎　行常鄉姎頤之噬嗑　行明羊頤之坎　常慶頤之咸　筐
梁場頤之暌　鴦行梁長傷頤之升　亡光長明頤之渙　霜傷頤之小過　昌姎頤之
未濟　裳姎昌大過之屯　傷羹大過之同人　傷鄉亨明大過之大畜　陽兵行長坎　明
光牀亡傷坎之泰　僵傷坎之頤　傷亡坎之解　亡桑鄉喪坎之姤　羊牂坎之萃　堂
迎昌離之蒙　張亡離之小畜　羊陽揚離之隨　陽明黃行離之觀　行章堂姎常
離之坎　明長光傷離之大壯　狼當亡離之晉,兌之漸　桑行傷離之明夷　長傷堂亡
離之夬　鄉長離之未濟　牆兵咸之大畜　裳姎咸之大壯　堂房常咸之暌　衡傷姎
咸之解　盲行咸之夬　兄陽簧咸之震,兌之夬　明光常傷恒之隨　箱行昌恒之復,萃
之恒　讓光恒之蹇,晉之大有　羊囊長恒之夬,歸妹之損,巽之大畜　行梁恒之兌　光章
王恒之未濟　行傷遯之比　常狂光遯之蠱,渙之兌　僵桑兄遯之大畜　藏行遯之困
鄉衡遯之震　蒼行傷陽遯之小過　行良遯之既濟　鄉衡傷姎大壯之謙　囊亡大壯
之豫　喪鄉大壯之噬嗑　當常大壯之坎　伉僵大壯之困　裳當行姎大壯之中孚　望
莊晉之履　忘行長晉之蠱　商長晉之剝　傷長光晉之夬　祥慶晉之艮,家人之大畜
姎傷鄉明夷之遯　羊慶明夷之暌　當慶明夷之損　狂傷姎明夷之井　莊行明夷之旅,

豐之困　傷常明夷之兌,艮之中孚　羊攘明夷之小過　行狼傷家人之師,豐之需　羊惶

殃家人之坎　殃傷亡家人之困　牂囊家人之震　觴兄亡睽之乾,蹇之同人　方羊睽之

无妄　蒼迎兄睽之革　當殃漿鄉行睽之漸　裝行蹇之臨　良兵鄉蹇之離　兄黃

蹇之家人　光王兵藏行鄉蹇之夬　翔殃蹇之漸　張良蹇之兌　梁狼王蹇之節　望

壯明蹇之小過　牂疆蹇之未濟　長王房解之屯　蟲傷解之晉　盟昌解之益　行傷

明解之豐　網傷糧損之大壯,渙之比　颶傷益之師　陽殃益之泰　良兵當疆益之臨

堂殃益之遯　長殃益之大壯　裝明益之井　明傷益之鼎　明光益之小過　竟病夬之坎

陽囊夬之睽　行明慶夬之損　盲行夬之歸妹　梁場箱藏粮姤之離　霜明傷姤之恒,

萃之革,巽之履　牀腸姤之遯　藏長萃之否　良亡萃之大有,豐之噬嗑　堂觴疆萃之晉　良

方當升之需　病殃升之否　張行迎升之蠱　明傷亡升之賁　明網升之革　方央明

困之泰　明傷困之明夷　傷瘍困之鼎　良殃困之豐　殃傷井之蠱　明行綱井之剝　鄉

殃井之解　梁僵昌井之萃　行昌香井之革　相殃井之漸　行僵良光井之中孚　張

亡井之未濟　張翔革之泰,旅,兌之小過　楊將光革之大有,巽之兌　鄉行牀革之萃,既濟

之解　裝旁囊革之升　長壯鼎之蹇　鶯行梁長鼎之中孚　牀觴疆鼎之升　盲裝鄉

鼎之離　兵行鄉艮之坎　強良鄉艮之益　盟行艮之萃　翔殃鄉漸之訟　光慶漸之

大壯　傷殃歸妹之觀　當筐歸妹之睽,豐之大壯　衡香歸妹之益　牀亡昌橐歸妹之未濟

橐明豐之夬　網亡旅之渙　羊長巽之否　惶傷慶巽之夬,小過,未濟之大有　行鄉渙之

大有　行桑臧渙之益　竟慶節之復　狼羊商節之坎　萌慶節之恒　良鄉中孚之否

強攘中孚之未濟　行傷小過之需　明光旁小過之大過　狂行小過之夬　明兄既濟之

同人　望光簧既濟之睽　商兄昌既濟之鼎　狼疆傷既濟之巽　方疆王未濟之睽

上聲

　　壤敝坤之咸

去聲

　　上讓謙之蒙

合　韻

陽東

　　平聲　亡惶從乾之屯　光龍王乾之否,大壯之隨　通殃傷坤之大有,益之損　光

明功屯之咸　鄉通屯之巽　魴堂荒邦蒙之比,咸之節　傷癰蒙之履,泰之訟　通㳄需之豫　逢卿需之漸　湯方通訟之蒙,解之巽　鄉中師之噬嗑,蠱之謙　望望通牀泰之屯　鄉通泰之小畜　盟功泰之未濟　衡公王同人之師,觀之萃　從觴漿滂同人之蠱,未濟之鼎　常桑功同人之艮　牀公大有之復,鼎之臨　亨明功謙之大有　瞳明公謙之蹇　亡惶從謙之震,賁之兌　明聰康豫之无妄,明夷之師　狼祥行逢隨之訟　長鄉光公臨之謙　皇桐觀之謙　行公觀之暌　聲㳄觀之兌　明豐噬嗑之恒　光黃聲噬嗑之蹇　㳄通傷噬嗑之萃　通㳄傷剝之蹇　行逢復之既濟,漸之晉　兵祥王逢无妄之謙　訟行无妄之剝　卿公无妄之蹇　明豐凶大畜之井　羊逢凶大畜之革　望邦疆亡頤之漸　明昌功大過之觀　明宗大過之益　明㳄邦離之大畜　明通僵咸之乾　凶糠咸之履　桑功宗恒之渙　行明從遯之臨　明昌公遯之頤　功羊大壯之訟　堂㳄通大壯之泰　明常訟大壯之姤　通中江邦亡晉之既濟　痛病明夷之乾　同鄉功明夷之萃　亡行功家人之同人　惶裝邦家人之渙　明從㳄暌之坎　裝行江傷蹇之臨糧逢解之豫　莊公益之大有　行鄉㳄公益之復,萃之比　羊亡病邦升之漸　光公升之巽　明公困之離　凶行井之師　詳鄉亡通井之隨　張通井之晉　行逢萃之井光章公歸妹之大過　陽公歸妹之晉　狂盲用旅之離　糧逢旅之恒　狼傷長凶兌之歸妹　東場兌之旅　行終既濟之困

陽耕

潁卿長寧乾之節　享明平蒙之小畜,訟之震　霜廷生鳴驚小畜之蹇　明榮小畜之升,謙之泰　梁傾大有之豐　鄉榮謙之損　庚行寧隨之剝　坑生觀之益　康行情噬嗑之坤　平行榮咸之姤　祥傷成蹇之蠱,困之坤　黨靈益之困　傍明生夬之豐政㳄井之鼎　明寧艮之咸

陽真

璋王秦需之井,否之訟　羊人比之困,大畜之復　雲强行復之恒　狼陽羊人无妄之夬　門㳄无妄之既濟　堂人頤之遯　行人恒之觀,歸妹之小過　牆門兵咸之大畜明妨仁困之蒙　行人申鼎之屯　行恩中孚之萃

陽元

歡㳄蒙之垢　明患履之蠱　當患蠱之家人　慢㳄剝之離　狼陽礐難頤之中孚

行兄傷殘恒之　殘傷遯之節　行前大壯之睽　羹歡明夷之履　山桑鼎之家人　見
鄉中孚之否

12. 耕　　部

平聲

　　生成寧乾之大有　精生成庭乾之井　生成坤之乾　情傾頸坤之豐　城貞生
坤之渙　鳴星驚屯之豐　頸成名蒙之噬嗑，家人之賁，升之蒙，震之臨，巽之渙，中孚之大壯
成名蒙之无妄　營寧蒙之恒　城青蒙之大壯　生靈需，无妄之革　丁庭訟之隨，益之賁
耕寧訟之小過，觀之否，夬之師　情營名師之履　青傾比之泰，臨之觀，觀之損　爭定履之
大畜　平寧生否之明夷，隨之鼎　成傾同人之履　涇寧成大有之離，夬之蒙　成鳴大有
之井，賁之夬，明夷之賁，困之未濟　成傾寧豫之解　成傾豫之夬，小過之賁　情嬰隨之離
城傾成蠱之大過　盈盛榮蠱之睽　正鳴蠱之解　庭生鳴驚蠱之夬，損之升，困之節，鼎
之觀　生清噬嗑之坤　生榮賁之小畜　鳴寧賁之隨，損之否　寧榮賁之困　情營頸復之
坤，豐之漸，小過之升　生榮復之解，解之渙　名頸大畜之益，小過之比　成傾驚寧大過之比
驚頸傾成大過之履　生榮寧成大過之萃，革之臨　鳴寧刑離之頤，中孚之大畜　成生
形離之鼎，晉之益，震之觀　生名成咸之益，歸妹之賁　平定恒之大過　輕耕成遯之訟
生平大壯之豐　榮成晉之遯，豐之蒙　誠傾名明夷之晉，歸妹之既濟　盈寧成睽之鼎
形成名睽之旅　成征平蹇之賁　名傾清蹇之井　生形頸傾解之大畜　生榮成贏
解之遯　誠寧萃之歸妹　驚生萃之豐　傾生寧升之比　傾生升之觀　聖熒升之益　磬
聲升之未濟　庭成困之遯　城鳴驚困之兌　聲傾聽井之損　庭征嬰革之比　城驚
傾艮之旅　生刑傾歸妹之乾　城寧歸妹之泰　成生榮旅之訟　名成節之无妄　名驚
中孚之損　寧成中孚之旅　成生未濟之噬嗑

合　　韻

耕真

　　生仁乾之頤，比之益　天丁屯之蠱　麟經訟之同人，小畜之坤　貧生比之解　靈
神隨之咸　令政蠱之旅　仁平大畜之家人　成文咸之小畜　生貧遯之晉　成身明夷
之泰　清民家人之晉　賓均寧困之臨　西刑震之師　城親節之需　成人節之萃
耕元

平聲　頸前成 大壯之觀　山寧 損之旅, 姤之寧　權難寧 升之震　頸關 兌之大壯

上聲　善井 泰之夬　名遠 否之大過, 剝之臨

去聲　幸販 訟之遯, 否之坎

耕元真

名身燕 履之頤（身，眞部字）　攣西刑 解之漸（西，眞部字）

13. 眞　部

平聲

天身 乾之臨, 蒙之革, 謙之復, 恒之艮　神孫 乾之旅　年民 坤之大壯, 謙之睽　臻身 坤之中孚, 同人之遯, 井之謙　麟顛分 屯之坤, 豫之未濟　門鄰 蒙之咸　恩存 蒙之損　閏身 蒙之姤　孫門 需之升　神年 需之困　身春君 訟之萃　咽田 訟之小過, 觀之否, 夬之師　臣奔 比之恒　身千 小畜之无妄, 觀之比　門西年 小畜之恒　忻鄰 小畜之井　奔軍奔君 小畜之渙　顛淵 履之損　門君 履之兌　振人 履之未濟　濱君 泰之恒, 豫之坤　門君 泰之革, 謙之否, 震之家人, 兌之乾　顛西 泰之歸妹, 謙之渙　年君 否之隨, 謙之夬　鞠顛存 否之離　西恩 否之家人, 遯之蒙　西門 否之震　眠西命 同人之大壯　君嵩 有之泰, 巽之既濟　神孫陳 大有之大畜　煙分君 豫之觀, 大畜之艮, 夬之小過　昏羣倫 隨之明夷　天辰 隨之蹇, 賁之蒙　晨門 臨之小畜　天辰 臨之噬嗑　門盆 臨之兌, 損之剝, 萃之隨, 既濟之歸妹　顛身 噬嗑之賁　田民顛 噬嗑之未濟　根恩 賁之蹇, 兌之困　陳羣牽人 復之豐　恩孫門 无妄之坤　門西 无妄之師, 蹇之噬嗑　門根 无妄之泰　門賓 无妄之大過　門婚 无妄之大壯　煙分淵君 大畜之艮, 夬之小過　盆飧賓 頤之訟　鞠西顛 頤之大有　門婚 頤之小過　君門 大過之否　溫門 大過之遯　顛千 大過之解　門存 大過之震　申人 大過之中孚　門顛 坎之旅　民令親 離之屯, 鼎之益　身牽 離之解　羣門 離之巽　身君門根 離之小過　婚門 咸之大有　孫神民存年 咸之臨　云孫 咸之无妄, 渙之泰　人孫 咸之革　門跟 咸之豐　淵天 恒之比　孫門 恒之豫　西輪門 遯之師　孫賓 遯之謙, 巽之大有　賓分門 遯之離　盆門 遯之大壯　門賢 遯之明夷　鄰門存 遯之井　臣孫 遯之革　仁先 遯之歸妹　文芬 大壯之小畜　神恩 大壯之兌　神年 晉之大過　年神 晉之艮, 家人之大畜　春盆 晉之兌　鈍西 家人之訟　賓飧分 家人之隨　孫門 家人之大壯　賢身門存 睽之萃　淵神天 睽之震, 未濟之歸妹　婚身君 解之需　門君 益之訟, 漸之蠱　天淵身 益之小畜　雲先

西夬之泰　田年姤之困,歸妹之噬嗑　人年萃之大畜　闇申萃之損　民親萃之姤　孫
禪門升之大過　淵天升之益　婚溫椿升之豐　年人困之大畜　雲君困之明夷　貧
根困之夬　晨伸困之既濟　門西孫井之豫　門鄰井之歸妹　鄰均井之既濟　門貧
革之旅 震之小過　恩存年鼎之漸　顛鄰艮之復,漸之益　身君門殞艮之兌　仁人
漸之姤　年神歸妹之豫　存身歸妹之離　信人豐之恒,渙之中孚　君西巽之艮　門
親渙之大有　恩孫君節之解　賢臣貧中孚之艮　神親小過之坎　門鄰小過之夬　顛
存年既濟之剝　顛田年未濟之无妄　臣令親未濟之萃

合　韻
真元

平聲　門源存乾之豫　山淵乾之井　跟門患乾之鼎,頤之剝　山班寒憐乾之
既濟　言門安坤之離,比之蠱　賢難坤之節　門戰西全屯,又需之履　人難屯之大有
歡恩屯之鼎,訟之恒　君溫安蒙之遯,頤之豫　權奔需之姤　言門需之萃　端顛西
安患需之節　山言冤恩需之未濟,比之未濟　門冤訟之臨,井之蹇　恩懽訟之既濟　言
溫斷恩師之蠱,旅之解　寒存師之巽,震之解　源顛然比之屯,小畜之屯　孫丸比之小
畜,井之蹇　患存比之剝,泰之乾　崙門泉觀君比之姤　婚患小畜之无妄,觀之比　翰
溫小畜之　前天履之師　怨遷鳶困履之否　輪顛全泰之謙,益之坎　寒溫泰之噬嗑,否
之蹇　存患否之蒙　禪門患否之小畜　門患否之兌,賁之既濟　刃歡同人　安西同人
之訟　辰患同人之咸　脣言門大有之蠱　門歡謙之同人　門歡言謙之晉　元恩存
謙之升,艮之蠱　門患安豫之比　穿西安豫之離　蕃言人豫之困　西專還隨　患
全懽年隨之遯　言存隨之中孚　筵門臨之隨　雲門患臨之夬　婚船君臨之小過　門
安觀之咸　山難顛觀之節,大過之家人　牽言噬嗑之乾　泉艱噬嗑之比　患存噬嗑之
大有　門山賁之坤　根安飡賁之明夷,鼎之大過　患安門復之大有　門丸盆復之噬嗑
端顛安患復之井　騫閑存无妄之暌　孫權无妄之蹇　脣門歡无妄之鼎　山門无妄
之既濟　然綸大畜之豐　患全門頤之需　山門頤之蠱,損之豫　門患頤之剝　晛眩連
頤之困　西分懽頤之井　患門頤之鼎　權分大過之臨　田餐年大過之既濟　雲輪
怨坎之履　令患離之損　崙門患離之益　山恩咸之損　陳前咸之未濟　文軒崙患
難恒之比　門冠恒之頤　鄰患恒之遯　燕西還間恒之歸妹,巽之益　完安患門恒之

中孚 門君安_{遯之震} 存患_{大壯之蒙} 山羣端_{大壯之師} 歡存_{大壯之中孚} 親豢_{晉之巽} 前臣_{明夷之大畜} 患存_{明夷之睽} 根瘢存_{家人之乾} 門西患_{家人之歸妹} 言門_{睽之觀} 雲歡門_{睽之豐},震之剝 溫寒_{睽之巽,節之損} 根安飧_{蹇之屯} 門根君溫泉_{蹇之否} 瘢勤_{蹇之大有} 患寃年_{蹇之震} 煩患年_{解之損} 安門_{解之中孚} 歡婚前_{夬之復} 患門安_{夬之巽} 冠門患_{夬之渙} 伸雲前_{姤之豫} 患殘恩_{姤之睽} 根連_{萃之大畜} 穿寒_{萃之家人} 門言存歡_{萃之兌} 鄰絃殘_{困之萃} 陳臣還_{井之小畜} 患身_{井之離} 孫丸_{井之蹇,艮之豫} 安奔魂_{鼎之明夷} 門患_{艮之同人} 西丸_{歸妹之豫} 山門殘君_{旅之既濟} 桓臣孫_{兌之損} 存患_{渙之否} 根瘢_{節之萃} 言患門_{小過之坤} 鄰雲弦殘_{小過之同人} 患薦吞_{小過之遯} 寒根患_{未濟之遯} 門權孫_{未濟之巽}

上聲 犬軫_{家人之井}

去聲 願潤_{晉之升} 案願恨_{姤之大有}

真脂

門微_{鼎之臨} 悲門_{未濟之蒙}

真元談

冠廉賢煩_{解之賁（廉，談部字）}

14. 元 部

平聲

山泉乾言_{乾之訟,豫之乾,剝之否,震之姤} 弦患_{乾之明夷,大壯之明夷} 關歡_{乾之家人,解之家人} 言垣安_{乾之困,大有之屯復之頤,革之損} 餐安_{乾之震} 患怨端_{乾之巽,同人之臨,坎之復,艮之小過} 安患_{坤之咸} 山寃_{坤之大壯} 冠鸞患_{坤之明夷,井之鼎} 言患還_{坤之睽,謙之兌,晉之革} 山難便_{坤之升} 垣安患_{坤之歸妹} 船歡_{屯之小畜,臨之小過,兌之屯} 泉關安_{屯之謙,師之兌,大過之未濟,咸之兌,既濟之革} 圜喧患_{屯之復,否之節,隨之漸,剝之損,大過之噬嗑,井之否,中孚之小過,未濟之小過} 船歡_{屯之蹇,渙之履} 間山患_{屯之革} 寒歡_{蒙之大有} 山前便_{蒙之蠱,益之睽,姤之巽,艮之臨,漸之夬} 難關垣_{蒙之歸妹,震之鼎,旅之无妄} 連欄安_{需之鼎,解之坤} 全泉_{需之既濟,既濟之乾} 山言寃患_{訟之屯} 山難前還歡_{訟之剝,同人之无妄,豐之既濟,旅之睽} 寒言患_{訟之復} 攣安患_{訟之兌} 殘患_{師之賁} 安患寒_{師之坎,大壯之賁,震之賁} 連患安_{師之遯} 患寃_{比之咸,否之井} 關便比之渙,革之坤　便言冤小畜之蒙,臨之屯,未濟之咸　難言小畜之履　絆山散小畜之謙,臨之歸妹,歸妹之困　縣安小畜之噬嗑,井之恒,節之暌　轅難言小畜之家人,賁之需,既濟之小過　垣言鞭患履之乾　全泉履之訟　怨遷鳶患履之否　前便履之損　官遷山履之節,遯之觀,家人之恒,夬之艮　姦園言履之既濟,離之訟,困之大有　丸安患泰之蹇　難患泰之革,謙之否,震之家人,豐之中孚,兌之乾　安患全泰之鼎,大有之暌,觀之小過,旅之豫,節之小畜　山前歡同人之小畜　遷塵產大有之震　山怨謙之暌　患安豫之比,鼎之渙　專還隨　垣壇蠱之需　安患蠱之旅　安歡蠱之小過　桓安臨之同人　寒安歡臨之家人　便檀轅難臨之蹇　患偃安觀之履　患安觀之泰　山難患觀之賁　患全觀之晉　難歡觀之震　關山難酸噬嗑之師　山安賁之家人,姤之坤,姤之艮,漸之屯,渙之小過,中孚之賁　言全患殘賁之漸　連寒患安剝之履　山歡患剝之明夷　轅山難言剝之解,渙之豐　蜒阪剝之節　山安復之大壯　燔寒攀復之益　山顏復之萃,震之否　怨鳶患復之患,暌之豫　殘完患无妄之師,蹇之噬嗑　山歡无妄之泰　冠歡无妄之大壯　前便无妄之損,晉之解　安顏癥无妄之姤　煩患无妄之豐　安閑无妄之旅　安患大畜之需　閑安大畜之履　山原大畜之大過,夬之暌　言患安大畜之遯　患難安大畜之困　原前大畜之震　患全頤之需　還患頤之比,損之師　患全頤之謙　歡言安頤之觀　園還患頤之蹇　燕安頤之姤　關冤大過之師　殘安大過之離　冤患大過之明夷　患安大過之暌　煩言患大過之姤　山難園泉坎之需　泉然坎之比　泉怨坎之履　言安坎之否　燔殘坎之謙　言患坎之明夷　患縣坎之暌　患歡坎之益　園班患坎之中孚　山怨言歡坎之小過　安患離之漸　間前咸之師　山難前還咸之觀,萃之困　言安咸之復,小過之小畜　安歡咸之明夷,歸妹之比,晉之兌　殘山歡咸之豐　患歡恒之屯　患願殘恒之大有　患殘垣恒之大畜　蘭難恒之明夷,艮之井　言殘恒之暌　患安恒之夬,歸妹之損,巽之否,巽之大畜　前山恒之姤　權殘恒之震　患全遯之師　患安遯之漸　言患遯之歸妹　肩難關患遯之旅,晉之賁,損之坎,既濟之益　患歡大壯之損　完全大壯之萃　冠元患晉之乾　患言安明夷之剝　遠言明夷之漸　桓歡明夷之旅,豐之困　患偃前安明夷之渙　慾安患家人之節　山難歡暌之否　安患暌之噬嗑,巽之咸　患歡暌之晉　刊殘壇暌之井　轅安暌之震,未濟之歸妹　冤患全蹇之乾,旅之隨　難前還蹇之歸妹　殘難患解之蹇　閑便損之蒙　言全損之艮,渙之无妄　山閑益之乾　安歡患益之歸妹

山殘難患夬之噬嗑 壇言夬之遯 患殘夬之漸 言患安姤之革 山喚怨姤之小過，渙之未濟 軒難萃之无妄 泉安升 歡安升之无妄 殘患升之兌 歡患困之大畜 患連困之夬 煩患井之大壯 見安井之小過 山泉革之萃，艮之比 安殘革之咸，革之蹇 泉患鼎之比 山顏震之否 垣言艮之否 原安艮之復，漸之益 言患欋艮之離 原官漸之井 患顏殘歸妹之遯 前旋豐之恒，渙之中孚 戔宣旅之豐 奸言端患巽之中孚 安山歡兌之既濟 欋難安節之晉 安患中孚之豫 山難間小過之頤 奸宛患既濟之晉

上聲

阪蹇乾 遠反訟之困，震之泰 遠返豫之歸妹，震之噬嗑 壇坂反賁之鼎 阪轉反咸之大畜 阪蟺蹇之既濟 返遠井之未濟 轉阪小畜之家人，賁之需，既濟之小過

去聲

萬敗否之漸，損之訟 案願同人之豫，鼎之節 爛熳剝之離 難亂恒之巽 難亂姤之明夷 蔓願兌之謙 畔願節之需 前諫患小過之姤 前願患未濟

合　韻

元歌

禍全需之大有 泉禍師之未濟 池患大畜之既濟 陂連明夷之中孚

元脂

怨鷗患復之渙 微患既濟之蒙

元祭

散竄益之噬嗑 賴殫漸之震

15.侵　部

林金比之噬嗑 任心謙之坎 心淡豫之臨，噬嗑之豐 禽心頤之革 禽心南離之革，姤之小畜 金淡大壯之小過 謙心晉之大過 風心睽之巽，節之損 任心解之師 金驗萃之巽 心風困之革 禽音心小過之兌

上聲

寢甚節之鼎

合　韻

侵真

門心蒙之明夷,大畜之師　西門心訟之未濟,否之需　金人同人之大畜　濱心剝之同人　飧任復之屯,頤之益　民任恆之既濟　神心年晉之大過　聞心睽之小畜　身蹇之兌　婚南損之益　鄰心艮之无妄

侵元

元心蒙　邊心兌之復

16. 職　部

國息乾之坤　極惑乾之屯,謙之震　則福乾之蒙　億稷息乾之師,坤之恆,睽,小過之咸　食息乾之同人,小畜之臨　食福乾之恆,兌之臨　翼國坤之比,同人之坎,震之漸　服職國坤之履　翼北國得賊坤之謙,升之恆　德福域坤之蠱,解之升　德福坤之觀,需之夬,訟之漸,履之需,謙之坤,豐之蹇　惑得坤之賁　塞得坤之艮,復之坎　極得坤之未濟,否之无妄,大有之臨　賊息屯之師　直德福屯之家人,大畜之臨,未濟　福得屯之艮,兌之晉　惑北屯之小過　德服蒙之觀　德國息蒙之大畜,无妄之否,咸之蹇　稽食蒙之震,小過之萃　息德福需之乾　食賊需之賁　得忒需之頤,泰之離,剝之頤,漸之坎,既濟之遯　麥力食需之咸,比之遯,離之蠱,豐之離,兌之師　德國福需之家人,訟之中孚,漸之革　翼德忒需之蹇　北得需之渙　德食福訟之觀　翼得福訟之无妄　食福訟之大過　域息師之需　德食德師之觀　福國師之賁　國福師之剝　食惑得師之大畜　北息師之咸,噬嗑之復,大壯之鼎　域福師之恆　極億比之泰,大有之豐,臨之觀,觀之損　翼國比之離,同人之兌,損之隨,困之咸,未濟之訟　國福比之晉,大有之損,蠱之井,觀之大過　國賊比之家人,睽之師,革之益　惑得小畜之履　食國小畜之隨　棘得小畜之觀　食得小畜之大過,豫之萃　伏匿息小畜之姤　億得小畜之豐　息得力小畜之兌　食國履之豐,頤之賁,旅之謙　服職得泰之需　國域食國泰之師　德息直福泰之解,賁之履,漸之復,巽之困,渙之解　域福泰之鼎,大有之睽,觀之小過,旅之豫,節之小畜　北得泰之歸妹,謙之渙,大壯之節　力福泰之旅,賁之觀,井之臨　德國泰之中孚,謙之履,賁之豐,損之同人,困之復　息食福泰之小過,大壯之夬　息食否之剝　北食力否之頤　北息否之大過,剝之臨,中孚之損　福得否之益,兌之姤　德福否之震　翼國得同人謙,蠱之隨,賁之同人,坎之蹇,豐之明夷,未濟之節　塞得同人之革,損之革　賊塞麥得同人之節,豫之謙,井之屯,鼎之未濟,震之益　德極得大有

之否　德福大有之家人　福息得大有之解　德食福大有之困,中孚之巽　墨黑伏國大有之漸　域惑謙之比·革服德國謙之離,離之復,晉之臨　德國德謙之困　北賊謙之鼎　食伏豫之比,鼎之渙　繩得豫之同人,夬之履　北得豫之恒,蠱之恒　惑側國隨之履　北得隨之泰　黑國福惑隨之夬　得息隨之困,鼎之恒　伏匿側息隨之歸妹　福革隨之旅,兌之蹇,既濟之復　側惑塞蠱之復,无妄之臨,震之井　得食蠱之遯　德福蠱之益　食息蠱之升,歸妹之无妄　側國臨之小畜　塞國臨之蠱　賊稽食臨之恒　北息隳臨之井　臆食觀之豫　德福賊觀之夬,坎之小畜　伏食噬嗑之隨　息革噬嗑之井　域國匿噬嗑之節,損之小畜　翼得賁之比　服國賁之益,震之旅,漸之咸　得賊賁之歸妹,歸妹之節　國惑賁之兌　福伏福剝之觀　德福剝之遯,恒之離　得國剝之大壯　翼德服剝之晉,小過之屯　賊服得剝之益　食弋翼得剝之革　食得剝之歸妹　北得賊剝之巽,歸妹之中孚　福伏无妄之需,節之姤　福食无妄之大有　國福息无妄之隨,中孚之夬　北賊无妄之觀,歸妹之解,兌之遯　食塞无妄之剝　德福得无妄之未濟　塞伏得大畜之坎,益之巽　億息得力大畜之歸妹　得北大畜之豐　北息頤之蒙,兌之大畜　翼國得頤之小畜　德福頤之明夷,離之豫,恒之井,井之觀,巽之未濟　極國福頤之解　國福得頤之既濟　北得賊頤之未濟　國食大過之否　福得大過之剝　德福大過之井　德福食息大過之鼎　臆息坎之蒙　國德坎之否　德國坎之同人　域得坎之大畜　德食坎之遯　息伏坎之歸妹,離之歸妹　力賊離之噬嗑,升之噬嗑,旅之蹇　服賊離之蹇　賊得離之萃　隳伏得離之渙　福息離之節　福得國咸之恒,晉之謙　國德咸之大壯　服息咸之明夷,歸妹之比　國福咸之損,歸妹之恒　國得咸之中孚　德福息咸之既濟　伏黑恒之履　息福得恒之剝　福國恒之无妄　北得恒之明夷,艮之井　息福恒之睽　極直遯之履　福惑得遯之无妄　國得遯之豐　服賊遯之節　德惑大壯之需　國服德大壯之同人,漸之大有　服隳大壯之蠱　北得大壯之蹇　賊得大壯之既濟　息福晉之歸妹,歸妹之蒙　伏福得明夷之解　國北賊明夷之歸妹,艮之震　德極福家人之需,歸妹之需,兌之小畜　服福家人之比　域伏繩得家人之泰　福賊家人之大有,歸妹之渙　極德家人之豫　食福睽之屯　黑食息德睽之蠱　福得睽之咸　福極睽之未濟　德北蹇之需　福德食蹇之大畜　北翼國德福蹇之頤　北國蹇之艮,姤之屯　域得蹇之渙　輻側賊蹇之中孚　得隳解之小畜　匿賊國解之泰　力福解之大有　得福解之豫　得賊福

解之隨,姤之剝　得殖德 解之蠱　職慝福 解之明夷　國稷 解之既濟　慝得 損之家人

得服 損之井　塞國 益之大有　賊克德 姤之同人　福得棘 萃　職富 萃之坤　服福

萃之益　德國福 萃之艮　息得 萃之漸　德國 萃之渙　餘得 升之井　國德 升之艮

德福息 升之歸妹　國賊 升之兌　德國 困之无妄　翼國得 困之家人　服職息 困之

中孚　職服 井之小畜　國福 井之噬嗑　賊塞 井之晉　福息 井之明夷　福國 革之師

極食 革之泰,旅,兌之小過　貸得 鼎之坤　麥國 鼎之頤　力偪 艮之訟　福國 艮之困

翼國福 艮之漸　匿德慝 漸之隨　食極賊 漸之大過　直賊福 漸之遯　德國 漸之

大壯　域伏得 歸妹之革　食國服 豐之坎　黑國 豐之咸　食福 豐之革　得賊 旅之比

賊國 旅之履　息福 旅之否　德息福 旅之臨,巽之屯　賊福 旅之震　國賊 旅之兌　德

福 巽之大壯,兌之剝　食惑 兌之艮　德福 兌之中孚　福得 渙之蒙　翼福德 渙之明夷,

節之隨　色賊 渙之歸妹　福國 節之履　國稷福 節之井　賊國 中孚之姤　國得 小過

之无妄　黑匿國 小過之損　側翼北國 小過之既濟　福國德 既濟之否　福得域 既濟

之大有　福惑 未濟之比　域得 未濟之蠱　翼賊福稷 未濟之晉　國賊 未濟之旅

合　　韻

職質

　　食福室 乾之損　室福 坤之訟　極飾出 坤之否　得力疾 坤之豫,比之大過　室

塞 坤之頤,井之旅　實賊室 屯之頤　匿室食 蒙之益　室伏 需之蒙,大有之觀　福室

得 需之旅　穴室側 需之觀,離之艮　疾國 需之巽　室食 訟之否,大壯之升　棘室塞 師之

中孚,泰之蒙　伏得室 比之同人　翼室 比之謙　賊室 否之豐,晉之復　食出 比之萃　極

疾 謙之明夷,无妄之小畜　室縲得 豫之同人,夬之履　疾國 豫之隨,夬之咸　國室 隨之晉

得恤 蠱之需　息室福 臨之漸　息食室 噬嗑之頤　息室 噬嗑之益　室匿得 賁之大有,

剝之家人　國室賊 復之大畜　德國疾 復之革　匿日惑 復之鼎　服飾極室 大畜之訟

室服福極 大畜之比　食室 頤之需　息食室 頤之履　疾服賊 大過之无妄　國疾 大過

之離　德室 大過之豐　北室 坎夷咸　室得 離之兌　室食 咸之无妄,渙之泰　德福實

室息 咸之既濟,歸妹之咸　室直 恒之乾　棘疾 恒之訟　室革脈賊疾 遯之明夷　北得

室 大壯之蹇　國息室 明夷之比　室食得 明夷之否　日德 明夷之中孚　日食 家人之小

畜　室得 睽之謙　室食 睽之姤　極息室 蹇之復　室賊福 蹇之大壯　稷食疾 蹇之革

室息_{寋之豐} 室北國_{解之履} 國室_{解之睽} 實賊_{解之萃} 翼國室_{損之觀,旅之需} 日實福_{損之節} 福室_{益之離} 翼北國室_{益之明夷} 室食_{益之夬} 得疾_{益之姤} 戠室_{益之革} 服室德_{夬之大畜} 實食室_{姤之節} 國德室_{萃之臨} 極食室_{升之訟} 伏室食棘_{升之旅} 國室_{鼎之咸} 伏室食_{艮之隨} 室食_{艮之剝} 出國_{旅之坤} 室得_{兌之坎} 齒福室_{節之臨} 國域室_{節之遯} 福室戠_{既濟之師}

職緝

薔荅國_{乾之坎,巽之豫} 直入_{乾之豐,渙之否} 德福立_{坤之遯} 食入_{屯之歸妹,否之蠱} 集福_{比之訟,小畜之離} 邑得_{小畜之萃,大壯之震} 國合_{履之困} 福邑_{履之歸妹,否之蠱} 國飭邑_{豫之需} 德合域_{復之履} 急北_{復之否} 國邑福_{无妄之益} 集賊_{離之睽} 域邑食_{恒之家人} 國立_{遯之坎,漸之豫} 塞荅息_{晉之无妄,歸妹之蠱} 墨雜得_{明夷之蠱} 合福_{睽之家人} 邑得_{夬之歸妹} 粒食_{萃之小畜} 食急賊_{革之蠱} 福立_{震之坎} 懾伏_{震之遯} 急國得_{艮之巽} 立職_{漸之未濟} 稽邑_{歸妹之隨} 食邑翼得_{豐之臨} 德合德_{旅之巽} 邑惑_{巽之萃} 及特_{小過之明夷}

職盍

食得乏_{蒙之艮} 涉息_{噬嗑之復} 乏得_{大畜之困} 涉得_{大畜之震} 葉德_{鼎之寋}

職屋

穀食息_{乾之睽} 賊穀食_{坤之革,剝之睽} 足息_{蒙之賁,損之困} 得足_{比之小畜} 俗惑得_{小畜之履} 碌木穀德_{小畜之震} 鹿得_{同人之訟} 福觸_{大有之既濟} 足域_{謙之大畜,萃之睽} 足北賊_{謙之鼎} 翼國欲_{隨之小畜} 息足_{隨之同人} 德籠福_{隨之大壯,剝之復} 木國_{頤之臨,萃之復} 翼足賊_{坎之頤} 穀國_{咸之復} 翼足_{恒之解,渙之觀} 賊息續_{恒之損} 鹿足得_{遯之同人} 德福欲_{晉之大壯} 粟食_{明夷之兌,艮之中孚} 俗得穀_{家人之未濟,夬之比} 玉璞得_{解之否} 木得_{解之恒} 穀稷_{解之既濟} 德國福祿_{升之履} 匿玉哭_{困之損} 足辱賊_{革之離} 福欲_{艮之困} 賊足_{中孚之豫} 食得穀_{小過之泰} 食屋_{小過之鼎}

職沃

逐息陸覆_{坤之泰,大有之豫} 服力覆_{需之屯,益之同人} 肉得腹_{需之解,頤之坎} 宿腹稷_{履之豫} 食宿_{履之睽} 食熟_{履之寋} 國域復德福_泰 食肉_{泰之睽} 穆域

同人之蹇　陸稷同人之漸,巽之師　　賊陸謙之漸,夬之明夷　　宿服隨之渙,巽之革　服測

覆隨之未濟　宿得臆臨之大有　北目得惑臨之艮　宿臆食觀之豫　國逐觀之艮　力

服覆復之乾　國域覆无妄之晉　目惑遯之需　宿國家人之暌,艮之節　宿北家人之小過

稷食腹損之未濟　肉得萃之泰,渙之艮　告福萃之噬嗑　宿福萃之離　宿食腹升之損

六食升之萃　北國腹井之遯　育福鼎之否　毒賊豐之大有　食叔巽之遯,中孚之頤

服力覆巽之家人　賊腹中孚之萃　德國穆匿未濟之離

職藥

　　　樂福大有之噬嗑　得瘟大有之鼎　躍食蠱之頤,臨之賁　福國樂臨之否

職鐸

　　　拍福乾之蠱　惡伏郭獲乾之艮　圻北得屯之大壯　澤射臆屯之旅,否之晉　惡

息蒙之小過　國宅小畜之賁　澤賊同人之蒙　惡得蠱之垢　伏福作噬嗑之觀,家人之

中孚　德默德作噬嗑之遯　得澤得剝之小過　薄國復之泰　獲職大畜之否　澤北

頤之歸妹　逆息大壯之復　諸客福晉之師　戟惡服明夷之未濟　作塞家人之履　惡

惑家人之姤,漸之萃　客食益之蹇　落宅食姤之噬嗑　隙得鼎之大壯　石食鼎之家人

得獲旅之恆　客福節之賁　福側宅德中孚之无妄　北服作中孚之既濟　射獲得

既濟之履

職質屋

　　　屬室得蒙之泰(屬,屋部字)　福屋食室大畜之坤(屋,屋部字)

職質沃

　　　力毒室需之泰(毒,沃部字)　宿室得豫之益,蠱之履(宿,沃部字)　宿室直目賊

恆之觀,歸妹之小過(宿,目,沃部字)　北叔得室鼎之革,渙之臨(叔,沃部字)

職鐸屋

　　　德逆足損之履,節(足,屋部字)　食足薄節之屯　石欲得小過之渙(欲,屋部字)

職屋藥

　　　國樂玉息復之未濟(樂,藥部字)

職沃藥

　　　熟樂福漸之損

職鐸屋沃

得澤縮促賁之渙（促，屋部字。縮，沃部字）

17. 沃　　部

逐宿坤之剝　復宿訟之師　目叔師之蒙，臨之震，賁之既濟　陸復宿師之震，剝之升，損之蹇，漸之否，中孚之同人　縮目復小畜之比，賁之豫　竹目蠱之旅　逐宿剝之萃　陸目育大過之乾　軸宿坎之晉　蹴宿坎之既濟　目宿咸之中孚　宿復節之蒙

18. 藥　　部

籥爵小畜之睽，遯之兌

合　　韻

藥沃

溺梏既濟之觀

藥屋

樂欲師之萃，大有之歸妹　玉鑿睽之歸妹，姤之大過，艮之明夷

藥鐸職

伯樂索得坎之兌，遯之未濟（得，職部字）

19. 屋　　部

獨觸角足坤之屯　玉谷坤之比　辱瀆哭錄屯之訟，頤之師，萃之履　足速屯之明夷　角祿屯之損　足欲蒙之漸　啄玉訟之師　獄哭比　木足比之謙　瀆谷履之豫　剝辱足泰之井　玉谷木同人之坎，震之漸　谷角大有之復　玉足欲大有之革　足辱大有之鼎，觀之蹇　谷欲謙之中孚，漸之艮　獨觸角隨之蒙　渥斛臨之明夷，艮之賁，節之師　足辱賁之比　粟穀剝之遯，恒之離　泥穀足大過之隨　玉觸大過之中孚　足玉坎　鹿哭坎之離　足玉欲咸之否　粟角咸之蠱　足角恒之乾　欲足家人之臨，漸之節　蜀穀屋家人之解，歸妹之旅　玉樸家人之姤，漸之萃　犢角家人之震　俗屬睽之謙　谷觸蹇之艮，姤之屯　餗玉解之觀　鹿足益之噬嗑　足屋祿萃之乾，困之需　谷角鼎之臨　辱哭鼎之賁　角粟穀艮之屯　鹿谷艮之晉　浴辱漸之賁　足族兌之解

合　　韻

屋沃

足毒屯之賁,遯之艮　蝮足腹師之无妄　畜欲履之離　欲逐蠱之咸　粟逐蠱之升,歸妹之无妄　目粟復觀之同人　木目離之損　辱足復晉之離　陸屋明夷之坎　屋覺家人之旅　獄腹睽之咸　麓蓄革之乾　谷育震之中孚　角續熟節之明夷　木熟未濟之升

屋沃職

肉食獄宿坤之旣濟(食,職部字)　德族睦臨之遯(德,職部字)　欲福辱覆國遯之解(福,國,職部字)　德祿福復晉之訟　足肉粟得旣濟之訟(得,職部字)

20. 鐸　　部

席藉宅屯之豫　作閣屯之臨,否之大有,頤,大壯之坤　澤宅客屯之遯　栎客師之頤,大過之渙,旅之困　涸澤獲師之大壯,巽之同人　落惡蠹比之旣濟,豫之履,觀之解　廓釋小畜之泰,蹇之謙,革之大畜　郤宅小畜之中孚,夬之訟,困之否,中孚之蠱　鵲博客否之睽,豫之剝　啞宅大有之歸妹　咋獲謙之益,未濟之師　百惡蠹　射獲剝之大壯　錯作離之泰,革之賁　作宅咸之蒙　郤百惡咸之巽　索石遯之否　作帛客遯之大畜　諤齚惡家人之坤　石惡簿家人之否,兌之豫　作白解之剝,困之革　苦戟益之遯　席客益之大壯　液坏夬之小畜　郤逆萃之鼎　略客白困之同人　作百落井之升,兌之震　席穫未濟之睽　涸澤石獲未濟之井

合　　韻

鐸盍

薄怯鵲格乾之萃　獲妾坤之剝　鵲怯格比之豐　妬業謙之屯,大壯之恒　薄妾酢臨之未濟　作葉離之萃　郭獵獲蹇之坤

鐸屋

獄客屯之家人,大畜之臨　逆足蒙之乾,節　蠹絡玉訟之蠱,晉之豫　木獲泰之蠱,漸之蹇　絡玉否之咸　獲獄釋復之坎　獨薄坎之升,大壯之井　索束明夷之大過　薄澤穀益之大畜　石欲升之未濟　木谷作困之大壯　獲足井之蹇,艮之豫

鐸屋沃

石軸足乾之謙,履之坎(軸,沃部字)

鐸屋沃質

落宿谷室晉之困（宿；沃部字。室，質部字）

21. 錫部

狄積師之巽，震之解，既濟之謙　敵益擊无妄之明夷　益惕遯之隨，歸妹之小畜　擊迹大壯之復　適惕姤之漸　阨惕升之同人

合韻

錫質

責結震之既濟

錫月

刺敵缺需之同人　蛻闕師之恆　擊敵缺同人之噬嗑，未濟之謙　舌益蹇之未濟　厄惕悅益之蠱

錫鐸

厄易落萃之明夷

22. 質部

穴溢乾之咸　日室需之離　穴室小畜之家人　橘栗履之大過，渙之姤　實室大畜之漸　膝室頤之需　實室大過之謙　實室咸之既濟　畢卒明夷之大過　疾室損之未濟，困之解　至恤益之鼎　疾室姤之明夷　節結漸之頤　屈出節之萃　突忽既濟之鼎

合韻

質月

月室坤之隨，大壯之萃　揭節惙需之小過，睽之大過　舌鬱比之咸，否之井　月室泰之臨　滑絕同人之既濟　汨絕蠱之既濟　決失坎之益　說結雪蹇之困　屈脫漸之頤　缺失未濟之恆

質緝

穴節入豫之兌，臨之損　實邑室大畜之漸　室邑恆之小過，渙之鼎　日集晉之履　邑室明夷之益，益之觀　室入濕睽之中孚　室邑姤之兌　急室困之旅　穴集室震之蹇　邑疾旅之蒙

質屋

木足玉室蒙之隨，訟之艮　穀疾坎之蠱　室祿節之大壯　卒束既濟之大過　哭

獨室 未濟之剝
質沃
　　覆室 需之謙　實覆 豫之升　日目 蠱之屯　室叔 大過之損　目日叔 坎之豫　復
疾 塞之遯　目吉 夬之小畜　宿日 夬之无妄　毒疾告 鼎之復　目叔室 中孚之需
質緝
　　蟄出 屯之中孚
質盍
　　法出 觀之臨,既濟之屯
質緝沃
　　室合宿 明夷之需(宿,沃部字)

23. 月　　部
　　絕竭 屯之蒙　怚活 蒙之損,鼎之漸　揭惙 需之小過,睽之大過,渙之乾　折活 比之井
竭渴說 豫之賁　折伐 剝之中孚　悅蕝 大過之小過　惙絕活 明夷之恒,艮之大壯　伐割
姤之隨　發達 萃之需　決缺脫 鼎之同人　絕歇 小過之節

合　　韻
月職
　　悅決得 萃之夬
月沃
　　睦渴 訟之井
月藥
　　缺鑿 漸之泰　缺宅 解之大過
月職盍
　　側乏北絕 恒之蠱(乏,盍部字)

24. 盍　　部
　　葉愜 漸之乾

合　　韻
盍緝

葉立_{履之噬嗑,泰之无妄} 急葉_{恒之節}

盍屋

獄哭法_{復之升,鼎之履}

盍沃

睦乏_{比,明夷之蹇}

盍藥

業爵_{升之泰} 涉樂_{井之需}

25. 緝　部

疊愵_{蠱之大畜} 立急_{臨之中孚} 邑急_{晉之豐} 入濕_{睽之中孚} 邑十_{井之升}

合　韻

緝鐸

伯客宅急_{師之渙}

緝屋

觸急_{升之頤}

緝沃

合宿_{泰之頤}

緝屋職

給足息_{无妄之訟（息,職部字）}

緝屋職藥

合躍屋食_{坎之節（食,職部字。躍,藥部字）}

十、附　錄

1. 史記自序分韻

(1) 之　部

平聲

　　台之史記自序五帝本紀(五洲同文本史記卷一百三十/12下)　　台謀疑呂后本紀(13下)
之哉陳杞世家(17下)　　臺基外戚世家(19下)　　時富貨殖列傳(28上)

上聲

　　祀杞起陳杞世家(17下)

去聲

　　治事漢興以來將相名臣年表(15上)

之部合韻

之魚

　　上聲　海處祀越王勾踐世家(18下)

之職

　　事謀稷陳丞相世家(20下)

(2) 幽　部

上聲

　　道擾項羽本紀(13上)

幽部合韻

幽宵

　　平聲　驕條夏本紀(12下)

(3) 魚　部

平聲

　　乎乎奴宋世家(18上)　　吳邪荊燕世家(20上)　　奢吳伍子胥列傳(21下)

上聲

序度五帝本紀(12下)　野下周本紀(12下)　父緒輔趙世家(19上)　旅與荆燕世家(20上)　寡土呂許父齊悼惠王世家(20下)

去聲

奴固蒙恬列傳(24上)

(4) 歌　　部

平聲

彼蠡越王勾踐世家(18下)　禾議鄭世家(18下)　和宜五宗世家(21上)

(5) 支　　部

去聲

帝地五帝本紀(12下)

支部合韻

支歌

平聲　知和魏世家(19上)　罷斯同前

(6) 脂　　部

平聲

懷非項羽本紀(13上)　齊夷吳世家(16下)　微師齊太公世家(16下)　齊歸荆燕世家(20上)　魏齊曹相國世家(20下)

去聲

遺逢外戚世家(19下)　牽計白起王翦傳(22下)

脂部合韻

脂歌

平聲　綏和周公世家(17上)

(7) 祭　　部

際裔夏本紀(12下)

(8) 蒸　　部

平聲

　　　興崩_{律書(15下)}　泓稱_{宋世家(18上)}

蒸部合韻

蒸陽侵

　　　平聲　興明心_{孝文本紀(13下)}

(9) 陽　　部

平聲

　　　疆昌_{律書(15下)}　尙明_{同前}　行商_{平準書(16下)}　盟昌彰亡_{齊太公世家(17上)}　疆昌_{周公世家(17上)}　庚商饗盟疆_{管蔡世家(17下)}　疆亡_{衛世家(17下)}　行亡_{宋世家(18上)}　盟昌_{鄭世家(18下)}

陽部合韻

陽東

　　　平聲　疆從_{王子侯者年表(15上)}　唐公_{晉世家(18上)}

陽冬

　　　平聲　商湯衡宗享_{殷本紀(12下)}　梁宗_{孝文本紀(13下)}

(10) 東　　部

平聲

　　　功同_{夏本紀(12下)}　東庸_{鄭世家(18下)}

東部合韻

東蒸

　　　平聲　功肱_{高祖功臣侯者年表(14下)}

(11) 耕　　部

平聲

　　　生寧名_{衛世家(17下)}　郢平_{白起王翦列傳(22下)}

(12) 眞　　部

平聲

　　　親秦_{呂不韋列傳(23下)}

眞部合韻

真元

_{平聲} 賢陳元原秦_{楚世家(18下)}　仁賢韓_{鄭世家(18下)}

真耕

_{平聲} 秦寧_{高祖本紀(13上)}

(13) 元　　部

_{平聲}

元禪_{今上本紀(13下)}　難亂間擅_{秦楚之際月表(14上)}　禪亂_{燕世家(17上)}　端難

_{陳涉世家(19下)}　焉難_{樊酈列傳(24下)}

(14) 職　　部

國革力_{始皇本紀(13上)}　國革_{曹相國世家(20下)}

職部合韻

職質

德室_{越王勾踐世家(18下)}

職藥

虐德_{高祖本紀(13上)}

職鐸

稷伯_{周本紀(12下)}

(15) 鐸　　部

索籍_{淮陰侯列傳(24下)}

鐸部合韻

鐸藥

伯爵斥_{趙世家(19上)}

鐸屋

繹續_{楚世家(18上)}

(16) 錫　　部

歷適跡_{吳世家(16下)}

(17) 月 部

越列_{建元以來侯者年表(14下)} 越滅_{吳世家(16下)} 絕說烈_{陳杞世家(17下)}

(18) 緝 部

緝部合韻

緝藥

邑弱_{王子侯者年表(15上)}

緝沃

邑告_{衞世家(17下)}

(19) 盍 部

業接牒_{楚世家(18上)}

2. 漢 書 叙 傳 分 韻

陰 聲 韻

(1) 之 部

上聲

宰海_{漢書卷一百下叙傳述紀十二(五洲同文本 100 下/4上)} 祀史時起始_{志五(6上)}
子起_{傳二(8上)} 海子祀_{傳八(9下)} 子嗣_{傳三十三(15下)} 子仕己己子_{傳三十六(16下)}
緇仕_{傳四十二(18上)} 理紀始_{傳五十八(21下)}

去聲

代戒_{表六(5上)} 試吏異志_{傳五十九(21下)} 意代嗣_{傳六十七(23下)}

合 韻

之幽

_{平聲} 司娸疢_{傳五十一(20上)}
_{上聲} 祉子茂_{表三(4下)} 有始采首_{傳二十七(14下)}

之幽宵

上聲　母表舅宰傳六十八(23下，表爲宵部字)

之沃

去聲　志試學治傳二十八(15上)

(2) 幽　　部

上聲

屮道紀四(2下)　朽舊隝首鳥傳三(8上)　首咎傳二十二(13下)　道好傳四十二(18上)

合　　韻

幽之

平聲　優郵浮傳三十五(16上)

上聲　首紀喜紀一(2上)

幽沃

去聲　襃學傳五十一(20上)

(3) 魚　　部

平聲

孥墓紀四(2下)　徒湖傳四(8下)　夫都奴傳十三(11上)

上聲

祖緒武楚旅舉紀一(2上)　舉下敍表八(5上)　虎輔傳二(8上)　旅楚呂矩斧傳五(9上)　魯社傳七(9下)　古下緒傳十二(10下)　楚所傳十七(12上)　詛據序傳三十三(16上)　懊舉輔許傳四十八(19下)　武怒野傳六十四(22下)

去聲

錯故傳十二(10下)　疏據圄慮傳十八(12下)　謨度路傳四十三(18上)　度詐傳六十一(22上)

合　　韻

魚宵

平聲　符昭表四(4下)　夭楚昭傳六(9上)　霧妖傳十七(12上)　殊禺甌區符驕

傳六十五(23上)

上聲　禹敍武舉表志七(6下)　趙主傳七(9下)　序表旅傳六十六(23上)

(4) 歌　部

平聲

歌沱志九(7下)

去聲

貨化傳六十一(22上)

(5) 脂　部

平聲

微乖幾志一(5下)　師威毗傳四十四(18上)

上聲

濟禮傳四十三(18上)

去聲

惠誽傳六十二(22上)

合　韻

脂支

平聲　威資貔鮨傳五十四(21上)

脂祭

去聲　貴世傳六十三(22下)

脂質

昧佛傳四十五(18下)

(6) 祭　部

去聲

世制敗紀二(2上)　說敗沛害大傳十五(11下)　慨說敗大害傳十九(12下)

合　韻

祭月

伐大裔傳四十四(18下)　闕世害傳四十五(18下)　制殺傳六十二(22下)

陽聲韻

(7) 蒸　部

平聲

　　登宏騰志十(7下)

合　韻

蒸冬

　　宗登傳五十(20上)　陵勝興雄終傳六十(21下)　終登宗傳六十七(23下)

(8) 陽　部

平聲

　　荒桑康紀四(2下)　攘荒紀五(3上)　煌光璋王陽紀九(3上)　陽王亡傳一(8上)
襄王梁疆殃長傳四(8下)　王亡昌傳八(9下)　王倉張傳十三(11上)　常揚創光同前
狂殃荒王傳四十(11下)　王梁先傳十七(12上)　葬將傳三十七(16下)　堂皇揚王衡
詳亡傳三十八(16下)　光疆良傳四九(19下)　祥光傳六十七(24上)　煌光堂亡傳六十八
(24下)　皇王陽光疆方綱章敍傳(24下)

(9) 東　部

平聲

　　公功凶紀十(4上)

合　韻

東冬

　　冲忠聰同紀七(3上)

(10) 耕　部

平聲

　　名精靈庭成紀七(3上)　正成名傳六(9上)　聲盈成傳二十二(13下)　輕醫聲
盈明英傳二十三(13下)　明行傳四十五(18下)　京明平刑聲傳四十六(19上)

（11）眞　部

平聲

　　秦民_{紀一(2上)}　彬神臣_{紀十(4上)}　秦因人_{表七(5上)}　民先田尊_{志四(6上)}
溫君孫伸民身_{傳十六(12上)}

合　　韻

真元

　　平聲　親分傳_{傳十七(12上)}　人文門元論身_{傳五十七(21上)}
　　去聲　戰論信俊_{傳三十九(17上)}

真侵

　　平聲　淫紛文_{志二(5下)}　秦心門信君_{傳十(10上)}　恂心隣軍_{傳二十四(14上)}
文深身臣倫_{傳三十(15上)}

（12）元　部

平聲

　　安韓難_{傳十(10上)}　桓元邊閑顔_{傳二十五(14下)}　山連_{同前}
去聲

　　換漢怨_{紀一(2上)}　漢縣判_{志八(7上)}　贊彦歎_{傳四十六(19上)}

（13）侵　部

平聲

　　今林_{敍傳(25上)}

合　　韻

侵冬

　　鳳衷_{傳三十七(16下)}

入　聲　韻

（14）職　部

　　默德_{紀三(2下)}　則國北_{志八(7上)}　北國稷_{傳八(9下)}　默莫德國_{傳九(10上)}　直
色德_{傳十二(11上)}　直色服德_{傳二十(13上)}　職食懸德國_{傳二十九(15上)}　克德國

傳三十四(16上) 色直直式傳四十七(19上)

合　　韻

職沃

德服覆式傳六十四(22下)　福戚覆德傳六十七(23下)

職緝

翼克直服邑德紀八(3下)

職沃鐸

郭六職傳六十六(23下，郭鐸部字)

(15)　鐸　部

作籍志三(6上)　薄霍作度恪傳六十七(24上)

合　　韻

鐸藥

澤作樂志二(5下)

鐸屋盍

法略薄祿作傳五十三(20下，法盍部字)

(16)　質　部

一忽律出志一(5下)　詘節栗傳七(9下)　實詘黜傳五十二(20下)

(17)　月　部

末烈志三(6上)　減缺別烈志十(7下)　伐烈傳一(8上)　㪍桀傳四十(17下)

合　　韻

月質

缺發七術傳五十五(21上)

(18)　盍　部

業乏法傳六十一(22上)

合　　韻

盍緝

業立傳六十六(23下)

盍鐸
　　曄業作 紀五(2下)

盍鐸藥
　　作業樂法 志十(7下，樂藥部字)

3. 兩漢詩文作家籍貫生卒年表

人　　　名	籍　　　貫	生　　　年	卒　　　年
劉　　邦(高帝)	沛　豐邑	公元前 247	公元前 195
項　　　羽	沛下相	前 232	前 202
虞　美　人			前 202
唐　山　夫　人			前 201 以後
四　　　皓			前 195 以後
劉　友(趙幽王)			前 181
劉　章(朱盧侯)		前 201	前 178
賈　　　誼	雒陽	前 200	前 168
韋　　　孟	魯國　鄒		前 152 (?)
羊　　　勝	齊		前 148
公　孫　詭	齊		前 148
公　孫　乘			前 148
嚴　　　忌	會稽　吳		前 144 以前
鄒　　　陽	齊		
路　喬　如			
劉　徹(武帝)		前 157 (公元前 140 即位)	前 87
枚　　　乘	淮陰		前 140
孔　　　臧	魯國		前 136 以後

（續前）

人　　　名	籍　　　貫	生　　　年	卒　　　年
廷　尉　翟　公			前 128 以後
劉　安（淮南王）	沛　豐邑		前 122
淮　南　小　山			
公　孫　弘	菑川　薛	前 200	前 121
李　延　年	中山		前 121 左右
司　馬　相　如	蜀郡　成都	前 179（？）	前 118
霍　去　病	河東　平陽	前 145	前 117
劉　勝（中山王）			前 117
董　仲　舒	廣川		前 116（？）
司　馬　談	河內　夏陽		前 110 以後
烏　孫　公　主			前 105 以後
東　方　朔	平原　厭次		前　94（？）
司　馬　遷	河內　夏陽	前 145*	前　86
劉　弗　陵（昭帝）		前 95 （公元前 86 即位）	前　74
劉　旦（燕剌王）			前　80
華　容　夫　人			前　80
李　陵	隴西　成紀		前　74
劉　詢（宣帝）		前 90 （公元前 73 即位）	前　49
劉　去（廣川王）			前　70
蘇　武	京兆　杜陵		前　60
楊　惲	弘農　華陰		前　54

* 郭沫若先生考訂司馬遷生於武帝建元六年，當爲公元前 135。

（續前）

人　　　名	籍　　貫	生　　　年	卒　　　年
劉胥（廣陵厲王）			前 54
王　　襃	蜀郡　資中		前 50 以前
劉奭（元帝）		前 75 （公元前 48 即位）	前 33
張　　敞	河東　平陽		前 48 以後
韋　玄　成	魯國　鄒		前 36
王　昭　君			前 33
劉驁（成帝）		前 51 （公元前 32 即位）	前 7
劉　　向	沛　豐邑	前 79	前 8
班　健　仔	樓煩		前 7 以後
劉　欣（哀帝）		前 25 （公元前 6 即位）	前 1
趙　飛　燕			前 1
劉　衍（平帝）		前 9 （公元元年即位）	公元 5
嚴　　遵			
楊　　雄	蜀郡　成都	前 53	公元 18
王　　莽	魏郡　元城	前 45	公元 23
劉　　歆	沛　豐邑		公元 23
崔　　篆	涿郡　安平		公元 25 以後
應　季　先			

後　漢

人　　名	籍　　貫	生　　年	卒　　年
劉　秀（光武帝）	南陽　新蔡	前 6 （公元 25 即位）	公元 57
馬　　援	扶風　茂陵	前 14	公元 49
班　　彪	扶風　安陵	公元 3	公元 54
桓　　譚	沛國　相		公元 56
白 狼 王 唐 最			公元 75 以後
馮　　衍	京兆　杜陵		公元 76 以前
杜　　篤	京兆　杜陵		公元 78
劉　蒼（東平王）			公元 83
鄭　　衆	河南　開封		公元 83
梁　　竦	安定　烏氏		公元 83
王　　阜			公元 86 左右
梁　　鴻			公元 88 左右
傅　　毅	扶風　茂陵		公元 92 以前
班　　固	扶風　安陵	公元 32	公元 92
袁　　安	汝南　汝陽		公元 92
劉　安　世			
崔　　駰	涿郡　安平		公元 92
蘇　　順	京兆　霸陵		公元 106 以後
史　　岑			公元 107 以後
許　　愼	汝南　召陵		公元 121
黃　　香	江夏　安陸		公元 122 以後
堂 谿 協	潁川　鄢陵		公元 122 以後

（續前）

人　　名	籍　　貫	生　　年	卒　　年
班　　昭	扶風　安陵		公元 125（?）
王　　逸	南郡　宜城		公元 126 以後
李　　尤	廣漢　雒		公元 126 以後
崔　　琦	涿郡　安平		公元 136 以後
張　　衡	南陽　西鄂	公元 78	公元 139
崔　　瑗	涿郡　安平	公元 77	公元 142
滕　　撫	北海　劇		公元 146
桓　　麟	沛郡　龍亢	公元 107	公元 147
鄭　　郴	潁川　陽城		公元 150 以後
劉　　梁	東平　寧陽		公元 155 左右
侯　　瑾	敦煌		公元 155 左右
朱　　穆	南陽　宛	公元 100	公元 163
馬　　融	扶風　茂陵	公元 79	公元 166
邊　　韶	陳留　浚儀		公元 167 以前
秦　　嘉	隴西		公元 167 以前
徐　　淑			公元 167 左右
竇　　武	扶風　平陵		公元 168
高　　彪	吳郡　無錫		靈帝時
廉　　品			靈帝時
劉　　琬	廣陵		靈帝時
崔　　寔	涿郡　安平		公元 171（?）
胡　　廣	南郡　華容	公元 91	公元 172

（續前）

人　　　名	籍　　　貫	生　　　年	卒　　　年
堂　谿　典	潁川　鄢陵		公元 172 以後
皇　甫　規	安定　朝那	公元 104	公元 174
酈　　　炎	范陽	公元 150	公元 177
王　延　壽	南郡　宜城		公元 177 以後
桓　　　彬	沛郡　龍亢	公元 133	公元 178
趙　　　壹	漢陽　西縣		公元 178 以後
張　　　奐	敦煌　酒泉		公元 181
張　　　超	河間　鄚		公元 184 以後
戴　　　良	汝南　慎陽		
蔡　　　邕	陳留　圉	公元 132	公元 192
張　　　昶	敦煌　酒泉		公元 196 以後
邊　　　讓	陳留　浚儀		公元 196 以後
應　　　劭	汝南　南頓		公元 196 以後
禰　　　衡	平原　般	公元 173	公元 198
蔡　　　琰	陳留　圉		公元 206 以後
孔　　　融	魯國	公元 153	公元 208
鄧　　　耽			
郭　正（竇妻）			
仇　　　靖	武都　下辨		
傅　　　幹	北地　靈州		
張　　　升	陳留　尉氏		
應　　　亨			
辛　延　年			
宋　子　侯			
士　孫　瑞	扶風		

4. 魏晉宋時期詩文韻部的演變

周祖謨

總　説

語音隨時代而有轉變。我們知道兩漢音已經不同於周秦音，而魏晉以後又不同於兩漢。從詩文押韻的情形來看，自魏晉起至《切韻》時代，語音有了很大的變化。就韻部的分合而論，可以劃分爲兩個時期：魏晉宋是一個時期，齊梁陳隋是一個時期。兩者格局不同。魏晉宋這一時期，如果從漢獻帝建安十三年曹操自爲丞相，魏蜀吳三國成爲鼎立的局面算起，到劉宋之末，有二百七十年（公元 208—478）。這段時間內，韻部的類別既不同於兩漢，也不同於齊梁，在音韻史上是一個承前啓後的時期。

這裏所説的魏，指的就是三個時代，有些作家，如建安七子，他們都是建安時期的人，嚴可均所輯《全上古三代秦漢三國六朝文》歸於後漢，而丁福保所輯《全漢三國晉南北朝詩》都歸於魏。我們認爲這些人在當時被牢籠在曹氏父子勢力之下，成爲一個文學上的集團，互相酬答，把他們歸屬於三國時代是比較合適的。

魏晉宋包括的時間很長，雖然作爲一個時期看待，而韻部的分合，先後也並不一致。約略而言，魏接近於兩漢，宋接近於齊梁，晉代則是一個中間轉折的時期。爲便於理解，下面先做一個概括的説明。

一、三國時代

三國時代韻部的分類跟東漢不同的地方很多。最主要的有七點：

（一）之部分爲之、咍兩部。之部包括《廣韻》之韻和脂韻“否鄙軌鮪痏備”等字，咍部包括咍（來）灰（梅）皆（戒）三類字。

（二）魚部、幽部、宵部分爲三部。魚部包括魚虞模三韻字，侯部包括尤侯幽三韻字，宵部包括豪肴宵蕭四韻字，換言之，就是東漢魚部的侯韻字分出與幽部的尤幽兩韻合爲一部，而幽部的豪肴宵蕭四韻字又和宵部的豪肴宵蕭四韻字合爲一部。這樣就跟《切韻》分韻的大類相同了。

（三）祭部分爲祭、泰兩部。祭部包括祭霽怪（屆）三類字，泰部包括泰夬廢怪（介）四類字。

（四）蒸部蒸登兩韻分用，各爲一部。

（五）入聲藥、鐸兩部合爲一部。

（六）月部分爲屑、曷兩部。屑部包括屑薛月黠四韻字，曷部包括曷末轄三韻字。

（七）東漢音緝部包括緝、合兩韻字，三國時代緝韻字獨成一部。

其次，關於字類一方面，也有一些重要的變動：

（一）東漢音之部所有的尤（尤）侯（母）兩類字，在三國時代轉入侯部。

（二）蒸部的"雄弓夢"一類字轉入冬部。

（三）真部的先（天）仙（川）山（艱）三類字轉入元部。

（四）侵部"風"字轉入冬部。

（五）質部屑（結）薛（設）黠（八）三類字歸入屑部。

由以上所説我們可以看出三國時代陽聲韻的分類跟兩漢音還比較接近，陰聲韻和入聲韻則相去較遠，所以應當和兩漢分別爲兩個時期。爲容易明瞭起見，列表如下：（以下所列三國時代的韻部共三十三部。這三十三部跟東漢音已很有不同，到了晉宋時期又有轉變。）

東　漢	三　國
之脂丕 ……	1. 之
1. 之 咍（來）灰（梅）皆（戒） ……	2. 咍
尤（尤）侯（母） ……	3. 侯
尤幽	
2. 幽 豪肴宵蕭 ……	4. 宵
3. 宵　豪肴宵蕭	
侯 ……	（侯）
4. 魚 魚虞模 ……	5. 魚
5. 歌 ……	6. 歌

6. 支 ………………………………………… 7. 支

7. 脂 ………………………………………… 8. 脂

8. 祭 {祭霽怪屑 ………………………………… 9. 祭
　　　{泰夬廢怪（介）………………………… 10. 泰

9. 東 ………………………………………… 11. 東

10. 冬 ………………………………………… 12. 冬

11. 陽 ………………………………………… 13. 陽

12. 耕 ………………………………………… 14. 庚

13. 蒸 {蒸 ………………………………………… 15. 蒸
　　　{登 ………………………………………… 16. 登

14. 真 ………………………………………… 17. 真

15. 元 ………………………………………… 18. 寒

16. 侵 ………………………………………… 19. 侵

17. 談 ………………………………………… 20. （談）①

18. 屋 ………………………………………… 21. 屋

19. 沃 ………………………………………… 22. 沃

20. 藥 }………………………………………… 23. 樂
21. 鐸 }

22. 錫 ………………………………………… 24. 錫

23. 職 {職 ………………………………………… 25. 職
　　　{德 ………………………………………… 26. 德

24. 質 {質術櫛物迄沒 …………………………… 27. 質
　　　{屑（結）薛（設）黠（八）} …………… 28. 屑

25. 月 {屑薛月黠 }
　　　{曷末轄 ………………………………… 29. 曷

26. 緝 {緝 ………………………………………… 30. 緝
　　　{合洽 ………………………………………… 31. 合

27. 盍 {盍狎 ………………………………………… 32. 盍
　　　{葉怗業乏 …………………………………… 33. 葉

二、晉 代

　　晉代跟三國時代顯著的差別是分韻加細，在陰陽入三聲裏都有變革。陰聲韻脂部在三國時代包括脂微皆哈灰齊六韻字，到晉代就已經分爲脂、皆兩部。脂部包括脂微兩韻，皆部包括皆哈灰齊四韻。陽聲韻真部在三國時代包括真諄臻欣文痕魂七韻，到了晉代，痕魂獨立，分爲真、魂兩部。又寒部在三國時代包括寒桓删先仙山元七韻，到

①　沒有押韻的例子。

晉代也分爲兩部,寒桓删三韻爲寒部,先仙山元四韻爲先部。另外,侵部分爲侵覃兩部,談部分爲談鹽兩部,也與三國時代不同。至於入聲韻質部,在三國時代包括質術櫛迄物沒六韻,但是到了晉代沒韻獨成一部,不與質術等韻相混。這樣在部類的數目上就增多爲三十九部了。

三、劉宋時代

晉代以後,到南北朝初期,音韻改變得更多。就南朝宋代的韻文來看,韻部有分有合。分的有兩部:一部是真部的文欣兩韻獨立爲一部,一部是質部的物韻獨立爲一部。前者可以稱之爲文部,後者稱之爲物部。合的也有兩部:一部是冬部與東部合併,一部是沃部與屋部合併。

除韻部有分有合外,還有字類上的變動。字類的變動表現得最清楚的有五部分:

(一)支部的齊韻字,如"鷄啼閨"等,歸併皆韻的齊韻一類,不再和支部的支佳兩韻字相押。

(二)先部的元韻字轉入魂部,與痕魂兩韻字相押。

(三)屑部的月韻字轉入沒部,與沒韻字相押。

(四)藥部的藥鐸兩韻獨用。藥部的覺韻字,和"較駁濯"等轉入沃部,和沃部的覺韻字相押;藥部的陌麥昔三韻字,如"白獲石"等,轉入錫部,和錫部的陌麥昔三韻合併。

(五)晉代沃部的錫韻字,如"戚迪寂"等都轉入錫部。所有這些變革,在部數上仍是三十九部,但是內容已經跟晉代不同,這正是上承魏晉、下啓齊梁的一個時代。

再從北朝來看,北魏於公元 439 年(宋文帝時)統一北方,與宋齊梁三朝對峙,到梁武帝末年才爲北齊所代,但是北魏的韻文與南朝宋代的韻文押韻部類完全相同,北魏也就可以附屬於這一個時期了。

陰聲韻

魏	1之	2咍	3脂	4祭	5泰	6支	7歌	8魚	9侯	10宵
		咍灰來 皆戒	脂皆齊 脂微 咍灰			支佳齊				
晉	1之	2咍	3脂	4皆	5祭	6泰	7支	8歌	9魚	10侯	11宵
		咍灰來 皆戒					支佳齊				
宋	1之	2咍	3脂	4皆	5祭	6泰	7支	8歌	9魚	10侯	11宵
		咍灰來 皆戒					支佳				

陽聲韻

魏	1東	2冬	3陽	4庚	5蒸	6登	7真	8寒	9侵	10（談）
							真文痕欣 諄臻魂	元先仙山 寒桓刪	侵覃	
晉	1東 2冬	3陽	4庚	5蒸	6登	7真	8魂	9先	10寒	11侵	12覃	13談	14鹽
宋	1東	2陽	3庚	4蒸	5登	6真	7文	8魂	9先	10寒	11侵	12覃	13談	14鹽
								痕魂元	先山仙					

入聲韻

魏	1屋	2沃	3藥	4錫	5職	6德	7質	8屑	9曷	10緝	11合	12盍	13葉
							質物沒 術迄 櫛	月 屑薛黠					
晉	1屋	2沃	3藥	4錫	5職	6德	7質	8沒	9屑	10曷	11緝	12合	13盍	14葉
			覺藥陌 鐸麥昔錫						月 屑薛黠					
宋	1屋	2藥	3錫	4職	5德	6質	7物	8沒	9屑	10曷	11緝	12合	13盍	14葉
								沒月	屑黠薛					

四、總的情況

根據前面所説，我們可以把魏晉宋一個時期内韻部演變的情況列爲上表。

從上表我們可以看出魏晉宋雖然劃爲一個時期，但韻部的分合與字類的歸屬前後並不一致。我們認爲語音史上的分期只是一種簡單的概括，不能區分過細。嚴格説起來，同一時代各地的語音都不盡相同，那麼，把不同的時代歸爲一個時期，那只能從大類相近著眼。即如魏晉宋一個時期裏，魏只有陽聲韻的分部接近於兩漢，陰聲韻和入聲韻的分合則變動很大。論其部類，跟晉宋相近，所以把魏與晉宋合爲一期。宋代陰聲韻的分類雖然跟晉代大體相同，而陽聲韻和入聲韻的分類則跟晉代出入甚多。宋代正是由魏晉音發展爲齊梁音的過渡階段，也就是上承魏晉，下啓齊梁。因爲齊梁音的韻部呈現一種新的格局，不同於晉宋，所以定魏晉宋爲一個時期，齊梁另爲一個時期。

其次，我們從上面的演變表中可以明白地看出：從晉代起入聲韻和陽聲韻關係轉密，和陰聲韻關係漸疏，即入聲韻和陰聲韻不相配，而和陽聲韻配合得比較好。晉宋之間，凡陽聲韻有變革，其相對的入聲韻也同樣有變革。這一點對於推測魏晉宋時期的讀音是非常重要的。以下分部來討論這一時期韻部的演變。

分　論

一、陽聲韻

東部　冬部

《詩經》音東冬兩部在兩漢時期沒有什麼變動，直到魏晉這兩部還分別得很清楚。由此更可以證明孔廣森在《詩聲類》裏把東冬分立爲兩部是正確的。

《廣韻》東韻"雄弓夢"三字《詩經》音屬蒸部，魏晉時期都轉入冬部，這在前面已經提到。另外還有一個"熊"字，在漢代也是蒸部字。《易林·蹇之大過》以"熊閎"爲韻。到西晉時期左思《魏都賦》以"終邦冲公庸蹤熊隆同風"爲韻，"熊"字已不屬蒸部，估計跟"雄弓夢"一樣轉入冬部。

《廣韻》東韻的"風"字，《詩經》音屬侵部，在兩漢時期已逐漸有改變。有些作家和冬部字押韻，有些作家跟蒸部字或東部字押韻，很不一致。例如：

揚雄《甘泉賦》：乘風澄兢（漢文卷 51/4 上）

傅毅《竇將軍北征頌》：風鋒降（後漢文 43/6 上）

馮衍《顯志賦》：風陵（後漢文 20/3 下）

班固《東都賦》：雍風征躬稜（後漢文 24/7 下）

崔駰《大將軍西征賦》：風中雍宗（後漢文 44/1 下）

邊讓《章華臺賦》：終風中雄隆（後漢文 84/11 下）

禰衡《顔子碑》：蹤容衝風雍窮（後漢文 18/3 上）

從這些例子可以看出"風"字的讀音漸漸在改變，－m 尾變成－ng 尾。但是"風"字跟侵部本部字一起押韻的還很多，讀爲－ng 尾的還不十分普遍。漢末劉熙《釋名·釋天》説："風，兗豫司冀橫口合唇言之。風，泛也，其氣博泛而動物也。青徐言風，跟口開唇推氣言之。風，放也，氣放散也。"這正是方言讀音不一致的現象。疑前者讀 b－m，後者讀 Φ－ng。可是到魏晉時期，韻文裏幾乎全跟冬部字押韻。跟侵部字押韻的，我們只看到魏卞蘭《贊述太子賦》以"音今尋風"爲韻和晉王珣《琴贊》以"琴愔風林"爲韻兩個例子，此外再沒有了。

魏晉時代東冬兩部有分，可是在晉代也有不少兩部合韻的例子，以二陸、左思爲多，這表明兩部讀音比較接近。到了劉宋時期，東冬兩部就完全同用不分了。這是一大轉變。

陽部　庚部

東漢音陽部包括《廣韻》陽唐兩韻字，耕部包括《廣韻》庚耕清青四韻字，魏晉宋時期這兩部跟東漢相同，沒有什麼變化。這裏只把耕部改稱爲庚部。

這一時期之內，晉代還有少數作家，如傅玄、張華、陸雲、左思等人間或把庚部的"明京慶衡橫兄羹景"一類字和陽部字押韻，這種現象跟東漢時期相似。這説明"明京兄"等字的韻母讀音跟陽部還是比較接近的。但是到了宋代，除顏延之把"衡"字和陽部字押韻以外，再看不到這種現象了。

蒸部　登部

東漢蒸部包括《廣韻》蒸登兩韻字和耕韻從厷、從朋得聲的字，到魏晉以下分爲蒸登兩部，蒸部包括蒸韻字，登部包括登韻字。耕韻從厷、從朋、從登得聲的字，如"絃輣橙肱"等歸入登部。如：

"絃"字見陸雲《皇太子見命作》，"絃弘"爲韻（晉詩 3/19 上）

"輣"字見謝靈運《武帝誄》，"弘登輣縢"爲韻（宋文 33/6 下）

"橙"字見潘岳《爲賈謐作贈陸機》，"層恒橙崩"爲韻（晉詩 4/2 上）；又見王叔之《甘橘頌》，"恒能弘橙"爲韻（宋文 57/9 上）

"肱"字見左思《吳都賦》，"肱勝應興菱昇"（蒸登合韻，晉文 74/10 上）

真部　魂部　文部

這三部包括《廣韻》真諄臻文欣魂痕七韻，在三國時期這七韻完全通押。到晉代的時候，痕魂獨立，分成兩部，到宋代的時候，文欣獨立，又進一步分成三部。

三國時期的真部和兩漢時期稍有不同。兩漢的真部除包括真諄等七韻字以外，還包括先(天)仙(川)山(艱)三類字；在三國時期這三類字已經轉入元部，和元部的先仙山三韻字在一起押韻，這是很大的不同。其次，兩漢時期真部字跟元部字合用的例子很多，不過，其中真部字是雜亂的，幾乎每一類字都有跟元部合韻的例子；但是到了三國時期就變得清楚了：元部（即下面要說的寒部）字和真部字押韻的大都是"天先淵年賢阡西"一類的字；真部字和元部字押韻的大都是"臻存恩昏侖門論雲均"一類的字，其中"臻""存"兩個字見的次數尤其多；這跟東漢時期紛然雜糅的情形迥乎不同了。例如：

曹操《短歌行》：阡存恩（三國詩 1/1 上）

曹植《吁嗟篇》：然閑阡間淵田西存山艱燔連（三國詩 2/5 上）

徐干《齊都賦》：岑淵奔（後漢文 93/5 上）

何晏《景福殿賦》偏臻煇年（後漢文 39/5 上）

晉代真魂分爲兩部：真部包括真臻諄文欣五韻，魂部包括痕魂兩韻。痕魂兩韻字在三國韻文裏應用的很少，所以看不出分立的跡象，但是在晉代就表現得非常清楚，痕魂兩韻字很少和真諄文欣押韻。

　　宋代魂部與晉代相同,不過顏延之、謝莊、鮑照等人魂部字和《廣韻》元韻字開始通押,這是一個新的變化。到齊梁以後,元魂痕三韻就一直變成爲一部。至於真諄臻文欣五韻,晉代是通押的,可是已經有一部分文韻獨用的例子,到宋代文欣兩韻就不大同真諄臻三韻合用而獨成一部,北魏也是如此,今稱爲文部。

　　現在把從三國時代到劉宋時代真魂文三部發展的過程表示如下:

三　　國	晉	宋、北魏
真部 { 真臻諄 / 欣文 / 痕魂	真部 { 真臻諄 / 欣文　　魂部:痕魂	真部:真臻諄　　文部:欣文　　魂部:痕魂元

寒部　先部

　　兩漢音元部包括的字類很多。有《廣韻》寒桓删先仙山元七韻字。到三國時期,真部的先(天)仙(川)山(艱)三類字又轉入元部。爲便於稱述起見,現在改稱之爲寒部。三國時期的寒部仍然有和真部字合韻的例子,不過以先仙山元四韻字居多,寒桓删三韻和真部字相押的就很少。由此可以推想寒桓删雖與先仙山元同部,在聲音上洪細弇侈仍有不同。

　　到了晉宋時期,先仙山元四韻開始和寒桓删三韻分用,現在稱之爲先部。

　　晉代寒先分爲兩部,但合用的例子還很多。如果細心考查一下,就可以發現先部字跟寒部字常在一起押韻的是下面一些字:

　　　　平聲　"原言元園蕃繁源軒翻山間焉然旋宣延遷天年"等字

　　　　上聲　"遠晚反坂婉簡"等字

　　　　去聲　"獻憲建怨勸媛賤戰羨變宴彥"等字

這裏以元韻字居多。由此可見先部內元韻最接近寒部,其次是山仙兩韻。

　　在晉代,先部字還有跟真部字押韻的例子,現象也很錯綜。即如先部的先仙山三韻"天先淵賢年田顚玄泫艱鮮川妍連旋"一類的字一般是跟真部的"臻蓁人民陳津神鄰仁純淳"一類字押韻的;而先部的元韻"原言園軒源繁"一類的字一般是跟真部的"紛文群聞雲君熅"一類字押韻的。由這種情形又可以看出在晉代先部的先仙韻字跟真部的真諄臻三韻接近,先部的元韻字既跟寒部接近(見上文),並跟真部的文韻相近。這對於我們瞭解晉代先元兩韻的讀音很有幫助。

　　但是到劉宋時期，先部字就很少與眞、寒兩部字押韻。先部的元韻字開始與魂部痕魂兩韻字相押，而跟眞部字通押的例子就比較少了。

　　從三國的寒部演變爲晉宋時代的寒部、先部可以列表如下：

三　　國	晉宋北魏
寒部⎧寒桓删 　　⎪山 　　⎨元 　　⎩先仙	寒部：寒桓删 先部⎧山 　　⎩先仙

侵部　覃部

　　魏晉時期侵部字沒有兩漢時期包括那樣廣。在三國的時候，侵部除《廣韻》侵韻字相押外，還有覃韻的"南"字和咸韻的"岩"字。這兩個字都僅僅一見，依《詩經》音和兩漢音都是侵部字。

　　在晉代的時候，和侵韻字在一起押韻的有"南潭蕈貪耽潛摻咸"等字。這些字除"潛"爲鹽韻字，"摻咸"爲咸韻字外，其餘都是覃韻字。依《詩經》和兩漢音這些字都是侵部字，"潛摻"二字也應當歸在侵部。"潛"從"朁"聲，"摻"從"參"聲，"朁參"都在侵部。西漢王褒《洞簫賦》以"淫摻音風窮"爲韻（漢文 42/2 下），"摻"字屬於侵部無疑。不過以上這些字多半見於陸機、陸雲、鄭豐、張翰幾個吳郡人的詩裏，別的人都很少用。只有何楨《許都賦》以"南深"爲韻（晉文 32/1 上），傅玄《元日朝會賦》"陰摻"爲韻（晉文 45/2 下）而已。《廣韻》覃韻字獨用的例子，則見於郭璞《山海經圖贊》。郭璞《山海經帝女桑贊》以"潭參蠶"爲韻（參爲參互之參，晉文 123/5 上），《南方祝融贊》以"驂含南"爲韻（晉文 123/6 下）。到了劉宋時代，覃韻字，如"南潭"等，不見有和侵韻押韻的例子，所以把侵、覃分爲兩部。

談部　鹽部

　　三國時代的韻文裏沒有談韻字作韻腳的。晉代的時候，談韻的"談甘柑藍聃覽澹"等字都獨用，自成一部，這跟《詩經》和兩漢音談部兼括談鹽添銜嚴凡各韻統歸一部的情形不同。

　　鹽部包括《廣韻》鹽添兩韻,從晉代開始獨用,具有平上去三聲字,而且這一部還包括凡韻字。劉宋、北魏時期還有銜、嚴兩韻字。嚴韻只有一個"嚴"字,銜韻只有"岩鹽"兩個字。"嚴"字在宋代韻文裏作爲韻腳的凡兩見:顏延之《宋文帝元皇后哀策文》以"驂嚴"爲韻(宋文 38/4 下),"驂"爲覃韻字;宋孝武帝劉駿《華林清暑殿賦》以"炎嚴驂"爲韻(宋文 5/1 上),"炎"爲鹽韻字。"嚴"字應當歸屬哪一部,似難確定,現在根據劉駿以"炎嚴"押韻的例字,歸屬在鹽部。至於銜韻的兩個字,見於北魏陽固的《演賾賦》(後魏文 44/1 下),這兩個字完全獨用,沒有和其他韻押韻的例子,應否獨立爲一部不易判斷,現在就把它附在本部之內。

　　總起來看,《廣韻》侵韻以下閉口九韻在魏晉宋時期內因爲材料太少,分部的情形表現得不很清楚,現在根據實際押韻的例子和前後時期韻部的流變,把三國時代分爲侵、談兩部,晉宋時代包括北魏分爲侵、覃、談、鹽四部。

二、陰聲韻

之部　哈部

　　兩漢音之部包括之(基)哈(來)灰(梅)皆(戒)尤(尤)侯(母)脂(丕)幾類字。到三國時期,這一部分爲之、哈兩部:之部包括之韻字和脂韻"否鄙軌鮪痏備"等字,哈部包括哈(來)灰(梅)皆(戒)三類字。這兩部分別比較嚴格,除曹操、曹丕父子偶爾有合韻的例子以外,其餘的作家很少用在一起。至於尤(尤)侯(母)兩類字在三國時期已經轉入侯部,絕不與哈部字押韻,偶爾有跟之部字押韻的,也寥寥無幾。

　　晉宋時期之、哈兩部與三國時期相同,惟三國時期之部上聲有"敏"字。如何晏《景福殿賦》以"子敏止"爲韻(三國文 39/6),韋誕《景福殿賦》以"始敏"爲韻(三國文 32/10),嵇康《琴賦》以"敏擬徵子跱起"爲韻(三國文 47/2),但到晉宋時期就沒有人這樣用了,估計已轉入陽聲真部。漢末劉熙《釋名·釋言語》曾經說:"敏,閔也,進斂無否滯之言也,故汝潁言敏曰閔也。"是"敏"在漢末汝潁人已讀歸真部。

　　還有,三國時期之部上聲"否鄙軌"三字和去聲"備"字,在晉宋時期有人仍用在之部,有人就用在脂部,參差不齊,這正是開始轉變的現象。

脂　部

東漢脂部包括脂（夷）微（衣）皆（懷）咍（開）灰（回）齊（妻）六類字，三國時期和東漢大體相同，只是齊類字的去聲，如"惠繼戾瘱"之類和皆類字的去聲屆字已轉入祭部；而且脂微兩類字單獨在一起押韻的也比較多，有與皆咍灰齊四類字分爲兩部的趨勢。到晉宋時期，脂微獨立，除平聲字有與皆咍灰齊押韻的例子以外，上去聲字很少通押。現在根據這種現象定脂微爲一部，皆咍灰齊爲一部，前者稱爲脂部，後者稱爲皆部。

脂部的脂微兩類字，在晉代是同用不分的，只有去聲字郭璞分用不混。到了宋代就有些人分用了。如顏延之、謝惠連、謝莊、鮑照的作品都分別得很精細，尤其是謝莊用韻最爲整齊，完全跟《切韻》脂微的分韻相合。顏延之、鮑照等人的作品雖然有例外，但是脂韻和微韻通押的字，只限於"衰追誰推蕤帷逵馗悲"幾個合口字，很少有開口字夾雜在內，所以還是很謹嚴的，由此發展到齊梁時期，脂微兩韻就分化爲兩部了。可是脂韻的"衰追誰推"等字仍屬於微部，而不屬於脂部，這是跟《切韻》不同的地方。鮑照用韻的類別是跟齊梁時期非常接近的。

皆　部

這一部在三國時期屬於脂部的範圍，到晉代才開始分別出來，包括皆咍灰齊四類字：

皆	皆階諧懷乖	楷	
咍	哀開		愛逮概
灰	回迴枚雷穨		對內退眛碎
	摧嵬堆隤隈		
	魁徊槐		
齊	妻齊萋淒棲黃	禮體弟啓薺濟抵	
	迷犀黎梯	涕醴陛	

在宋代除齊韻字有增加外，其餘皆咍灰三類都跟晉代相同。這一部的皆咍灰三類字在三國時期就有同咍（來）灰（梅）皆（戒）合韻的現象。如應瑒《竦迷迭賦》"莓徊"爲韻（後漢文 42/3 下），韋誕《敍志賦》"才階"爲韻（三國文 32/9），阮籍《詠懷詩》"埃來排哉"爲韻（三國詩 5/5）之類都是。但是直到晉宋時期這兩部字還是分得比較清楚。在晉代，只有陸機、李充、潘尼有幾個通押的例子；在宋代，只有鮑照通押的次數稍多，其

他的人多不通押。由此可以證明這兩部的讀音從三國到晉宋在大部分的方言裏都不相同，從鮑照以後才漸漸成爲一類，齊梁以下就沒有區別了。于海晏的《韻譜》不曾注意到這一點，從三國時候起就定爲一類是不妥當的。

另外還有一個很繁瑣的問題，即本部的齊韻字和支部齊韻字的分合問題。

依照兩漢分韻的情形來看，脂支兩部都有齊韻字，兩者分配的情形是這樣的：

脂部　平聲"齊黎妻氏犀鵜黃稽鷖梯迷泥睽"等字。

上聲"薺醴禮體濟底弟啓米陛"等字。

去聲"戾棣詣惠翳計"等字。

支部　平聲"啼蹄堤奚嘶溪圭巂攜"等字。

去聲"帝遞係繫麗儷"等字。

這兩類字在兩漢時期分別很嚴，很少通押。只有揚雄、枚乘、班固、崔駰文有幾個例外（見《兩漢韻譜》支、脂兩部的合韻譜）。

到三國時期，脂支兩部的齊韻字仍然有分別。我們看到在這一時期的作品裏支部的齊韻字和脂部的齊韻字都是跟本部其他字押韻的最多；支部齊韻字獨用的沒有，跟脂部齊韻字押韻的也沒有。由此可知脂支兩部的齊韻字還不是一類。

在晉宋時期，脂部分爲脂皆兩部，齊韻字歸屬於皆部[①]。在晉代皆部的齊韻字跟皆部本部的皆、灰、咍三韻字相押的較多，支部的齊韻字跟支部本部的支、佳兩韻字相押的較多。但支部齊韻字跟皆部齊韻字在一起押韻的極少。支部齊韻字同皆部的皆、灰、咍三韻相押的，有潘岳、左思、張協、陶潛；皆部齊韻字同支部支、佳兩韻相押的有成公綏、左思、陶潛，但皆部齊韻的上聲字絕不與支部上聲字通押。從這種情形來看，在晉代，皆部同支部的齊韻字大部分的作家還是有分別的。儘管潘岳、左思、張協、陶潛、成公綏等人有些例外，然而就材料論材料，我們還不能說這兩類齊韻字各處方言已經普遍地合爲一類了。

可是到宋代情形就完全不同了。我們很明顯地看到上面所說的支部的齊韻字在宋代沒有一個和支部的支佳兩韻字押韻的例子，皆部的齊韻字也是如此；反之，支部的

---

① 它的去聲字從三國時起轉入祭部。

齊韻字倒跟皆部的齊韻字或皆韻字在一起押韻，像何承天、顏延之、謝靈運、謝惠連、荀昶、謝莊、鮑照等人都是如此。由此可以肯定地說：支部的齊韻字到宋代完全併入皆部齊韻一類，支部不再有齊韻字了。這裏還需要特別指出的是謝莊、鮑照兩個人齊韻已經開始有一些獨用的例子，這正是齊梁以後齊韻獨成一部的先聲。

總結上面的討論，從三國到晉代，之、哈、脂、皆、支幾部的演變可以列表如下：

三　國	晉	宋
之	之	之
哈 { 哈(來), 灰(梅), 皆(戒) }	哈 { 哈(來), 灰(梅), 皆(戒) }	哈 { 哈(來), 灰(梅), 皆(戒) }
脂 { 脂, 微, 皆(階懷), 灰(回), 哈(哀開), 齊(薺) }	脂 { 脂, 微 }　皆 { 皆(階懷), 灰(回), 哈(哀開), 齊(薺) }	脂 { 脂, 微 }　皆 { 皆(階懷), 灰(回), 哈(哀開), 齊(奚薺) }
支 { 支, 佳, 齊(奚) }	支 { 支, 佳, 齊(奚) }	支 { 支, 佳 }

祭部　泰部

兩漢時候祭部包括祭泰夬廢怪霽幾類字，到三國時代分爲祭泰兩部。祭部包括祭霽兩韻和怪韻的屆字，泰部包括泰夬廢三韻和怪韻的介芥二字。

在兩漢的時候祭部和相承的入聲月部不大混用，但是在三國的時候祭泰兩部和相承的入聲屑曷兩部通押的次數很多。入聲的屑部包括屑薛月黠四韻，曷部包括曷末兩韻。祭部同屑部相押，泰部同曷部相押，很少相混。由此也可以證明祭泰分爲兩部是正確的。

晉宋時期祭泰兩部有分跟三國時期一樣。不過晉代的作家用韻並不十分整齊，不但祭泰有合韻，而且祭部還跟脂部、皆部、哈部的去聲字合韻；泰部也是如此，只是沒有祭部那樣多罷了。脂皆哈跟祭泰押韻的有以下這些字：

與祭部通押 {
脂部　穗2① 摯器遺懿墜
皆部　內昧概2愛2對續
咍部　代3
}

與泰部通押 {
脂部　氣2昧
皆部　昧愛綷
咍部　戒
}

　　從表面上看，通押的範圍比較廣泛，可是從下面的統計數字來看，祭泰與其他各部分開獨立成爲兩部還是很明顯的：

本部字相押 {
祭21祭霽27霽
泰32泰夬16泰廢4泰怪(介)4泰夬廢2夬廢
}

兩部字相押 {
泰祭19泰脂3泰皆3泰咍1
祭脂6祭皆4祭咍3
}

　　這些數字裏沒有包括複雜合韻的例子在內，因爲那只是特殊的單個例子，並不能給我們什麼啓示。僅從上面的統計情況來看，就可以知道祭泰兩部的獨立性了。這兩部與入聲屑曷兩部的關係很密，去入通押的例子還很多。另外，在晉宋時期祭部內增加了"計替"二字。"計"字在三國時期屬於質部，現在都轉爲祭部字了。

支　部

　　支部在東漢時期包括支、佳、齊(奚)三類字，到魏晉時期還是如此，直到宋代的時候，這一部的齊韻字才和皆部的齊韻字合併，這在前面已經説過了。

　　本部佳韻字不多，但在魏晉宋時期始終與支韻字在一起押韻，沒有獨用的例子。

　　・平聲

　　　　王粲《神女賦》：移垂笄釵離宜(後漢文90/5上)

　　　　繁欽《定情詩》：離釵(三國詩3/13)

　　　　曹植《桂之樹行》：佳涯螭(三國詩2/7)

　　　　傅玄《吳楚歌》：佳崖(晉詩2/2下)

　　　　夏侯湛《雀釵賦》：釵奇規(晉文68/3下)

---

① 字後的數碼表示見到的次數。

無名氏《子夜夏歌長樂佳》：離佳（晉詩 8/8 下）佳隨（8/9 上）

顏延之《皇太子釋奠會作》：儀街馳猗（宋詩 2/5 上）

顏延之《赭白馬賦》：儀街螭奇羈馳枝離（宋文 38/3 上）

· 上聲

張協《七命》：伎豕虒擺（晉文 85/10 上）

潘尼《鈞賦》：技解（晉文 94/3 上）

鮑照《園葵賦》：委灑靡解（宋文 46/5 上）

· 去聲

曹植《魏文帝誄》：義儷瑞地規柴帝（三國文 19/6 下）

傅玄《明堂饗神歌》：懈帝（晉詩 1/2 下）

這裏面"叙佳街擺解懈"都是佳韻字。"涯崖差"《廣韻》支佳兩韻兼收，"灑"字紙蟹兩韻兼收。魏晉宋時期都跟支韻字在一起押韻。

下面要討論的是"帝麗系係繫羿褫揥睨隸地"一類字在魏晉宋時期的轉變。這一類字除"地"字是《廣韻》至韻字以外，都是霽韻字。按照東漢音，只有"隸"字屬於脂部，其餘都屬於支部。但是在魏晉宋時期這些字略有變化，簡單來說，在魏晉的作品中"系""褫"二字都與祭部字一起押韻。如：

曹植《少昊畫贊》：裔世系制（三國文 17/5）

傅玄《元日朝會賦》：系制會（晉文 45/2 下）

夏侯湛《觀飛鳥賦》：逝勢褫（晉文 68/6）

"隸"字，在晉代的作品裏都跟支部字在一起押韻。如：

孫惠《維車賦》：地濟帝隸（晉文 115/8 下）

郭璞《山海經青鳥圖贊》：憩隸地（晉文 122/7 上）

郭璞《元皇帝哀策文》：被義隸寄地（晉文 123/13 下）

這裏值得注意的是"地"字在晉宋時代有跟祭部字押韻的例子，又有跟脂部字押韻的例子。如：

傅玄《朝廟樂章·文皇統百揆》：大地邁衛世（晉詩 1/13 下）

孫綽《望海賦》：緯地匱（晉文 61/3 上）

謝莊《宋孝武帝哀策文》：筮衛裔地世翳蒂（宋文 35/10 上）

　　鮑照《詠史》：利位次轡至地媚棄（宋詩 4/19 上）

　　鮑照《冬日》：次地異棄利媚稚至（宋詩 4/26 下）

由此可知"地"字的讀音已經開始有變化，到齊梁以後就歸入脂部了。這是一個很清楚的演變過程。

　　上面我們還提到"帝麗係掃羿睨"等字，這些字在魏晉時期都屬於支部。"羿"字從开聲，开聲清人講周秦古韻的書都列爲脂韻字。案魏王粲《神女賦》以"移垂笄釵離宜"爲韻（後漢文 90/5 上），"笄"也是從开聲的字，王粲既然用"笄"字與支部字押韻，可證從开聲的羿字當在支部。"帝麗係"等字在宋人的韻文裏沒有作韻腳的。在上文討論皆部的時候已經説過宋代支部只包括支、佳兩韻字而沒有齊韻字，齊韻的去聲"帝麗係"等字可能與皆部齊韻的去聲字都轉入祭部。

　　歌　部

　　東漢時期歌部包括歌戈麻三韻字，魏晉宋時期也是如此。惟有"車"字一般都是和魚部字押韻，和歌部字押韻的就很少了。魚部的"野"字從晉代以後幾乎全跟本部字押韻，不再跟魚部發生關係[①]。

　　又本部麻韻一類的上去二聲字在晉宋時期大多數的作家都是獨用的，同歌戈兩類的上去二聲合用的很少；這正是演變成齊梁以下歌麻分爲兩部的開始。

　　另外，晉人劉謐之《下也賦》裏曾經用到一個"蟆"字和"靴花"二字押韻。《説文》説："蟆，蝦蟆也。""蝦蟆"是一個語詞。"蟆"從莫得聲，而讀爲麻韻的聲音，與《切韻》相合。這可能是受"蝦"字的影響，同化爲一類的音[②]。

　　魚　部

　　東漢音的魚部包括魚模虞侯四韻字，到魏晉宋時期，侯韻字分出與幽部的尤幽兩韻字合爲一部，所以魚部僅僅包括魚模虞三韻。在魏晉的時候雖然還有人和侯韻字通押，可是到劉宋的時候就很少了。魚侯之分爲兩部，這是三國以後跟東漢音很大的不同。

---

① 晉代只有潘岳《離合詩》（晉詩 4/3 上）一個例外。
② 在西漢以上"蝦蟆"是魚部的複音詞。

　　魏晉宋時期這一部的魚模虞三類字多數的作家是通用不分的，而有的作家模類與魚虞兩類分用，有的作家甚至於魚和虞也分用。前者如魏劉楨、阮瑀、應璩、嵇康，晉陸機、陸雲、張協、庾闡，宋劉義恭、謝惠連等；後者如晉薛瑩、束晳、陸機、陸雲、鄭豐，宋劉義恭、謝惠連等；他們大體都分別得很細。所舉的這些人都是可以從他們的作品裏看得出分別來的，必然是甲乙兩類的材料都有，從甲和甲類字在一起用、乙和乙類字在一起用的事實來決定他們對於這兩類字是分用的；如果一個作家僅有甲類字在一起用的材料，而沒有相對的乙類字在一起用的材料，那就很難決定甲乙兩類是否分用。這個原則很重要，凡是只有片面材料的，我們都不舉。

　　從上面所說的這種事實可以想到韻的分合與作家審音的精粗有關，可是其中也會有方音不同的問題在內。例如陸機、陸雲詩文的押韻在各部裏比同時代一般的人都寬泛，但是這一部模魚虞三類分用很嚴格，這絕不是一件偶然的事，這就是一個方音的問題。應當另做討論。

侯　部

　　這一部包括侯尤幽三韻字。侯韻在兩漢時期大多數作家都跟魚部字在一起押韻，尤幽兩部則屬幽部。到了三國時期幽部的豪肴宵蕭四類字歸入宵部，尤幽兩類與少數的侯韻字就與從魚部分化出來的侯類歸併成一部了。這是一個很大的變動。同時兩漢時期之部所有的尤侯兩類字，如"尤謀罘郵否有友右婦囿富母畝"等字在魏晉時期也轉入本部。這一部直到齊梁以後仍舊沒有什麼變動。

宵　部

　　宵部是由東漢幽宵兩部所有的兩類豪肴宵蕭四韻字合併而成的。三國時期這一部字用的較少，但是從曹植的作品裏可以清楚地看到這兩類不同來源的字是合用不分的。到晉宋時期也是如此。不過有一些人，如張華、潘尼、庾闡、王韶之、謝惠連、鮑照等，豪肴和宵蕭分用，這就是齊梁以後宵蕭獨成一部的前趨。

三、入聲韻

屋部　沃部

　　魏晉時期屋沃分爲兩部，猶如東冬分爲兩部，入聲韻的分類與陽聲韻的分類完全是一致的。這兩部所包括的字類跟兩漢沒有很大的出入，只是沃部在晉代的時候略與兩漢三國不同。兩漢時期職部內的屋韻字，如"服福伏或"等，是不大同沃部字押韻的，三國時候稍有改變，但不顯著，到了晉代，這一類字就都轉爲沃部字了。"沃"字本不屬本部，而屬藥部，見木華《海賦》（晉文 105/7 上）和夏侯湛《雷賦》（晉文 68/1 下）。這裏爲便於瞭解，采用《廣韻》韻目名稱，稱爲沃部。王念孫稱爲毒部。

晉代屋部包括三類字：

屋　"谷木獨鹿族速屋瀆縠"等字

燭　"俗欲曲燭束足玉綠辱局屬蜀"等字

覺　"角岳剝濁璞琢握殼"等字

沃部包括五類字：

a { 屋　"復六逐菊淑竹目肉宿築肅"等字

屋　"服福伏輻牧鬱或"等字 }

b { 沃　"毒篤告督鵠酷"等字

覺　學覺

錫　迪戚覿寂 }

在沃部五類裏，一般的情形是 a 組屋韻兩類合用，b 組沃覺錫三類合用；a、b 兩組通用的不多。如束皙、陸機、陸雲、左思、郭璞的作品都是如此。從與別部合韻的情形來看，a 組與職屋兩部的細音字相押（即職屋燭三韻字），b 組與藥屋兩部的洪音字相押（即鐸覺兩韻字）。由這兩種情形可知 a、b 兩組聲音的洪細不同。

以上是就晉代來講的。到了宋代，屋沃兩部合爲一部，不再有什麼區別，這與陽聲東冬合爲一部也是一致的。由此可知歷史上音韻的演變在不同的階段裏是有規律的。宋代屋沃合用，而"戚覿寂"一類錫韻字則轉入錫部，而藥部的"朔濯樂駮邈"等一類覺韻字都轉入本部。這也與晉代不同。

藥部　錫部

兩漢音與魚部相承的入聲鐸部和與宵部相承的入聲藥部是分用的，到了魏晉時期，兩部合爲一部，現在稱爲藥部。這一部包括以下幾類字：

鐸	樂鑿	鐸	作落錯鄂惡薄霍郭
藥	藥龠躍虐爵弱	藥	若
覺	駮邈濯	陌	白伯赫客格宅澤逆載
錫	激溺的檄	昔	昔石尺炙席奕射夕籍繹
		麥	獲

左邊四類就是兩漢音的藥部字,右邊五類就是兩漢音的鐸部字。在三國時期藥部的"弱躍"和鐸部通押,已經表現出這兩部相混的趨向,到了晉朝,大多數作家都合用不分,所以把它歸爲一部。不過,仍舊有保持藥鐸兩部分別的,如潘岳、陸機、陸雲、張載、殷允等人的作品表現得特別清楚。同時,還有另外一種現象,就是陌昔兩類字獨用。如傅玄、束晳、張華、張載、潘岳等人分別最嚴。藥鐸有分是方音的特殊現象,陌昔兩類獨用是演變到劉宋時期歸入錫部的前趨。

說到錫部,魏晉時期包括錫(歷)昔(易)麥三類字:

錫 "歷績敵析擊錫狄壁滴覓僻寂惕"等字

昔 "辟益跡易適役積赤璧刺"等字

麥 "策責隔厄册翮脈蹟謫"等字

這跟兩漢音完全相同。但是到劉宋時期就不然了,不但錫部跟魏晉有不同,而且藥部也有不同。宋代的藥部僅僅包括藥鐸兩韻。晉代藥部的覺韻字已轉入屋部,鐸韻的陌麥昔錫四韻字都併入錫部。這樣就同《切韻》的分韻系統逐漸接近了。

<u>職部　德部</u>

兩漢音職部包括職、德、屋(服)、麥(革)四類字,到三國時期分爲職德兩部,職部包括職屋(服)兩類字,德部包括德麥(革)兩類字。晉宋時期職德仍分爲兩部,惟職部只包括職韻一類字,屋韻一類字在晉代轉入沃部,在宋代歸入屋部,與三國時期小有不同。

<u>質部　沒部　物部</u>

兩漢音質部包括的字類很多,有質術櫛迄物沒屑(結)薛(設)點(八)九類。到三國時期這一部的變動很大,凡是屑薛點三類的字一律轉入屑部。和屑部的屑(潔)薛(列)點(察)等三類合爲一部。(兩漢音的月部,三國時分爲屑曷兩部,此歸屑部。)其餘質術櫛迄物沒六類爲一部。現在仍稱之爲質部,但內容與兩漢並不完全相同。這質部之內

的沒韻字,在三國時期用作韻腳的不多.而現象卻很錯綜。我們見到的例子有下面六個:

1. 曹操《塘上行》:沒卒(倉卒)別對

2. 曹植《死牛詩》:骨突窟泄

3. 曹植《七啓》:沒逮

4. 陳琳《飲馬長城窟行》:窟骨卒(兵卒)

5. 徐幹《馳射賦》:忽八越發

6. 郭遐叔《贈嵇康》:忽夕歲越邁結怛

這裏只有第4是沒韻獨用的例子,1、3都跟脂部去聲字押韻,2、5、6都跟屑部或祭部字押韻。從這裏透露出一點消息,即沒韻字和相承的陰聲韻脂部仍然有關係,但是已經有獨立成爲一部的趨向。于海晏《韻譜》裏沒有收第1個例子,他按照2、5、6的押韻情形把沒韻字歸在"曷末黠鎋屑薛"一類(見原書《魏晉宋譜》),尚欠斟酌。

　　到了晉代,沒韻脫離質部獨立,質部只包括質術櫛迄物五韻,這跟陽聲韻眞魂在晉代分爲兩部是相應的。等到宋代,物韻一類又脫離質術櫛而獨立[1],如顏延之《應詔燕曲水作詩》以"物黻屈拂"爲韻(宋詩2/4下),謝惠連《隴西行》以"屈黻"爲韻(宋詩3/19下),都是物韻字獨用的例子[2]。雖然僅有這樣兩個例子,可是宋代作品中質術櫛通押的例子很多,而不曾摻雜一個物韻字在內,據此也可以證明物韻與質術櫛三韻有不同。宋代質物分爲兩部正與陽聲韻眞文分爲兩部相應。

　　至於沒韻一類字晉代從質部分出獨立以後,到劉宋時沒韻卻與屑部的月韻字合成一部,不見有獨用的例子了,這又是一種新的演變。這一種新的演變也恰恰與同時代陽聲韻元魂痕在一起押韻的現象相應。

　　總結上文所說跟陽聲韻相對照,可以列爲下表:

---

[1]　迄韻字未見。

[2]　物韻字獨用,晉孫綽已經如此。見《答許詢》詩。

三 國	晉	宋
真:質	真:質	真:質
	魂:沒	元魂:月沒
		文:物

屑部　曷部

兩漢音與祭部相承的入聲是月部，月部包括曷末轄屑（潔）薛（列）月黠（察）幾類字。三國時期這一部字分化爲兩部：曷末轄爲一部，屑薛月黠爲一部。前一部我們稱之爲曷部，後一部我們稱之爲屑部。屑部的不僅包括兩漢音月部的屑（潔）薛（列）黠（察）三類字，而且包括兩漢音質部的屑（結）薛（設）黠（八）三類字。

屑曷兩部的分別，除在押韻上表現出兩部分用以外[①]，在與其他入聲韻和陰聲通押的關係上也可以看得出來：

（一）屑部跟陰聲韻祭部通押的較多，曷部跟泰韻通押的較多。

（二）屑部可以跟泰部合韻，曷部很少跟祭部合韻。

（三）屑部可以跟質部合韻，曷部絕不跟質部合韻。

這都是很明白的區劃。

屑曷分爲兩部，在晉宋的時候也是如此。兩部的字類，晉代和三國時期相同，宋代屑部的月韻字與沒韻字同用，獨成一部，不跟屑薛等韻字相押，已有改變。

這裏還要説明的是轄韻字。轄韻字在三國時期的韻文裏沒有用作韻腳的，晉代的時候只有潘尼《贈陸機》詩中曾用"轄"字和"秣闥渴"三字押韻（晉詩 4/7 上），除此再沒有了。宋代也沒有人用轄韻字作韻腳，所以我們只能憑仗這一個例子把轄韻歸屬於曷部。

緝部　合部

緝合兩韻在兩漢時期是一部，到魏晉宋時期緝韻獨成一部，不與合韻相混。合韻字，三國時只嵇康《卜疑》以"德合"爲韻一見（三國文 47/5 上），晉和北魏合韻字完全獨

---

① 偶有少數例外。

用，所以現在分爲緝合兩部。

盍部　葉部

盍葉怗洽狎業乏七韻，在魏晉宋時期分爲兩部，盍韻爲一部，葉怗洽狎業乏爲一部。前一部稱爲盍部，後一部稱爲葉部。盍部字很少，僅有晉范堅《蠟燈賦》以“榻蠟闔”三字押韻。

葉部中葉怗兩韻字較多，洽狎業乏四韻字較少。洽韻在兩漢音屬緝部，魏晉時沒有人用作韻腳，惟劉宋時期顏延之、謝靈運的作品裏用到“洽狹”二字和葉怗兩韻字押韻，所以現在歸入葉部。

狎韻字僅見於三國時期《李鱗甲諺》，以“狎甲”爲韻（三國詩 6/4 上），雖然是獨用例子，但是由於跟它相承的銜韻字在三國時期也還沒有獨用的例子，所以只可歸入葉部。東漢時張衡《西京賦》云“披紅葩之狎獵”，“狎獵”是疊韻詞，獵是葉韻字，狎獵屬於同部。

餘　論

以上是魏晉宋以及北魏幾個時期詩文韻部分合的概況。我們雖然把魏晉宋二百七十年作爲音韻演變史中的一個時期來看待，但是由於在一個時期內的時代先後不同，語音也迭有變化，所以必須把魏晉宋分開敍述，以見其嬗變之跡，上與兩漢銜接，下與齊梁銜接，這對於瞭解前後時代韻部讀音的變遷會更有幫助。

魏晉宋這一個時期作家很多，詩文押韻的情況也很複雜，要確定韻類的分合，只能從普遍性著眼；有些特殊的現象，其中也許有方音的問題，當另作討論。分別韻部，有些容易定，有些不容易定。譬如有兩類字，是一部呢，還是兩部呢？主要看作家們是分用的多，還是合用的多，以作家的多少和用韻分合的比例與次數來定。如果多數例子有分別，只有少數例子通用，那自然要分兩部。不過，有時我們單憑兩類字分用與合用例子的多寡還不行，還要看看一個時代內多數的主要作家用韻的情況如何。如果這些作家既有分用的，也有合用的，而且合用的次數並不太少，這樣，我們就要進一步考慮了。例如上面所定的宵部包括豪肴宵蕭四韻字，在魏晉時代豪肴與宵蕭分用的例子很多，但是多數的作家還都有合用的例子。分用的是他們，合用的也是他們。在魏有邯鄲淳、曹植、何晏、嵇康；在晉有成公綏、傅玄、皇甫謐、荀勖、夏侯湛、孫楚、潘岳、左九嬪、陸機、陸雲、左思、曹攄、摯虞、王廙、郭璞、張協、曹毗、王胡之、袁宏、王彪之、孫綽、郗曇、王凝之、陶潛等人。甚至於有的人如郭璞、陶潛合用的例子比分用的還多。因此，只得把豪肴宵蕭作爲一部看待。我們單單依靠分用與合用的比例數字來確定部類的分合是不夠的，有時不能不注意到分用與合用的都是哪些作家，根據其中主要作家押韻的普遍情形來定。

還有，語音的演變是漸變的，不是突變的。在漸變之中，韻部或韻字就有分化，有合併。如兩漢音的"之"部在魏晉裏分爲"之""咍"兩部，"祭"部分爲"祭""泰"兩部；"之""幽"兩部的尤侯韻字合爲"侯部"，"質""月"兩部的屑薛韻字合爲"屑"部等等。這種變革都是有一定的條件的。元音的改變是最主要的原因。根據前面所列的魏晉宋時期韻部表可以看出從兩漢音到魏晉宋音陽聲韻與入聲韻的關係逐步接近，而陰聲韻與入聲韻的關係逐漸疏遠，這與陰聲韻韻尾的轉化和元音的改變有很大的關係。在陰聲韻裏除脂部一部分去聲字和祭泰兩部字有同入聲韻字相押的例子以外，其他各部都不與入聲字相押，則其他各部沒有與入聲相對的輔音韻尾可知。脂部一部分去聲字同入聲質部字相押，祭泰兩部字同入聲屑部曷部字相押，除元音相同或相近以外，這類陰聲韻部的韻母可能仍有輔音性的韻尾存在(如-d之類)，或者在聲調上還有與入聲相近的關係，所以得以通押。這種情形到齊梁以後就比較少見了。至於陰陽入三聲各部讀音演變的細節，在這裏就不細説了。別有韻譜，今不具録。

(1948 年稿，1981 年重訂)

5. 齊梁陳隋時期詩文韻部研究

周祖謨

總 說

齊梁陳隋時期一共有一百三十九年（公元 479—617），這一個時期，包括北齊、北周在內，韻文押韻的部類比前代劉宋時期更加細密。我們知道，劉宋時期韻部的類別，已經跟《切韻》以"音類相從"分韻的系統幾乎完全相同①，而且已很少有《切韻》書中一韻的字分屬兩部的現象，這是從兩漢分韻爲二十七部起，經過魏晉不斷演變而逐漸接近隋唐韻書分韻系統最明顯的表現②。到了齊梁以後，一百多年之間，陰陽入三聲的分類又都有變動，其中陰聲韻的變動尤其大。例如皆哈兩部合爲一部，脂微兩韻分爲兩部，歌戈與麻不同用，魚與模虞不同用，豪肴宵蕭四韻分爲三部，豪爲一部，肴爲一部，宵蕭爲一部等，都與劉宋時期不同。這些不同，都表明齊梁以後爲另外一個時期，跟劉宋以前有別。同時，我們也可以看出，這一個時期內韻部的分類跟《切韻》的分韻更加接近了。

現在把這一個時期內韻部的分類寫出來，並且跟劉宋時期韻部的類別做一個比較：

---

① 例如東冬鍾江四韻爲一類，魚虞模三韻爲一類，《切韻》都分別排在一起。"音類相從"的説法見王國維《觀堂集林》卷八《李舟切韻考》。

② 詳細情形參看附錄 4《魏晉宋時期詩文韻部的演變》一文。

陽 聲 韻

宋	齊梁陳隋
1 東 { 東 冬 鍾 江 }	1 東
	2 鍾（冬鍾）
	3 江
2 陽（陽唐）	4 陽（陽唐）
3 庚（庚耕清青）	5 庚（青韻有很多人是獨用的）
4 蒸	6 蒸
5 登	7 登
6 真 { 真諄 臻 }	8 真（真諄臻殷）
7 文 { 殷 文 }	9 文
8 魂 { 元 痕魂 }	10 元（元魂痕）
9 先 { 先仙 山 }	11 先（先仙）
	12 山
10 寒 { 删 寒桓 }	13 删
	14 寒（寒桓）
11 侵	15 侵
12 覃	16 覃
13 談	17 談
14 鹽	18 鹽（鹽添）
	19（嚴凡）

入 聲 韻

宋	齊梁陳隋
1 屋 { 屋 沃 燭 覺 }	1 屋
	2 燭（沃燭）
	3 覺
2 藥（藥鐸）	4 藥（藥鐸）
3 錫（陌麥昔錫）	5 陌（陌麥昔錫）
4 職	6 職
5 德	7 德

6 質 ⎰質術　　　　　　　　　　　　　　8 質（質術櫛迄）
　　⎰櫛
7 物 ⎰（迄）　　　　　　　　　　　　　　9 物
　　⎰物
8 沒 ⎰月　　　　　　　　　　　　　　　10 月（月沒）
　　⎰沒
9 屑 ⎰屑薛　　　　　　　　　　　　　　11 屑（屑薛）
　　⎰黠①　　　　　　　　　　　　　　12 黠
10 曷 ⎰（轄）　　　　　　　　　　　　　13（轄）
　　⎰曷末　　　　　　　　　　　　　　14 曷（曷末）
11 緝　　　　　　　　　　　　　　　　15 緝
12 合　　　　　　　　　　　　　　　　16 合
13（盍）　　　　　　　　　　　　　　17（盍）
14 葉 ⎰葉怗　　　　　　　　　　　　　18 葉（葉怗）
　　⎰洽
　　⎰（　）　　　　　　　　　　　　　19 業（業乏）

陰　聲　韻

宋	齊梁陳隋
1 之	1 脂（脂之）
2 脂 ⎰脂	2 微
⎰微	
3 咍 ⎰咍	3 咍（咍灰）
⎰灰	
4 皆 ⎰咍	4 皆
⎰灰	5 齊
⎰皆	
⎰齊	
5 泰（泰廢）	6 泰（泰廢）
6 祭（祭霽）	7 祭（祭霽）
7 支 ⎰支	8 支
⎰佳	9 佳
8 歌 ⎰歌戈	10 歌（歌戈）
⎰麻	11 麻
9 魚 ⎰魚	12 魚
⎰模虞	13 模（模虞）
10 侯（尤侯幽）	14 尤（尤侯幽）

---

① 黠韻在《切韻》中是和刪韻相承的，但在晉宋時期，黠韻與屑薛爲一部。

11 宵 ⎰ 豪
肴
宵
蕭 ⎰

15 豪

16 肴

17 蕭（蕭宵）

　　從上面的比較我們可以很清楚地看到，齊梁以下韻部的分類跟劉宋時期有很多不同，其中最顯著的是二等韻大部分獨立成爲一部。如江韻、山韻、删韻、皆韻、佳韻、麻韻①、肴韻、覺韻、黠韻等都是。屬於《切韻》中的二等韻，只有庚韻②、耕韻、臻韻、夬韻、咸韻、銜韻這幾韻沒有獨立。咸銜兩韻因爲韻字太少，還不能看出其獨立性；夬韻雖然在詩中沒有看見例字，可是劉勰《文心雕龍·檄移》贊曾用"話敗蠆邁"四字爲韻，這都是夬韻字，推想夬韻可能也是獨成一類的。二等韻的分用，是齊梁陳隋時期最大的特點。

　　這一個時期的作家用韻非常謹嚴。根據上面所列韻部分類表來看，大體都跟《切韻》分韻的系統一致。《切韻》中的二等重韻，如山删、佳皆之類固然分用，就是一等重韻，如東冬、咍泰、覃談、屋沃、合盍之類，也都分立爲二。據此可知，《切韻》分韻很細，確實是有實際語音作根據的。

　　另外，從上面的分類表來看，陽聲韻和入聲韻相承的類別也對照得非常整齊，凡陽聲韻中兩韻通用的，其相承的入聲韻亦必通用，這跟《切韻》分別韻類的情形也完全相合。所不同的是：

　　（一）同一攝內的一等韻和三等韻通押，如冬鍾、陽唐、元魂、模虞、尤侯、沃燭、藥鐸、月沒之類都是。

　　（二）三等韻和四等韻通押，如先仙、鹽添、祭霽、宵蕭、葉怗、屑薛之類都是。

　　（三）痕魂不分，咍灰不分③。殷（欣）韻或跟真韻押韻，或跟文韻押韻，沒有獨立爲一類。

　　（四）支脂之微四韻，在南齊的時候一般是分用的，到梁陳時期脂之兩韻通用不分，

———————

①　麻韻兼有二三等字。
②　庚韻兼有二三等字。
③　《廣韻》中分開兩類爲兩韻的，如真諄、寒桓、歌戈、質術、曷末之類，《切韻》都沒有分，這一個時期的韻文也是在一起合用的。

《廣韻》脂韻"追衰誰綏蕤推"等少數合口字都歸屬於微韻一類。

（五）真臻不分，庚耕清青多數人不分，陌麥昔錫不分，尤侯幽不分。

這五項，都是跟《切韻》不同的地方。由這些不同的地方，我們正好可以窺見當時語音的真象。例如，韻書中把聲音相近的幾韻排在一起，僅僅是平列的，到底其中哪兩韻聲音最相近，仍然不易確定；現在就可以從押韻的情形來判斷了，因爲凡是同爲一部在一起押韻的必然聲音最近。《切韻》東冬鍾江四韻是比次在一起的，魚虞模三韻是比次在一起的，根據韻文的押韻，我們就可以知道冬鍾兩韻聲音最近，虞模兩韻聲音最近。還有陽唐、尤侯也是一等韻跟三等韻通押，其主要元音一定是相同的。這些單從韻書上是不容易知道的。推而廣之，三等韻跟四等韻通押，它們的主要元音也可能相近或相同。至於止攝脂之兩韻合用，流攝尤幽兩韻合用，梗攝庚清合用，跟顧野王原本《玉篇》的韻類系統相符合[①]，都值得我們注意。

另外，我們知道，《切韻》分韻爲一百九十三韻：平聲五十四韻，上聲五十一韻，去聲五十六韻，入聲三十二韻。其中韻類的分合是陸法言和劉臻、顏之推、魏澹、盧思道、李若、蕭該、辛德源、薛道衡等人共同擬定的。九人之中有韻文流傳到現在的，有劉臻、顏之推、魏澹、盧思道、薛道衡幾家。他們用韻的類別並沒有《切韻》分別得那樣細。例如庚清同用、元魂痕同用、先仙同用、尤侯同用、脂之同用、月沒同用之類，都跟梁陳時期的作家相同。從這一點我們可以瞭解《切韻》是專門注重審音的書，儘管文章裏兩韻通用，而韻書裏必須嚴辨同異。所以陸法言《切韻序》說："欲廣文路，自可清濁皆通；若賞知音，即須輕重有異。"這就是陸法言著《切韻》的基本精神。

在齊梁時期的韻文裏，謝朓、沈約審音最細，用韻最嚴，例如支脂之微四韻分用、魚虞模三韻分用[②]、豪韻獨用、肴韻獨用、青韻獨用、合韻獨用等等，完全與《切韻》相同。這是很重要的一種史實，足以幫助我們瞭解《切韻》。值得特別提到的是劉勰的《文心雕龍》。《文心雕龍》共五十篇，每篇末尾都有八句贊語，而且都是押韻的。他特別喜歡用仄聲韻，分韻非常嚴格。其中支脂微分用，齊佳分用，夬怪分用，歌麻分用，豪肴分

---

① 參看拙著《問學集》中《篆隸萬象名義中之原本玉篇音系》一文。
② 舉平以賅上去。

用,尤幽分用,蒸登分用,侵覃談分用;東韻、寒韻、仙韻、德韻、黠韻、緝韻、合韻等也都獨用①,都跟《切韻》相符,若合一契。由此可知,齊梁人分韻的類別與《切韻》的編排是相應的。

我們還認爲齊梁人用韻日趨嚴整也是一時的風氣。這種風氣逐漸由南方傳到北方,所以北齊、北周時代北方的作家用韻也跟南人相近。

分 論

一、陽聲韻

| 東部 鍾部 |

《廣韻》東冬鍾江四韻在劉宋時代是完全通用的,到南齊的時候,除江韻字少用外,其餘三韻有分別爲兩部的趨勢,即東韻爲一部,冬鍾兩韻爲一部。不過,作家之中,像謝超宗、王僧虔、王儉、謝朓、孔稚珪等人,東鍾兩部還有合用的例子;但是到了梁代以後,除江淹以外,大都分別得很清楚;北齊、北周、陳、隋各家也是如此。

這裏需要討論的是江韻。江韻從梁代以後作爲韻腳的例子比較少,押韻的現象也錯綜不一。現在先舉出實例來看:

> 梁　　江　淹　《齊太祖高皇帝誄》:公終邦風②(梁文 39/7 上)
>
> 　　　　　　　《江上之山賦》:江峰重(梁文 33/2 下)
>
> 　　　　　　　《麗色賦》:雙容尨邦(梁文 88/4 上)
>
> 　　　　　　　《哀千里賦》:江重(梁文 33/7 下)
>
> 　　　　　　　《雜三言》:從重峰窗(梁文 34/9 下)
>
> 　　　虞　義　《贈何遜之》:良邦裳陽(梁詩 12/8 下)
>
> 　　　紀少瑜　《月中飛螢》:窗雙(梁詩 12/21 上)

---

① 説"分用"是有互相對照的例子,説"獨用"是只有單獨用的例子。《文心雕龍》中也有一些兩韻同用的例子,如虞模同用、灰咍同用、殷文同用、元魂同用、庚清同用、鹽添同用、葉帖同用、業乏同用之類,跟當時文人用韻的情況相同。

② 字下加圈的是江韻平聲字或上聲字。

　　蕭　統　《七契》:邦封從(梁文 20/4 上)

　　蕭　綱　《秋晚》:江窗缸(梁詩 2/10 下)

北齊　陸　邛　《郊廟歌辭‧高明樂》:從恭雍邦(北齊詩 1 下)

　　　　　　　《郊廟歌辭‧登歌樂》:用降(北齊詩 5 上)

北周　庾　信　《柳遐墓誌銘》:陽張章江(北周文 17/4 下)

　　　　　　　《送衞王南征》:降江(周詩 26 上)

　　　　　　　《代人傷往》之一:鴛雙(周詩 28 下)

　　無名氏　《于公歌》:雙公(周詩 2/29 上)

陳　　徐　陵　《鴛鴦賦》:雙鴛(陳文 6/1 下)

　　　　　　　《傅大士碑》:像丈朗往講(陳文 11/12 上)

　　陳叔寶　《同平南弟元日思歸》:黃湯方鏘長香江湘(陳詩 1/7 上)

隋　　釋真觀　《夢賦》:昌楊雙囊梁房堂鏘芳(隋文 34/56)

　　從上面這些例子可以看出,江韻獨用的例子不多,在梁代和北齊的時候,大部分跟冬鍾兩韻合用,到北周陳隋之間,大部分跟陽唐兩韻合用,這是很顯著的變化。

　　┌─────────┐
　　│ 陽部　庚部 │
　　└─────────┘

　　陽部包括陽唐兩韻,庚部包括庚耕清青四韻。陽唐兩韻在齊梁陳隋時期是通用不分的,這跟魏晉宋時期相同。所不同的是,晉宋時期如成公綏、傅玄、張華、張載、左思、顏延之等,有時還用庚部的"明衡京兄橫英"一類的字跟陽唐韻字在一起押韻,而到齊梁以後這種情形就很少了。

　　至於庚耕清青四韻,在魏晉宋時期一般都是通用的,沒有絲毫的分野,只有宋代謝莊一個人青韻獨用,不與庚清兩韻相混。到齊梁以後,雖然大多數的作家庚耕清青四韻仍然通用,但是也略有差異,需要加以說明:

　　(一)青韻從謝莊獨用以後,齊梁陳一百年之間,王儉、謝朓、江淹、沈約、陶弘景、蕭洽、徐君倩、何遜、蕭子雲、劉孝威、徐陵、王褒、庾信等人的作品中也都分用。其中表現得最清楚、最嚴格的是劉孝威、徐陵、王褒三個人。其餘諸家,青韻獨用的例子也很多。這些作家的詩章固然青韻獨用,辭賦碑銘亦復如是。例如:

　　王　儉　《齊高帝哀策文》:經垌形庭

謝　朓　《酬德賦》：迥艇溟鼎並婷

沈　約　《彌陀佛銘》：形靈冥齡

　　　　《金庭館碑》：庭星欞青

蕭子雲　《玄圃園講賦》：濘溟迥艇

劉孝威　《妾薄命篇》：庭陘屏坰亭冥形

徐　陵　《太極殿銘》：屏欞銘經廷

王　褒　《從軍行》之一：經亭陘泾形星青邢銘庭屏

庾　信　《哀江南賦》：泾陘亭螢青

　　　　《豆盧公碑》：泾星靈亭銘

　　　　《鄭常墓誌》：星經亭星

　　這裏面謝朓的《酬德賦》連用六個青韻上聲字，劉孝威的《妾薄命篇》連用七個青韻字，王褒的《從軍行》連用十一個青韻字，絕不會是偶然的現象，這表明青韻跟其他三韻的讀音有不同。

　　（二）齊梁陳隋一個時期內庚部字相押的例子很多，除青韻常常獨用外，庚清兩韻分別獨用的非常少，幾乎都是庚清通押的。作家中庚清同用而不雜耕青兩韻字的，有謝朓、范雲、任昉、王僧孺、何遜、虞羲、裴子野、王筠、劉孝綽、劉孝威、劉令嫻、蕭子顯、蕭子雲、庾肩吾、戴暠、陰鏗、徐陵、王褒、顏之推、張正見、周弘正、周弘讓、褚玠、孫萬壽等人。由此可見，庚清兩韻音近，而與青稍遠。

　　（三）耕韻字押韻的，有"萌莖鶯箏甍爭"等字，這些字獨用的例子很少，一般都跟庚清兩韻在一起押韻。例如：

王　儉　《靈丘竹賦》：榮萌英

江　淹　《渡西塞》：榮鳴橫英情生莖經

沈　約　《會圃臨春風》：莖鶯驚

吳　均　《詠燈》：莖屏輕生

蕭　繹　《玄覽賦》：生貞榮名箏

江　總　《梅花落》：甍鶯

陳叔寶　《三婦艷》：箏聲楹爭

　　　　《洛陽道》：京生甍迎名

　　《東飛伯勞歌》：鶯迎

陽　慎　《祀麓山廟》：靈平鳴城行明鶯清輕

陳子良　《上越國公楊素》：英情瓊名衡楹纓甍盈並征兵城旌精鯨鳴平營聲生明卿榮輕

　　這些例子裏，耕韻獨用的只有江總《梅花落》一例，其餘都跟庚清兩韻相押，單獨跟青韻相押的一個也沒有。由此可知，耕與庚清音相近，與青稍遠。

　　有了上面分析的結果，再同庚部四韻的入聲陌麥昔錫四韻對照來看，也是平入相應的。另外，我們也看到，與耕韻相對的入聲麥韻，雖然一般都跟陌昔兩韻相押，但是也有獨用的。例如王僧孺《何生姬人有怨》以"隔脈"爲韻，王筠《昭明太子哀策文》以"賾畫冊核"爲韻，這對於我們瞭解《切韻》耕韻不與庚韻合爲一韻，也不無啓示。

蒸部　登部

　　《廣韻》蒸登兩韻，從魏晉起即開始分用，齊梁以下完全相同。惟一可以指出的是：在前一個時期內沒有看到有去聲字在一起押韻的例子，而這一個時期內已經有了，如《文心雕龍》中《神思篇》贊以"孕應興勝"爲韻，《事類篇》贊以"互鄧贈懵"爲韻；但是一直沒有上聲的例子。

真部　文部

　　《廣韻》真諄臻文欣五韻，在劉宋時期分爲真文兩部：真部包括真諄臻三韻，文部包括文欣兩韻[①]。齊梁以下，這兩部大體與劉宋時期相同。現在所要討論的是欣韻的歸類。欣韻在《切韻》中稱殷韻。殷韻劉宋時期屬於文部是毫無問題的，顏延之和鮑照的作品表現得很清楚。但是到齊梁以後就不然了。殷韻字本來就少，獨用的例子尤其少。只有梁王僧孺《爲何庫部蓄妓擬蘼蕪之句》以"近隱權"爲韻，三個字都是上聲隱韻字。齊梁陳隋時期的作家用韻很不一致，或跟文韻相押，或跟真諄兩韻相押。如：

與文韻通押的：

謝超宗　《永祚樂》：文殷雲薰芬氳

朱　异　《還東田宅》：文群紛雲芬氳分曛耘勤君

[①]　《切韻》韻目欣韻作殷韻，《廣韻》避諱改爲欣韻。

顏之推 《觀我生賦》:殷群軍

盧思道 《昇天行》:群君文雲垠氳聞紛

陸 卬 《郊廟歌辭·食舉樂》:君垠群雲薰氳

與真諄兩韻通押的:

謝超宗 《郊廟歌辭·青帝歌》:親垠

石道慧 《離合詩》:欣晨

江 淹 《擬古·謝惠連贈別》:勤人濱辰陳

沈 約 《需雅》:珍薪陳神垠

陶弘景 《造游篇》:因欣身賓津

徐 陵 《戲書應令》:勤春人塵新巾身

庾 信 《哀江南賦》:綸勤臣真人

王 褒 《從軍行》:人津身筋辛臣春貧

蕭 愨 《春庭晚望》:隱笋近盡

從以上諸例來看,殷韻字跟真諄兩韻相押的較多,而跟文韻相押的較少,這很可能是齊梁以後方音上有了轉變,所以跟劉宋時期不同。

再從其他方面的材料來看,真殷也多不分。例如"斤""筋"兩個字都是殷韻字,《萬象名義》"斤"音居閩反,"筋"音居銀反,"閩""銀"兩個字都是真韻字。《萬象名義》的反切是取自陳顧野王的原本《玉篇》,足見顧野王不分真殷。又隋曹憲的《廣雅音》內真殷兩韻字也常常互切,即如上面所說的"閩"字見於《廣雅·釋訓》,曹憲音"閩"爲魚斤反,以"斤"切"閩",正是真殷不分的例子,恰恰可以證明曹憲音與顧野王音相同。進而言之,這種真殷不分的現象在當時(陳隋間)可能相當普遍,也就是唐以後的韻文真殷通押的前驅。

元 部

這一部包括《廣韻》元魂痕三韻。元韻跟魂痕兩韻在一起押韻是從劉宋時期開始的,到齊梁以後三韻仍然混用,合爲一部。從這一點可以證明:《切韻》把元魂痕比次在一起,不把元韻與先仙同列,是有實際語音的根據的。

在此以外,我們還可以看到兩種現象:

（一）元韻的上聲字獨用的居多，魂痕兩韻的上聲字與元韻上聲字同用僅見於庾信的詩文。

（二）庾信詩文中有時用先部字和元魂兩韻在一起押韻，尤其同元韻相押的較多。如：

《登歌》：牷樽原（周詩）

《哀江南賦》：冤言屯門船（北周文）

《尉遲氏墓誌》：原園門魂年言

《華林園馬射賦》：菀坂轉遠

《小園賦》：晚遠轉坂渾

《羅氏墓誌》：田年捐原

《喜晴》：建販傳憲堰怨辯獻巽寸悶萬（周詩）

由這種現象我們可以瞭解，在庾信的語音中元韻不但接近魂痕，而且也跟先部的先仙兩韻相近。

先部　山部

《廣韻》先仙山三韻，在劉宋時期是完全通用的，到齊梁時期，先仙兩韻仍然合用，而山韻趨向於獨立，不與先仙相混。齊代的作家王儉和謝朓對於這兩類分別極嚴，就是很明顯的例證。到了梁代，只有江淹、沈約、吳均幾個人混用，特別是江淹，三韻完全合用；其餘的作家很少用山韻字作韻腳，大都用先仙兩韻字相押。這一點與晉宋時期完全不同。

晉宋時期的作品中，山韻字出現的次數非常多，幾乎每一個作家都多次用山韻字同先仙兩韻字在一起押韻；但是到了齊梁以後全然改觀，足證這時山韻字跟先仙兩韻字的讀音頗有不同，因此，把山韻分出獨立爲一部。與此相同的是，劉宋時期寒部的刪韻字在梁以後也獨立爲一部，不與寒桓兩韻同用。山刪兩韻的分立，正是唐代山刪兩韻通押前所經過的一個階段[①]。由此，我們也可以瞭解陸法言編《切韻》之所以把刪山

---

① 唐代山刪兩韻通用是很普遍的情形。我們可以舉一個簡單的例子，如王昌齡《出塞》：“秦時明月漢時關，萬里長征人未還；若使龍城飛將在，不教胡馬度陰山。”關還是刪韻字，山是山韻字，正是刪山通用的例子。

分爲兩韻，並且以“寒刪山先仙”爲次的道理了。

刪部　寒部

《廣韻》寒桓刪三韻，在劉宋以前是混用不分的，到齊梁以後，除江淹、吳均照舊外，其他作家都把寒桓作爲一類用，把刪韻作爲一類用，直到陳隋都是如此，只有庾信偶爾把這兩類相押，那是特殊的現象。《切韻》寒桓總爲一韻，唐代韻書開始分爲兩韻，那只是分別開口、合口而已，主要元音當無不同。

侵部　覃部　談部　鹽部

《廣韻》閉口九韻，在晉宋時期內侵覃談三韻各爲一部，鹽添兩韻爲一部；九韻之中惟有咸銜嚴凡四韻字較少，難以定其分合。到了齊梁陳隋時期仍然如此。現在根據入聲業乏兩韻獨用的情形來推斷，嚴凡兩韻或許與鹽添不同；但是從韻文押韻的例子來看，嚴凡咸三韻字都跟鹽添兩韻字相押，所以只可附於鹽部；銜韻如“衫”“嵌”二字跟覃韻相押，止可附於覃部。

二、陰聲韻

脂部　微部

《廣韻》脂微兩韻，在晉代通用不分，到劉宋時期才開始有分化爲兩韻的趨向，到齊梁以後脂韻就很少同微韻合用了。即使有合用的，也只限於“追衰誰綏蕤推”幾個舌音齒音的合口字；這幾個合口字，在《廣韻》雖屬於脂韻，但不同脂韻的“姿眉私夷悲龜帷”等字押韻，而跟微韻字押韻，推想這幾個字的讀音已跟微韻相同，那麼，也就不能算爲脂微合韻了。這一點，王力先生在《南北朝詩人用韻考》裏已經明白指出。至於脂韻去聲的舌音齒音字，如“醉帥遂墜懟”等字，雖然也有同微韻去聲通押的例子，但是沒有什麼顯著的變動，我們還不能下任何結論。北周庾信的作品中脂微兩部的去聲字普遍通押，那只是一種個別的現象。脂韻在齊梁以後不同微韻爲一部，正是一種新的變化。

另外還有一種新的變化，就是脂韻和之韻合爲一部。脂之兩韻通押，在劉宋時期謝靈運的作品裏已經有了這種現象，到齊梁時期便普遍起來，只有謝朓、沈約二人分別最嚴。如：

　　　謝　朓　《詠邯鄲才人》：墀眉悲姿私（脂韻）

《在郡臥病》：茲時蓄辭颭持絲期嗤（之韻）

《始之宣城郡》：理史子祀士齒恥裏涘市里趾始（之韻上聲）

《酬德賦》：己已杞枲沚子恥理（之韻上聲）

《三日侍華光殿曲水宴》：位備轡肆（脂韻去聲）

沈　約　《和竟陵王抄書》：期茲詩疑滋詞輜芝嗤（之韻）

《郊居賦》：怡基芝恦持嬉茲時（之韻）

《忱威》：咒水雉指失軌（脂韻上聲）

《郊居賦》：璲器肆崇地至淚（脂韻去聲）

《彌勒贊》：二地轡器位墜至貳媚秘邃備懿（脂韻去聲）

這些例子當中，有多到十幾個韻字的，可是沒有一例是脂之相押的。不過，由齊梁下至陳隋，除沈、謝二人以外，其他所有的作家都是脂之合用的。

脂之合爲一部，我們從韻文以外的材料也可以得到證明。例如顧野王原本《玉篇》和曹憲《廣雅音》都有很多例證。

《廣韻》脂韻字：咨（《玉篇》子辭反）①脂（諸時反）、夷（餘之反）、饑（羈治反）、仳（《廣雅·釋詁》曹憲音鼻之反②）、胵（《廣雅·釋器》曹憲音齒之反）、鴟（《廣雅·釋鳥》曹憲音齒之反）

《廣韻》旨韻字：雉（《玉篇》除理反）、比（俾似反）

《廣韻》至韻字：至（《玉篇》之異反）、示（時志反）、貳（如志反）

《廣韻》之韻字：辭（《玉篇》似咨反）、治（除饑反）

這些都是脂之相通的例子，足與韻文押韻相印證。

哈部　皆部

《廣韻》哈灰皆三韻字，在兩漢時期分在脂之兩部，"哀回階"一類字屬於脂部。"來杯戒"一類字屬於之部。魏晉宋時期仍然有分別。從宋末鮑照開始才合用不分，到齊代就完全合爲一類了。這是比較大的變化。可是從齊代哈灰皆併爲一部以後，皆韻又逐漸分出，不與哈灰同用，於是又分成兩部：哈部包括哈灰兩韻，皆部只有皆韻一韻。

---

① 《玉篇》反切根據《篆隸萬象名義》摘記。

② 曹憲《廣雅音》不僅脂之合爲一韻，支韻也跟脂之相混。

由梁代起直至陳隋都是如此。這就與《切韻》的分韻極其相近了。不過皆部在詩文用韻中沒有上聲字，也很少有去聲字獨用的例子①。像"界戒"等字在齊梁時期跟祭霽兩韻相押，到陳隋時期則跟泰韻相押，還沒有《切韻》分別得那樣整齊。

泰部　祭部

晉宋時期，泰部包括泰夬廢三韻，祭部包括祭霽兩韻。齊梁以下，祭霽仍爲一部，泰爲一部。惟詩文用韻中很少有夬韻字，只有《文心雕龍·檄移》贊以"話敗蠆邁"四字爲韻，似乎夬韻已經獨立爲一部。

至於廢韻，所見例字極少，只有下面三個例子：

梁　蕭　綱　《七勵》：肺菜繪綷（菜綷，咍部字；繪，泰部字）

北周　庾　信　《傷心賦》：載愛碎刈（載愛碎，都是咍部字）

無名氏　《陸乂歌》：對乂（對，咍部字）

這三個例子都不是獨用的例子，只可根據晉宋時期的情況把廢韻歸屬於泰部。

齊　部

在晉宋之間，《廣韻》齊韻字是跟皆灰咍三韻字在一起押韻的，從謝莊、鮑照二人起已經獨用，到齊梁陳隋一個時期，齊韻自成一部，作家中很少跟皆灰咍三部押韻。這一部有平上二聲字，去聲字一律跟祭韻同用，沒有區分。

支部　佳部

劉宋時期，支佳兩韻是在一起押韻的，到了齊梁陳隋一個時期，佳韻獨成一類，不與支韻相押，因此分爲兩部。佳韻字比較少，而且詩文用韻裏未見去聲字，可能因爲韻窄，所以大家都不大用。《文心雕龍·詮賦》贊曾以"派畫隘稗"四字押韻，這都是佳韻的去聲；由此可以推想佳韻在當時確實有它的獨立性，劉勰這個例子值得我們注意。

歌部　麻部

《廣韻》歌戈麻三韻，在魏晉宋時期完全合用，惟有麻韻的上去二聲字在晉宋時期大部分的作品裏是獨用的，演變到齊梁的時候，麻韻平聲字也完全獨用了，所以要分爲

---

① 惟見劉勰《文心雕龍·諧隱》贊以"憊誚誡壞"四字爲韻。

歌麻兩部。歌部包括《廣韻》歌戈兩韻，由齊梁直至陳隋都合用不分，《切韻》歌戈總爲一韻，與這一時期押韻的情形相合。

魚部　模部

在魏晉宋一個時期內的作家一般都是魚虞模三韻通用的，到齊梁以後，魚韻即獨成一部，而模虞兩韻爲一部，這與劉宋以前大不一樣。儘管作家中也有兩部合用的，在謝超宗、江淹、蕭統、蕭綱、蕭繹、張纘、沈炯等人的作品裏都可以看到，但是以魚虞兩韻通押者多，魚模兩韻相通的就很少。

就模部模虞兩韻來説，一般是通用不分的，不過也有幾家模虞分用。表現最明顯的，有沈約、吳均、何遜、張纘、顧野王、牛弘幾家，其中以沈約分別最爲嚴格。現在舉沈約、何遜兩家爲例：

> 沈　　約　　《賢首山》：徒狐都胡塗烏逋醻吳（模韻）
>
> 　　　　　　《少年新婚》：嶇朱軀珠髟膚敷隅駒趨夫（虞韻）
>
> 　　　　　　《郊居賦》：區株娛朱隅衢跗（虞韻）
>
> 　　　　　　《郊居賦》：武主宇縷膴竪（虞韻上聲）
>
> 　　　　　　《宿東園》：路步互故露顧兔素暮度（模韻去聲）
>
> 何　　遜　　《秋夕嘆白髮》：扶殊隅珠軀須廡隅愉樞株髟嶇（虞韻）
>
> 　　　　　　《宿南洲浦》：苦浦五皷莽土（模韻上聲）

從這裏我們可以瞭解：《切韻》分模虞爲兩韻，在讀音上是有分別的。

尤部

這一部包括《廣韻》尤侯幽三韻字，晉時代起就通用不分，直到陳隋，毫無變動。《切韻》尤侯幽雖然分爲三韻，但在齊梁陳隋的韻文裏侯幽兩韻很少有獨用的例子。《文心雕龍·封禪》贊以"休彪幽虯"四字爲韻，可以算是幽韻字獨用。"休"，《廣韻》入尤韻，音許尤切，別有"烋"字入幽韻，音香幽切，訓"美也，福祿也"。《封禪》贊曰"封勒帝勣，對越天休"，"休"與"烋"同義。不過在顧野王的《玉篇》裏尤幽兩韻仍是不分的。例如"幽"音於稠反，"樛"音居愁反，"稠""愁"那是尤韻字，以"稠"切"幽"，以"愁"切"樛"，正是尤幽不分的例證。幽韻，等韻家雖列爲四等韻，但依照韻書反切系統仍然屬於三等韻。

豪部　肴部　蕭部

《廣韻》豪肴宵蕭四韻，在魏晉宋一個時期内大多數的作家都是通用不分的，但到齊梁陳隋時期，豪韻爲一部，肴韻爲一部，宵蕭兩韻爲一部，共分三部。這三部分別較嚴，通用的情形極少。

三、入聲韻

屋部　燭部　覺部

《廣韻》屋沃燭覺四韻，魏晉時期分爲屋沃兩部，截然不混；到劉宋時期四韻通用，才合爲一部。等到齊梁時期又分爲三部：屋韻爲一部，燭韻爲一部，覺韻爲一部。至於沃韻字，在齊梁時期沒有作爲韻字的，在陳隋時期只有三個例子：

　　北周　庾　信　《哀江南賦》:覆鹿驥酷睦軸熟屋哭

　　隋　　虞世基　《元册太子哀策文》:屬玉縟沃

　　　　　釋真觀　《夢賦》:惑毒德賊克則得國匐肋冒[1]告

這三個例子，第一例"酷"字跟屋韻字相押，第二例"沃"字跟燭韻字相押，第三例有"毒""告"二字跟德韻字相押；沃韻的歸屬類別似乎很難決定，但是我們按照平聲冬韻與鍾韻爲一部的情形來對比，自然可以確定沃韻當屬於燭部了。

藥部　陌部　職部　德部

藥部包括《廣韻》藥鐸兩韻，陌部包括陌麥昔錫四韻，職部是職韻，德部是德韻。這四部的分類，從劉宋時期起就劃分得很清楚，跟《切韻》以音類相從的分韻系統是一致的，直到齊梁陳隋都沒有什麼變動。這裏需要説明兩點：

（一）覺部覺韻與藥部字的關係

在前面已經説過，江韻字在陳隋之間常常跟陽部字通押。現在我們看到，江韻的入聲覺韻字從梁代起也常常跟陽部的入聲藥部字通押，平入是相對應的；不過覺韻字和藥部字關係最密的是藥部的鐸韻字，而不是藥韻字。

　　例如：

---

　　①　"冒"字讀爲入聲，見《廣韻》德韻，音莫北切。

梁　　蕭　綱　《海賦》:鑿礴博濁壑漠(濁,覺部字;其他是鐸韻字)

北周　庚　信　《和張侍中述懷》:剝角落壑鶴渥寞鑊殼簺洛索藥繳鵲諾托亳藿薄獲樂涸朔

電濁鵲彙數廓(字下加圈的是覺韻字,藥繳鵲是藥韻字,

其他是鐸韻字)

《哀江南賦》:樂學落角樂略索鶴濁(字下加圈的是覺韻字,略是藥韻字,其

他是鐸韻字)

由此可以確定,覺韻字的讀音與鐸韻相近。

(二)陌部陌麥昔錫四韻相押的關係

1. 陌麥昔錫四韻一般都是通用的。四韻之中,除昔韻有獨用者外,陌昔兩韻多在一起押韻,這跟平聲庚清兩韻常在一起押韻是一致的。

2. 錫韻和昔韻相押的較多,但是也有獨用的例子:

梁　　裴子野　《湘東王善政碑》:績迪

何　遜　《閨怨》:壁滴

王　筠　《餞臨川王》:戚檄

蕭　綱　《楚妃嘆》:寂壁戚滴

陳　　陳叔寶　《宴宣猷室》:擊敵

這些,與平聲青韻有獨用例是相應的。

3. 麥韻除與陌昔兩韻通押外,也有獨用的例子,如:

梁　　王僧孺　《何生姬人有怨》:隔脈

王　筠　《昭明太子哀策文》:蹟畫冊核

由以上所述可以推想,《切韻》分陌麥為兩韻,在聲音上是有分別的。

質部　物部

質部包括《廣韻》質術櫛迄四韻。質術櫛三韻通用,與平聲真諄臻三韻通用正相同。平聲真臻兩韻是一類,其相對的入聲質櫛兩韻在韻文的押韻裏也是一類。還有,在顧野王的《玉篇》裏"瑟"音所昵反,"虱"音所乙反,都是以三等質韻字作櫛韻字的切語,也表明質櫛聲音相同。

至於迄韻,在齊梁陳隋時期內沒有獨用的例子,僅見隋皇甫毗《玉泉寺碑》以"律訖

出畢實”爲韻，迄韻的“訖”字與質術兩韻字相押。所以把迄韻歸入質部。在曹憲《廣雅音》裏迄韻字大都用三等韻的“乙”字作切語。例如《廣雅・釋詁三》“疙”音居乙、魚乙二反①，“釳”音居乙反，《廣雅・釋訓》“圪”音五乙反。由此可知，陳隋之間有的方音（如江都）質迄兩韻音同。

此外要説明的是，在齊梁時期有的作家以質部字與脂部去聲字“彎位器懿寐匱焠瘁”等相押，如齊王融、王思遠，梁江淹、蕭衍、徐勉、王筠等人，都有這種情況，據此推測，當時有些方言脂部可能還有某種韻味存在。可是到陳隋時期就很少有這種現象了。

跟質部音近的有物部。物韻字一般都跟質術兩韻相押，僅僅有一個與月部相押的例子，就是江淹《悼室人》的第二首以“鬱拂物忽慰”爲韻②。根據平聲真文兩部分韻的情形來看，質物兩韻一定也有不同，因此分爲兩部。

月部　屑部

月部包括《廣韻》月沒兩韻，屑部包括屑薛兩韻，這與相對的平聲韻元部和先部是相應的。屑部在劉宋時期包括屑薛黠三韻，到齊梁以後黠韻字獨立，就很少有跟屑薛押韻的了。只有齊陸厥《奉答内兄希政》以“絶札轍別”爲韻（齊詩 4/6 下），任昉《王貴嬪哀策文》以“哲殺缺臀”爲韻（梁文 44/4 下），陳張君祖《贈沙門竺法頵》以“劫悦閉滅穴察潔”爲韻（陳詩 4/12 上）：即僅此三例中黠與屑薛通用。這與前一個時期頗有不同。

又前一個時期内屑薛兩韻往往與去聲祭霽兩韻通押，在齊梁時期還很普遍，可是陳隋時期就很少見了。另外，月部字在齊梁時期有些作家用來跟咍部的去聲字和泰部的廢韻字相押，也是到陳隋時期就少見了。這樣，《切韻》的四聲分韻的系統也就完全形成了。

月屑雖然分爲兩部，但是兩部字通押的情形還有。從梁代的江淹直到北周的庾信、隋朝的柳㢲的作品裏都有這種例子，發展到唐代，月沒兩韻就常常跟屑薛兩韻在一起押韻了。

---

① 據王念孫《廣雅疏證》本。
② “慰”音“鬱”。

黠部　曷部

　　黠韻字如"察拔八札殺黠"等，在晉宋時期都是跟屑薛兩韻相押，到齊梁以後開始獨立成爲一部。如何遜《答江革》以"札拔"爲韻（梁詩 9/6 上），蕭子雲《贈吳均》以"黠拔殺察"爲韻（梁詩 10/5 上），還有《文心雕龍·書記》贊以"札訥①拔察"爲韻，都是黠韻獨用的例子。不過，黠韻的字並不太多，如"滑"字，從劉宋以至齊梁都是屬於月部的。宋謝靈運《嶺表賦》以"越闕月滑"爲韻，梁蕭衍《江南弄·遊女曲》以"滑月闕"爲韻，是其例。

緝部　合部　葉部　業部

　　這是很整齊的四部，緝合兩韻各爲一部，葉怗兩韻爲一部，業乏兩韻爲一部。四部的韻字以業部字最少，合部次之。但是四部沒有一個互相通押的例子，所以分別最爲清楚。如果跟相對的平聲韻對照起來看，談咸銜三韻的入聲字未見。談韻是獨成一部的，推想它的入聲盍韻也應當自成一部。惟有咸銜兩韻的屬類我們知道的還不夠清楚，它們的入聲（洽狎二韻）究竟如何，還難以確定。

（1948 年）

---

①　訥，《廣韻》收在沒韻，音內骨切，但黠韻女滑切有"肭"字，訓"言逆下"。

6. 勘 誤 錶

（據周祖謨先生手校本）

頁	行	誤	正
12	腳注②	材料清張金吾	材料,清張金吾
29	1	察的很清楚	察得很清楚
29	8	庆惠譜	庆惠詣
29	14	纍、唯	纍唯,
33	19	蒙動總	蒙,動總,
34	6	'雄弓夢'等字	'雄'字
34	6	皆轉入冬部	轉入冬部
35	12	天千四年	天千西年
41	8	陌韻字一部分	陌韻字
41	11	羃	羃專
41	19	束責商辟鬲脊昦昦跡	束責商辟鬲脊狄厇昦亦
54	4	正文注碼①無對應腳注	加腳注:①'同''調'二字都是定母字。
57	15	歌部的支部字	歌部的支韻字
70	3—5		刪去正文第一段
72	23	《禮注》注	《禮記》注
73	5	提示。②	刪正文注碼②及腳注②文字
80	12	代德覽冥	代德(覽冥)
108	11	昦顥曤燿	昦顥　曤燿
117	14	兩句一換韻	四句一換韻
117	腳注①	見《兩漢詩文韻譜》	見下
125	13	擬裹圯	刪"圯",或改爲"玘"?
125	腳注①	江有浩	江有誥
163	11	［唐山夫人］	前漢［唐山夫人］
164	9	［班彪］	後漢［班彪］
165	18	［鄒陽］	前漢［鄒陽］
165	25	［馮衍］	後漢［馮衍］
166	5	［枚乘］	前漢［枚乘］

（續前）

頁	行	誤	正
166	13	［馮衍］	後漢［馮衍］
171	5	六上 大敗	六上 替弊_{冀州箴 文伍肆 一上} 大敗
171	5	文伍肆 三上	同上 三上
203	14	［班倢伃］	前漢［班倢伃］
203	15	［崔駰］	後漢［崔駰］
203	17	［韋孟］	前漢［韋孟］
203	18	［馮衍］	後漢［馮衍］
210	9	［賈誼］	前漢［賈誼］
210	16	［馮衍］	後漢［馮衍］
210	21	［韋孟］	前漢［韋孟］
211	4	［杜篤］	後漢［杜篤］
213	19	［張衡］	後漢［張衡］
214	1	［司馬相如］	前漢［司馬相如］
214	3	［張衡］	後漢［張衡］
215	11	［武帝劉徹］	前漢［武帝劉徹］
215	22	［馬援］	後漢［馬援］
216	8	侵部合韻譜	侵部合韻譜上
218	13	兩漢［唐山夫人］	前漢［唐山夫人］
220	19	職部合韻譜	職部合韻譜上
221	9	職部合韻譜	職部合韻譜下
235	2	結節替譎秩_{同上 六上}	删除此部分文字
235	17—18		删"［楊雄］替弊_{冀州箴 文伍肆 一上}" 18行行末加"［張衡］結節替譎秩 _{東京賦 文伍叁 六上}"
242	10	不叶《古文苑》	不叶，《古文苑》
242	21	《文選》五目本	《文選》五臣本
242	24—25	"鼅"字之誤。"鼅",	"鼅"字之誤。"鼅",
246	22—23	謀事悔_{又神勞於謀四句}	删此部分文字
247	12	三句	三句 謀事悔_{又神勞於謀四句}